U0154416

教育哲學
新興議題的探究

梁福鎮　著

五南圖書出版公司 印行

前　言

　　「哲學」（Philosophy）起源於古希臘，是一門愛智之學。經由哲學的沉思可以幫助我們追問宇宙事物的根源，破除人類狹隘的視野，從不同的角度思維，看到整個問題的全貌，神遊縹緲的理念王國，見人所不能見，因此能夠增進人類的智慧，讓我們的觀點更有深度，讓人生充滿美好的夢想！經常有人認為哲學探討的問題過於抽象理想，邏輯分析只是文字遊戲，根本不符合實際的需要，無法解決人類遇到的問題。殊不知抽象思維可以讓人類擺脫實際的束縛，遨遊於自由想像的天空，創造嶄新的觀念想法。理想的揭櫫能夠批判現實的不足，帶領人類朝向瑰麗美好的未來。而邏輯分析可以澄清意義理解的錯誤，增進人類情感的交流，因此哲學是人類超越限制的重要途徑。

　　「教育學」（Pädagogik）起源於1776年哲學家康德的倡議，「教育學」是一門從教育的觀點出發，探討教育理論和教育實際問題的學科。「教育學」成立之後，逐漸分為哲學教育學和科學教育學，哲學教育學就是教育哲學，在歐陸稱為「普通教育學」（Allgemeine Pädagogik）或「系統教育學」（Systematische Pädagogik）。「教育哲學」（Philosophy of Education）一詞的起源則要追溯到美國的教育學家布瑞克特（Anna Callendor Brackett），她將羅森克蘭茲（Karl Rosenkranz）的《系統教育學》翻譯成為英文，同時加上「教育哲學」這個名稱，因為這本書非常受歡迎，對美國的教育造成很大的影響，因此教育哲學的名稱逐漸確定下來，同時被許多國家沿用至今。因此，普通教育學就是教育哲學。

　　教育是立國的根本，唯有重視教育，培養一流人才，國家才能富強！我國的教育學術相當多元，不僅包括中國、美國、英國、法國和德國的教育哲學，而且逐漸引進其他國家的教育哲學，是以百家爭鳴，盛況空前。這對於我國教育學術的發展相當有利，因為這些不同取向的教育哲學，

各有其不同的國家文化背景，面對差異頗大的環境條件，各自從迥然不同的角度出發，提出多采多姿的見解觀點，正好展現哲學綜觀整合和多元論述的精神！個人早年到歐洲國家留學，進入德國著名的柏林洪保特大學就讀，在費爾柏（Roland Felber, 1935-2001）、邊納爾（Dietrich Benner, 1941-）和蓋爾哈特（Volker Gerhardt, 1947-）教授指導之下，攻讀哲學、教育學和漢學，1997年取得哲學博士學位回國之後，到國立中正大學教育學程中心任教，1999年轉到國立中興大學師資培育中心任教。十餘年來從事教育哲學的教學和研究，指導二十餘位碩士班學生撰寫學位論文，致力於將歐美教育哲學和我國教育哲學整合，希望我國未來也能創造出卓越的教育哲學理論，在國際上占有重要的一席之地。

個人經常以歐美著名學者作為研究的主題，希望從這些學者的教育理論出發，進行詮釋、理解、批判和超越，以建立具有我國特色的教育哲學理論。雖然有些學者認為以人物為主題的教育研究無用，但是個人並不以為然，因為歐美許多教育哲學家都以人物為研究的主題，既可以透過大師的視野看到時代的趨勢，也能夠瞭解學者關切的中心議題，迅速的掌握教育哲學論述的核心，理解重要學者之間立場的關係，建立非凡卓越的批判能力，作為開創嶄新教育哲學理論的基礎。本書是作者近幾年來研究的成果，曾經發表於學術期刊或研討會。全書總共分為十五章，探討歐美教育學界著名學者的教育哲學，這些學者曾經任教於美國、德國、日本、奧地利、瑞士、巴西和義大利等國的大學，主要包括人智學教育學、受壓迫者教育學、溝通教育學、審美教育學、人格教育學、人權教育學、系統與建構主義教育學、實踐學教育學、實在主義教育學、演化教育學和反思教育學，內容涵蓋實驗教育、批判教育、教學方法、審美教育、人格教育、人權教育、普通教育、教育改革、教育倫理、教育歷史、生態教育等新興議題，相信透過不同學者對這些新興議題的思考，可以提供我國作為建立教育理論和解決教育問題的參考。

本書的完成首先要感謝科隆大學普通教育學講座教授萊恩（Rolf Huschke-Rhein, 1937-）博士和柏林洪保特大學第四哲學院院長邊納爾（Dietrich Benner, 1941-）博士，他們贈送的教育哲學著作，非常具有參考

的價值。其次，要感謝柏林洪保特大學哲學研究所所長蓋爾哈特（Volker Gerhardt, 1947-）博士，他精采絕倫的尼采演講課程，激發我對哲學探究的興趣。再次，要感謝臺灣師範大學賈馥茗教授、歐陽教教授、黃光雄教授和楊深坑教授的教誨和栽培，奠定我從事教育學術研究的基礎。又次，要感謝國立臺灣師範大學溫明麗博士和國立政治大學馮朝霖博士，他們對後學的鼓勵和提攜，提供我治學和做人的榜樣。接著，我要感謝妻兒伴我渡過艱苦漫長的歲月，如果不是他們讓我悠遊自在的寫作，恐怕無法如此順利的完成本書。最後，我也要感謝兩位助理邱斯聖和許守真辛苦的校對，以及五南圖書出版公司楊榮川先生慨允本書的出版，這本著作才能順利的與世人見面。由於世界各國的教育學術千頭萬緒，觀點見解南轅北轍，個人才疏學淺，錯誤之處在所難免，敬請教育界先進不吝指教！

梁福鎮　謹識於
國立中興大學
2013年2月1日

第一章

斯泰納的
人智學教育學探究

　　自從斯泰納（Rudolf Steiner, 1861-1925）創立「華德福學校」（Waldorf-schule）之後，這種學校就從德國逐漸擴展到歐洲各地，甚至經由歐洲移民介紹到美洲新大陸，然後再傳播到世界各地，例如：巴西和南非，甚至連臺灣地區也有這類學校的存在[1]。根據德國「自由華德福學校聯盟」（Bund der freien Waldorfschulen）的統計資料顯示：在1925年斯泰納去世前，德國漢堡設立了華德福學校。接著，荷蘭一所、英國兩所……漸漸地，華德福學校運動展開了。到了1928年，美國紐約也有了第一所華德

---

[1]　1996年張純淑女士將宜蘭慈心托兒所轉型為華德福教育，1999年成立小學部，2002年通過宜蘭縣教育審議會審議，成立第一所公辦民營的慈心華德福實驗學校。2002年由「臺中市人智學學會」和部分熱心的家長共同成立了磊川華德福學校。2004年豐樂實驗學校在臺中市成立；2007年善美真實驗學校也在臺中市成立，這些都是建立在斯泰納的人智學教育學基礎上的華德福學校。

福學校，1946年德國境內，華德福學校就有24所之多。1980年代晚期，甚至以每年設立100所的速度在增加，分布到全球60個國家。到2013年春天為止，全球的華德福學校共有1,025所[2]，其中677所在歐洲，荷蘭和德國的華德福學校數量占了歐洲華德福學校的一半。這種學校制度獨立於國家和教會之外，包括幼稚園、小學和中學等階段，分為基礎學校（Grundschule）、文理中學（Gymnasium）、實科中學（Realschule）、主幹學校（Hauptschule）、職業學校（Berufsschule）和特殊學校（Sonderschule）等不同的學校類型。光是「華德福學校」（Waldorfschule）在德國就有232所，有關華德福學校師資的培育機構也有64所之多，包括「師資培育中心」（Zentrum für Lehrerbildung）和「教育高等學校」（Pädagogische Hochschule），而且以每年增加20所的速度在穩定成長中，可見華德福學校相當受到重視（梁福鎮，2004：209-210）。華德福學校蓬勃發展的現象令人感到好奇，因為華德福學校的教育理念和課程教學，都以斯泰納的人智學教育學為基礎，因此斯泰納的人智學教育學相當值得加以探討。

第一節　生平著作

斯泰納（Rudolf Steiner）1861年2月27日出生於奧地利的柯拉爾傑維克（Kraljevec），因為父親擔任鐵路公務員的關係，經常必須搬家，在奧地利住過許多地方。1880年進入維也納技術學院就讀，主修數學與自然科學。在學院中也修習文學、哲學和歷史學的課程，經常涉獵德國文學家哥德（Johann Wolfgang von Goethe, 1749-1832）的作品。畢業之後，在威瑪的「哥德－席勒檔案室」（Goethe－Schiller Archiv）工作，1891年獲得羅斯托克大學哲學博士學位。其後，出版不少哲學著作，其中《自由哲

2　根據德國自由華德福學校聯盟的統計，到2012年國際華德福學校共有1,023所，分布在世界60個國家，其中德國有229所，美國有119所，荷蘭有85所，占國際華德福學校的前三名。詳見德國「自由華德福學校聯盟」網站http://www.waldorfschule.de/fileadmin/downloads/ Weltschulliste_2013.pdf

學》（Philosophie der Freiheit）是斯泰納最重要的代表作。斯泰納在完成學業之後，開始從事寫作。1899至1904年在柏林的「勞工學校」（Arbeiter Schule）擔任教師，1901年也曾應邀到德國「神智學學會」（Theosophische Gesellschaft）演講。後來，由於哲學理念不合，在1913年離開了「神智學學會」，並且提出「人智學」（Anthroposophie）的觀念。開始研究東方的神智學，後來建立了具有神祕主義色彩的「基督學」（Christologie）。並且與第二任妻子瑪麗（Marie von Sievers），根據建築藝術的學習與研究，在杜納赫（Dornach）設立了第一所「哥德館」（Goetheanum）。1914年第一次世界大戰爆發，斯泰納成立了第二所哥德館。同時由哲學的領域，轉向政治學、社會學和社會批判問題的探討。1919年應企業家莫爾特（Emil Molt）的邀請，到斯圖嘉特為「華德福－阿斯托利亞煙草公司」（Waldorf－Astoria－Zigarettenfabrik）設立一所學校，以便教育公司員工的子女。1922年發生火災，哥德館被燒毀。後來，人智學會員以鋼筋混凝土重建，如今哥德館依然巍峨的矗立於杜納赫的山丘上，成為世界「有機建築」的重要史蹟。1923年斯泰納建立「人智學學會」（Anthroposophische Gesellschaft），進行人智學的研究，並且宣揚「華德福學校」的理念。1925年3月30日因病逝世於杜納赫。斯泰納的主要著作有《自由哲學》（*Philosophie der Freiheit*）、《神智學：超感官世界知識與人類決定導論》（*Theosophie. Einfürung in die übersinnliche Weilterkenntnis und Menschenbestimmung*）、《精神科學觀點的人類生活》（*Das menschliche Leben vom Gesichtpunkte der Geisteswissenschaften*）、《精神科學觀點的兒童教育》（*Die Erziehung des Kindes vom Gesichtpunkte der Geisteswissenschaften*）、《教育問題即社會問題》（*Die Erziehungsfrage als soziale Frage*）、《人智學基礎的教育方法與教學方法》（*Erziehungs- und Unterrichtsmethoden auf anthroposophische Grundlage*）、《身體生理健康的發展作為心靈精神自由發展的基礎》（*Die gesunde Entwicklung des Leiblich-Physiches als Grundlage der freien Entfaltung des Seelisch-Geistigen*）、《教育藝術的精神－心靈的基本能力》（*Die geistig-seelische Grundkräfte der Erziehungskunst*）、《人智學教育學及其先前假定》（*Anthroposophische Pädagogik und ihre Voraussetzungen*）、《人類知識的教育

價值與教育學的文化價值》（*Der pädagogische Wert der Menschenerkenntnis und der Kulturwert der Pädagogik*）、《人智學與自然科學的關係：基礎與方法》（*Das Verhältnis der Anthroposophie zur Naturwissenschaft: Grundlagen und Methoden*）等書（Böhm, 2000: 514-515; Lin, 1994: 222-230）。

第二節　思想淵源

　　個人對斯泰納相關文獻的分析，其人智學教育學的思想淵源主要有下列幾個：

一、德國觀念論哲學

　　康德（Immanuel Kant, 1724-1804）以為先驗的知識能力僅在經驗世界，想要用經驗能力來驗證非經驗的事物，超出了純粹理性的範圍（Kant, 1990）；但是斯泰納卻以為，在認知上人本來即在胚胎中，具有高功能的器官可去洞察高層次的世界，人智學不會說人類的感官是有其限制的界限，反而以為存在這種尚未能為人經驗的世界，代表人類器官功能的可開發性，也可說人類的感覺認知器官是因為有更高層次的世界存在著（Steiner, 1986）。斯泰納在認識論上，反對康德有關人類的認知侷限於現象界的看法，但是接受康德對於經驗論的批判。因此，斯泰納在《自由哲學》（*Philosophie der Freiheit*）一書中，首先反對康德哲學中「現象界」與「物自身」二分的世界觀，指出這種二元論觀點的錯誤，提出其「本體一元論」（ontologisches Monalismus）的主張（Steiner, 2005: 94-95）。其次，援引黑格爾（Georg Wilhelm Friedrich Hegel, 1770-1831）的《精神現象學》（*Phänomenologie des Geistes*），說明思想會影響人類的行動，指出人類精神的重要性（Steiner, 2005: 21）。而且區分「概念」（Begriff）與「理念」（Ideen）的不同，以說明思想具有不確定性（Steiner, 2005: 48）。然後，指出費希特（Johann Gottlieb Fichte, 1762-1814）奠基在「絕對唯心論」（absolutes Idealismus）上，從「我」（Ich）推演出整個「世界」（Welt），其

真正的成功在於提出世界偉大的圖像，而不帶有任何經驗的內容，這是唯物論者很少能夠做到的；而他對物質的外在世界的忽視，也是唯心論者很難能夠做到的（Steiner, 2005: 27）。這種對於精神的觀念影響了斯泰納的「神智學」[3]（Theosophie），他主張人類具有身體、心靈和精神三種本質性；而世界可以區分為物質、心靈和精神三種（Steiner, 1973）。接著，斯泰納也受到謝林（Friedrich Wilhelm Joseph Schelling, 1775-1854）自然哲學的影響，強調對於自然的認識就是創造自然。對自然而言，人類想要創造必須先效法其存有的條件，這種效法必須先預見創造，也就是必須先認識自然。在成功的效法之後創造會整個停止。只有目前尚未存在的自然能夠被創造，人類可以不必事先預見它們（Steiner, 2005:40-41）。這些觀點對於斯泰納主張親近自然和注重精神發展，有相當深遠的影響。

二、哥德的哲學觀點

斯泰納贊同哥德（Johann Wolfgang von Goethe, 1749-1832）的哲學觀點，由人智學精神科學的角度出發，發現植物的力量源自於太陽，植物從太陽擷取的其實不只是科學上的光，而是包含一種精神層面上的努力，讓它得以遠離地心，昂然而立。而生物和環境雖然息息相關，由於生物具有「自我形成」（self-formation）的能力，生物對環境的適應完全出於生物「主動」地改變，而非「被動」地受制於外在環境。讓兒童實際去感受太陽、月亮以及地球萬物的力量，可以拓展他們的視野，遠非只在書上描述的所能比擬（Steiner, 1968: 67-72）。由於哥德對人的觀念，使斯泰納認為人具有身、心、靈等三方面，而且具有律動的法則性，不但在呼吸、心跳或器官的功能上，同時可運用於心靈和學習上，就像在教育藝術上強調的記憶與遺忘、睡與醒、對每日作息律動的重視和週期課程的產生。哥德

---

[3]　人智學（Anthroposophy）是研究人類的智慧之學；而神智學有廣狹二義。廣義是指和哲學體系相關的各種神祕主義學說。狹義是指由19世紀末俄國女貴族布拉瓦次卡（Helena Blavatsky, 1831-1891）和美國的奧里科特（Henry Steele Olcott, 1832-1907）以及賈奇（William Quan Judge, 1851-1896）等創立的學說（馮契，1992：1276）。

對藝術教育的最高要求是忠於「自然」（Natur），而分別以造形藝術教育、音樂教育、文學教育、舞蹈和戲劇來陶冶兒童的感性能力，凡符合自然法則的事物必能展現「美」（Schön），「美」的教育重點著重在美能夠給予心靈愉悅、快適與神聖的感受。在各個學科的教育上，皆以宗教的崇敬精神為依歸，以該學科為核心並與其他學科相互聯結為一個整體的教育活動（Goethe, 1966）。斯泰納對美的看法與哥德相似，認為美是符合自然的，並且使兒童能深入體驗生活的美感經驗是相當重要的，對兒童人格及精神發展有良好的影響，強調學校是一個自然的環境，學生在其中自然受到陶冶與發展。美育活動是一種身體與心靈完全投入的歷程，不僅能促使兩者和諧發展，並透過審美教育的課程，培養兒童具有對世界敏感的心智，關心他人與世界，體驗與世界的關係（Steiner, 1981）。因此，斯泰納深受哥德對自然、對人類和對美學等哲學觀點的影響。

三、席勒的美育思想

席勒（Friedrich Schiller, 1759-1805）強調政治的改進要通過性格的高尚化，而性格的高尚化又只能通過藝術。藝術雖然與時代有聯繫，但因藝術家心中有一個由可能與必然相結合而產生的理想，他的創作是發自心中純正的理想性格，因而高尚的藝術不沾染任何時代的腐敗，並且超越時代的限制。藝術家不是以嚴峻的態度對待其同代的人，而是在遊戲中通過美來淨化他們，使他們在休閒時得到娛樂，在不知不覺中排除任性、輕浮和粗野，再慢慢地從他們的行動和意向中逐步清除這些毛病，最後達到性格高尚的目的（Schiller, 1993：592-596）。斯泰納認為藝術活動得以開啟寬廣的心靈經驗，以及生理和心理活動間的密切交互作用，而且逐漸地在體內也產生了改變，此改變使得一個人對於來自人類內在生命的動力，更容易開放自己去親近與接受。我們也逐漸成為更靈活而和諧的有機體。這個身體將成為一個靈活又和諧的感官組織，並使每個人的獨特性與其心靈力量結合而無限發揮（鄧麗君、廖玉儀譯，1996：94；Steiner, 1981）。斯泰納的教育理念已從藝術教育達到審美教育的境界，而非停留於技藝或純鑑賞的層次。席勒的審美教育在取得兩種衝動的和諧後，最後回歸到道德和高尚人

格的培養；斯泰納也將審美教育的功能擴張到身、心、靈的層面，積極發展精神領域，使個體能發揮其獨特性。兩者皆強調審美心境的培養，由此路徑來引導到價值觀的建立和意志判斷能力，以表現出精神需求下人類理想的境界，達到全人教育的目的（Steiner, 1981）。由此可見，斯泰納深受席勒美育思想的影響。

四、叔本華的輪迴思想

斯泰納在《自由哲學》一書中，評論叔本華（Arthur Schopenhauer, 1788-1860）意志哲學的觀點，反對知覺的世界就是我的表象，我的表象即是一種真理。斯泰納主張真正的眼睛和雙手的表象可以作為太陽和泥土的修正，只有如此才算是一種批判的觀念論（Steiner, 2005: 65-66）。但是，斯泰納深受叔本華「靈魂輪迴學說」（Lehre der seelische Reinkarnation）的影響。主張在生命的歷程中，生死之框架是由身體、靈魂和精神三者來決定的，因此我們也依靠這三個超越生死之因素完成生命的歷程。身體是支配於遺傳的律則；靈魂是由自我創造的命運，或可使用一個古老的名詞－「業」（karma）的律則；而精神則是由輪迴轉世的早先生命化身而成（Steiner, 1973：89）。斯泰納將「輪迴」（Reinkarnation）和「業」的內涵，納入其身、心、靈的三元人類本質之中，因此影響他對人類的知識論概念，形成其完善的體系。斯泰納認為記得能力的根源是來自於意志在我們睡眠時，製造一個從無意識深處深層的印象，並將其帶到意識層面。此一由睡眠的強度導致記憶過程，在與我和「星芒體」（Astralleib）強烈結合於精神世界中的過程一樣，都是在夢醒間提升物質和「以太體」（Ätherleib）（Steiner, 1996b：135）。而思想因為是一個在我們出生或獲得概念之前，就反映出整個體驗的圖像性角色，便如同鏡子反映出空間物像，所以人類此刻的生命反映出從死後到獲得新生的生命，而思想這個生命歷程的圖像，本身可謂是生前存在的證據（Steiner,1996b：50-52）。因此，叔本華輪迴思想對斯泰納人智學產生深遠的影響。

五、尼采的生命哲學

　　斯泰納在柏林時期，透過尼采（Friedrich Nietzsche, 1844-1900）妹妹伊莉莎白（Elisabeth Nietzsche）的介紹而認識尼采，同時開始閱讀尼采的作品，對於尼采的哲學非常欣賞。尼采在《歡愉的知識》（*Die fröhliche Wissenschaft*）一書中，指出人類將在生存的永恆沙漏中，不斷重新流轉的學說（Nietzsche, 1999）。他本來想藉此化解人生虛無的陰影，結果卻陷入了可怕的夢魘，為了擺脫這個夢魘，他發揮悲劇的精神，時時的勉勵自己，不但不逃避必然，而且接受必然的命運，承受一切命運的安排，做一個永遠的肯定者，這就是其生命哲學的核心意義（Gerhardt, 1995）。尼采認為虛無是真實的，一切都是被允許的，那就是「自由精神」（freier Geist），因此真理自身宣告了信仰（Nietzsche, 1993）。自由按照自身的法則去生活，不受到永恆真理和過去道德的約束。這就像尼采的人格一樣，反對世俗的道德。尼采將世俗道德的聯結稱為「危險的精神」（gefährlicher Geist），因此不受抽象的道德形式的約束，勇於追求個體的自由。相反的，基督徒則謹守世俗的道德，斯泰納將這種人稱為「微思之人」（kleinlich denkende Menschen），而稱讚尼采所謂的「超人」（Steiner, 2000）。尼采生命哲學的觀點，不僅促使斯泰納承受一切命運的安排，做一個永遠的肯定者，進行精神領域的探索，而且指出自由精神的珍貴，注重個體自由的追求。因此，斯泰納的人智學深受尼采生命哲學的影響。

六、基督與印度宗教

　　斯泰納的思想除了受到前述哲學家的影響外，處於歐洲強烈的宗教氛圍之下，他也未能置身於其外，斯泰納曾經說過：「我心裡從質樸的兒童時代起，諸如恭敬的觀念與用音樂的供祭儀式相連，引起我對靈魂存在之謎，有著強大的暗示性質。神父所授的聖經與教義問答課，在我心靈裡的作用遠比恭敬的實行者在介紹物質界與超物質界時為少。我從開始時起，對這一切不只是形式上的，而是有深刻經驗的。」（宣誠譯，1980：7）而斯泰納的基督論是由崇高的太陽做出發的：在基督教以前的信徒所

崇敬的，便是那崇高的太陽，處於超越諸界之上－「位於天父的懷中」，久已存在，並且發揮其功效，而以後降生成人的拿撒勒的耶穌（宣誠譯，1980：77）。此種對太陽非單純物理功能的賦予和神祕身分的崇敬，更可見於古印度時期，深刻影響斯泰納對輪迴的想法。以古印度來說，輪迴說本來是從以太陽為唯一之神的原住民宗教裡產生出來的，促使剎帝利[4]接受此一氣質，從太陽崇拜導入五火教的說法，強調太陽崇拜與輪迴說的密切關係（吳村山譯，1997：163）。因此，斯泰納的人智學深受基督宗教和印度宗教思想的影響。

第三節 主要內涵

根據個人對斯泰納相關文獻的分析，其人智學教育學的主要內涵有下列幾項：

一、教育目的理論

斯泰納在《自由哲學》一書中，不僅批判「唯物論」（Materialismus）和「唯心論」（Idealismus）的偏頗，而且指出「多元論」（Pluralismus）的錯誤，提出「本體一元論」的主張，將世界作為知覺，探討意識性的人類行動、世界的認識、人類的個體性、生命的因素和自由的理念。他從「本體一元論」的觀點出發，主張人類的行動是一半不自由，一半自由的。人類在知覺世界中覺得自己是不自由的，而在精神世界中實現自己是自由的（Steiner, 2005: 149）。斯泰納指出自由對個體的重要性，成為其

4　在印度的雅利安人身材高大、眼睛碧綠、皮膚白皙，達羅毗荼人較矮小黝黑。雅利安人為了避免族人與「土著」血統混雜，保持血統上的「純潔」，阻隔與被他們征服並役使的人之距離，謀政治上統治方便起見，而建立了極不平等的社會制度－「種姓制度」（Caste system）。「種姓制度」中有四種，分別為婆羅門（Brahmans，僧侶）、剎帝利（Kshatriyas，國王、武士等貴族）、吠舍（Vaishyas，從事各業的平民）、首陀羅（Shudras，達羅毗荼人，賤民）。

人智學教育學核心的概念，主張教育可以拓展人類的精神領域，培養一個真正自由的人（Steiner, 2005）。其次，斯泰納在《神智學》（*Theoposophie*）一書中，探討人類的本質和世界的類型。主張人類具有身、心和靈三種本質性；而世界可以區分為物質、心靈和精神三種（Steiner, 1973）。斯泰納的人智學是一種精神世界的科學研究，目的在於揭露自然知識的片面性和神祕性，探究人類超感官的世界，發展意識和科學尚未處理的能力。他的人智學的精神科學一方面主張在感官的—物質的世界背後，存在著一種精神的—超感官的世界；另一方面強調人類可以透過確定能力的發展，從感官世界進入到超感官世界。所以，斯泰納的人智學精神科學是一種特定的精神的—超感官世界的學說，經由特定的方式可以進入到感官的—物質的世界，同時透過特定能力發展的知識之路，能夠達到精神的—超感官的世界。這種知識之路將從感官的觀審提升到精神的觀審，從生活和科學知性知識的使用，達到想像、靈感和直觀這些類型的精神活動性。因此，斯泰納人智學的精神科學從一般知性的使用走出，朝向現代自然研究之路，使人類一層一層的向精神知識前進，在超感官世界中開啟精神的知覺，達到精神活動性的類型，獲得這個世界的真理，以實現理念真正有效的表達。斯泰納主張教育和教學的任務在於使兒童的身、心、靈達到和諧的統一，教師的任務則在於應用物質世界觀看和聆聽等方式，喚起兒童人格的精神，使兒童不只是物質的人，而能夠讓內在的精神關係支配教師和兒童，讓整個教室進入意識狀態，帶領學生從物質世界提升到精神世界（Lin, 1994: 232-242; Steiner, 1965: 66; Steiner, 1979: 24-29）。

斯泰納指出我們所有高級的情感都要從對於宇宙的感謝開始，感謝它從自己來創造了我們，而且給了我們在它之內的位置。沒有這種感謝情感抽象的世界觀，是不能讓整個人得到感受的。沒有情感的抽象思考就像一個異物，它不能讓我們快樂。老師們都需要對於宇宙感謝的情感，也要因為自己得到了學生，而感謝和尊敬他們。如果能感覺到精神力量在兒童中引起的形成過程，我們也能夠尊敬他，並去發揮一種使自己被感動的心情，這種心情是教育最基本的要求。斯泰納很重視老師是怎樣的一個人，而不重視他能掌握到什麼技術或知識。老師不僅要愛學生，也要愛自己的

教育方法，但不是因為方法是他自己的，而是因為方法讓兒童變成什麼。但是光愛兒童是不夠的，要愛的是自己的事業，而這種愛就是精神科學的研究引起的，因為它會讓我們發現奧秘的教育關係。斯泰納主張作為教師動機的三個規律是：被感動和感謝在兒童身上表現出來的世界，意識到兒童成為我們要解開的精神祕密。以愛的方式發揮的教育方法，使兒童自然地靠我們的生活去教育自己，使我們不用影響他現在還在生長中的，而以後要出現的自由（Steiner, 2002）。因此，斯泰納認為教育的目的是在培養一個身、心、靈和諧發展，達到善、美、真的理想，懂得感謝、具有愛和自由的人。

二、人類本質理論

　　斯泰納在《人類經驗的基礎》（*The foundations of human experience*）一書中，主張未來所有的教學必須建基在人智學對世界瞭解的基礎上。大家瞭解教學必須建基在心理學基礎上，例如：赫爾巴特（Johann Friedrich Herbart, 1776-1841）的教育學，便建基於其心理學的基礎上。但是如果我們閱讀心理學叢書，會發現裡面沒有真實的內容。心理學家只在玩弄一個概念。例如：誰能清楚的說明思想和意志的觀念？我們可在心理或教育相關書籍中，發現許多思想或意志的定義，但是這種定義無法給我們明確的思想或意志的圖像。過去人們一直疏忽個體靈魂與世界的關係，只有在我們瞭解個體對全世界關聯時才能瞭解人類的本質（Steiner, 1996b：49）。斯泰納認為思想應該如何描述，傳統科學無法給我們解答，只有精神科學可以幫助我們。思想是一個在我們出生或獲得概念之前，就反映出整個體驗的圖像。如果人們無法確定自己在出生前便存在著，便無法真正瞭解思想。就如同鏡子反映出空間物像，此時的生命反映從死後到獲得新生的生命，而這種反映是圖像式的思考。所以，我們必須想到生命中的生到死之圖像的歷程，進一步，必須想像思想印象從生命前開始進入，而被人類本質的呈現出其內涵。想要著手進入精神世界，就必須藉由身體和精神的圖像經驗。思想本身是生前存在的證據，因為它是此一歷程的圖像。當我

們得知思想反映出靈魂在出生前純精神世界的活動時，我們可以對思想真實的綜合能力有一個瞭解（Steiner, 1996b：50-52）。

斯泰納強調精神心靈影響到物質身體的發展，因此老師們需要知道哪一種精神上的作法，會影響到人類哪一種身體的發育（Steiner, 2002）。他認為在教學上教師要帶兒童到自然的世界，另一方面，也要帶其到精神的世界。我們和自然世界有關係，另一方面也和精神世界有關聯。在身為地球的生物範圍內和生存於生理上生與死之間，現代心理學的探討是相當有限的。心理學在西元869年受到天主教教義廣布的影響，遮掩了天啟是基於本能的知識，構成身體的基本部分有身、心、靈。然而斯泰納當時的心理學，只偏頗的強調人的兩個面向，即是由身體和心靈所構成的。人們想到肉體和身體、或心靈和精神都是一樣的東西，幾乎所有的心理學理論都來自於對人類這兩個基本層面的錯誤認識。斯泰納認為如果我們接受人類只有這兩個部分的觀念為真，則我們不可能去達到真實洞察人類的本質。斯泰納認為幾乎每件事呈現在心理學上都是相當外行的，經常只是在玩弄文字而已。老師需要引領自然的可理解性給兒童，同時也要帶領他們理解精神的生命。雖然老師對於世界的類型不用多麼熟悉，但是至少要有一個確切的內容，只有自然世界而無精神世界，人們便無法融入社會生活。首先在自然世界中，自然呈現它自身給我們，讓我們來面對它。從一方面來說，我們的理想和思想是一個圖像性的角色和一種前世生命的反映。從另一方面來說，我們面對自然是隨著意志的角色，而且必然包含著死後我們生命的起源，它們持續指引我們面對自然。這樣看起來自然是存在於兩部分之中，再向下便會推衍出人類只由兩部分構成的錯誤觀點（Steiner, 1996b：62-65）。

斯泰納在《人智學教育學及其先前假定》（*Anthropolosophische Päda-gogik und ihre Voraussetzungen*）一書中，曾經談到要走出社會的混亂，我們必須進入精神性的心靈之中，才能促成人類文明的進步。而人類精神性的開展有賴於教育和教學的藝術，人智學可以對教育學有所貢獻。他從人智學醫學的觀點出發，將遺傳體做為新的有機體的模型，主張兒童是完全的感官體。在兒童身上所有心靈的理念，都在生理的感官之下，循環的干擾

會造成學生易怒的脾氣，會在4、50年內影響學生。血液疾病的干擾會產生憂鬱性情的影響；大腦的虛弱是受到黏液的影響。而生命力的缺乏則是來自樂天性情的影響，我們必須瞭解人類身體、心靈與精神的關係，為兒童帶來生動活潑的概念（Steiner, 1981:7-22）。斯泰納認為從自然科學而來的信念，無法真正的獲得人類的知識，因為自然科學無法進入人類精神的領域，因此需要透過精神科學的人智學，來瞭解人類的精神世界。從人智學的觀點來看，甦醒是有機體中冬天的活動，而睡眠則是有機體中的夏天活動。概念的練習可以達到思維能力的培養，兒童是一種模仿的生命形式，因此可以利用這種特性來進行教育的活動。斯泰納主張在兒童身上存在著一種自然的宗教，兒童從周遭的動作和觀察中知覺道德的事物（Steiner, 1981: 23-40）。斯泰納將人類的身體區分為「星芒體」（又稱為知覺體）、「以太體」和「物質體」（physischer Leib）三種型態，認為可以經由雕刻的模型來發展兒童的空間感，而且可以透過內在音樂的理解來理解「星芒體」；經由內在語言的理解來理解「我組織」（Ich-Organisation），教師在教學中必須使兒童的想像力發揮作用，才能獲得比較好的效果（Steiner, 1981:41-58）。在此，斯泰納不僅批判心理學對於人類本質的誤解，同時提出其人類本質的看法，說明教師應該掌握人類的本質進行教學，才能提高教育的效果。

三、教育階段理論

斯泰納在《人智學教育學及其先前假定》一書和其他著作中，談到其七年一期的三階段教育論，此三階段是出生到換牙期前、換牙期到青春期和青春期到青年階段，茲將其三個教育階段詳細說明如下：

1. 出生到換牙期前（0到7歲）

以人智學的觀點來看，人類的心靈具有「同感」（sympathy）與「反感」（antipathy），也就是同理心與厭惡感，個體在出生前是位於母親體內，母體即為其所接觸的環境，這是他出生前的第一個保護鞘。而在出生後到換牙期前，物質體對外界開放，感官與世界有正式的接觸，然而「物

質體」和「星芒體」的保護鞘仍未解開，由於換牙前，身體器官要長成確定的狀態，所以此時教育階段的重要任務是身體的成長。7歲以前的「以太體」，是自動讓其發展，不要給其太多的知性影響，有了正確的成長基礎，之後才能順勢良好地成長下去，以外在的自然環境給予身體器官形塑良好的形狀。另外，在換牙前的孩童還可見到其很重的前世習氣，所以過於指導兒童思考的發展，會使其回到前生的狀態。過多抽象的觀念會使其專注力緊繃，血液中碳酸密度提高，這種「反感」的刺激是不符合此時的兒童的。也因為其靈體還有明顯的前世習氣不適應於其肉體，所以兒童經常會是笨手笨腳的（Steiner, 1981; Steiner, 1995：7）。

2. 換牙後到青春期（7到14歲）

在換牙期前他是承繼著前世而來的力量在活動著，當其保護鞘被解開後，換來的新牙即表示其獨立運作之表徵，此時可由圖像和範例來推動兒童的學習，並引導其想像力，但還不適宜使用抽象的準則，因為其「星芒體」的保護鞘尚未解開。而換牙後也代表著塑造身體的建構力量達到最後階段。在靈魂世界中，由於感受的力量逐漸與意志分離，「反感」的能力也漸強，記憶也可被創造，所以斯泰納相當著重此階段記憶力的鍛鍊，這種記憶力的培養，將來也才可以概念方式掌握住所習得的事物。不過此時的記憶訓練應該如何進行？配合此時期所產生的想像力，我們可以生動的圖像方式引發兒童的學習，這是利用已發展的意志來進行的教學方法。斯泰納指出如果我們觀察身體中的兩個概念體系，我們會發現：記憶和生動的圖像是分屬於思想和意志這兩邊，不過正由於感受對兩者間的聯繫關係，我們可以結合來使用，此時的兒童心靈感受力比理解和認知能力來得強而深刻，多通過整個身體感受來知覺心靈中的細膩感覺，所以此時的兒童發展重點是在其活躍的感受上（Steiner, 1981; Steiner, 1996a）。

3. 青春期到青年期（14到21歲）

在青春期時，「星芒體」的保護鞘才被解開，此時人類獲得了完全的自由，也就是人智學所稱人類的第三次誕生。因為「星芒體」是對外在世界的開展，所以其出生代表著心靈可受外在的影響，發展其知性和抽象理解的能力，開始可以具有獨立判斷和挑戰權威，這種挑戰權威的目的在

於不先預設任何觀點，而且以實驗和經驗建構出真實的精神，但絕非是局部的真理，而是從精神科學中找出真實的世界過程。在靈魂世界中，隨著生命中推移的過程，感受聯繫於思想的傾向漸強並持續於日後生活中，此時的兒童已不像過去是過度的感受體，而是可以開始教育其做預備日後生活的準備。在瞭解了意志、感受和思想的真實內涵後，我們知道此時的知識必須基於對世界的真實瞭解，在青春期之後，兒童開始會希望將其判斷聯結到周遭環境中，但此時的教育非僅只是從科學典範下實驗所得的知識為真（Steiner, 1981; Steiner, 1996a）。在此，斯泰納提出其三期的教育階段論，說明每一個階段人類發展的特徵，配合不同的教育方式，達成其人智學教育理念的理想。

四、教學方法理論

斯泰納在《教育藝術精神—心靈的基本力量》（*Die geistig- seelischen Grundkräfte der Erziehungskunst*）一書中，主張教育的目的就是要培養一位「自由人」（freier Mensch），因此華德福學校在課程教材上深受其影響，非常注重課程選擇的自由和課程內容的多元性。華德福學校非常講求自律，學生必須自己管理自己。在課程上兼顧普通教育和職業教育，非常強調「週期教學」（Epochenunterricht），即是在一個週期內，使學生專注於某一主要學科的學習，持續時間約三到四週。在「週期教學」中同一科目一年只重複出現二至四次，使學生所學的「知識」（Erkenntnis），真正變成自己的能力，經歷重複、記憶與甦醒的內在學習歷程。除了團體教學之外，在許多課程上也實施小班教學和個別的指導。在教學活動上非常講求教學過程的活潑生動，以引起學生學習的興趣，增進學生學習的效果（梁福鎮，2004；Steiner, 2002）。斯泰納在談到教學的方法時，主張我們首先應該從兒童熟悉的環境開始，在介紹動物時，我們不能先瞭解毛，然後才瞭解長毛的動物。因此，兒童應該先從有生命的有機體開始，然後才瞭解植物在其中的角色，客觀的觀察是慢慢才學會的。在數學課程的教學上，老師應該首先給學生的不是一個果子，而是一堆果子，比如一個由12個部分組成的整體。然後，請出三個不同年齡，因此需要不同食量的兒

童，把12個果子分給他們（3＋4＋5）。教師把12個果子的整體分為三個部分，或者來看整體是由什麼組成的：12＝3＋4＋5。這樣就不是從偶然的部分開始後得到結果，而是從結果來看它是由什麼組成的，這樣做「加法」就不是一個呆板的過程。如此，學生就學會了看到生活中的整體，而不是少量通過增加去多得到一點，這對學生的心靈生活和道德情感很有作用。如果兒童習慣思考「加、再加」，他就會習慣去思考怎樣能得到多一點東西，這就是一種自私的思考方式。如果從整體開始進行，兒童學會的思考就不是自私的，而是審慎和適度的，這是一種很好的道德。老師把所有的課程像整體一樣，從兒童的特點和需要發展出來非常重要。如果一個老師根據同樣的模式教育所有的兒童，而不瞭解每一個兒童的差異，這是很可怕的一件事。體育課應該是從教室裡發現的特點和缺點發展出來的，因此在華德福學校的低年級，讓一個班只由一位老師來上所有對培養人應該有作用的課程，華德福學校對老師藝術才能和獻身精神的要求很高，可是只有這樣我們才能使人類達到完美。我們不能否認華德福學校中充滿了基督教的氣氛，可是這不是我們故意要的。華德福學校不要成為世界觀的學校，而要是一所使用方法的學校，而這種方法是根據對人類的認識發揮出來的，使學生的身體獲得健康和力量，個人的心靈自由發揮，精神變得更加的清楚明顯。斯泰納希望學生以整個身體來感受和表達快樂、悲傷、同感、反感等情感，因此特別重視「優律斯美」（Eurythmie）的韻律操。主張不僅語法能在韻律操中得到鞏固，而且修辭也能從韻律操中獲益。這種精神心靈的運動，既具有教育上的作用，又有藝術上的價值（Steiner, 2002）。

斯泰納在《人類形式健康的發展》（*Die gesunde Entwicklung des Menschenwesens*）一書中，主張教師要以具有愛心的藝術表演，和具有藝術的愛心，讓兒童接觸到一切事物。知道每一個發展時期的特點和屬於他的需要，這是教育最基本的基礎。7歲之前的兒童有模仿的特點，我們不能給兒童的想像、感受和意志太呆板的概念，我們給8或10歲起兒童應該是有發展變化可能的東西，否則在30年後他還是有著跟兒童一樣的思想。7至13歲的兒童則有遵循的特點，他根據在心理能感受到的去發揮自己心靈

的才能。這個年紀的兒童還不要靠智力去學習，他不會根據邏輯去分析從老師那裡聽到的話，他無意識的接受，就像靈感一樣在心靈中對身體起著作用。孩子到了14歲時，我們就會發現一種奇怪的現象：如果用邏輯去說明，他就會覺得很無聊；如果根據老師說明的去思考，他就會很睏。其實，教育14歲起的孩子，除了邏輯之外，老師還需要想像的才能。精神的認識是一個人在成長過程中慢慢地才能使用的，精神的才能是不能教育的，應該是自由的，只能在生活中得到培養。小學生要培養的主要是心靈，而心靈是從孩子的思考、情感和意志表現出來的。如果小學老師能理解思考、情感和意志存在於人中的樣子，他就有了培養小學生的基礎。老師們的任務是讓0至6歲兒童的身體盡可能的健康，使他的身體不會阻礙精神要做的事。教育者就像園丁一樣，他不能自己提供生長的力量，而只能避免會阻礙植物自己要發揮的力量。這樣，學生能夠發揮一些老師自己沒有的才能，而且不會受到老師心中影像的影響。斯泰納作為《自由哲學》的作者也強調「權威」（Autorität）的教育手段，事實上7至13歲年齡階段的孩子，確實需要一個權威。這個年齡中的孩子只有在感受到了對於權威的尊敬和服從，在以後的生活中才能真正使用自己的自由（Steiner, 2001）。在此，斯泰納提出許多人智學教育學的教學方法理論，例如：週期教學、熟悉環境、客觀觀察、教學順序、優律斯美、藝術表演、藝術的愛心、想像的才能、自由的環境、心靈的培養和權威的教育等等，做為華德福學校進行教學活動的方法。

五、教師圖像理論

斯泰納在《人類經驗的基礎》一書中，主張教師們必須內化和生動的展現出主要的材料，將其填滿想像力。除非我們賦予感覺性的意志，否則不可能在幾年後兒童會有強烈的影響。我們必須在小學的最後一年，強調的是教師和學生間溝通和諧的生命。如果不試著將課程以有想像力和新鮮的方式呈現，將不會成為有好成績的老師。但如果我們呈現事物只一次使用想像，而後不斷的重複它，那反而會凍結兒童的智能。教師必須不斷地使想像力保持活躍，否則，在學習上只會產生僵化的現象。如果生命要是

豐富的，在此有兩個概念是永遠不會聯結在一起：即教育的專業和虛偽。如果教學和虛偽在生命中聯結在一起，結果將是極為不健康的結合。教學有個內在的道德性，一個內在的責任感。教師真要有一個絕對必須履行的責任。這個責任是：保持自己的想像力活躍。如果教師覺得自己開始變得虛偽、在賣弄學問，那麼就告訴自己：對其他人而言，虛偽也許只是不好，但對教師而言，那是完全不道德的。這必須是教師的態度。如果教師沒有這種態度，則他們應該認真學習如何使用其知識來教學，或另外找職業。當然，在生命中我們或許無法完成這些事和達到這種理念；然而，我們至少要知道這種理念（Steiner, 1996b：210-211）。

　　斯泰納在《教育藝術精神—心靈的基本力量》一書中，主張根據學生的性格來安排班級裡的情況。在研究了每個學生的性格之後，老師可以讓有悲傷性格的學生都坐在一起，也讓有快樂或沒有反應性格的學生，跟同樣性格的同學坐在一起。通過這種作法，可以將他們的性格磨損掉。悲傷和悲傷坐在一起會活躍起來；而暴躁性格的兒童在一起，他們會互相打起來。如果最後有了傷口，這會使他們的性格得到治療。華德福學校的管理中心就是經由全體教師會議，來處理學校所有的事情和做法。大家將這些會議看成像是人體中的心臟一樣，會議內容不是抽象的規則，也不是互相比較或競爭，而是體現合作的意志。只有對於每個學生的愛，教師才有可能在會議上，說出一些對同事們有幫助的事。健康與教育是相互影響的，我們不能將健康與教育分給兩個人負責。如果兒童健康的成長有需要，老師們就需要醫學知識。我們不能根據方便的怪癖來安排生活，而要根據生活的需要去做事。特別是低年級的老師，需要瞭解兒童遊戲的方式與健康之間的關係。在遊戲的過程中，有很多種心靈作用得到發揮，我們要知道得到滿足和得不到滿足的情感。如果以引導的方式能讓他在遊戲中得到滿足，我們就支持了與消化有關係的情感（Steiner, 2002）。

　　斯泰納指出老師們需要一種能讓他們愛人的科學，因為教育的基礎是要珍愛人類和珍愛知識，這是人智學想給予的。對人類的認識是教育最需要的，因為人的結構會讓我們想到所有我們需要的教育手段。因為自然科學不能幫我們回答教育方法的問題，所以才需要發展精神科學。斯泰納

希望將來再也不用講教育，因為普通的科學和世界觀已經包括了對於人的認識，使老師們很自然地就能找到教育藝術的手段。在此不是要老師們學習更多的特殊知識，而是人類需要一個包括對人認識的那種世界觀，使老師們自然而然地就感覺到教育對人的作用（Steiner, 2002）。他指出要在課程中填充想像力，教師還需增加求真的勇氣。沒有這種求真的勇氣，老師在教學的意志上將不會達成任何事，尤其在對年紀較大的孩子上。必須要有發展得以求真的勇氣，而且帶著強烈朝向真實的責任感。對想像力的需求、真實的感覺和對感受的責任——這些是三股構成教育勇氣的力量（Steiner, 1996b：211-212）。在此，斯泰納提出其教師圖像理論，主張要當一個教師必須滿足三個條件：那就是要以感謝的方式接受學生，要運用愛的教育方法和讓兒童的思想能夠自由的發揮，而一位理想的教師，必須具有想像力、求真的勇氣和責任感，才能勝任教師角色的要求。

第四節　綜合評價

　　根據個人對斯泰納相關文獻的分析，其人智學教育學具有下列幾項優點：

　　一、建立具有特色的教育目的理論，主張教育目的是在培養一個懂得感謝、具有愛和自由的人，注重學生身、心、靈三個層面的教育，希望達到善、美、真兼具的人格理想，這種教育目的理論不僅可以補充傳統學校注重紀律訓練，忽略學生自治精神的不足；而且能夠糾正當前學校注重學生身體和心靈，忽略精神層面教育的缺失。

　　二、倡導不同於以往的人類本質理論，強調人類本質的理解，作為教育活動實施的依據，設計教學步驟的參考，可以彌補傳統教育忽略人類認識，提高學生學習的效果，充實教育人類學的理論，提供教學實施的原則，解決教育實際遭遇的問題，補充傳統教育理論的不足。

　　三、提出嶄新明確的教育階段理論，批判傳統心理學觀點的缺失，促使教師從新的觀點來看待學生，增進學校教師對於學生發展的瞭解，有助於教師選擇有效的教學方法，安排適當的教學活動，提高教師教學的效果

和學生學習的成就，培養一個身、心、靈和諧發展的人。

四、創造新穎有效的教學方法理論，例如：「週期教學」、「藝術表演」、「教學順序」、「小班教學」、「個別指導」、「心靈培養」、「優律斯美」等等，提供學校教師作為實施教學和安排教學活動的參考，有助於改善教師教學的效果，增進學生學習的成就，補充傳統教學理論的不足，對教學方法的進步貢獻很大。

五、形成規範指引的教師圖像理論，主張教師必須具備基本道德，擁有想像力，充實醫學知識，履行教育責任，瞭解學生的性格，對真實的感覺和對學生的愛，才能勝任教師的角色，做好學校教育的工作。這種理論可以提供師資培育機構作為參考，以設計適當的師資培育課程，培養一位理想的學校教師。

但是不可諱言的，斯泰納的人智學教育學也存在著下列幾個問題：

一、斯泰納深受叔本華和印度宗教靈魂輪迴思想的影響，運用生前、今生和死後三個階段，來描述人類思想的本質，這種說法不但非常抽象模糊，無法讓人理解；而且缺乏理性的論證。皮特斯（Richard S. Peters, 1919-2011）主張教育活動的界定，必須符合認知性、自願性和價值性的規準（Peters, 1966）。這種理論違反了認知性的規準，因此實在難以獲得學者的認同，甚至得到科學的支持，成為一種能夠被理解的教育理論。普朗格[5]（Klaus Prange, 1939-）也指出其人智學的方法不符合科學的規準，其教育論證不夠嚴謹，難以讓人理解，因此無法達到科學的要求（Prange, 2000: 184-191），這是其人智學教育學的限制。

二、斯泰納的教育階段理論將人類教育的發展分為換牙前（0-7歲）、換牙後到青春期（7-14歲）和青春期到青年期（14-21歲）三個階

5　普朗格（Klaus Prange）是德國當代著名的教育學家，1939 年出生於德國拉徹堡（Ratzeburg），1969年取得基爾大學哲學博士學位，1975年通過大學教授備選資格審查，1975 年擔任基爾大學教育學教授，後來轉到拜羅伊特大學任教，1985年轉到杜賓根大學教育學教育科學研究所，擔任普通教育學講座教授，目前已經從杜賓根大學教育科學研究所退休（Böhm, 2000：428-429）。

段，雖然可以提供學校教師作為安排教學活動的參考，但是對於人類教育階段的描述並不完整。因為根據杜威（John Dewey, 1859-1952）教育本質理論的觀點，人類教育的發展是沒有終點的，教育是不斷發展的過程（Dewey, 1916）。因此，人類教育的過程是一種終身學習的過程，人類在青年期之後，依然需要接受教育，所以三個階段的教育理論仍然不夠完整。其次，斯泰納的人智學教育學比較注重觀點層面的陳述，忽略基礎層面的論證，不僅無法與智性和道德的要求關聯，未經批判的接受哥德理性主義的觀念，而且沒有指出透過哪些思想媒介與運作可以達到其精神研究的結果（Prange, 2000: 176-191），這些都是其人智學教育學的問題。

　　三、斯泰納主張學校教育不應該是一種世界觀的教育，因此反對在華德福學校中實施宗教教育。但是宗教教育有其重要性，學校排斥宗教觀點的影響，不一定就是好的。事實上，華德福學校深受基督宗教的影響，而且從宗教教育中獲益匪淺。裴斯塔洛齊（Johann Heinrich Pestalozzi, 1746-1827）就認為宗教可以作為道德教育的媒介，宗教雖然是個人對神的事，而道德是個人對他人和自己的事，但是兒童從與母親的互動中，一些基本的道德即由此建立起來。諸如愛、信賴、感激等等。品德的形成是道德人的必要條件，而品德的形成不僅有著主觀的條件，如個人的自覺、自律的行為等等（Pestalozzi, 1961）。因此，斯泰納的人智學教育學排斥宗教介入學校的觀點並不正確。事實上，適當的融入課程和指導學生，反而可以讓學生對宗教有正確的認識，當前華德福學校的教育實際就是最好的證明。

第五節　重要啓示

　　根據個人對斯泰納相關文獻的分析，其人智學教育學對我國的教育學術具有下列幾項重要的啓示：

　　一、我國學校教育比較注重學生紀律的訓練，忽略學生自由觀念的培養。而且只注意到學生身體與心靈的教育，忽略學生精神領域的開展。例如：在體育上注重學生身體的鍛鍊和運動風度的培養，僅限於身體和心靈

層次的教育，比較忽略學生靈性的啟發。而且甚少宗教相關議題的教學，漠視學生精神領域的涵養。因此，培養出來的學生往往唯唯諾諾，缺乏批判思考的能力，而且精神層次相當低落。斯泰納的人智學教育學可以彌補我國學校教育的不足，可以教育學生批判世俗的道德，勇於追求精神的自由，培養學生具有感謝、愛和自由的觀念，兼顧身、心、靈三個層面的發展，對於我國學校教育理念的改革具有重要的意義。

二、我國師資培育比較忽略教育人類學的基礎，也未普遍開設文化人類學課程，導致教師對於人類的認識不足，不是非常瞭解學生在人類學上的特性，難以達到適性教育的理想，積極發揮學校教育的效果，因此造成許多師生之間的衝突和對立。斯泰納的人智學理論可以彌補傳統教育忽略人類認識的缺失，提高學生學習的效果，充實教育人類學的理論，提供教師教學實施的原則，解決教育實際遭遇的問題，補充傳統教育理論的不足，增進教師教學的效果，達成學校教育的理想。

三、我國學校教師以往只從教育心理學的觀點來瞭解學生，這種作法是偏頗不全的，往往無法掌握學生的特性，選擇良好的教學方法，安排適當的教學活動，提高學生學習的效果。斯泰納的教育階段理論提供教師一個新的觀點，能夠增進教師對於學生的認識，瞭解學生不同階段的特性，進而選擇良好的教學方法，安排適當的教學活動，提高學校教育的效果。

總而言之，斯泰納深受德國觀念論哲學、哥德哲學觀點、席勒美育思想、叔本華輪迴思想、尼采生命哲學和基督與印度宗教的影響，不僅批判唯物論和唯心論的偏頗，而且指出多元論的錯誤，提出本體一元論的主張，將世界作為知覺，探討意識性的人類行動、世界的認識、人類的個體性、生命的因素和自由的理念。他主張教育的目的是在培養一個身、心、靈和諧發展，達到善、美、真的理想，懂得感謝、具有愛和自由的人。教師必須配合學生的身體、心靈和精神的發展來進行教育的活動，使兒童的精神心靈能夠達到獨立自主。人類的教育可以分為出生到換牙期、換牙後到青春期、青春期到青年期三個階段，教師必須配合學生的發展，應用各種教學方法來進行週期教學、小班教學和個別指導，促進學生身、心、靈的和諧發展。主張教師必須具備基本道德，擁有想像力，充實醫學知識，

履行教育責任，瞭解學生的性格，對真實的感覺和對學生的愛，才能勝任教師的角色，做好學校教育的工作。斯泰納的人智學教育學首先可以彌補我國學校教育的不足，培養學生具有感謝、愛和自由的觀念，兼顧身體、心靈與精神層面的教育。其次，可以彌補傳統教育忽略人類認識，提高學生學習的效果，充實教育人類學的理論，提供教師教學實施的原則，解決教育實際遭遇的問題，補充傳統教育理論的不足。再次，能夠提供教師一個新的觀點，能夠增進教師對於學生的認識，選擇良好的教學方法，安排適當的教學活動，提高學校教育的效果。接著，可以提供我國教師作為實施教學和安排教學活動的參考，有助於改善我國學校教學的效果，增進學生學習的成就，補充傳統教學理論的不足。最後，可以提供我國師資培育機構作為參考，以設計適當的師資培育課程，培養一位理想的學校教師。雖然，斯泰納的人智學教育學違反了認知性的規準，對於人類教育階段的描述並不完整，而且排斥宗教介入學校的觀點並不正確。但是，斯泰納的人智學教育學可以彌補傳統教育理論的不足，提供學校教師嶄新的觀點，促進人類教育的革新，因此依然值得我們加以重視。

第二章

佛雷勒的受壓迫者教育學探究

　　意識型態（Ideology）不僅是理論層面研究的課題，同時也是日常生活世界中不能逃避的事實。教育作為一種研究工作或是實踐的活動，也都與它有密切的關係。不過如果教育過程中只允許一特定意識型態的存在，而且其合法性只是反映少數人的利益，那麼教育必然會成為此一意識型態的製造工廠。然而如果學校的「無形圍牆」不存在，允許各種意識型態介入，而任其將教育的合理性踐踏，則知識不可能成為促進社會進步的原動力，而可能成為毀滅社會的暴力（陳伯璋，1988：7-8）。因此，對於教育過程的探討，應該經驗、詮釋與批判並進，儘量免除意識型態的障礙，理解個體與社會互動關係的實質意義，才能建構合宜的教育理論，使教育理論能適切的落實於教育實踐，促進個人完熟人格的成長與社會實質正義的實現（楊深坑，1988c：53）。佛雷勒（Paulo Freire, 1921-1997）生活在受到軍事強權統治的巴西，深深體會到政治意識型態對社會大眾的控制，使得

當時的巴西社會形成沉默的文化，大家不敢表達自己的想法，深怕受到軍事強權的迫害，過著非人性化的生活，成為壓迫者壓迫的對象，此時教育成為馴化人民的工具，無法幫助社會大眾得到真正的自由和解放。有鑑於此，佛雷勒提出「受壓迫者教育學」（Pedagogy of the Oppressed），希望經由教育行動轉化為政治行動，促使社會大眾達到意識的覺醒，共同團結起來對抗壓迫者，達到真正的自由與解放。這種教育理論不僅批判傳統囤積式教育的錯誤，提倡對話和溝通的提問式教育，改變了傳統教育的方式，也形成了新的師生關係，對各國的教育產生相當大的影響，值得深入的對其「受壓迫者教育學」加以探討。

第一節　生平著作

佛雷勒（Paulo Freire）1921年9月19日出生於巴西的瑞西佛（Recife），父母屬於中產階級，由於經濟情況並不寬裕，佛雷勒能夠深刻體會到飢餓的痛苦，這使他下定決心，為對抗飢餓而努力。1939年進入瑞西佛大學就讀，主修法學、哲學和語言心理學。同時在一所中學擔任部分時間的葡萄牙文教師。在這段期間裡，佛雷勒深受馬克斯（Karl Marx, 1818-1883）、馬里旦（Jacques Maritain, 1882-1973）、柏納諾斯（Georges Bernanos, 1888-1948）、莫尼爾（Emmanuel Mounier, 1905-1950）等人著作的影響。1943年大學畢業後，考取律師資格，開始擔任律師的工作。1944年佛雷勒和艾爾采（M. C. O. Elza）小姐結婚，育有三女二男，這使他逐漸對教育產生興趣，開始閱讀有關教育、哲學和教育社會學的書籍。其後，有感於拉丁美洲國家政治壓迫情形嚴重，為喚醒民眾知覺社會制度的弊端，放棄律師的工作。起初擔任社會福利官員，後來應聘柏南布克省擔任教育與文化部門主席的職務。1959年佛雷勒獲得瑞西佛大學哲學博士學位，主修教育哲學和教育史。先前從事的教育經驗使他發展出溝通和對話等成人教育的方法，1963年間在巴西全國推展成人識字教育。由於他鼓吹民眾解放意識，以對抗巴西軍事強權的壓迫，因此於1964年入獄。其後，

佛雷勒被驅逐出境，流放到南美的智利，在智利期間，他參與成人教育工作，貢獻很大。1965年應邀擔任美國哈佛大學教育與發展研究中心訪問教授，1970年間擔任瑞士世界宗教委員會教育部門助理祕書長，後來成為日內瓦文化行動研究所執行委員會主席。1979年佛雷勒結束流亡生涯，返回巴西擔任聖保羅市教育部長，進行學校教育改革工作，1997年逝世於聖保羅（Sao Paulo）。佛雷勒的主要著作有《受壓迫者教育學》（*Pedagogy of the Oppressed*）、《自由的文化行動》（*Cultural Action for Freedom*）、《教育作為自由的實踐》（*Erziehung als Praxis der Freiheit*）、《團結教育學》（*Pädagogik der Solidarität*）、《教育學在進行中》（*Pedagogy in Process*）、《教師是政治家與藝術家》（*Der Lehrer ist Politiker und Künstler*）、《學習發問：一種解放教育學》（*Learning to Question: A Pedagogy of Liberation*）、《城市教育學》（*Pedagogy of the City*）、《心的教育學》（*Pedagogy of the Heart*）、《希望教育學》（*Pedagogy of Hope*）、《批判意識的教育》（*Education for Critial Consciousness*）等等（梁福鎮，2006；Böhm, 2000: 185）。

第二節　思想淵源

佛雷勒的《受壓迫者教育學》（*Pedagogy of the Oppressed*）主要的目的喚起受壓迫者意識的覺醒，去除沉默文化的枷鎖，轉而投入反抗的行動，從受壓迫的狀態中解放出來（Freire, 1970）。根據個人對佛雷勒相關文獻的分析，其受壓迫者教育學的思想淵源主要有下列幾個（王秋絨，1990：55-69；方永泉，2003：40-41；李奉儒，2004a：26-32）：

一、來自歐洲的學術思潮

包括教育的無政府主義、人格主義（personalism）、存在主義、左派佛洛伊德、早期法蘭克福學派、馬克斯主義和後現代主義（Postmodernismus）。

1. 教育的無政府主義方面

包括古德曼（Percy Goodman, 1874-1935）、伊里希（Ivan Illich, 1926-2002）、歐利格（I. Ohliger）、費瑞爾（F. Ferrer）等人的看法，這些學者大多主張：教育要從國家控制中解放出來，並充分享有教育自由。佛雷勒雖未激進到完全反對政府涉入教育實務，但卻採行了教育應享有充分自由、尊重個性、發揮人性的主張。

2. 在人格主義[1]方面

佛雷勒特別受到莫尼爾作品的啟發。莫尼爾是一位法國的知識份子，也是一位批判傳統基督教與歐洲理性主義的天主教作家。佛雷勒的思想有許多與莫尼爾的類似之處：他們都認為歷史有它的意義；雖然人類歷史仍不乏戰爭與疾病，但歷史依然是朝著更好的人性與解放在邁進；人性有著一個光榮的使命，就是要進行其自身的解放。所謂的人格主義其實並非一種政治制度，也非哲學；它是一種觀點，一種樂觀的看待世界的方式，也是一種對於行動的召喚，而這些亦都是佛雷勒思想的特點。

3. 在現象學和存在主義方面

從佛雷勒的著作中，我們常可看到沙特（Jean-Paul Sartre, 1905-1980）、雅斯培（Karl Jaspers, 1883-1969）、馬塞爾（Gabriel Marcel, 1889-1973）、海德格（Martin Heidegger, 1889-1976）、卡繆（Albert Camus, 1913-1960）等存在主義學者的影響力。例如：佛雷勒主張「真實的認知行動」，要求人們成為具有存在志業的「主體」及對於「對話」的重視、關於「界限處境」（limit situation）的分析等，在在都顯示了存在主義在佛雷勒身上影響的痕跡。

---

[1] 人格主義（personalism）一詞有學者譯為「位格論」，個人認為在一般哲學和教育學領域，由於探討的對象是人類的人格（Person），譯為「人格論」或「人格主義」應該比較適當；而在神學和宗教哲學領域，由於探討的對象是上帝的三位一體問題，譯為「位格論」或「位格主義」應該比較適當。從哲學的意義來看，Person是指具有精神性和不能為別的個體所共有的特質之個別存有者，而personality則是指與人的形上人格相對應的經驗事實，亦即一切肉體的與心靈的、意識的與潛意識的活動、過程、情況與稟賦（Brugger, 1978）。

4. 在壓迫心理學上的分析方面

佛雷勒主要受到了一些精神分析學者—例如：佛洛伊德（Sigmund Freud, 1856-1939）、榮格（Carl Gustav Jung, 1875-1961）、阿德勒（Alfred Adler, 1870-1937）、佛洛姆（Erich Fromm, 1900-1980）和法農（Frantz Fanon, 1925-1961）等人的影響。佛雷勒相信教育能夠抵消壓迫心理的影響，改進人類處境，並且對於人類的存有志業帶來貢獻。其中特別是在左派佛洛伊德學說所提供的影響上。此派學說主要是對於佛洛伊德所提出的心理分析學說進行了社會性的修正，其認為佛洛伊德的理論固然有助於洞察人的本質總是受到道德要求與社會期望的潛意識影響，但仍不能據此改變社會結構與價值，反而會試圖藉由精神治療方式來幫助個人適應既有社會體制。左派的佛洛伊德學者進而認為，精神分析的目的應該是在建構一個平等、自由與沒有人性壓抑的社會，而不是在使個人重新適應社會。佛雷勒採取了左派佛洛伊德的的看法，嘗試透過精神分析來解釋民眾雖然明知自己利益所在，卻仍不能以實踐來爭取己利，因而主張透過對話來發展出「覺醒」，造成個人的解放，進而透過民眾的實踐，達成社會結構的改革與人性的解放。

5. 在早期的法蘭克福學派方面

佛雷勒主要受到佛洛姆和馬庫塞（Herbert Marcuse, 1898-1979）學說的影響。佛洛姆的「為己存有」的觀念常被佛雷勒引用為評估農民生活是否合乎人性的主要依據，而佛洛姆的「擁有或存有」（to have or to be）的觀點也常為佛雷勒所使用。佛雷勒有時也會引用馬庫塞的觀點來批判巴西的壓迫者將技術與科學合法化為其壓迫的工作，使人民在科技理性的支配下，逐漸失去了表達自己情感與反思的能力，並將自己物化。

6. 在馬克斯主義的影響方面

雖然馬克斯（Karl Marx, 1818-1883）本人對於教育的作用似乎頗為懷疑，但馬克斯在解釋人類社會發展現象時所使用的論點，往往卻成為佛雷勒解釋巴西當時社會現實、文化發展的基礎。例如：佛雷勒會從階級壓迫的觀點來說明宰制菁英對於受壓迫者大眾的操控與侵害，並將受壓迫者所接受的教育視為統治階級塑造意識型態的工作，他在作品中常常使用馬克

斯主義的術語，包括虛假意識（false consciousness）、異化（alienation）、宰制（domination）、壓迫（oppression）、階級鬥爭（class struggle）、文化革命（cultural revolution）等，這些都可以看出馬克斯主義對於佛雷勒的啟發。而在當代的馬克斯主義學者中，葛蘭西（Antonio Gramsci, 1891-1937）是較常為人所注意到且常為佛雷勒所引用的學者。此外，還有一位佛雷勒在其早期著作中較少提到，但在後期著作卻多處提及的學者柯錫克（Karel Kosík, 1926-2003）。佛雷勒主張具體現實亦是日常生活現實的一部分，它是人類可以改變的。這種說法應該是受到柯錫克提出之「具體現實」（concrete reality）——包括制度、觀念、概念等——觀點的影響。

二、拉丁美洲的哲學思潮

包括墨西哥的吉伊（Leopoldo Zea）、阿根廷的杜塞爾（Enrique Dussel, 1934-）和拉丁美洲的解放神學。茲詳細說明如下（方永泉，2003：40-41）：

1. 在哲學的關懷方面

吉伊指出哲學的主要關懷有下列幾點：(1)作為人類就是作他自己。(2)強調此時此地的人類問題的解決，而且解決問題的方法是辯證。(3)重視對於科技意識型態及人類不平等之社會問題的分析。(4)思考人類如何解放、追求自由的問題。(5)哲學是從行動中反思而來，而反思本身則是不間斷的，哲學的本質也是不斷變動的。從這些哲學關懷看來，佛雷勒所強調的人性化、存在的經驗、自由、解放等基本的哲學觀念，都可說承繼了吉伊的看法。

2. 在觀察的角度方面

杜塞爾從「中心」與「邊陲」的角度，解析拉丁美洲受到壓制的地位。他認為拉丁美洲人民的生活都是在為他人而活，缺少真實的反思。因此與歐洲哲學強調理性、邏輯不同的，拉丁美洲哲學常是以批判的、辯證的態度來看待社會的變遷。杜塞爾進一步認為，我們應以辯證的方式來改變不合理社會事實的實踐方式。杜塞爾實踐的、變動的辯證哲學，對佛雷勒日後發展對話哲學的辯證方法可說有著很大的啟發。

3. 在解放神學方面

由其強調以知識分子作為解放運動的主角，並且主張以揭櫫信仰、公義的生活作為神學的主體及反思的對象，這使得解放神學充滿了人道主義的色彩。解放神學更主張關懷窮人、向窮人學習、免除壓制窮人的偏見，並重視發展啟迪民眾改變自己異化的動機與能力的方法，以形成反思與實踐合一的革命行動階段。佛雷勒受到解放神學實踐革命決心及人道主義的影響，使得他在教育思想與方法上特別重視自主、自由與平等、尊重的觀念。

第三節　主要內涵

根據個人對佛雷勒相關文獻的分析，其受壓迫者教育學的主要內涵有下列幾項（李奉儒，2003：6-20）：

一、注重人性的恢復

佛雷勒認為拉丁美洲的後殖民地社會存在著一種沈默的文化，知識分子不能和社會大眾保持接觸，因此無法獲得民眾的支持。整個第三世界的人民不僅尚未作好自我決定的準備，同時缺乏自我決定的能力。在拉丁美洲社會中教育的性質根本不是中立的，而是受到統治階級意識型態的控制，在這種情況下需要一種「受壓迫者教育學」，這種教育學具有革命的性質，其任務首先在揭發壓迫的世界，改變社會的實際，其次停止教育學受壓迫者的利用，成為全人類解放過程的教育學（Freire, 1970：52）。佛雷勒主張從價值論的觀點來看，人性化的問題一直是人類所面臨的核心問題，而此一問題現在則是我們無法逃避的問題。由於我們對「人性化」（humanization）問題的關懷，使我們會立即認知到，所謂的「非人性化」（dehumanization），並不僅僅是一種存有論上的可能性，而應該是一種歷史上的現實。以人作為一個能察覺到自己不完美的不完美存有來說，在人類史客觀具體的脈絡下，無論人性化或非人性化都是人的可能性，但是只有前者才是人類的志業。人性化的志業常遭到不義、剝削、壓迫和壓迫者

所施暴力的打擊，透過受壓迫者的奮鬥，他們可以恢復過去所失落的人性（Freire, 1970）。

二、追求意識的覺醒

佛雷勒認為只有通過人文主義「意識覺醒」（conscientizacaõ）的過程，批判「囤積式」教育活動意識型態灌輸的缺失，才能培養社會大眾反省批判的能力，進而達到自由和解放的目標，使教育人性化，培養一個自我強調，克服宿命論，具有責任感的人（Freire, 1970：30）。他在《教育作為自由的實踐》中，將人的意識覺醒分為三個層次（Freire, 1973：17-18）：(1)半為轉移意識（semi-intransitive consciousness）：是指人的一種意識狀態，其知覺領域是有限的，受限於狹窄的生物經驗中，興趣幾乎完全圍繞在與其生存相關的事物上，無法具體化日常生活的事實與問題情境，崇拜神奇的解釋而不能理解事情真正的因果。(2)素樸的轉移意識（naïve transitive consciousness）：素樸意識階段的特徵是：「對於問題的過度簡化，對於過去的懷舊之情，群居的強烈傾向，對於探究事物興趣缺缺，而且伴隨著對於空想的解釋有著很重的口味，論證相當脆弱，強烈的情緒類型，在實務中強辯而非對話和神奇的解釋等等」。(3)批判的轉移意識（critically transitive consciousness）：批判意識階段的特徵是：「對於問題解釋的深度，以因果的原則取代神奇的解釋，對於個人的發現加以檢證，並且開放加以修正；當覺知問題時嘗試避免扭曲，而且在分析問題時避免前見的影響，拒絕推卸責任，拒絕被動的立場，論證的周延；在實務中對話而非爭辯，因為有理由而非新奇來接納新的事物，也不因為只是舊的就拒絕，不論新舊只接受有效的。」

三、教育即政治的行動

佛雷勒指出教育不是中立的事物，因為教育如果不是用來馴化人民，便是用來解放人民。教育的政治意涵並不等同於政黨意識，而是指發展個人識字和計算的能力、問題解決、批判思考、參與決策等在新世界經濟中競爭的能力（Freire, 1985）。佛雷勒強調教育活動的進行無法經灌輸

和操縱，達成人類解放的理想。真正的解放必須消除「異化」（Entfrem-dung），培養學生批判思考的能力，它是一種「人性化」的過程（Freire, 1970：83）。為了達成解放的目標必須增進受壓迫者批判的知覺，同時以改變的主體參與社會革命的歷程（Freire, 1970：145）。專制社會中恢復人類人性最有效的工具就是「人文主義的教育學」（Humanistische Päda-gogik），在和受壓迫者對話的過程中，實施革命性的引導（Freire, 1970：71），將壓迫的原因作為反思的對象，喚醒受壓迫者為解放戰鬥的意識，達成追求自由的目標。

四、囤積式教育方法的改革

佛雷勒主張傳統的教育是一種「囤積式教育」（banking education），囤積式教育的特性如下（Freire, 1970）：(1)由教師來教學，而學生只能被教。(2)教師知道一切，而學生一無所知。(3)由教師來思考，至於學生只是被思考的對象。(4)由教師發表談話，學生只能在旁邊聽話。(5)由教師來施予紀律，學生只是被訓練的。(6)教師可以決定和強化其選擇，學生則只能服從要求。(7)教師可以行動，學生只能產生自己也有行動的幻覺。(8)教師選擇教學的內容，而學生只能去適應它。(9)在教師身上混淆了知識與人格的權威，而其所處的地位則與學生的自由相對立。(10)教師是學習過程中的主體，而學生只是客體。在囤積式教育下，人性逐漸喪失，意識受到蒙蔽，教育變成一種囤積的活動，學生變成囤積的容器，教師則變成一位囤積者。而「提問式教育」（posing education）是一種恢復人性與解放的實踐，主張學生必須為自己的意識覺醒而奮鬥，並且從培養學生的批判素養做起（Freire, 1970）。因此，佛雷勒主張教育活動必須採用對話、批判思考和溝通的方式來進行，沒有對話就沒有溝通，沒有溝通就沒有教育（Freire, 1970：100）。

五、教師與學生關係的改變

佛雷勒提出行動的反思和反思的行動，而且透過對話的過程與意識覺醒的歷程來達到改革的目的。對話不只是單純的人際溝通，而是一種開

展批判意識的過程。主要的目的在啟發個人主體性的批判意識，使人由客體轉變為主體。因此，教師在教育歷程中的角色，便不是知識唯一的擁有者或單向的提供者，而是學生的協助者和促發者，藉由對話的過程促進師生間產生批判性的溝通，教室中的認知行動成為師生共同參與的探究活動（Freire, 1970：61-62）。所以，教師在教育過程中不僅在教導，同時也從學生處獲得學習，教師同時是一位教師和學習者。相反的，學生在教育歷程中，不僅是一位學生，同時有可能是一位教師。因此，在教育過程中所有的人都在成長（Freire, 1970: 84），這改變了傳統教師與學生扮演固定角色的關係。

第四節　綜合評價

根據個人對佛雷勒相關文獻的分析，其受壓迫者教育學具有下列幾項優點（梁福鎮，2004：437-438）：

一、佛雷勒批判傳統教育違反人性的缺失，希望經由教師教學的啟蒙，幫助受壓迫者覺知壓迫者的宰制，聯合所有的受壓迫者，達到意識的覺醒，從受壓迫的處境中解放出來，恢復人性化的生活。這種人性化的理想對教育工作的推展具有重要的意義，有助於達到自由解放和人性提升的教育目標。

二、佛雷勒批判囤積式教育方式的缺失，提出提問式的教育方式，可以幫助受壓迫者瞭解自身的處境，培養反省批判的能力，促進受壓迫者的團結，共同對抗壓迫者的控制，達到意識的覺醒，從壓迫者政治宰制中解放出來，得到真正的自由。佛雷勒提倡的提問式教育方式，對教學方法的革新具有重要的意義。

三、佛雷勒強調教育行動就是一種政治行動，賦予教師解放學生的任務。教師在佛雷勒的批判教育學中，不再只是一位教育工作者，而是一位幫助受壓迫者發展批判能力，達到意識覺醒，共同對抗壓迫的行動者。教師必須發展解放的觀念和技術，同時實際參與學生的政治行動。因此，教師的角色不同於以往。而且在教育的過程中，教師和學生的角色經常互

換，師生不再是上下從屬的關係，而是平行對話的關係。佛雷勒的看法能夠反映現代社會的現象，能夠幫助我們瞭解教育中師生關係的意義。

四、傳統的觀點認為教師應該注重教育專業，不必過問社會政治的事務，教育工作應該獨立於政治行動之外。但是，在佛雷勒的批判教育學中，教育工作肩負人性啟蒙、意識覺醒和對抗壓迫者的任務。因此，教師必須結合教育行動與政治行動，成為教育改革的推動者，他必須培養學生批判反思的能力，領導受壓迫者對抗政治文化的宰制，揭露社會的真相，使受壓迫者的意識覺醒，才能達到真正的自由。佛雷勒的論述肯定教師在教育改革中的地位，相當值得我們加以重視。

五、從佛雷勒的受壓迫者教育學來看，教育改革的推動其實隱含了壓迫者的意識型態，目的在控制受壓迫者，維護特定階級的利益，並不一定能夠解決學校的教育問題，而且不見得對受壓迫者有利。佛雷勒的觀點揭露了教育改革的真面目，讓我們能夠從不同的角度，分析教育改革的意義，可以幫助我們瞭解教育改革的真相。

但是不可諱言的，佛雷勒的受壓迫者教育學也存在著下列幾個問題（李奉儒，2003：19-20；梁福鎮，2004：438-440）：

一、佛雷勒提倡與實踐的受壓迫者教育學是在巴西當時充滿壓迫行為的農業社會中，經過批判、反思、行動與實踐的產物，具有一定的時空特性和侷限性。然而，其所批判的軍事獨裁政權，並不存在於今日資本主義的臺灣社會中，至於由大地主宰制、剝削農奴所造成的不公義社會也跟臺灣不相同。例如：佛雷勒對於「人性化」、「非人性化」的說明，就較為偏向從人與動物的區別來論述，而較少顧及人類所處世界的複雜環境與社會結構，對於人性化的可能影響。但在臺灣，社會結構對於教師的無形限制則是更需要批判的，基層教師也必須能夠敏知於資本主義的自由競爭、市場走向對於各種教育政策和學校教育實務的影響。

二、佛雷勒在有關「意識覺醒」的討論中，相當肯定批判意識的價值，以批判意識作為最終的進程，卻未注意到「意識覺醒」或批判意識如果缺乏節制或運用不當，可能使人墜入主觀的武斷，而未能同時從事對自我和外在結構的批判。如果對某項政策有不同的見解，而對立的雙方均宣

稱自己才是具有批判意識者，應該如何解決兩者之間的爭議。佛雷勒並未對這類可能發生在每日生活中的實際情況進行探究，而是浪漫地假定批判意識的覺醒會讓爭議的雙方自然達成共識。

三、佛雷勒往往使用二分法的論述，例如不是受壓迫者就是壓迫者，不是人性化就是非人性化等，使其分析似乎過於簡化複雜的實際情境。因此，必須謹慎預期理念是否會成為另一種教條，像是佛雷勒強調以社會轉化作為立即目標，然而如何達成這項工程，才不至於為解放而解放，為轉化而轉化，必須同時考量如何在轉化的實踐過程中，避免不必要的衝突或不可忽視的代價。

四、佛雷勒的對話教學相當重視辯證的過程，強調認知的作用，卻沒注意到理性認知有其限度，忽略其他非認知的作用，也較少對於學習者的討論。然而，在批判意識覺醒的過程中，總是存在著觀念上的衝突，或者跟以往習慣、偏見、行為模式等的斷裂，這些都不是教師或學生容易克服的，因為人在情感上總不願意讓自己涉入危機，而去承擔責任。

五、佛雷勒的受壓迫者教育學較為強調教師必須扮演何種角色，又必須具備何種素質，對於師生之間的教學活動，只在理想上期待教師必須同時是學習者，並認知到學習者同時也是教師的可能性。事實上，教室活動仍是以教師為發動的主體，就像其對於提問式教育的討論，也大多指向教師如何運用教學策略，從而激發出學習者的好奇心與批判思考，較少論及學習者如何主動的提問，這即使不是其批判的囤積式教育，也容易走向教師中心的教學模式。

第五節　重要啟示

根據個人對佛雷勒相關文獻的分析，其受壓迫者教育學對我國的教育學術具有下列幾項重要的啟示：

一、教育行動就是政治行動

　　過去我國教育學術界的觀念認為教育行動與政治行動不同，教育不應該與政治劃上等號，邊納爾（Dietrich Benner, 1941-）的實踐學論證也持這種看法（Benner, 1987）。但是事實上，教育與政治無法完全分割，教育深受政治的影響。從佛雷勒受壓迫者的觀點來看，教育行動就是政治行動。他處在軍事強權統治下的巴西，看到社會大眾受到壓迫，過著不人性化的生活，形成沉默的文化，無法從宰制中得到解放與自由，因此倡導受壓迫者教育學，希望透過教師的教育活動，讓學生瞭解自己的處境，產生意識的覺醒，進而聯合其他的受壓迫者，將教育行動轉變為政治行動，共同對抗軍事強權的統治，以獲得真正的自由與解放。這種觀點可以提供我國教育作為參考，以瞭解教育行動的性質。

二、批判囤積式教育的錯誤

　　我國傳統的學校教育偏重記憶背誦，採取灌輸填鴨的教育方式，不允許學生對教師提出質疑，這種教育方式屬於囤積式的教育，會阻礙學生反省批判能力的發展，使學生成為被動的學習者，不能與教師進行溝通和對話，無法受到教師人格的感召，不利於學生健全人格的培養。佛雷勒提出提問式的教育，採用溝通和對話的方法進行教育，可以改善囤積式教育的錯誤，增進學生反省批判能力的發展，讓學生變成主動的學習者，不再被動的接受教育，可以促進學生學習的興趣，提高學生學習的效果，激發學生的想像力與創造力，增加學生學習成功的機會。

三、改變教師與學生的關係

　　我國傳統的師生關係比較保守，教師與學生的關係屬於權威式的關係，不利於師生情感的交流，難以建立良好的師生關係，沒有良好的師生關係為基礎，教師想要影響學生就相當不易。佛雷勒認為教師與學生的關係應該改變，教師可以是學生，學生也可以是教師，教師不是知識唯一的提供者和擁有者，而是學生學習的協助者和促發者，教師和學生應該分擔

教育過程中的責任，共同參與學校的活動，透過溝通和對話來進行交流，這對於教師的教學相長和學生課業的學習有相當大的幫助。值得我國作為借鏡，將這種觀念引進教育中，改變教師與學生的角色，建立良好的師生關係，提高學校教育的效果。

　　總而言之，佛雷勒從受壓迫者教育學的觀點出發，企圖經由教育的過程，結合政治的行動，促使受壓迫者產生意識的覺醒，進而一起聯合起來，對抗壓迫者的控制，從宰制的意識型態中，得到真正的自由解放。這種教育方法論可以改善囤積式教育的缺失，培養學生部分反省批判的能力，改善師生之間的關係。但是，佛雷勒強調教師強力的介入教學當中，雖然反對利用宣傳、灌輸、強迫和命令的方式來進行，但是已經淪為一種積極的教育，容易令學生服從教師的權威，阻礙批判反思能力的發展。其次，佛雷勒的受壓迫者教育學主張教育的行動就是一種政治的行動，將教育化約為一場文化的革命，容易使教育失去自身的立場，淪為政治目的的工具，違反了教育的本質。最後，佛雷勒的受壓迫者教育學比較適合於年紀較大或人格比較成熟的學生，因為人性、政治或經濟壓迫的問題並不是每個學生都關切和能夠批判反思的問題，因為年幼的學生身心尚未成熟，缺乏批判反思的能力，教學過程的進行可能會產生很大的困難，這是佛雷勒教育理論的限制。

第二章

夏勒的溝通教育學探究

　　波姆（Winfried Böhm, 1937-）在《人格教育學大綱》（*Entwürfe zu einer Pädagogik der Person*）一書中，主張自我實現的單子論[1]（Monadologie）概念，在一個多元的社會和價值不確定的時代根本無法實現，因此教育和陶冶需要培養團結、無私、妥協、無我和放棄直接需求的滿足。強調人類共同生活對話的觀點，主張我們對於人類的理解既非從個體的概念，亦非從社會角色扮演者的概念來描述，因為這兩者都無法讓我們將人類做為自

---

[1]　《單子論》（*La Monadologie*）是哲學家萊布尼茲（Gottfried Wilhelm Leibniz, 1646-1716）所著，闡釋其晚期哲學系統的代表性作品之一。全文由90篇簡短的文段組成，討論了「單子」（Monads），一種單質的形上學性質。萊布尼茲主張人是一個小宇宙，自然是一個大宇宙，人類像單子一樣，沒有窗戶無法溝通，但是由於上帝的存在，人類（小宇宙）與自然（大宇宙）之間彼此能夠和諧的運作，這種觀點稱為「預立和諧學說」（doctrine of pre-established harmony）。

身的存有或作為自身的作品來理解，而是將人類作為被自然或被社會所決定的產品來看待。人作為自身的作品，作為他自己歷史的作者，只有站在自我的立場和堅持人格的概念中，才能作為經由自我意識、個人良心、自我控制和自我決定的形式被標示，個人自由的與客觀的義務對立，不再是既與次序的意義，而是原理提交的意義；不再是一種扮演的義務或德行的學說，而是將理性共同的影響作為一種「最高善」的理念來思考。超越人類在團體中自己對人格的理解，同時必須從這種理解出發，彼此相互的對待、討論和行動（Böhm, 1997: 58-59）。

　　波姆的人格教育學認為後現代教育的目的，不能只強調個人的自我實現和自由理性社會的建立，而應該注重健全人格的培養。因為自我實現無法在一個多元的社會和價值不確定的時代獲得實現，唯有培養健全的人格，個人才能真正的達到自我實現的理想，而自由理性社會的建立如果不奠基在健全人格的基礎上，根本不可能長久存在。然而，波姆對於人與人之間的對話和行動，並未提出具體的說明。從教育的觀點來看，這個問題對於教育目的、教育關係、教育歷程、教學方法和教學效果影響相當大。一般而言，教師如果能夠採用適當的教學方法，建立良好的師生關係，可以讓教育歷程順利的進行，提高教師教學的效果，增進學生學習的成效，有助於學校預定教育目標的達成。相反的，如果教師不能採用適當的教學方法，不能建立良好的師生關係，則教育歷程的進行必然困難重重，既不能提高教師教學的效果，也無法改善學生學習的結果，自然難以實現學校預定的教育理想。因此，教育目的、教育關係、教育歷程、教學方法和教學效果的探討非常重要。夏勒（Klaus Schaller, 1925-）的溝通教育學在這方面有詳盡的討論，對於教育目的的訂定、教育關係的建立、教育歷程的改善、教學方法的應用和教學效果的提高具有重要的意義，值得我們深入的加以探究。

第一節　生平著作

　　夏勒（Klaus Schaller）1925年3月7日出生於德國斯列希恩（Schlesien）的耶爾德曼斯道夫（Erdmannsdorf），1931年進入國民學校就讀，1935年就讀當地的古文中學[2]，1944年進入科隆大學就讀，主修哲學與教育學。1955年獲得科隆大學的哲學博士學位，1959年通過麥茲大學的「教授備選資格審查」，1959年到1965年應聘波昂教育高等學校，擔任教育學教授。1965年應聘波鴻大學擔任教育學教授，1992年獲頒捷克布拉格大學的榮譽博士學位，目前已經從波鴻大學退休。他是著名學者巴勞輔（Theodor Ballauff, 1911-1995）的學生，對康美紐斯有深入的研究，其教育理論深受康美紐斯（Johann Amos Comenius, 1592-1670）教育學、海德格（Martin Heidegger, 1889-1976）現象學哲學、布伯（Martin Buber, 1878-1965）對話哲學、巴勞輔教育學和勒維納斯（Emmanuel Lévinas, 1912- ）他者哲學的影響。他是一位行動教育學時期著名的代表人物，創立溝通教育理論和溝通教學法，對於行動教育學的建立和教學理論的革新產生相當大的影響[3]。專長領域為普通教育學、學校教育學和教育學史。主要的著作有《康美紐斯與費希特論單一科學的基礎》（*Zur Grundlegung der Einzelwissenschaft bei Comenius und Fichte*）、《泛：康美紐斯術語探究》（*Pan : Untersuchungen zur Comenius-Terminologie*）、《論教育的本質》（*Vom Wesen der Erziehung*）、《今日的有教養者》（*Der Gebildete heute*）、《康美紐斯的世界圖解》（*Die Pam-*

---

[2]　古文中學（Gymnasium）注重理論學科和古典語言的學習，與第二次世界大戰後在學校課程中加入現代自然科學課程的文理中學（Gymnasium）有所不同。

[3]　義大利卡拉布里亞大學普通教育學講座教授波瑞利（Michele Borrelli）在主編的《德國當代教育學》一書中，將夏勒列為德國當代重要的一派普通教育學（Borrelli, 1993）。波姆（Winfried Böhm）也在《教育學辭典》一書中，將夏勒列為重要的康美紐斯研究者和批判—溝通教育科學的代表人物（Böhm, 2000）。夏勒將教育理論和教學理論從主體性的獨白，帶進互為主體性的對話。批判傳統的教育學和符應教育學的缺失，轉向批判溝通的教育科學，將教育理論從觀念的批判，帶進教育行動的實踐，成為一門行動教育學，可以說貢獻相當大。

paedia des Johann Amos Comenius）、《人文主義教育學的危機與教會的教學》（*Die Krise der humanistischen Pädagogik und der kirchliche Unterricht*）、《康美紐斯教育學》（*Die Pädagogik des Johann Amos Comenius*）、《系統教育學研究》（*Studien zur systematischen Pädagogik*）（1966）、《康美紐斯》（*Comenius*）、《批判教育科學導論》（*Einführung in die kritische Erziehungswissenschaft*）、《溝通教育學導論》（*Einführung in die kommunikative Pädagogik*）、《康美紐斯1992》（*Comenius 1992*）、《事物最終帶來純粹》（*Die Sache endlich auf's Reine bringen*）、《康美紐斯：教育畫像》（*Johann Amos Comenius: ein pädagogisches Porträt*）、《溝通教育學》（*Pädagogik der Kommunikation*）等等（梁福鎮，1999：231-233; Böhm, 2000: 468）。

第二節 思想淵源

根據個人對夏勒相關文獻的分析，其溝通教育學的思想淵源主要有下列幾個：

一、康美紐斯的教育學思想

夏勒的溝通教育學奠基在他長期對康美紐斯（Johann Amos Comenius, 1592-1670）的研究上，不僅康美紐斯的教育學讓夏勒瞭解到教育的努力，不以培養自我為中心的人格為終點，在夏勒的溝通教育學中扮演了重要的角色；而且康美紐斯希望改善人類關係的看法，也深深的影響了夏勒的溝通教育學。在此，人類扮演了一個決定性的角色，這個角色不在於追求現代主體性的自我權力，而在於實現人類的中介性（Medialität）：神透過人良好的與世界聯結。這是人類在17世紀已經超越世界上所有其他形式的巨大成就，但是人類不認為自己有能力能夠做出這種中介性的成就。當人類自己將自己提出，他即顯示出自己的無能，這使他與自己的本質產生異化，同時陷入錯誤的處境。只有當人類相對於神作為人的形式，承擔起中介性的能力，而且將這種聯結經由新的亞當和耶穌再次的建立，人類才能符合上帝的觀點，在這個世界中承擔起世界和人類的福祉

（Comenius, 1954: 44）。夏勒從康美紐斯的觀點出發，尋求一種人類非「主觀主義」（Subjektivismus）的概念，不是一種夏勒以前常講的主觀主義，而是一種非出自人類「單子性」（Monadizität）的人性，這種人性具有世界存有與人類存有的開放性（Schaller, 1987a: 32-33）。夏勒的溝通教育學深受康美紐斯教育學思想的影響，企圖建立一種實現「互為主體性」（Inter-Subjektivität）和「原初社會性」（primordialer Sozialität）的教育理論，以改善人類之間的關係。康美紐斯改善人類關係的思想[4]，就成為夏勒溝通教育學思想的起源。

二、海德格的現象學哲學

　　經由巴勞輔教育學的聯結，符應教育學（Pädagogik der Entsprechung）和溝通教育學都受到海德格（Martin Heidegger, 1889-1976）哲學的影響。在語言哲學中，人類是一種「存有者」（Seiendes），「存有者」的存在狀況即是「存有」（Sein）。一種存在於其他「存有者」中沒有界限的「豐盈」（Fülle），但是人類與構成世界中的石頭、樹木和獅子的本質不同，在世界無數的事物和本質之下，人類存有的類型使他成為特殊的存有者。海德格從「存有學差異」（ontologische Differenz）的觀點，清楚的區分「存有者」與「存有」，他指出柏拉圖（Plato, 428-347 B.C.）以來歐洲形上學有一個特徵，就是主張「存有」和「存有者」不同是錯誤的。這種觀點長久以來一直否認兩者的不同，使「存有」成為一種最高的「存有者」、一種理念、甚至成為上帝。在這種情況下，「存有」被塑造成「存有者」，甚至被人類所遺忘。不是某物是「存有」，而是某物也許不是「存有者」。在這種「存有者」的否定中，「存有」才能出現，而且絕對是在時間視野中作為「存有者」的「存有」（Heidegger, 1993）。為了

4　康美紐斯改善人類關係的思想深受基督宗教哲學觀點的影響，主張只有當人類相對於神作為人的形式，承擔起中介性的能力，而且將這種聯結經由新的亞當和耶穌再次的建立，人類才能符合上帝的觀點，在這個世界中承擔起世界和人類的福祉（Comenius, 1954: 44）。

找出「存有」與「存有者」差異之處，海德格致力於蘇格拉底（Socrates, 469-399 B.C.）和柏拉圖的研究。根據海德格的看法：先蘇格拉底哲學家尚未將「存有」塑造成為超越時間，存在於永恆決定性理念的最高之「存有者」。雖然海德格對於先蘇格拉底哲學家語源學的詮釋並非沒有爭議，但是重要的在於他使得先蘇格拉底哲學家被遺忘的哲學思想重新被顯現出來。「存有」作為「存有者」的「存有」，對人而言是可以體驗的，人類無法在同樣的方式中，像石頭、樹木、獅子和謊言一樣成為世界的一部分，以一種特殊的和呈顯人性的方式，人類在世界中去談論人類的事物。世界無法像使用其他「存有者」一樣的去使用人類，而必須在開放的方式中存在，人類的「存有」必須鼓勵「存有者」，朝向思想視野的標準邁進。在「存有」的開放性中，呼籲世界的事物和本質，針對人類以形成其「存有」。如此，人類的「存有」才能與其他的「存有」不同，而成為一種「在世存有」（In-der-Welt-sein）。「存有的開放性」（Offenheit von Sein）有些地方與真理有關，在參照關係和世界中去揭露所有的事物，在人類的思想、語言和活動中去除隱藏的事物，這就是「在此存有的事物」（Sache von Dasein）和人類的問題。因此，在此「存有」總是與真理有關：「存有者」從黑暗中帶來光明，「存有者」存在於「存有」之光中，這就稱為「在真理之中」（In Wahrheit）。「存有者」的「存有」不在於時間持續的形式，亦即不在於追求永恆有效的真理。在「存有者」中揭露「存有」的要求，就稱為「在真理中的存有」（In-der Wahrheit sein）。對海德格而言，在此存有的在世存有稱為「先驗者」，也就是人類「存有」和時間中「存有者」經驗可能性的條件。這種人類的「存有」在世界中以相當不同的樣態與人類的眼睛相遇，絕非只有作為「在此存有」（Dasein）存在於真理「存有」的樣態中。這些形成了人類「存有」的特殊性，並且返回到海德格哲學取向的教育學核心之中（Schaller, 1987a: 18-20）。

三、巴勞輔的教育學思想

巴勞輔（Theodor Ballauff, 1911-1995）在其教育學中，將「在此存

有」稱為「在世存有」和「人類共同存有」開放性中人類的存在。他接受海德格的基礎存有學和對先蘇格拉底學者的詮釋，區分「現象學」（Phänomenologie）和「教育學」（Pädagogik）的不同。海德格主張「現象學」是一種經驗的哲學，而「教育學」是一種行動的理論。他並非直接將海德格的「現象學」移植到「教育學」之中，而是將「現象學」的規範應用於「教育學」的領域，所以就嚴格的意義而言，並沒有所謂的「現象學的教育學」（Phänomenologische Pädagogik）。海德格經由先蘇格拉底學者對蘇格拉底和柏拉圖的批判，使得普羅塔哥拉斯（Protagoras, B.C. 480-410）「人是萬物尺度」的語句產生「哲學」（Philosophie）和「教育學」的意義。普羅塔哥拉斯認為蘇格拉底和柏拉圖，主張每一個存有者具有不變的本質，這種觀點使得每一個「存有者」處境的關聯性和情境的條件，在人類機構和人類行為的歷史性之中喪失了（Schaller, 1987a: 21）。對巴勞輔而言，普羅塔哥拉斯觀點的意義不在於嚇阻了「相對主義」（Relativismus）和「懷疑主義」（Skeptizismus），而在於發現了思想作為人類自己的尺度，這種先前未被明瞭和未被確定的判斷。正因為如此，使得存有和非存有的內容歸屬於真理。每一個人存在和行動於事物和本質的範圍之中，這個範圍是明顯的、可見的和可以理解的，而且是包圍著人類的。呈現和進入這個範圍中的一切，被宣告為「在場者」（Anwesenden）和存有者，在清晰顯現的範圍中，人與其他在場者一起停留，所以人總是在這種範圍中歸屬於在場者，在每一個人中有其當時的中心點。未進入這個範圍的人，則被摒除在外成為「不在場者」（Abwesenden）。從這種在場和不在場的劃分中，人類明白了「尺度」（Mass），他也必須維護這種尺度，才能和其他人共同生活。人作為尺度的形式，他必須將所有的事物按照「存有」和「非存有」的標準加以衡量。人如果要成為真正的人，就不能迴避這種衡量和判斷，因此人必須接受教育的協助。人必須學習衡量和判斷其「存有」的標準，朝向人類在場的標準邁進（Schaller, 1987a: 21-22）。巴勞輔將這種追求人類在場尺度的行動，在其教育學中稱為「冷靜鎮定」（Gelassenheit），教育在這種冷靜鎮定之中，也同時喚起「深思熟慮」（Besonnenheit）。教育的目的在使每一個人，進入思想

（Einbezug ins Denken）和交付給思想（Überantwortung ans Denken），讓每一個人能夠具有獨立自主的思想。基此，教育中其他人的影響、促成和建立並不重要，重要的是個人自己的解放（Freigabe）。教育不在追求自我，也不在達成個人的社會化，而在思想過程中達成共同性，使人成為冷靜鎮定和深思熟慮的思想者，以追求人類的改變、改善和人性（Ballauff, 1966: 45-52; Ballauff, 1970: 55; Ballauff, 1979: 8-27; Ballauff, 1985: 83-84）。巴勞輔這種「無我性」（Selbstlosigkeit）和反對「符應」（Anpassung）社會化的觀點，對夏勒的溝通教育學具有特殊的意義（Schaller, 1987a: 25）。

四、布伯的對話哲學思想

布伯（Martin Buber, 1878-1965）主張沒有我自身，只有基本語句我的「我─汝」（Ich-Du），和基本語句的「我─它」（Ich-Es）。當人說我時，指的是前述兩者之一，我是他所指謂的。當他說我時，這些都在那裡。同時當他說你或他時，一個基本語句或其他基本語句中的我就在那裡。我的存在和我的言說是同一的，我的言說和基本語句之一的言說是同一的，誰談到一個基本語句，誰就進入該語句中，而且存在其中（Buber, 1997: 10）。布伯主張「我─它─關係」（Ich-Es-Relation）將「我」（Ich）作為宣告的主體與其對象相對立；而「我─汝─關係」（Ich-Du-Relation）強調主體之間平等的關係，能夠為彼此和為世界負起責任。夏勒認為布伯的對話原理必須在主體之間作為「中介」（zwischen）確定下來，以便在中介領域產生「互為主體性」（Intersubjektivität），因此布伯的對話成為表述法則的共同性，使情感存在於人類之中，使人類生活於愛之中，能夠使我─汝之間產生對話的共同性，讓社會奠基在人類共同生活的社會性上。這種主體性哲學對於夏勒溝通教育學的發展，扮演了一個重要的角色（Schaller, 1987a: 45）。

五、勒維納斯的他者哲學

勒維納斯（Emmanuel Lévinas, 1906-1995）主張個體是整體的一部分，整體被不斷的區分為部分，最後是不可分割的單一體，即個體的邏輯

最終同一體。個體身處經驗叢集中，被特定時空指標所重組。在時空指標中，單一體以其獨特性將自身呈顯為一個「存有」。個體異於「他者」（Anderen），每個人都是每個人的「他者」。每個人都排拒「他者」，而各自分開地存在著，為自己而存在著（Lévinas, 1991: 189）。勒維納斯認為布伯的關係哲學，還是過於含糊、獨斷和主觀：在布伯關係哲學中的「汝」（Du），在「其他存有」（Anderssein）中尚未被允許，因為只有在「我的汝」說法中，「汝」才是現在的。布伯這種將「他者」化約為自己（我）（Ich）的方式，化約了「他者」的「其他性」（Andersheit），最後還是將「汝」成為「它」（Es）。每一個他者的展現也是他剝奪其他性的這些存有（Dies-sein）或那些存有（Da-sein）的展現，因為「存有」依循相同的標準排除了所有的「其他性」。但是其他性無法被排除在外或自己停留在外。其他性也不被允許停留在未被認識的情況，存有者的存有即是所有的事物在關係中的白晝。他的夜晚是所有事物模糊和交互延展的，這是一個克服「他者無盡性」（Unendlichkeit des Anderen）黑暗的整全性之夜（Lévinas, 1987）。人類共同存有的進行作為溝通，朝向我的汝之說法，從多個主體中走出：不是以一種時間的，而是以一種奠基的和互動的意義，使溝通在這些主體之下進行。夏勒深受勒維納斯這些觀點的影響，將這種「介於」（Inter）主體之間的「主體性」（Subjektivität），應用於其溝通教育學之中，強調溝通過程的相互性和共同性（Schaller, 1987a: 45）。

第三節　主要內涵

　　根據個人對夏勒相關文獻的分析，其溝通教育學的主要內涵有下列幾項：

一、巴勞輔教育學的批判

　　巴勞輔的教育學奠基在海德格「在世存有」和「在此存有」的「共同存有」的確定上，他將海德格存有在開放性中人類的「存有」，作為「在

世存有」彰顯的模式稱為「人性」（Menschlichkeit），並且將教育作為一種納入和思想的喚起，使個人在思想中能夠獨立自主，而非獨立自主的思想。但是這種觀點忽略了人類的普遍性，亦即忽視了在微小事物中顯示的人類的人性（Schaller, 1987a: 26）。符應教育學對於巴勞輔教育學的缺失，有下列幾點批判（Schaller, 1987a: 26-28）：(1)在巴勞輔教育學中，「在世存有」和「共同存有」的先驗性（Transzendentalität），平庸的證明自己作為人性可能的層面，而不是作為「非固有的」條件和日常生活的課題。這是錯誤的，因為在個人處境的界限之內，人類受到歷史、社會、政治、經濟情境的限制，這種定義的開放性是教育學家的主題，巴勞輔的教育學並未觸及。(2)最初人類的解放只奠基在自己的自我理解之上，朝向思想中真正的自我存有，這樣才能達到「無我性」（Selbstlosigkeit）。雖然巴勞輔思想納入的概念，也曾短暫的達到「我思」（Ich denke），但是巴勞輔對於這種無我性的主題無法加以拒絕。因此，「符應教育學」（Pädagogik der Entsprechung）和稍後的「溝通教育學」（Pädagogik der Kommunikation），將在思想中的「我思」和在主體中的「互為主體性」自己加以提出和建構。(3)在巴勞輔的教育學中，主要探討的不是教育的措施，而是教育的標準。目的是希望喚起未成年人進入思想，使他們將這些作為標準加以經驗，並且在思想、語言和活動中談論事物和人類的問題。但是僅僅探討教育的標準是不夠的，教育學必須在歷史的人類理性之後，理解思想的開放性，如此教育學才具有重要的意義，這也是符應教育學和溝通教育學繼續努力的目標。

二、符應教育學的批判

為了培養人類的「批判理性」（kritische Rationalität），夏勒從海德格的現象學轉向康德（Immanuel Kant, 1724-1804）的觀念論哲學，希望回答康德「如何從強制中培養自由」的問題，追求主體的創造性和人類的自發性，批判巴勞輔教育學的不足，提出符應教育學的觀念。「符應教育學」嘗試著將巴勞輔的教育學，提高到較高的層次，並且將其抽象的嚴肅取出，轉向日常生活、特定部分、歷史和社會的具體事物。夏勒首先

在1961年《論教育的本質》一書中，提出符應教育學的概念，然後在1961年的《人文主義教育學的危機和教會的教學》和1966年的《系統教育學研究》兩書中，談到「符應教育學」的主要內涵。夏勒主張教會應該將從自我中心「強調自我」（Selbstbehauptung）返回的要求，和他人要求自我的開放相對立，建立一種「符應教育學」以檢視教會教學的理論。「符應教育學」是不斷的為基督教而服務，不管它自己知不知道。因為只有一個世界可以讓這種教育學沉思，它曾在早先的訊息中談到自己的起源，這些或許是它想要遺忘的地方，但是作為一種世界性的哲學，是無法否認其基督教根源的。「符應教育學」和巴勞輔的教育學一樣，致力於「事物性」（Sachlichkeit）和「共同人性」（Mitmenschlichkeit）的探究，以便達到事物的「解放」（Emanzipation）和人類的本質作為「自己」（Selbst）的理想。正確的教學應該是讓事物成為它自己而顯現，同時使學生負起責任，在對話中朝著人性邁進。「符應教育學」強調「存有」的訓練就是教育，它要求青少年從自我意志中走出，呼喚他作為自我，朝向責任邁進，在思想、語言和活動中達到符應（Schaller, 1987a: 28-29）。「符應教育學」教育的興趣不在學生及其意志，侷限於完美人格的培養；而注重人類和世界結構的建立，將世界作為人類的一部分，注重人性的教育，以參贊世界的化育，並且裨益於事物、本質和人類自由的發展（Schaller, 1987a: 31）。但是這種觀念論的解決並未成功，因為「符應教育學」注重的是先驗性的事物，講求「適應」（Anpassung）和「配合」（Einpassung）傳統的社會，其中存在著許多未經批判的動機、權威和教育結構的規範，而且「符應教育學」忽略教育學歷史—社會層面的建立，未能注意到人類歷史和情境生活視野的要求，違反德國民主方案的需要，以參與實際存在的社會。因此，夏勒批判「符應教育學」的論述方式，無法使讀者從這些缺失中解放出來，而達到其形上學的層次。就像海德格無法向廣大的群眾清楚的說明一樣，存有者存有的說法也未能讓人得到形成和發展。沒有辦法打開理解之門，最後遭到失敗的命運。夏勒對「符應教育學」的先驗性提出質疑，並且將其在歷史中加以具體化，在「在世存有」和「共同存有」中，論述歷史—社會層面的先驗性，使較大共同性的可能性，能夠在人類共同生活

的實踐中展現出來，為後來的「溝通教育學」作為教育理論，提供了參照的基礎（Schaller, 1987a: 33-37）。

三、溝通教育學的提出

夏勒和薛佛爾（Alfred Schäfer, 1951-）在1970年出版的《批判教育科學與溝通教學法》（*Kritische Erziehungswissenschaft und Kommunikative Didaktik*）一書中，從理性溝通作為人類行動導向原理的觀點，提出其「溝通教育學」。傳統教育學的學者主張教學在傳遞知識，教育在陶冶意志。根據這種觀點，「知性」（Verstand）應該充滿知識，但是隨著知識的獲得，卻使得知性與知識主體權力提升的觀念關聯，以便經由知識獲得的權力，不會違反社會的秩序。這時，意志必須在目的設定中被控制。意志將會在支配性意識型態的概念中形成，在這種情況下，教育與教學的任務將會瓦解。因此，夏勒反對傳統教學與教育的概念（Schäfer & Schaller, 1970: 79-80）。其後，夏勒在1971年撰寫的〈邁向理性的教育〉（Erziehung zur Rationalität）一文中，指出學校教師的教育行動可以分為兩大類：一類注重權力知識的聯結，稱為「教學」（Unterricht）；一類強調抑制的控制，稱為「教育」（Erziehung），兩者兼顧才是完整的教育。但是，受到培根（Francis Bacon, 1561-1626）「知識就是力量」（knowledge is power）觀念的影響，學校教育逐漸的偏向教學，強調權力知識的聯結，忽略意志控制的教育。在這種情況下，統治精英的獨斷教條和意識型態逐漸控制整個教育，使得教育淪為權威的教育和意志操弄的教育，教師和學生之間也產生了興趣的衝突，造成師生之間教育關係的緊張。夏勒認為要解決這些問題，必須從民主的原理出發，倡導反權威的教育，對抗控制的結構，實施理性溝通的教育，讓教育邁向理性，才能給予未成年人政治生活的引導（Schaller, 1971: 101-106）。後來，夏勒在1978年撰寫的〈溝通教育學導論〉（Einführung in die Kommunikative Pädagogik）一文中，指出教學過程中「知性教學」（Unterweisung des Verstandes）和「意志教學」（Unterweisung des Willens）的不同。夏勒將教學當作經由知識傳達的「知性教學」，並且與教育作為操弄的「意志教學」相對立（Schaller, 1978a: 129）。在此教

育合法化與劃定了公民的個體，經由教學中獲得的知識使個體增強和自我強化（Schaller, 1987: 327-328）。夏勒主張教學與教育任務的區分，成為現代教育學系統的特徵，他希望「溝通教育學」能夠引導前述兩種分而復合的教育任務。在這種情況下，傳統的教學與傳統的教育，變成無保留訊息與永恆理性的討論。夏勒的「溝通教育學」注重教學活動中，教師與學生之間多向的溝通，以集思廣益，增進教學活動的效果，並且達到情感交流和互助合作的目的。在師生平等對話的狀態下，建立師生良好的關係，主張以「溝通理性」（kommunikative Rationalität）作為人類行動的原理。在社會互動情境中，兼顧人類的個別化和社會化，以邁向理性的教育（Schaller, 1978c: 132-138）。

夏勒主張在我們世界的歷史和社會層面中，人類共同存有產生意義的互為主體之進行，改寫了「溝通教育學」溝通的概念。這種溝通由於其內在批判的衝動，證明自發層面理論的掌握是困難的，而且對於真理而言，這種朝向保護協助考慮的社會理論是幫助不大的。這些社會理論有下列幾種：

㈠公理的溝通理論

從數學的公理系統作為藍本，華茲拉維克（Paul Waltzlawick, 1921-2007）等人提出「溝通理論」（Theorie der Kommunikation），他們的「溝通理論」將溝通的一般意義，奠基在人類的生活之中，主張人不能沒有溝通（第一公理），他將溝通進行的「集中性」（Zentralität），當作是教育過程的工作。內容和關係觀點的區別，在華茲拉維克的溝通公理中，最後被命名的是最早決定的（第二公理）。所有的教學都必須在教師和學生的班級團體中被注意，這不是一種（教育關係）教師─學生─關係，而是作為教學法考慮的出發點，教學傳統的對象─內容呈現自己成為「凝聚的關係」（geronnene Beziehungen），而且必須是可以被批判的。溝通的夥伴經由標註（他們在溝通的過程中如何加入，他們如何及向誰將訊息繼續傳遞下去）來決定「關係的性質」（Natur der Beziehung）（第三公理）。數位和類比溝通的區別是針對非語言的溝通而進行的，其意義在關係的

層面（類比的模式）是受到注意的（第四公理）。對稱和補充溝通過程的區別（第五公理）是與當時溝通教學法「解放的興趣」相反的（Schaller, 1987b: 52）。華茲拉維克的理論是一種「溝通理論」的「社會行為主義」（Sozialbehaviorismus），只能夠進行訊息的聯結和交換，無法產生改變世界的斷然之行動，因此停留在完全不可理解的境界。雖然這種「溝通理論」對「溝通教育學」而言是可以被接受的，但是它忽略了溝通歷程中的「關係層面」（Beziehungsdimension），而且僅僅以作為有效的訊息聯結的理論自居。在「溝通教育學」中，行動和反應被參與和溝通取代，其教育的形式強調人類行動導向的產生和聯結，注重人類意義互動共同性的產生，希望在這種意義的視野中，產生新的和較佳的形式。「自發性的原理」（Prinzip Spontaneität）在此就是人類共同在世存有互為主體性的溝通，從先驗的觀點來看，這種互動的「言談性」（Mundaneität）和「社會性」（Sozialität）來自溝通之中。從意義產生的經歷中走出，導向人類的共同性，在具體情境問題通過理性的言談中，顯現出自我意識的主體。這種「溝通教育學」的存在，是為了解決兩項教育行動古老的課題，也就是作為「教育性教學」（erziehender Unterricht）共同隸屬性中的「教學」（Unterricht）和「教育」（Erziehung）。就學校是一種教育機構而言，「教學」和「教育」並非總是結合在一起，最佳訊息和理性討論也只有在清晰呈現的過程中才能彼此隸屬在一起（Schaller, 1987b: 54-55）。

(二)符號的互動理論

米德（George Herbert Mead,1863-1931）提出「符號互動論」的社會理論典範，其基本研究的單位是互動中的個人，既非個人內的人格，亦非整個社會的結構，「符號互動論」的重點在研究人際互動的過程和性質。社會只不過是由一群互動中的個人所組成，個人的互動行為不斷的在改變，社會因此不斷的產生變遷。米德指出社會心理學應該研究社會過程裡的個人行為和活動，但是個人行為只是整個社會團體行為和活動的一部分而已。因此，想要瞭解個人行為就必須先瞭解團體行為。米德認為自我是個人行為和團體行為兩者之間的結晶體，也是社會互動交往的主要媒介。米

德將社會看成一種非靜態的動態實體，主張人們和社會秩序都不是已完成的事實，而是正在形成的過程，不斷的在改變、修正和調整。個人經由自我才能瞭解外界事物的存在，經由自我個人才能成為社會的一分子（Mead, 1934）。但是，夏勒認為米德的「符號互動論」只是自由的設定或反映出批判的衝動，但是無法達成互動角色概念設定的期望，未能創造出歷史─社會互動的概念，將社會作為能夠轉變和不斷轉變的機制加以陳述和分析（Schaller, 1987c: 62-63）。因此，需要溝通教育學「批判興趣」（kritische Interesse）的修正，同時在「符號互動論」的知識中加入歷史的運動，在互動角色概念中帶來隱含的「理性主義」（Rationalismus），以產生一種如同「溝通教育學」表達的歷史的和反中心化的主體。米德在自我認同的形成中，反對「個人主義」（Individualismus）的興趣，強調必須把研究的重點放在社會自身的形成上，這無疑是「溝通教育學」應用的思想之一，「溝通教育學」也尋求個人和社會的形成。將個體化和社會化作為「溝通教育學」社會互動（共同在世存有）關聯脈絡的一個環節加以表達，社會的意義不是單獨依賴於建構的意識，而是將自己建立在互動的夥伴之間。因此，米德的「符號互動論」對於「溝通教育學」的提出具有貢獻。但是，米德互動過程中的「對話」（Dialog）是經由認同角色的接受，這種對話中的反應與「溝通教育學」的解釋澄清不同，只能算是一種參與角色的獨白，停留在一種協議的層次，而不是原初互動的層次，因為在認同建構中，並未表達出能夠發揮作用的「自我反思性優位」（Primat der Selbstreflexivität）的意識（Meyer-Drawe, 1984: 64-67）。相反的，在「溝通教育學」中，認同仍然是一種開放性的問題，而且必須是保持開放的事物。

(三)溝通教育學的教育理性

夏勒指出「溝通教育學」最終的表達，並非奠基在排他性上要求「科學的理性」（wissenschaftliche Rationalität），因為它讓實際生活引導的「另類理性」（alternative Rationalität）作為人類的理性。「溝通教育學」也可以使「科學理性」的承諾，將我們生活的問題，作為人類可以信任的問題

加以解決，但是並非毫無保留的信任。雖然，「溝通教育學」轉向一種理性的歷史化和脈絡化，但是卻不必朝向概念「相對主義」（Relativismus）解決的結果，和要求關聯性的理性進行。「溝通教學法」（Didaktik der Kommunikation）的目的不在研究現象學或描述的社會哲學，而在於有責任的探討教育學中「教育」（Erziehung）和「陶冶」（Bildung）的問題，使未成年人能夠接受和說出對教育施為和行動有效的標準和措施之理論概念。因此，「溝通教學法」至少必須涉及一些「教育理性」（pädagogische Rationalität），這對於「溝通教育學」也是如此。夏勒在巴勞輔的教育學中，就指出這種「教育理性」的呈現，必須奠基在海德格的哲學上規範的賦予新的涵義（Schaller, 1987c: 60）。「溝通教育學」的「教育理性」不再從公民社會的人類觀點，而從我們的經驗和期望作為人類相互合作的層面出發，教育行動不斷的奠基在預付的希望上，朝向「可言談性的假定」（Unterstellung der Ansprechbarkeit），作為人類「共同存有」（Mit-sein）進行中，人類「在世存有」實際上的象徵。從教育的批判—生產的功能而言，教育是一種理性溝通的過程，它將使知識聯結的教學和意志建構的教育之區分無法成立，在理性溝通中知識和行動在互為主體產生的行動目的和規範知識中合而為一。在這種情況下，教育無法經由定義被理解為聯結既與內容反對稱的過程，因為此時它正在進行應然事物論辯的生產。在教育作為人類行動導向生產的過程中，主要的目的不在實際知識的獲得，而在於規範知識論辯的獲得。奠基在教育成就的和功能的層次上，「溝通教育學」的興趣使其自身成為教育理論。只有在這種意義上，才是「溝通教育學」所謂的「教育」（Schaller, 1987c: 62-66）。「溝通教育學」作為教育理論，陷入介於社會哲學和實踐引導理論之間，一種政治教育行動困難的緊張關係中，它既非僅只是一種反實際的理想，亦非一種規範的理論和指導政治行動上無法成立的能力。溝通教育學嘗試著將理論與實踐問題的關係，奠基在理論的層次加以解決，並且作為一種指出解放自我生產性描述實踐的理論，站在對立面開出問題解決的處方，以激發人性化潛能的實踐。但是，「溝通教育學」作為一種理論，只能觸及社會的和教育實踐的層面，而無法回答解放媒介應該如何產生經驗前提的問題（Schaller, 1987c:

69）。對夏勒而言，「溝通教育學」的「教育理性」就是一種「溝通理性」（kommunikative Rationalität）。

四、溝通教學法的困境

依照魯斯特麥爾（D. Rustemeyer）的看法，為了解決「溝通教育學」建構的問題，特別是溝通中訊息聯結和意義生產兩個層次的分離，已經使「溝通教學法」陷入兩難困境中。「溝通教育學」核心興趣的「溝通教學法」，在於聯結溝通自發性的意義之生產，但是「溝通教學法」無法提供學者使用的「法則系統」（Regelsystem），以確保他們能夠解決其教學法的課題。而且必須否定「溝通教育學」強調的社會和教育進行的自發性，如果它不願意的話，將無法達成教學法的目標，而被貶抑成為一種「假日的教學法」（Feiertagsdidaktik）。相反的，由於「溝通教學法」致力於實際引導教學的法則系統之處理，促使它必須放棄「溝通教育學」核心的範疇。因為薛佛爾（K. H. Schäfer）和巴克（D. Baacke）觀點的「溝通教學法」確定這種動機，使他們在教學實踐的具體化上遭到失敗。相反的，溫克爾（R. Winkel）將實踐相關要求的設計，應用於默默付出代價的思想和結果中，使它與其他教學法的差異逐漸模糊。目前這兩大「溝通教學法」的理論缺失，來自不同的過程與溝通過程生產潛能的原理，使「溝通教育學」的核心思想成為一種教育理論（Schaller, 1987d: 70）。赫爾巴特（Johann Friedrich Herbart, 1776-1841）曾經嘗試在其教育學的著作中，解決教學過程訊息聯結和意義生產兩個層次分離的問題，他主張經由教育的介入影響和決定，伴隨著審美需要性和理論需要性的區別，可以引導學生獲得自律和自由。赫爾巴特在經驗的機械原因和概念性質的自發原因之間，設定了一種互動的因果性和交互作用，使得經驗性質的發展既非受到外在介入的影響，亦非受到概念性質自我建構的影響，而停留在自發行動的狀態。因為不接受一種互動的因果性，會使得品格的建構自身無法解釋，最後使得品格的建構變得沒有辦法想像。一種只受到機械因素影響的品格發展，無法取代自由和道德，會將學生的品格引導到不自由的狀態。相反的，一種只強調概念自我建構的品格發展，則會使學生外在於一切的時間

性，陷入一種自發性的行為。如果要達到真正的自由，就絕對不允許彼此存在於關係之中（Schaller, 1987d: 79）。赫爾巴特的理論雖然能夠達到自發行動的狀態，但是在教學過程中卻缺乏互動社會性的關係，因此未能解決溝通教學法的兩難困境。1970年巴勞輔在其《系統教育學》第三版中，提出「懷疑教學法」（skeptische Didaktik）的概念，企圖解決溝通教學法兩難的問題。「懷疑教學法」不在於追尋所有問題的答案，而在探討教學內容是什麼、教學的方法和教學內容如何聯結的問題。巴勞輔將這種「懷疑教學法」稱為「質疑法」（Kathegetik），主張教育的課題在於從教學及其理論出發，擺脫異化的狀態，進行思想的學習，引導學生經由聯結進入思想之中。一種真理中的現代教學理論，必須使學生學得必要性的知識，我們必須學習去遺忘，以便達到解放的觀點。如此，才能使我們經由思想的聯結，擺脫異化進行思想的學習。但是思想作為存有的開放性，其聯結無法經由法則性的活動完美的達成，因為思想無法經由完美的計畫獲取或聯結，想要透過教學使學生達到獨立自主思想的目標是不可能的。而且教學只能教導生活必須和生活價值的一部分，信任、愛和信仰是無法教導的，這些只能透過體驗進行學習。所以，巴勞輔「懷疑教學法」演繹的證明方式是過於天真的，當然也無法解決「溝通教學法」的兩難困境（Schaller, 1987d: 84-85）。

五、夏勒提出的解決之道

　　面對「溝通教學法」訊息聯結和意義生產兩個層面無法兼顧的兩難困境，雷爾希（R. Lersch）依據「溝通教育學」應用的行動理論之觀點，在教學過程中來產生教育的決定，但是這會阻礙其工具和方法的可行性，而且在其理論中並未談到「教育宿命論」（pädagogischer Fatalismus）一詞。由於每一個過程的重要性，必須奠基在教育行動理論的基礎上，在意識中達到特定可行性的界線，為了可行性而努力。意義的建構無法確切的在普通的理解中具有可教性，但是在此也可以給予方法的前提，在教學意義生產的溝通過程中，對可行性界限的成功作出貢獻。雷爾希致力於這種教學理論的處理，但是「溝通計畫理論」（kommunikative Planungstheorie）、

「決定邏輯計畫理論」（entscheidungslogische Planungstheorie）和「系統理論的計畫理論」（systemtheoretische Planungstheorie），是否真的能夠有助於「溝通教育學」計畫問題的解決，夏勒抱持著懷疑的態度，因為雷爾希的「溝通教學法」，還沒有辦法完全解決訊息聯結和意義生產兩難的問題。但是，他認為雷爾希提出的「學校教學過程計畫」和「溝通教學法模式」，已經非常接近夏勒所追尋的溝通教學法了（Schaller, 1987d: 86）。夏勒提出的「溝通教學法」是一種能夠使參與者在執行中，互為主體性的進行理性溝通的教學法，不僅致力於學習事物的聯結和理性的討論，而且注重教育風格、學校生活、學校班級、學校和社會的社會性等教學的社會形式之探討。「溝通教學法」建構了一種法則性的活動，在教學中聯結事物的資料和開啟教育可能性的意義，亦即在民主與理性的標準之下，不會阻礙意義生產自發性的時機，同時在教學和教育中經由符合社會形式的教育互動，給予學生適當的機會。對「溝通教學法」而言，華茲拉維克的公理可以給予溝通一些重要的提示，以便在內容、社會和方法的觀點之下，能夠有規則的部分達到人類行動導向的生產。夏勒的「溝通教學法」奠基在教育行動領域的原初互動性上，伴隨著有規則的和自發性的互動，班級團體和互動領域的學校，就成為其實施的主要對象。「溝通教學法」奠基在原初互動性的執行上，同時並未放棄其政治—社會的特性，希望在班級團體或學校的教學和教育過程中，將學生導向民主和理性，並且透過溝通教學法不斷的聯結受到限制的計畫，使其服從於民主和理性的原則。溝通教育學主題範圍中的「溝通教學法」，有三個層面必須注意：一是內容方面（狹義的教學法，指的是課程教材）；二是關係方面（互動和溝通過程的產生）；三是聯結方面（教學的方法學）。教師在使用「溝通教學法」時應該三方面兼顧，才能在互為主體性的教學過程中，達成訊息聯結和意義生產的目標。夏勒指出「溝通教育學」的理性是一種「教育理性」，而不是一種學校和社會中的「科學理性」。「科學理性」只強調知識訊息的聯結，而「教育理性」則能兼顧教學過程中訊息的聯結和意義的生產。「溝通教學法」不僅可以應用於學校中，而且能夠使用於社會中，以闡明人與人之間原初的社會性，經由教育和政治互為主體性和對稱互動的形式，建

立一個民主和理性的社會，使人類能夠走出科學的限制，依照其理性與他人共同生活在世界中（Schaller, 1987d: 91-96）。

六、溝通教育學的性質

夏勒1978年在〈溝通教育學與溝通科學〉一文中，指出「溝通教育學」是一門溝通科學。這種「溝通教育學」不僅是教學領域新的創見，而且也可以應用到行政領域，作為參與決定和進行溝通的基礎，同時能夠當作建立良好師生關係的指導原則。因此，「溝通教育學」的應用相當廣泛，不限於教學領域而已。溝通科學強調對稱和互補溝通結構的存在，主張「互補性」（Komplementarität）可以超越對稱，不僅注重溝通，而且重視理性。夏勒從庫恩（Thomas S. Kuhn）科學哲學的觀點來看，教育學中溝通科學內容的概念有兩種形式：一種是作為「常規」（normale）科學，從其目的出發將孩子教育成為端端正正的人，注重其過程內容的優化，使得教育和教學的過程能夠愈來愈好。因此，強調的是「溝通教育學」技術的觀點，以較好的控制其一般的處理過程。二是作為「革命」（revolutionäre）科學，針對教育和教學的問題進行改革，使學生能夠聯結知識與技能、信念與態度，對無法達成這種目標的教育學，進行教育理論內容的修正，促成教育學典範的轉移。使教育學由技術應用的類型，轉變成為批判應用的類型，強調社會互動和人際的交往，以符合民主社會理性溝通的要求，經由「溝通教育學」培養人格健全的個體（Schaller, 1978b: 112-125）。其次，夏勒在1984年撰寫的〈溝通教育學的教育氛圍〉一文中，指出「教育氛圍」（pädagogische Atmosphäre）就是教育的原理。溝通教育學有三項教育的原理（Schaller, 1984a: 231-239）：一是教育關係的原理；二是對稱溝通的原理；三是互為主體性進行的原理。再次，1980年夏勒在〈溝通教育學究竟是什麼？〉一文中，對「溝通教育學」的性質提出說明。他主張傳統教育學建立的方式是奠基在人類學的標準之上，以獲得人類本質的真理，然後將其具體化與未成年人作聯結，這種奠基在人類學上的教育學，在教育目的上不需要人類再去思考，因為人類學已經預設了人類的教育目的。這種教育學可以狄爾泰（Wilhelm Dilthey, 1833-1911）所

建立的教育學為代表，注重人類生活歷史性的追求。夏勒認為這種人類學的教育學，停留在個人本質內涵的探討，缺乏社會實踐溝通的教育。他指出「溝通教育學」是要為「教育」和「教學」（Unterricht）奠定基礎，對「教學」和「學習」（Lernen）提出標準和解釋，說明「理性溝通」（rationale Kommunikation）的意義，以改善教育的歷程。「溝通教育學」強調的溝通注重的是決定的溝通方式，特別是理性的溝通方式。引導「溝通教育學」的不是「技術的興趣」（technisches Interesse），而是「批判的興趣」（kritisches Interesse），強調教師和學生必須在社會脈絡中進行理性的溝通，而不是單純的接受社會既與的事物。教育的過程必須民主和理性的被組織，依照對稱互動和理性溝通的形式進行，以達成解放、理性和人性的政治要求。因此，「溝通教育學」是一種批判教育科學（Schaller, 1980: 141-144）。最後，夏勒曾經在1984年撰寫的〈批判教育科學在其時代的出口？〉一文中，指出溝通教育學與法蘭克福學派批判理論的關係。夏勒主張所有教育學的概念，只要含有社會批判的意圖，都可以作為批判教育（科）學。薛佛爾（K.-H. Schäfer）、巴克（D. Baacke）、溫克爾（R. Winkel）和夏勒的溝通教學法[5]是一種批判教育（科）學，雖然受到法蘭克福學派批判理論的激勵，但是這些「溝通教學法」與受到「新馬克斯主義」（Neomarxismus）影響的批判理論[6]有所不同。當然，「溝通教育學」在思想淵源、情境條件和溝通目的上也與哈伯瑪斯（Jürgen Habermas）的

5　溝通科學包括華茲拉維克的溝通理論、哈伯瑪斯的溝通行動理論、夏勒的溝通教育學、薛佛爾（K.-H. Schäfer）和巴克（D. Baacke）的溝通教學法和溫克爾（R. Winkel）的溝通教學法。由於流派眾多，意義相當混淆，因此有必要說明其相異之處。前述這幾派溝通教學法主要的差異在於：夏勒的溝通教學法能夠在溝通中兼顧訊息的聯結與意義的生產，而薛佛爾（K.-H. Schäfer）和巴克（D. Baacke）的溝通教學法注重法則系統的建立，溫克爾（R. Winkel）的溝通教學法則將實踐相關要求的設計，應用於默默付出代價的思想和結果中（Schaller, 1987d:70-71）。因此，夏勒的溝通教學法與這兩派的溝通教學法不同。

6　法蘭克福學派的學者從佛洛伊德（Sigmund Freud, 1856-1939）的觀點出發，分析研究黑格爾與馬克斯的社會理論，創立「批判理論」，以解釋當代社會所發生的各種問題（梁福鎮，1999）。

「溝通行動理論」不同（Schaller, 1984b: 244-245）。

　　綜合前面所述，夏勒溝通教育學的內涵主要包括「教育理論」（Erziehungstheorie）、「陶冶理論」（Bildungstheorie）和「科學理論」（Wissenschaftstheorie）三個部分：「教育理論」是一種教育情境建構與教育經驗的理論，致力於正確教育方式的確定、教育情境建構的指導與教育理論廣闊視野的形成。「陶冶理論」是一種教育任務與意義確定的理論，著重於探討教育影響措施的任務和教育目的的解釋（Benner, 1991：14）。「教育學理論」（Theorie der Pädagogik）就是一種「科學理論」，「教育學理論」強調一種教育實踐科學建立可能性的分析，它的重點不在於教育情境建構的指導，也不在於將教育行動導向教育目標。教育學理論的目的在於教育科學內容可能性條件的說明（Benner, 1991：14）。在「教育理論」上，夏勒提出溝通教學法來進行教學的活動，確立溝通教育學的教學類型，使教師和學生能夠在對稱互動中，進行理性的溝通和對話，以提高教育的效果，解決傳統溝通教學法無法兼顧訊息聯結和意義生產的困境。在「陶冶理論」上，夏勒認為教育的目的是在培養一位具有溝通理性的人。強調教師和學生必須在社會脈絡中進行理性的溝通，而不是單純的接受社會既與的事物。教育的過程必須民主和理性的被組織，依照對稱互動和理性溝通的形式進行，以達成解放、理性和人性的政治要求。在「科學理論」上，夏勒主張溝通教育學是一門溝通科學。這種溝通科學不是常規的科學，而是作為「革命的」科學，針對教育和教學的問題進行改革，使學生能夠聯結知識與技能、信念與態度，對無法達成這種目標的教育學，進行教育理論內容的修正，促成教育學典範的轉移。使教育學由技術應用的類型，轉變成為批判應用的類型，強調社會互動和人際的交往，以符合民主社會理性溝通的要求，經由溝通教育學培養人格健全的個體。

第四節　綜合評價

　　根據個人對夏勒相關文獻的分析，其溝通教育學具有下列幾項優點：

一、兼顧個人和社會層面的教育目的

　　夏勒的「溝通教育學」主張教育的目的在培養一個理性的個體，同時能夠建立一個民主的社會，使個人走出自我中心的窠臼，進行對稱互動和理性的溝通，獲得知識與行動的能力，以改善人類彼此之間的關係。這種教育目的理論既不偏向個人層面的教育目的，也不偏向社會層面的教育目的，能夠兼顧個人和社會層面的教育目的，對於教育目的的爭論，提供一個解決的途徑，對於學校教育目的的訂定，具有指引的作用。例如：1984年夏勒曾經在〈批判教育科學在其時代的出口？〉一文中，指出教育在社會中需要兩種功能。一種是社會的功能，也就是使學生社會化以適應社會的生活；另一種是批判的功能，也就是使學生個性化以培養理性的觀念（Schaller, 1984b: 246-249）。因此，夏勒的「溝通教育學」能夠兼顧個人和社會層面的教育目的。

二、有助教師和學生良好關係的建立

　　傳統的教育理論往往忽視師生之間的教育關係，教師從權威的觀點出發來對待學生，造成師生之間關係的緊張，影響教育歷程順利的進行，使得教師教學的效果不彰。夏勒的「溝通教育學」注重教學活動中，教師與學生之間互動的溝通，以增進教學活動的效果，並且達到情感交流的目的。在師生平等對話的狀態下，自然有助於良好師生關係的建立。例如：1981年夏勒曾經在〈教育關係的告別？〉一文中，指出師生關係就是一種「教育關係」（pädagogischer Bezug），這種教育關係來自機構化的教育，無可避免的具體化為民主化的標準，和理性生活引導導向的社會互動。從這個標準來看，教育關係的「教育能量」（pädagogische Energie）不是來自參與者的人格，而是我們社會導向社會互動的期望。傳統的教育關係是一種「控制的關係」（Herrschaftsverhältnis），違反了現代社會民主的原則，無法培養理性和解放的觀念，會造成學生不成熟和從屬的個性。唯有在教育的過程中，進行對稱互動和理性溝通的教學，才能使教師與學生從權威的關係，轉變為對稱互補的關係，以促進師生之間的關係（Schaller, 1981:

150-165）。

三、教學方法較符合教育活動的需要

　　傳統的教學方法偏向單向式的獨白，教師和學生之間缺乏互動和溝通，既不利於知識訊息的聯結，也不利於意義的生產。教師很難瞭解學生的想法，學生之間也缺乏意見的交流，教學效果因此大受影響。因為夏勒的「溝通教學法」能夠在互為主體性的教學過程中，兼顧課程的內容、師生的關係和教學的聯結，所以能夠達到訊息聯結和意義生產的目標，使整個教育歷程順利的進行，提高教師教學的效果，成為一種符合教育活動需要的教學方法。例如：1978年夏勒曾經在〈知識與行動─溝通教育學聯結的展望〉一文中，指出傳統教育理論雖然企圖解決理論與實踐關係的問題，像是裴斯塔洛齊（Johann Heinrich Pestalozzi, 1746-1827）希望兼顧腦、心、手的教育，或是「學習目標理論」（Lernzieltheorie）對於認知、情意和心理動作領域的區分，由於忽略人類民主社會的實踐，都無法有效的聯結知識與行動。人類只有從社會互動原則出發，在教育的歷程中進行對稱互動和理性溝通，才能有效的聯結知識與行動（Schaller, 1978c: 132-138）。

四、揭示教育歷程中教育責任的歸屬

　　傳統的教育理論都將教育責任歸屬於教師，主張教師應該規劃整個教學活動的進行，負起教育歷程中所有的責任，而學生只要參與教學活動努力的學習就可以了，不必擔負任何教育的責任。相反的，夏勒的「溝通教育學」主張教學活動是對稱互動的過程，教師和學生都應該負起教育的責任，才能夠兼顧課程的內容、師生的關係和教學的聯結，使教學活動順利的進行，達成學校教育預定的理想。例如：1986年夏勒曾經在〈距離教育責任還有多遠？〉一文中，指出教育責任是精神科學教育學的概念。單純的將責任作為自我存有的基礎層次，對教育者而言是太少的。每個人都喜歡從其責任出發來談論事情，以便為其作為辯護。教育學必須表達出對理性的喜愛，同時將其與教育和教學聯結。假如教育責任想要改善人類

的關係，就必須使每一個合作者認同於理性，才能實現我們所要求的目標（Schaller, 1986: 280）。因此，不僅教師具有教育的責任，學生也應該負起學習的責任。

五、有利於一個民主理性社會的建立

個人是社會組成的基礎，如果個人沒有民主的素養和理性的觀念，一個民主理性的社會是無法建立的。傳統的教育理論強調單向式的獨白，很少有機會讓學生參與討論，缺乏民主溝通的精神，同時由於教師權威性的管理，使學生缺乏批判思考的能力，因此無法進行理性的思考，所以很難建立一個民主理性的社會。如果想要建立一個民主理性的社會，首先必須實施民主和理性的教育。由於夏勒的「溝通教育學」不僅可以應用於學校中，而且能夠使用於社會中，經由教育和政治對稱互動和理性溝通的形式，培養學生理性思考的態度和民主參與的能力，所以有助於建立一個民主和理性的社會。例如：1987年夏勒曾經在〈溝通教育學的教育理性〉一文中，指出「溝通教育學」可以促進生活關係的民主化，達成理性的生活引導，在對稱互動和理性溝通中，培養學生理性和民主的觀念（Schaller, 1987c:61）。因此，有利於一個民主理性社會的建立。

但是不可諱言的，夏勒的「溝通教育學」也存在著下列幾個問題：

一、缺乏健全成熟的人格作為基礎

夏勒的溝通教育學與哈伯瑪斯的溝通行動理論並不相同，溝通教育學注重教學過程中教師和學生對稱的互動，強調理性的溝通，對於教育關係的建立、教學效果的提高和民主理性社會的建立貢獻很大。溝通行動理論則希望經由若干有效宣稱的預設，建構理想的溝通情境，達成一致的共識（Habermas, 1981a; Habermas, 1981b）。溝通教育學強調的重點在對稱的互動和理性的溝通，而不在於追求溝通共識的達成。但是，由於溝通教育學和溝通行動理論一樣，都未奠基在成熟個體的基礎上。在這種情況下，理性的溝通和對稱的互動就會受到極大的限制（Benner, 1995b: 66-71），因為缺乏成熟的個體為基礎，參與溝通者根本不遵守溝通的規則，一切的有效

宣稱就會完全失效，使得教育歷程淪為各說各話的局面，無法發揮溝通教學法對稱互動和理性溝通的作用。

二、忽略現代主義意識型態的批判

夏勒的溝通教育學雖然重視批判興趣的觀念，希望參與溝通者能夠放棄自我中心的概念，實施理性溝通的教育，進行互為主體性的溝通，達到理性解放的理想。但是，夏勒的溝通教育學還停留在現代主義的觀點，強調理性教育的目的和民主社會公民的培養，並未深入探討現代主義意識型態宰制的問題，容易受到理性中心、主流文化、社會制度、歷史連續性等觀念的影響，從後現代主義的觀點來看，會使得教學歷程受到霸權敘述控制和產生忽略弱勢族群聲音的問題。

三、受到學科性質和教學時間的限制

夏勒的溝通教育學強調教師和學生在教學過程中，必須放棄自我中心的觀念，進行互為主體性的溝通。由於採用溝通教學法進行教學活動比較耗費時間，教師往往無法在預定的時間內完成教學的活動，而且有些學生並未具備對稱溝通的能力，同時某些特定學科的性質，並不適合採用溝通教學法來進行，例如：數學領域的教學，由於教師和學生能力的差距頗大，根本無法進行對稱的溝通。所以，夏勒溝通教育學的應用容易受到學科性質和教學時間的限制。

第五節　重要啟示

根據個人對夏勒相關文獻的分析，其溝通教育學對我國的教育學術具有下列幾項重要的啟示：

一、可以改善傳統單向式教學法的缺失

傳統學校教育在教學上多採用講述式的教學法，這種教學法屬於單向式的溝通，教師與學生之間缺乏多向的交流，不僅教師的教學成效不彰，

而且影響學生學習的結果，同時學生與學生之間也由於缺乏交流，學校教育的成效受到很大的限制。夏勒的溝通教育學採用溝通教學法，讓教師和學生在教學的過程中，進行多向的對話和溝通，同時讓學生之間也有機會進行意見的交流，可以改善傳統單向式教學法的缺失，提高學校教育的成效，促進教師與學生和學生與學生之間的情誼。

二、能夠解決教學偏重訊息聯結的缺失

傳統學校教育由於升學主義的影響，在教學上比較強調知識訊息的聯結，以達成智育學習的目標，往往忽略溝通過程意義生產的功能。夏勒的溝通教育學不僅強調溝通過程訊息聯結的重要性，同時注重教學過程意義生產的達成。因此，夏勒的溝通教育學能夠兼顧訊息聯結與意義生產的功能。

三、有助於教師與學生良好關係的建立

傳統學校教育中教師往往採用權威性的態度，將學生視為動物性的客體來對待，因此教師與學生的關係緊張，經常處於對立的局面。在這種情況下，教師與學生的溝通不是一種互為主體性的對話，師生之間當然很難建立良好的關係。夏勒的溝通教育學主張教師應該將學生當作主體來尊重，在教學的過程中進行對稱性的溝通，以達到訊息聯結和意義生產的目標。在這種溝通教育學的教學過程中，由於教師與學生關係不是一種權威性的關係，因此有助於教師與學生良好關係的建立。

四、可以糾正學校教育目的訂定的偏頗

傳統學校教育在教育目的的訂定上不是偏向個人層面，就是偏向社會層面。個人層面的教育目的追求個人潛能的發展，以達到自我實現的理想；而社會層面的教育目的則注重批判能力公民的養成，以建立一個自由理性社會。事實上，這兩種學校教育目的的訂定都有所偏頗。杜威（John Dewey, 1859-1952）主張良好的教育目的具有三項特徵（Dewey, 1916）：(1)教育目的必須建立在受教者原本的能力和需求上。(2)教育目的必須能夠

轉化成為一種實踐的方法，使受教者的能力能自由的發展，並且透過活動而合作。(3)教育目的不可過於普遍和遙遠。從這幾項特徵來看，夏勒的溝通教育學主張教育在培養個人的理性，使個人具有批判反省的能力，成為一個能夠獨立思考的個體。同時能夠放棄自我中心的觀念，在社會生活的對稱互動中，與他人進行互為主體性的溝通，和諧對話的解決所有的問題，以建立一個民主理性的社會。兼顧個人層面和社會層面的教育目的，因此可以糾正學校教育目的訂定的偏頗。

五、能夠增進學校民主法治教育的效果

目前許多社會問題或學校教育問題的解決，多採取抗爭或遊行的方式來訴求，往往容易產生非理性和不民主的弊端，造成國家社會重大的損失。夏勒的溝通教育學主張在社會問題或教育問題產生時，應該讓相關人員採用參與溝通的方式，放棄自我中心的觀念，理性和諧的進行平等對稱的互動，在互為主體性的溝通對話中，針對問題的癥結提出解決之道。這種溝通教育學非常重視對稱溝通和互為主體的對話，能夠符合民主社會的要求，彰顯人類的理性，有效解決人與人之間的爭議，避免行政人員、教師、學生和家長的對立，增進學校民主法治教育的效果，對於國家社會的安定和校園的和諧幫助很大。

總而言之，教師如果能夠採用適當的教學方法，建立良好的師生關係，可以讓教育歷程順利的進行，提高教師教學的效果，增進學生學習的成效，有助於學校預定教育目的的達成。相反的，如果教師不能採用適當的教學方法，不能建立良好的師生關係，則教育歷程的進行必然困難重重，既不能提高教師教學的效果，也無法改善學生學習的結果，自然難以實現學校預定的教育理想。因此，教育目的、教育關係、教育歷程、教學方法和教學效果的探討非常重要。夏勒的溝通教育學奠基在康美紐斯教育學思想、海德格現象學哲學、巴勞輔教育學思想、布伯對話哲學思想和勒維納斯他者哲學的基礎上，強調教育關係、對稱互動和互為主體性的教育原理，主張人與人之間的溝通，能夠開展個體存有的意義，達到與他人在世存有的意義。夏勒強調教師和學生在教育歷程中，應該注重對稱互動和

理性溝通，進行訊息的聯結和意義的生產，才能彰顯人類理性的意義，培養學生民主的觀念，既注重個體的個性化，也重視個體的社會化，以建立一個民主理性的社會。夏勒的溝通教育學可以改善傳統單向式教學法的缺失，解決教學偏重訊息聯結的缺失，有助於教師與學生良好關係的建立，可以糾正學校教育目的訂定的偏頗，能夠增進學校民主法治教育的效果。其功能不僅僅只是傳統教育學的補充而已，而是從根本上改變了傳統教育學的觀念。特別是在教學理論、師生關係、道德教育、行政溝通和民主法治教育方面，具有相當重要的意義。但是，由於缺乏成熟的個體作為基礎，會影響對稱互動和理性溝通的效果。而且忽略現代主義意識型態的批判，從後現代主義的觀點來看，容易受到理性中心、主流文化、社會制度、歷史連續性等觀念的影響，造成教學歷程受到霸權敘述控制和忽略弱勢族群聲音的問題。最後，由於採用夏勒的溝通教學法進行教學活動比較耗費時間，教師往往無法在預定的時間內完成教學的活動，而且有些學生並未具備對稱溝通的能力，同時某些特定學科的性質，並不適合採用溝通教學法來進行。所以，夏勒的溝通教育學容易受到學科性質和教學時間的限制。

第四章

奧圖的審美教育學探究

　　審美教育（ästhetische Erziehung）是施教者以各種材料，應用教育的方法，對受教者進行陶冶，以開展美感相關的能力，培養高尚的審美心境，形成健全人格的活動（梁福鎮，2001：1）。最早來自於德國文學家席勒（Friedrich Schiller, 1759-1805）的倡導。席勒主張人類在感覺、悟性和意志三種官能之外，還有一種美感官能，針對這種官能的教育稱為審美教育。他鑑於18世紀以來，因為學科知識分工發展，造成人格分裂的現象，因而提倡「審美教育」以促進人類感性與理性的和諧發展。教育學家瑞希特（Hans-Günther Richter, 1933-）在《教育的藝術治療》（*Pädagogische Kunsttherapie*）一書中，將審美教育區分為藝術哲學、藝術教育學、藝術教學理論和藝術治療四個層次（Richter, 1984: 15）。從這個觀點來看，在著名的審美教育學家中，莫連豪爾（Klaus Mollenhauer, 1929-1998）強調審美教育的本質，說明審美解放的意義，屬於藝術哲學層次的代表人物，柯柏斯

（Diethart Kerbs, 1941- ）注重審美教育的功能，並且主張審美教育歷史的探究，屬於藝術教育學層次的代表人物，奧圖（Gunter Otto, 1927-1999）致力於審美經驗的分析，系統地建立審美教學理論，屬於藝術教學層次的代表人物，瑞希特注重審美教育目的的探討，同時強調藝術教育在治療上的功能，屬於藝術治療層次的代表人物。

奧圖是審美教學理論方面著名的人物，其審美教育理論深受赫爾巴特（Johann Friedrich Herbart, 1776-1841）審美教學理論、馬克斯（Karl Marx, 1818-1883）實踐哲學、海曼（Paul Heimann, 1901-1967）實證教學理論和阿多諾（Theodor W. Adorno, 1903-1969）美學理論的影響。他認為當代審美教學理論的發展大概有下列三種取向（Otto, 1974）：(一)從預先確定的政治觀點出發，探討審美教學方面的問題。(二)從審美對象結構的特徵、超越歷史所接受的圖畫範疇或訊息理論處理的角度出發，探討審美教學方面的問題。(三)從社會情境和社會中出現的重要的審美現象出發，探討審美教學方面的問題。雖然這些審美教學理論的觀點有所不同，但是他們都重視下列問題的探討（Otto, 1974）：(一)澄清藝術教學理論與一般教學理論的關係。(二)藝術學習目標的精確化。(三)教學過程的結構化。(四)教學成就的可控制性。(五)教學決定與人類基因和社會文化條件的關係。奧圖的審美教育理論注重教學問題的討論，開啟了審美教育教學理論的研究，在審美教育理論上備受推崇和重視，對當代審美教育學術產生深遠的影響。因此，相當值得我們深入的探究其審美教育理論的內涵，以提供我國作為建立審美教育理論和改善審美教育實際的參考。

第一節　生平著作

奧圖（Gunter Otto）1927年1月10日出生於柏林，1933年進入國民學校就讀，1946年進入漢堡大學就讀，1956年獲得漢堡大學哲學博士學位，應聘柏林教育學院擔任教育學家海曼的助理。1960年晉升為藝術教育與教學理論教授，並且擔任柏林學校制度委員會繪畫藝術部門成員，這是柏林邦

教育政策方面相當重要的職位。奧圖與海曼（Paul Heimann, 1901-1967）和舒爾茲（Wolfgang Schulz, 1929-1993）共同創立柏林學派（Berliner Schule）的教學理論，他在1964年出版的《藝術在教學中作為過程》一書中，將藝術學科和其他學科學術地位的問題，在教育系統的新結構和改變結構中提出來，這使得其他科學能夠承認藝術教育學具有同等的地位。1971年應漢堡大學邀請，創立審美教育研究所，擔任藝術教育學教授，開授審美教育教學理論。1974年奧圖出版《審美教育教學理論》一書，為藝術教學提出一種整合的模式。1975年擔任漢堡大學副校長，1979年在「教育與科學工會」（Gewerkschaft Erziehung und Wissenschaft, GEW）倡議設立「革奧格—塔波特獎」（Georg-Tappert-Preis），同時擔任「革奧格—塔波特獎」評審團榮譽主席，並且擔任審美教育教學理論研究所教授。1986年奧圖由於在教育科學和藝術教育學的理論建構方面貢獻卓越，獲得馬堡大學（Universität Marburg）頒贈榮譽博士學位。1987年奧圖與瑪麗亞（Maria Otto）合著《解釋：審美教育作為圖畫中與圖畫的解釋之實際》（*Auslegen.Ästhetische Erziehung als Praxis des Auslegens in Bildern und des Auslegens von Bildern*）一書，主要從兒童的行為方式對藝術作品作多種方式的解釋，將這些解釋作為審美的實際來描述，並且在理論的脈絡中加以提出，以建立解釋藝術作品的過程。

　　1992年自漢堡大學審美教育研究所退休，一面在審美教育研究所講授課程，一面從事審美教學理論著述的工作。1998年底奧圖出版《介於教學法與美學之間的學習與教學》（*Lernen und Lehren zwischen Didaktik und Ästhetik*）一書，蒐集了奧圖自1980年代以來的著作與演講。奧圖主張要為了藝術教育學的責任與義務而辯護，但是，他並不鼓勵從學校以外去獲得審美教育，因為學校以外的審美教育課程不夠完善，而且無法實現全民教育的理想。1999年奧圖獲得德意志聯邦共和國政府頒贈的聯邦服務十字勳章，並且於同年12月因病逝世於巴德貝佛森（Bad Bevensen）。奧圖的主要著作有《藝術在教學中作為過程》（*Kunst als Prozess im Unterricht*）、《審美教育教學理論》（*Didaktik der Ästhetischen Erziehung*）、《審美教育文集》（*Texte zur Ästhetischen Erziehung*）、《克林格有關世界和文學不同對

象的觀察和思想之概念與名稱索引》（*Begriffs- und Namensregister zu Fried-rich Maximilian von Klingers Betrachtungen und Gedanken über verschiedene Gegen-stände der Welt und der Literatur*）、《教育與教學的方法與媒介》（*Methoden und Medien der Erziehung und des Unterrichts*）、《審美教育》（*Ästhetische Bildung*）和《介於教學法與美學之間的學習與教學：第一部：審美經驗與學習》（*Lernen und Lehren zwischen Didaktik und Ästhetik. Bd.I: Ästhetische Er-fahrung und Lernen*）、《介於教學法與美學之間的學習與教學：第二部：學校與博物館》（*Lernen und Lehren zwischen Didaktik und Ästhetik. Bd.II: Schule und Museum*）、《介於教學法與美學之間的學習與教學：第三部：教學法與美學》（*Lernen und Lehren zwischen Didaktik und Ästhetik. Bd.III: Didaktik und Ästhetik*）等等（Grünewald u.a., 1999: 4-5）。

第二節　思想淵源

　　根據個人對奧圖相關文獻的分析，其審美教育學的思想淵源主要有下列幾個：

一、席勒的審美教育理論

　　席勒（Friedrich Schiller, 1759-1805）在《審美教育書信集》（*Über die ästhetische Erziehung des Menschen in einer Reihe von Briefen*）一書中，談到審美教育的必要性和審美教育的概念。席勒主張人類的理性要求統一性，自然要求多樣性。「觀念的人」（Mensch in der Idee）即「客觀的人」，體現了這種永不改變的統一性；「時代的人」（Mensch der Zeit）即「主觀的人」，則表現出始終變換的多樣性。因此，每個人都有兩種性格，即客觀和主觀的性格，這兩種性格各有其片面性。國家代表理想的人，它力求把各具特點的個體統合成一體。如果個人不能把他主觀的特殊性格淨化成客觀的性格，國家就會與個人發生衝突，而國家為了不成為個人的犧牲品，就不得不壓制個體。因此，關鍵在於統一人身上的兩種性格，使其達到「性格的完整性」（Totalität des Charakters）。既不能為了達到道德的統一

性而損傷自然的多樣性，也不能為了保持自然的多樣性而破壞道德的統一性，就是說人既不能作為純粹的自然人以感覺來支配原則，成為一個「野人」（Wilder），也不能作為純粹的理性人用原則來摧毀情感，成為一個「蠻人」（Barbar）。有教養的人具有性格的全面性，只有在這種條件下，理想中的國家才能成為現實，國家與個人才能達到和諧統一（Schiller, 1993: 576-579）。奧圖受到席勒審美教育理論的影響，從歷史哲學的觀點來建立和發展藝術的概念（Otto, 1974: 91），主張「批判」是藝術內容的一部分，在藝術中能夠促成較佳世界的到來（Otto, 1974: 94）。指出傳統的溝通方式偏重在語言文字的傳達，藝術能夠開拓人類溝通的形式，將符號、圖形、聲音、顏色等納入溝通的形式之中。主張藝術不僅能夠提供許多資訊，訓練人類表達的能力，同時可以改變溝通的方式。奧圖曾經在〈差異的認識和共同性的發現〉（Unterschiede erkennen und Gemeinsamkeiten entdecken）一文中指出，藝術教學法、音樂教學法和運動教學法的共同性，存在古典的定義之中，而不在於特定差異的層次上，應該從一般性的層次上去尋找。例如：這三種人類行動目的的確定，都是奠基在「基本生命範疇」或「存在基本現象」意義中的一種遊戲。奧圖從席勒的觀點主張審美活動建構的無目的性不是來自目的的自由，而將它作為一種設定中的自由來加以理解。因此，審美事物和學科的共同性存在於其「無目的性」之中（Otto, 1998b: 53）。

二、赫爾巴特的審美教育理論

赫爾巴特（Johann Friedrich Herbart, 1776-1841）的審美教育理論主要在其所著的《普通教育學》（*Allgemeine Pädagogik*）一書中，他在該書第五章「教學的過程」（Gang des Unterrichts）裡就提到審美教學活動的進行。赫爾巴特主張鑑賞的理論是非常模糊的，以致我們不能說明各種審美活動的成分及其綜合。雖然如此，我們不難於取得一致的意見：美的價值不存在於事物的量中，而存在於事物的關係中；鑑賞並不基於感知的事物，而基於感知的方式。我們沒有什麼其他情緒比對於美的情緒更容易受到損害了，對於兒童明亮的眼睛來說，美是不清楚的，儘管我們覺得只要看到

美就能清潔美似的。沒有受過訓練的眼睛無疑可看到物體，甚至於可以看到眼前的一切，但是不能把各種關係匯集起來，如同有教養的人在最佳時刻最容易做到的那樣。雖然鑑賞與想像彼此迥然不同，但鑑賞往往寓於想像之中。想像有助於鑑賞，這是容易理解的。例如在想像的變幻中，各種關係也變化著。而在許多關係中有一些關係通過其影響將注意力吸引，把其他形象在其周圍組織起來，這樣心智就進入了詩的意境（Herbart, 1986: 118）。赫爾巴特強調審美最初產生於留意的觀察中，通常少年和兒童僅把一種物質看作與其他各種物質一樣的東西。最初他們覺得彩色的、形成對照的和運動的東西都是美的，而當他們看夠了這一切，並處在一種躍躍欲試的心理狀態時，我們就可以嘗試讓他們去探討美了。首先我們應該把美的現象從一系列在審美上無關緊要的現象中揭示出來，從而說明這些美的現象。然後把它分解為各個部分，使其中的每一部分本身具有鑑賞的價值。此外，我們也必須將美的最簡單形式，組合之美的聯結形式和重新合併產生的美詳細瞭解，並且綜合起來（Herbart, 1986: 122-124）。奧圖深受赫爾巴特審美教育理論的影響，注重審美教育教學理論的建立，從赫爾巴特「形式階段理論」（Formalstufentheorie）的觀點出發，探討審美教育教學過程中的問題。不僅強調「教育性教學」（erziehender Unterricht）的重要性，同時注重教學過程中「圖片」（Bildern）的多義性（Otto, 1998a: 216-248）。奧圖援引赫爾巴特1892年所撰〈裴斯塔洛齊ABC觀念的考察〉一文的看法，主張赫爾巴特對風景的描述可以應用到圖片的詮釋上，強調美感事物的觀察「並非看到的都是一樣的」（nicht alle sehen alles gleich），因為人類知覺的結構會受到內在和外在條件的影響，所以在進行觀察時會有一些差異存在（Otto, 1998b: 193）。

三、馬克斯的美學思想

　　馬克斯（Karl Marx, 1818-1883）在考察藝術發展時，並沒有把藝術的發展當作一個孤立的現象，而是把它和整個社會發展聯繫在一起來考察的。並且認為藝術生產和物質生產是一個從結合到分離的過程。不管是蒙昧時期還是野蠻時期，人類藝術創造和物質生產都是一回事，只有到

社會分工出現之後，藝術生產和物質生產才分開來。藝術作為單獨的生產出現就是分工的產物，主張藝術生產是一種分工的表現，並不等於說藝術生產和物質生產毫無關係，藝術生產是受物質生產支配的，藝術屬於上層建築，它是在經濟基礎之上發展起來的。它受經濟基礎的決定和制約。隨著經濟基礎的變更，文學藝術也必然隨之或慢或快的發生變革。上層建築並不完全聽命於基礎，它會對基礎作出說明、解釋、保護或破壞。上層建築之間也互相影響，並不是只有經濟狀況才是積極的原因，而其餘一切不過都是消極的結果（張凌、張鐘，1988：309; Marx, 1977a）。馬克斯談論美的規律是從微觀世界出發的，他認為美不是一個孤立的物或社會現象，它是一個範疇，它與社會的人事物分不開，這是一種唯物主義的藝術史觀。馬克斯認為美是主客觀的凝聚，人靠無機界生活維持自己的肉體，不管這些自然產品以什麼形式表現出來，人要依靠這些自然來生活。美的規律既在對象身上，也在審美主體的世界中。馬克斯曾列舉金銀天然材料的審美屬性來說明美的客觀性，金銀表現為地下世界發掘出來天然的光芒，銀反射出一切光線的自然混合，金則專門反射出最強的色彩，對這些顏色的感覺是一般美感中最大眾化的形式。雖然顏色的屬性是屬於金銀的，但對顏色的感覺確是屬於人的，而且感覺顏色的審美表現，又是人在不斷實踐中形成的，所以美的規律中，必然還包括著人美感的歷史過程（張凌、張鐘，1988： 311-312; Marx, 1977b）。奧圖從馬克斯的藝術概念出發，說明審美教育具有批判的功能（Otto, 1974: 91）。並且追溯到馬克斯的「貨品概念」（Begriff der Waren），將解放視為社會的過程，使其成為一般教育的目的（Otto, 1974: 118-119）。同時將藝術的上層建築功能作為統治者系統穩定的事物，把實踐等同於經由人重整社會整體過程的客觀實在（Otto, 1974: 330）。將審美教學與社會現象結合起來，建立審美教育的教學理論。

四、海曼的教學理論

　　教育學家海曼[1]（Paul Heimann, 1901-1967）是柏林學派教學理論的創立者，在第二次世界大戰以後開始批判詮釋教育學的教學理論。海曼認為精神科學教育學的教學理論，在形式性和普遍性上都不是一種與學校教學相關的理論。同時，詮釋教育學教學理論中有關教育目的和教育內容的看法，根本無助於日常生活中教學問題的解決（Heimann, 1976: 145-146）。海曼希望消除人類非理性的行動，從經驗主義和實在主義科學的觀點給予所有教育過程和教學過程理性的基礎，並且建立教育行動和教學行動的科學性（Heimann, 1960: 369-370）。海曼在其教學理論中主張學校內外的教育和教學行動，可以經由教育和教學理論反省的徹底科學化獲得改善。海曼教學理論中科學概念的建構和實際教育行動的關係是一種應用科技的結果，但是在海曼的著作中也有理論的部分，這部分理論剛好與其教學理論概念的科技應用相反。因此，顯示出海曼教學理論中理論與實際之間的差異。海曼在1947年所撰的〈教育情境作為心理學的任務〉（Die pädagogische Situation als psychologische Aufgabe）一文中，指出心理學能夠在教學中提供教育的媒介和方法，社會學能夠決定教育的目的和內容。教育學通過心理學和社會學的應用，可以滿足社會的要求，並且被社會所接受（Heimann, 1947: 68）。海曼從心理學的觀點來探討教學對象的問題，他主張教師最主要的課題在於準備教材，教材的內容應該包括世界的知識，並且配合學生的個人經驗，教師必須適當傳遞給學生，讓學生進而建構自己的觀點和態度（Heimann, 1947: 73）。海曼深信心理學的教育成效，認為心理學甚至可以用來建立教師與學生的關係。經由兒童人格的接納，能夠使得教學活動中的師生關係，不只是教學內容的關係，而能夠超出「教

---

[1]　海曼是柏林學派教學理論的創立者，在教學理論上享有「柏林模式之父」（Vater der Berliner Modell）的尊稱。在第二次世界大戰以後，曾經擔任柏林教育學院講座教授。海曼希望消除人類非理性的行動，從經驗主義和實在主義科學的觀點給予所有教育過程和教學過程理性的基礎，並且建立教育行動和教學行動的科學性（梁福鎮，1999：227）。

導」（Unterweisung）的範圍，找到兒童存在的關係，作為有效教育行動的基礎（Heimann, 1947: 77）。奧圖的審美教育教學理論深受海曼柏林學派教學理論的影響，這種教學理論奠基在學習理論上，從科際整合的觀點出發，採用科學方法進行教學問題的探討，通過心理學和社會學的應用，決定教學的目標、內容和方法，來建構審美教育的教學理論（Otto, 1974: 205-209）。

五、阿多諾的美學理論

阿多諾（Theodor W. Adorno, 1903-1969）在其《美學理論》（*Ästhetische Theorie*）一書中，首先探討了藝術在當今世界中荒謬的處境。他主張美學必須以真理為目標，否則美學就會淪為無足輕重，甚至被貶低至一種烹調似的觀點，真理是藝術作品的一種重要特質。藝術作品參與了認知，所以不應該與非理性的憐憫混為一談（Adorno, 1996a）。他認為很明顯的是現在所有關於藝術的東西，就像藝術與完整性的關係一樣，不再是顯而易見的了，甚至藝術存在的權利亦是如此（Adorno, 1996a: 9）。他主張藝術品內在的分析在其自身，目的在於從社會沉思藝術，希望有助於藝術的復甦。藝術一方面是與社會對立的自我理解；另一方面是社會的產物，描述其有關社會法則的經驗。誰要是只知覺藝術的內在部分，也會給自己帶來內容的知覺。對於藝術品會產生誤解，主要是受到內在問題限制的觀察所影響。因此，在觀察藝術品時，需要其內在的構成，以關聯非藝術的部分（Adorno, 1996a: 518）。在藝術解放的功能方面，阿多諾認為解放功能的達成不是決定在詩文之中，而決定在藝術解放的衝動能否在社會中得到實踐（Adorno, 1996b: 249）。阿多諾和希爾伯曼（Alfons Silbermann）一樣，重視從無數擴張的機制、社會控制和權威而來，有關審美對象及其影響的社會條件，這些社會條件都依賴於社會的結構。在影響關係之內讓自己加以證實，從社會特定的有意識或無意識的狀態，對哪些層面施以作用（Adorno, 1970: 94）。阿多諾主張藝術和其他所有涉及社會現象的問題，本身就是一個社會學的問題。雖然從數量作用的標準來看，藝術品在社會上並未扮演重要的角色。但是藝術品的內容本身就具有對抗社會保守和僵

化意識型態的作用。因此，藝術就是一種社會現象（Adorno, 1970: 97）。藝術只有當它仍具有抗拒社會的力量時，它才能繼續存在，如果藝術拒絕使自己「客觀化」，那麼它就會變成一項商品（Adorno, 1996a）。奧圖對藝術本質和美學理論的看法深受阿多諾的影響，他曾經在〈審美是另外一種理性〉（Das Ästhetische ist das andere Vernunft）一文中，談到審美教育學習領域的問題。奧圖援引阿多諾的看法，主張審美教育的學習不僅只是藝術品的學習，同時也可以在教學中知覺到文化過程和歷史過程的複雜性（Otto, 1998c: 44）。奧圖從阿多諾美學理論的觀點出發，區分出「一般藝術」（Kunst）和「學校藝術」（Schulkunst）的不同（Otto, 1998b: 118），主張藝術品的目的是一種不確定者的確定性，藝術解放功能的達成不是在詩文之中，而是能否在社會中得到實踐（Otto, 1974: 92）。強調審美教育可以培養人類審美的理性（Otto, 1998c: 78-81），審美教育的實施應該協助學生追求解放的目的，發揮其關聯「審美」（Ästhetischen）與「社會」（Gesellschaft）的功能，經由審美教育的教學，達成解放的理想（Otto, 1974: 75-76）。

第三節 主要內涵

根據個人對奧圖相關文獻的分析，其審美教育學的主要內涵有下列幾項：

一、審美教育的概念

奧圖在《審美教育教學理論》（Didaktik der ästhetischen Erziehung）一書中，談到審美教育的概念。他強調在這本書中應用審美教育的概念並非來自現實性的理由，而是由於歷史的先前理解和從精確化的觀點出發，分析審美教育的概念。奧圖審美教育的觀點如下（Otto, 1974: 17-18）：

1.「審美」（Ästhetisch）的概念標誌著在內容方面的擴大，「審美」指向一般，不僅包括藝術或文化價值關聯的知覺、實現和詮釋過程。

2.「教育」（Erziehung）的概念標誌著意向領域的擴大，「教育」超越迄今強調導向一般目標的教學資訊過程，不僅只是知識獲得和技能訓練，而是行為改變的過程。教育在此被視為與教學和學習相關聯的「上位概念」（Oberbegriff）使用。因此，審美教育是指在藝術、文化價值和一般事物的知覺、實現和詮釋過程中，有關知識獲得、技能訓練和行為改變的活動。

奧圖認為「審美教育」（ästhetischen Erziehung）這個術語將會在教育史中再度被來自於繪畫藝術、音樂、文學和表演遊戲內容領域，包括所有實際與過程的教育努力當作「上位概念」加以應用。他相信所有審美對象社會文化的限制和當時的作用、起源、結構與內容都是審美教育的對象，至於什麼現象被理解為藝術、音樂、文學和遊戲，仍然有待進一步加以探討。在此我們只能說：誰使用藝術隱喻，誰就已經意謂了長久以來不同衍義、功能和評價的「圖畫場所」（Bildsorten），例如：電視、畫報、漫畫、博物館、相簿和客廳中的圖片。一般所謂的音樂，指的是從唱片、迪斯可舞廳、演奏廳、音樂盒和卡帶發出的聲音。語言學家把德文教學法，例如：利用「文本場所」（Textsorten）的類型給予協助，將文學教學與規範的文學概念分開。誰要是提到遊戲，今天不再被質疑他指的是學校慶典、節慶或慶祝，但是他必須說明指的究竟是角色扮演、計畫遊戲、互動教育學[2]（Interaktionspädagogik）或語言治療。審美的客體或審美教育潛在的客體是根據知覺和奠基於知覺構思的實現，知覺的過程不能與知覺同時的詮釋分離，以達到審美的實現。所以，審美的客體具有雙重要求的特性。它號召觀察者、傾聽者和觀賞者決定知覺與關聯的詮釋，史密特（Siegfried J. Schmidt）指出理解審美客體意義的詮釋，作為提出客體的個體和團體特定脈絡沒有其他的過程存在。因此，藝術作品的問題宣稱：「什麼表示為了誰，何時和奠基於何種興趣。」當他將環境客體譯為教育依賴的過程時，這種觀點與布迪爾是一致的（Otto, 1974：18）。

2　互動教育學（Interaktionspädagogik）是一門探討教師與學生在教學過程中，如何促進師生雙方彼此自由平等的對話溝通，以進行各種領域的學習，達成教育目標的學科。

二、審美教育的功能

奧圖曾經在《藝術在教學中作為過程》（*Kunst als Prozess im Unter-richt*）一書中，分析藝術與藝術教學的社會功能。並且在《審美教育教學理論》一書中，提出審美教育的功能。奧圖強調藝術教學與審美教育具有下列幾項功能（Otto, 1969: 88；Otto, 1974: 21）：

1. 導向藝術的功能（Die Hinführungsfunktion zur Kunst）

奧圖指出藝術教學能夠引導學生接觸各種藝術作品，使學生可以從教學過程中，真正的瞭解藝術的涵義，將藝術落實到日常生活之中。例如學生在讀過哥德《少年維特的煩惱》（*Die Leiden des jungen Werthers*）這部作品之後，能夠進一步的涉獵其他文學作品，養成愛好文學藝術的習慣。

2. 導向實在的功能（Die Hinführungsfunktion zur Wirklichkeit）

奧圖認為藝術不僅呈現出烏托邦的情境，事實上藝術也描寫實在的真相，經由藝術教學能夠使學生清楚的劃分理想與實在，並且讓學生瞭解實在的重要性。例如學生在讀過明朝羅貫中的《三國演義》這部作品之後，能夠瞭解三國時代政治社會紛亂的狀況。

3. 導向社會的功能（Die Hinführungsfunktion zur Gesellschaft）

奧圖指出藝術教學反映出許多藝術作品當中所描述的社會問題，經由藝術教學可以使學生獲得許多社會生活的經驗。因為這些豐富的經驗不是每個人都能體驗到的，所以，對於學生未來的社會適應幫助很大。例如學生在讀過小仲馬的《茶花女》這部作品之後，能夠瞭解當時歐洲法國社會的狀況，對於學生人生經驗的充實幫助相當大。

三、審美教學的目標

奧圖在《審美教育教學理論》（*Didaktik der Ästhetischen Erziehung*）一書中，提出其審美教學目標理論。奧圖主張在學校機構所欲的教育過程和教學過程中，整體性的目的形式被稱為一般教育的目標，教育目標必須在可以實行的觀點下被反省，意即教育目標不允許是無法實行的。但是，要求目標之下的條件應該是可以達成的。一般教育的目標主要有解放、民主

化、團結、理性和能力等幾項。「解放」（Emanzipation）概念最初的歷史意義來自於羅馬時代，在羅馬法律中解放指的是從父權控制中釋放，後來演變成為意指從奴隸狀態獲得釋放。到了今天解放概念的理解在兩方面相當重要：解放已經不再是父權控制的解決，停留在個人層面；而是團體、層級或階級解放過程的概念，特別是不成熟社會中傷害的解放。這種解放的意義已經超越羅馬時代的意義，並且與馬克斯的看法有所不同。在馬克斯的見解中，解放是私有財產制作為人類自我異化積極的揚棄，並且作為人類本質真正的掌握（Otto, 1974: 117-118）。

　　奧圖認為解放的教育目標主要在追求下列目標（Otto, 1974: 120）：1.以啟蒙和意識的擴展打破傳統過度保守的兒童依賴性和有限的成熟性；2.以自律和自我決定打破異化；意即以自我決定打開權威的外在決定和恐懼的壓迫；3.以合作準備和容忍相對於外在的基本需求打破自私主義統治努力的戰鬥和競爭；4.以批判的政治意識和利益的團結突破社會的冷漠、個人主義和納粹主義的隔離。奧圖借用紀塞克（Hermann Giesecke, 1932-）的引文指出德國的基本法本身存在於歷史「民主化」（Demokratisierung）的脈絡中，這種長期歷史的解放過程和民主化過程的表達，部分固定存在於基本法中是可以理解的。一般教育目標主要在達成國家、社會和教育機構的民主化，甚至人際關係的民主化。德國基本法規定民主的實現目的在於保障弱勢團體、貧窮民眾和不利地位國民的利益和需要，因此民主化也是一種重要的教育目標（Otto, 1974: 123）。

　　奧圖認為一般教育目標、定向目標（Richtziele）、學科目標和教學目標之間的關係相當密切，其中一般教育目標層次最高，定向目標其次，學科目標再次，教學目標的層次最低。奧圖指出在一般教育目標新的表達之下，會形成一般教育目標在學科目標中的具體化和一般教育目標在定向目標中的分化，這三者之間存在著一種相互影響的關係。一般教育目標在學科目標中的具體化和一般教育目標在定向目標中的分化之下，形成特定教學目標中學科內容的精確化，它與一般教育目標在學科目標中的具體化有互相影響的關係存在，而特定教學目標中學科內容的精確化則會對一般教育目標在定向目標中的分化產生影響（Otto, 1974: 133）。其次，奧圖也指

出一般教育目標在定向目標的分化會受到學科內容，在特定教學目標精確化和一般教育目標在學科目標中具體化的影響、一般教育目標新的表達、學科內容在特定教學目標精確化和一般教育目標在學科目標中具體化三者互相影響，而一般教育目標在學科目標中具體化，則受到一般教育目標在定向目標的分化影響（Otto, 1974: 133）：

奧圖指出審美教育的目標有下列幾項（Otto, 1974: 144-145）：

1.審美問題的解決，例如：知覺、詮釋、分析、實行和學習去承認美學、經濟與社會之間相互的依賴性。

2.教學和學習過程將經由意識和區分的行為所追求，而跟理性、情意和行動的準備相對立。

3.認知、情意和實用領域行為分化的要求，從人類行為不可分離的觀點出發，使得所有理性解釋和情意的強制到審美對象的關係，朝向行動結果、關聯和控制的可能性，進一步指向詢問在社會過程中共同決定的可能性。

4.行動準備生產亦稱為關聯事物能力以聯結在解放過程中共同興趣的問題，教學和學習過程導向需求、興趣和對象結構。在其中需求和興趣顯示應該導向知識發展，需求和興趣自己在審美對象中成為對象，這種現象必須在知覺、分析和詮釋過程中被發現和詢問，以再度指向美學、經濟和社會的相互依賴。

5.內容使教學和學習過程在美學範圍中分為三個學習領域，導向解放概念的定向目標和一般教育目標。這三個學習領域如下：(1)審美對象的生產。(2)審美對象溝通。(3)審美對象的分配。

四、審美教學的理論

奧圖曾經在《藝術在教學中作為過程》（*Kunst als Prozess im Unterricht*）一書中，提出其審美教育教學理論。奧圖在書中說明教育學中理論與實踐的關係，他認為赫爾巴特和史萊馬赫（Friedrich Ernst Daniel Schleiermacher, 1768-1834）早就曾經提出理論與實踐關係的看法，當代教育家魏尼格（Erich Weniger, 1894-1961）也在〈教育中的理論與實踐〉一文中，處理

理論與實踐的關係。魏尼格以青少年福利為例說明，每一個複雜的領域都需要理論，這個理論不是單獨由一個學科所引導。這種說法至今不僅對學校一般領域仍然有效，而且或許對於學科教學的一般領域也具有特別的意義。就學校、教學和教師而言，奧圖認為教師的能力在理論與實踐的關係中相當重要，教師必須具備下列能力：(1)能夠理論等值的建構新類型的或意外陷入的情境或必要形成的教學決定；(2)重要的是理論化的能力，堅定的信任一種理論。奧圖提到海曼很早就朝向實證的教學理論前進，並且看出傳統教學理論的困境；因為多數的教育學、生物學、心理學、社會學和教學理論的內容相當難以看穿，同時尚未能夠沒有矛盾的與教育科學系統相互關聯。奧圖主張理論與實踐問題是藝術教學的內容問題，而圖畫過程和審美對象則是藝術教學的內容。過程與對象狀態的呈現從人類學的觀點來看，意即從人類行動和反應的方式來看，包括兩組因素：第一組涉及圖畫工具、處理過程、問題和原理。這些因素與屬於圖畫藝術範圍的現象關聯，在不同程度上承載以共同建構圖畫藝術現象的形式。第二組因素出於人類行動與反應，組成圖畫工具、處理過程、問題和原理或審美對象中的客體化。藝術教學的內容就是人類與圖畫藝術工具、處理過程、問題和原理或審美對象的論辯。從理論觀點來看，圖畫過程涉及作品分析與設身處地的論辯；從實踐觀點來看，圖畫過程則關係到圖畫工具、處理、問題和原理行動的論辯（Otto, 1969: 150-152）。

　　奧圖也在《審美教育教學理論》（*Didaktik der Ästhetischen Erziehung*）一書中，補充其審美教育教學理論。奧圖主張從藝術教育的自我理解出發，將藝術教育導向「社會整體的現象」（phénomène social total）有其必要性，藝術教育不要求方法和意識科際整合的工作，以滿足傳統的形式。新形式的藝術概念在內容方面仍然不夠精確，方法的問題根本尚未能夠被提出來。學科相連和跨學科的教學概念依然被相同的特徵所決定，這兩種變通方案科際整合的工作如同寇尼希（René König）所區分的一樣。教學能夠作為「社會整體的現象」被理解，教學計畫如同情境分析和行為分析一樣，只有科際整合才可能。教育科學從許多理由證成自己是一門科際整合的學科：例如，回顧其研究對象的結構；在方法論的觀點下，由於社會

化、溝通和資訊的過程性質所顯示的多層面性。「計畫」（Das Projekt）
在教學方法上，符合科際整合研究的開端，「計畫方法」（Die Projekt-
methode）將被用於現在所謂學校教學過程的組織中，並且被視為師資培
育的要素加以討論。涉及需求、情境相關、科際整合、自我組織和生產導
向的計畫特徵與杜威傳統的推行一致，邁出社會重要與集體實現的特徵，
以超越20世紀開始美國方面關於「計畫」的理解，雖然計畫的特徵符合不
同作者彼此的目標，但是在學校實際和教育實際中，比較之下很少計畫能
夠被實施，因為機構和行政的條件極端不利於計畫的緣故。

　　奧圖的審美教學理論主要的重點在於闡明藝術的教學理論價值，主
張藝術具有再製、激發、演出、提供溝通形式、改變行為和容忍的功能
（Otto, 1969: 73-87）。他分析一般教育目標、定向目標、學科目標和教學
目標的關係，說明教師如何在教育實際中決定教學的目標。奧圖指出審美
教育是一種科際整合的教學活動，應該充分與其他科學配合，從事審美
教育的事物分析、計畫教學和個案研究。經由審美教育學習的過程，將
目標—內容—媒體—方法—關係加以結構化。同時，把「重組的原理」
（Prinzip Umgestaltung）當作教學理論的問題和實際的觀點，而且分析藝
術對象分配和生產的經濟條件，以指導審美教學活動的進行（Otto, 1974；
Otto, 1975）。

五、審美教育的學習

　　奧圖在〈學校作為學習之屋〉（Schule als Haus des Lernens）一文中，
說明了審美教育學習的性質。他指出審美學習的形成，或許較少像其他學
習一樣，在學校中得到教師積極的接受。審美學習是多種行動在媒體中的
學習，因此行動的概念不允許任意的被推行，而特別的必須被它的學科高
層所承認。當學習的看法和態度有問題的被顯示時，將從審美的觀點被處
理。行動應該被思想結構所建構，邁向文化世界的過程應該經由多種的感
官經驗來創造。所有行動、感官和認知層面的互相關聯是一種特定的審美
的教學與學習，並且標示出這種關聯許多的困難：例如引起不容易滿足的
要求和複雜的要求、忍受不確定性，同時能夠與多種結果生活在一起。教

學真正的作為實驗被理解，並且出乎意外的被容忍。塞爾（Martin Seel）指出理性在能力中證明自己，能夠在理論、實踐和審美多種理性類型之間轉換，不僅使得學習歷程逐漸的擴展，而且海克（Zvi Hecker）建築學概念的討論也提供機會，經由教學向審美理性推進（Otto, 1998a: 272-273）。

奧圖在《藝術在教學中作為過程》（*Kunst als Prozess im Unterricht*）一書中，談到圖畫教學與學習的過程。他主張圖畫的教學和學習過程可以區分為四個階段（Otto, 1969: 207-208）：第一個是「開始階段」（Die Initiationsphase）：在圖畫教學和學習的開始階段教師希望學生能夠充滿好奇，準備圖畫教學內容的學習，準備開始對教師教學的行為加以反應；第二個是「探索階段」（Die Explorationsphase）：在圖畫教學和學習的探索階段學生會顯示出他想要知道有關人物或事物的內容，探索的課題在於產生問題的意識，進而參與問題的解決。在這個階段學生必須注意教師所提出的問題是什麼？哪些圖畫內容或對象問題引起作畫的動機？第三個是「客觀化階段」（Die Objektivierungsphase）：在圖畫教學和學習的客觀化階段學生依據媒體的性質，採用適當的方法分析圖畫的內容，客觀的來解決圖畫教學和學習過程中的問題；第四個是「統整階段」（Die Integrationsphase）：在圖畫教學和學習的統整階段當學生問題的意識產生，並且由主觀發現進入客觀分析圖畫的內容，學生就能將其經驗、體驗與認識和人類的行為與知識統整在一起，完成圖畫教學和學習的過程。

第四節　綜合評價

根據個人對奧圖相關文獻的分析，其審美教育學具有下列幾項優點：

一、有助於審美教育概念的釐清

審美教育的概念從德國文學家席勒提倡開始，經歷許多教育學家的補充，到了今天已經相當複雜。有的學者主張審美教育乃是情感的陶冶，以美感的陶冶來完成人格教育，經由美感的表現確立美感的理解（Herbart, 1986）。有的學者主張審美教育乃是透過藝術教育來教導兒童各種藝術形

式，以傳達或表現其審美觀念與能力的活動（Eisner, 1972）。有的學者主
張審美教育是透過藝術和自然之美的陶冶，培養人審美和創造美的能力
（林逢祺，1998：377）。有的學者則主張審美教育就是順應人類愛美的天
性，運用美學和教育的方法，透過一切涉及美感作用的活動和經驗，以陶
冶心性、變化氣質、啟發智慧、培養思考力和創造力，建立崇高理想、促
進健全人格發展的歷程（林政華，1995：216）。由於審美教育概念的爭
論不休，不僅影響教學目標的訂定，同時造成審美教育課程選擇的困難。
因此，審美教育概念的釐清有其必要。奧圖主張審美教育是一種在藝術、
文化價值和一般的知覺、實現和詮釋過程中，有關知識獲得、技能訓練和
行為改變的活動。這種審美教育的概念來自教育的實際，能夠說明審美教
育的現況。而且兼顧學生在知識、情意和技能三方面審美教育的學習。所
以，有助於審美教育概念的釐清。

二、有助於學校審美教育的實施

　　奧圖在所撰的〈為什麼是審美教育〉（Warum ästhetische Erziehung）一
文中，談到為什麼必須實施審美教育的原因。他指出雖然審美教育主要
在學校中實施，但是審美教育很早以前就存在於「雙親之家」[3]（Eltern-
haus）、藝術學校、音樂學校、社會教育機構、青年之家、俱樂部和自由
的工作團體中。儘管如此，學校卻是唯一可以使每個人有機會學習藝術、
音樂、表演遊戲或舞蹈的場所。因此，應該將審美教育實施的場所全部加
以探討，但是除了學校之外，沒有其他任何機構能夠保證實現全民教育
的義務。審美教育不在於提供藝術，而在提供所有人的知覺一種知識的
機會，以便獲得一種感官知識的機會。審美教育強調知覺與實驗，注重
感官經常與行動相連，審美知識與科學知識是人類理性的雙重途徑（Otto,
1998b: 277）。這種看法和叔本華（Arthur Schopenhauer, 1788-1860）有相同
之處，叔本華強調教育致力於理智的作用，理智（Intellekt）的內容在其理

3　「雙親之家」（Elternhaus）是德國一種由私人或宗教團體所設立，類似家庭組織的藝
　術教育機構。

論中，主要包括抽象的知識和直觀的知識。教育活動的進行不能有所偏廢，應該兼顧前述兩種知識的學習（Helmer, 1977: 57）。因此，審美教育活動的推展也應該把握這種觀念，才能有助於學校審美教育的實施，兼顧個體理性與感性能力的發展。

三、有助於審美教育功能的闡明

1975年瑞希特在《審美教育與現代藝術》（*Ästhetische Erziehung und Moderne Kunst*）一書中，將審美教育的概念應用到人格陶冶、藝術教學和教育治療之中，他強調審美教育的重要性，並且主張審美教育具有下列功能（Richter, 1975: 47-60）：(1)健全個體人格的發展：全人教育的內涵包括理性和感性，以往學校教育的方式過度偏重邏輯思考的訓練，忽略個體感性直觀能力的培養，造成學生高理性智商低情緒智商的現象，無法適當的抒發自己的情感，產生理性與感性失衡的問題，影響健全人格的發展。審美教育注重自然美、藝術美與社會美的創造、詮釋、欣賞與批判，採取感性直觀的方法培養個體審美判斷的能力，因此具有促進理性和感性和諧發展的功能，對於人格健全的形成有相當大的幫助。(2)促進社會和諧團結：在中世紀的封建社會中，階級的差異非常明顯。下階層民眾不僅沒有接受教育的機會，就連藝術作品的欣賞也是上層統治者的特權，因此階級利益衝突問題嚴重，權力爭奪經常造成社會動盪不安。審美教育兼顧精緻藝術和通俗藝術，主張全體民眾都有欣賞藝術的權利，建立愛護鄉土自然的胸懷，不但能夠拉近不同階級的距離，同時能夠培養健全的個體，因此能夠促進社會的和諧團結。(3)開展審美溝通的能力：審美教育強調感性直觀能力的培養，非常注重圖形、符號、表情、姿態等溝通方式的理解，可以彌補傳統語言文字溝通方式的不足，發展人類審美溝通的能力，對於人際之間的溝通和觀察能力的培養有積極正面的意義。(4)培養批判反省的能力：許多小說、詩歌、戲劇、電影和繪畫都隱含著特定政黨、宗教、種族、性別和階級的意識型態，審美教育除了欣賞藝術作品之外，更重要的任務在於培養個體審美判斷的能力，跳脫現實環境思維的束縛，釐清藝術作品內部或外在生活世界中錯誤的意識型態，促進審美想像力飛揚的達

成，因此能夠培養批判反省的能力。(5)激發想像創造的能力：審美教育提倡自然環境和藝術作品的欣賞，在怡然自得的靜觀之中，可以讓想像力自由的徜徉，進入自然和藝術的世界中，不僅能夠提高個體觀察的能力，而且能夠讓人擺脫現實思維的限制，從不同的角度出發，在自然和藝術中創造嶄新的事物，這種教育方式有助於人類想像力和創造力的增進。這種審美教育功能的看法比較偏重內在個人層面的分析，奧圖則從外在社會層面詮釋審美教育的功能，主張審美教育具有導向藝術、導向實在和導向社會的功能，這有助於審美教育功能的闡明。

四、有助於審美教學目標的訂定

奧圖認為在實際中審美教學具體目標的決定有下列十個原則（Otto, 1974: 159-160）：(1)目標表達高的普遍性和抽象程度是經由要求較大範圍和關聯多種情境和依團體中的情況而定，相反的，特定和具體目標的提供只有在熟悉和具體的學習情境才有可能。(2)一般教育目標，例如：「解放協助」（Emanzipationshilfe）必須在部分目標、先前目標和定向目標中具體化。這種具體化只有接近教學的實際才有實行的可能，為了達成這項目的，我們必須詢問：什麼是在解放過程中阻礙學生的因素，以及如何在學生具體生活情境中，找到解放協助的出發點等問題，才能將一般教育目標在審美教學中具體化。(3)「解放協助」作為一般教育目標的決定，是針對現在社會情境導向作為烏托邦未來圖像缺失的批評，這種我們社會未來狀態的共同決定就是「解放協助」的目標。(4)基礎民主化和民主實現的表達精確方面，應該置於憲法所說和尚未解決的法律和自由上，符合憲法保障了社會發展和改變過程的可能性。所有這些都顯示出內容在「解放協助」之下應該被理解，在此解放與能力和團結的緊密相連將被理解。(5)定向目標在部分目標和先前目標中引起解放的形式，它應該將教學學習過程經由強調一般教育目標相關的方面來進行，這種定向目標位於一些不同觀點的範疇之中。(6)「解放協助」的概念位於啟蒙的傳統中，這種關係到啟蒙再度成為公民和馬克斯主義者解放理解的區別。(7)一般教學目標和定向目標將成為學校部分領域的觀點，例如：成為審美教育的目

標。因此，學科目標的表達是必要。在學科目標表達時必須注意到「學科目標應該在何種對象範圍內達成？」「對象目標導向應該反省何種社會關係？」等問題。(8)教學目標的描述是教學過程結束後期望的行為，在這些教學目標中，有些是可以檢證的，有些是無法檢證的；有些是短期可以達成的，有些是長期才能實現。教師必須在教學計畫中區分這些教學目標的特性，同時詳細地說明，並且在教學過程中不斷地掌控學生的行為，以達成審美教學的目標。(9)教學目標、學科目標、定向目標和一般教育目標之間的關係必須被證明。(10)教學目標的表達是教學計畫的條件，教學過程的控制是經由教師與學生和學生自主的成就控制所形成的。這些審美教學目標決定的原則，可以幫助教師澄清各種目標之間的關係，指引教師選擇適當的審美教學目標。因此，有助於審美教學目標的訂定。

五、有助於審美教學效果的提高

　　奧圖主張目前學校的環境中具有七種教學計畫的標準，主要內容如下（Otto, 1974: 225-226）：(1)學習者的需求（Bedürfnisser der Lernenden）；(2)情境相關性（Situationsbezogenheit）；(3)科際整合（Interdisziplinarität）；(4)教學過程的自我組織（Selbstorganisation des Lehr-Lern-Prozesses）；(5)生產導向（Produktorientierung）；(6)社會的重要性（Gesellschaftliche Relevanz）；(7)集體的實現（Kollektive Realisierung）。這些標準只能夠在情境特定不同接近的價值中被實現。計畫的政治涵義不只放置在內容方面，而可能在於學習組織和人事方面。學生的共同計畫、學生和老師的共同合作、學生與學生的合作將使情境中個體的孤立，輕易的超越其控制。計畫實施的困難經常在問題提出的層面去尋找：例如，缺乏團結一致；缺乏共同的內容興趣；缺乏合作實踐的能力。計畫不能也不應該取代符合教學過程的教學，而應該將其教學理論期望的價值，部分的在共同的教學時間進行階段和學科特定的檢驗。面對教學理論的界限，單一學科的教學過程由於具有內部的危險和計畫實施的困難，「個案研究」（Fallstudien）將作為另一種教學的形式而被建議。「個案研究」的對象能夠是複雜的社會─經濟─審美的事物關係和價值關係，變通的決定在衝突的情況下是允許的。計畫研究和

個案研究經由計畫導向教學先前建構的部分，和個案研究中先前的分析部分相互加以區分（Otto, 1974: 265-266）。奧圖對於教學計畫標準和個案研究形式的分析，可以幫助教師注意影響教學歷程的因素。因此，有助於審美教學效果的提高。

六、有助於審美學習歷程的瞭解

　　奧圖在《藝術在教學中作為過程》（*Kunst als Prozess im Unterricht*）一書中，談到圖畫教學與圖畫學習的過程。他主張圖畫的教學和圖畫學習過程可以區分為開始、探索、客觀化和統整四個階段。由於奧圖擅長圖畫教學和圖畫學習，所以他所提出來的圖畫學習階段理論，不僅可以幫助教師瞭解學生圖畫學習的歷程，同時有助於學校圖畫教學的實施，能夠有效的診斷學生圖畫學習的困難，提高圖畫學習的效果。因此，奧圖的圖畫學習理論有助於審美學習歷程的瞭解。但是，奧圖審美教育學習理論的應用以圖畫學習為範圍，可能無法類推到其他審美教育領域學習的說明。

　　但是不可諱言的，奧圖的審美教育學也存在著下列幾個問題（梁福鎮，1999；梁福鎮，2001）：

　　一、奧圖的審美教育理論深受赫爾巴特審美教學理論和海曼實證教學理論的影響，將審美教育的重心放在教學理論的研究上，注重審美教育批判解放的功能，應用實證分析的方法探討教學理論的問題。奧圖的審美教育理論不僅開啟了審美教學領域的研究，同時對於審美教學理論的建立、教育目標的分析、教學計畫的設計和教學結果的評鑑影響相當大。但是，奧圖的審美教育理論侷限於教學理論的探討，容易窄化了審美教育理論的發展，使得審美教育理論成為一種藝術教學或一般教學的理論。莫連豪爾（Klaus Mollenhauer, 1928-1998）就在〈審美教育界於批判與自信之間〉一文中，對奧圖窄化審美教育理論的做法加以批判（Mollenhauer, 1990: 481-494）。畢竟，審美教育不只是藝術教學。雖然藝術學科教學目標的訂定非常重要，但是也不能忽略審美教育與其他學科教學的配合。

　　二、奧圖從實證教育學的觀點出發，主張審美教育具有使個人導向藝術、導向實在和導向社會的功能，不僅正面的肯定審美教育的價值，而

且對藝術在審美教育中的地位也非常重視。但是，奧圖忽略了審美教育在其他方面的功能。事實上，從席勒的觀點來看，審美教育除了奧圖所說的功能之外，還具有培養健全的人格，美化社會的景觀，促進社會階級的融合，改善國家的政治狀況和促進世界永久和平的功能。柯柏斯在〈審美與政治教育〉一文中，分析藝術教育學、藝術、美學和權力之間的關係，並且批判奧圖審美教育功能理論的不足。柯柏斯主張教育學具有改變社會和世界的功能，美學能夠掩飾權力的關係，也具有揭露權力關係的能力（Kerbs, 1968: 28-31）。因此，奧圖在審美教育功能的闡述上仍然有所不足。

　　三、奧圖的審美教學目標理論深受海曼實證教學理論的影響，將審美教育的目標與藝術教學結合起來。在審美教學目標的選擇上比較能夠配合學校各科教學的需要，並且可以和一般教育目標結合，對於藝術教學具有引導的功能。但是，奧圖將審美教育的目標限制在藝術教學的層面，容易造成審美教育目標窄化的問題，使得審美教育淪為藝術教學，這是相當值得注意的。同時，這種實證教育學的教學理論從經驗科學的觀點出發，想要建立精確有效的教學理論，指引教師教學的活動。雖然能夠提供有效的教育協助，符合社會的需要和要求，傳遞教育的內容給學生。但是，這種教育理論化約了教育歷程的複雜性，不能注意到個體道德自我決定能力的培養，並且反省社會存在的意識型態，容易使教育淪為社會階級再製的工具（Hellekamps, 1991: 201）。

　　四、奧圖從審美教學理論的觀點出發，主張理論與實踐問題是藝術教學的內容問題，而圖畫過程和審美對象則是藝術教學的內容，教師必須具有關聯理論與實踐的能力。從藝術教育的自我理解出發，將藝術教育導向「社會整體的現象」有其必要性，藝術教育不要求方法意識科際整合工作滿足的傳統形式。新形式藝術概念在內容方面仍然不夠精確，方法的問題根本尚未能夠被提出來。教學能夠作為「社會整體的現象」被理解，教學計畫如同情境分析和行為分析一樣只有科際整合才可能。奧圖強調教學問題的分析，對於審美教學理論的建立相當重要。但是，奧圖的審美教育理論缺乏對社會整體現象反省批判的觀念，容易受到一些意識形態的宰制，

使審美教育成為特定階級控制社會大眾的工具。因此，在使用時應該加以注意。

　　五、奧圖從審美教育學習理論的觀點出發，進行人類審美學習歷程的探討，深受海曼教學理論的影響，主張圖畫的教學和學習過程可以區分為開始階段、探索階段、客觀化階段和統整階段。他認為審美學習是多種行動在媒體中的學習，因此行動的概念不允許任意的被推衍，而特別的必須被它的學科高層所承認。奧圖的審美教育學習理論比較注重圖畫的藝術學習，比較少涉及其他審美領域的學習。因此，在說明人類審美學習的歷程時，只能應用在圖畫學習歷程上，可能無法類推應用到其他審美領域的學習，這是奧圖審美教育學習理論的限制。

第五節　重要啟示

　　根據個人對奧圖相關文獻的分析，其審美教育學對我國的教育學術具有下列幾項重要的啟示：

　　一、我國學校教育在實施美育的過程中，經常偏重技能的訓練和知識的獲得，比較忽略情意的涵養。例如：音樂教學和美術課程往往重視演奏的技巧或繪畫的技術，而輕視音樂和美術對人格陶冶的功能。奧圖主張審美教育是一種在藝術、文化價值和一般的知覺、實現和詮釋過程中，有關知識獲得、技能訓練和行為改變的活動。這種審美教育的概念來自教育的實際，能夠說明審美教育的現況。而且兼顧學生在知識、情意和技能三方面審美教育的學習。所以，有助於審美教育功能的發揮。

　　二、由於受到升學主義的影響，我國對學校美育的推展向來不是非常重視。音樂、美術、體育、烹飪等美育相關的課程經常被占用，以作為課業輔導的時間。學校教育普遍重視科學知識的學習，但是忽略審美知識的陶冶。因此，造成學生人格偏頗的發展。奧圖主張我們應該將審美教育實施的場所全部加以探討，但是應該特別重視學校審美教育的實施，因為沒有其他任何機構能夠像學校一樣，保證全民教育理想的實現。審美教育不在於提供藝術，而在提供所有人的知覺一種知識的機會，以便獲得一種感

官的知識。審美教育強調知覺與實驗，注重感官經常與行動相連，審美知識與科學知識是人類理性的雙重途徑。這種看法可以矯正我國學校教育人員錯誤的觀念，注重學校審美教育的實施，兼顧科學知識與審美知識的學習。

三、傳統審美教育理論主張美育可以幫助人格健全的發展，促進社會不同階級的和諧團結和培養想像創造的能力。除此之外，奧圖特別強調審美教育還可以開展個人審美溝通和批判反省的能力，因為審美教育強調感性直觀能力的培養，非常注重圖形、符號、表情、姿態等溝通方式的理解，可以彌補傳統語言文字溝通方式的不足，開展人類審美溝通的能力，對於人際之間的溝通和觀察能力的培養有積極正面的意義。同時，許多小說、詩歌、戲劇、電影和繪畫都隱含著特定政黨、宗教、種族、性別和階級的意識型態，審美教育除了欣賞藝術作品之外，更重要的任務在於培養個體審美判斷的能力，跳脫現實環境思維的束縛，釐清藝術作品內部或外在生活世界中錯誤的意識型態，促進審美想像力的飛揚，因此能夠培養批判反省的能力。這對於批判我國學校忽略審美教育，督促學校重視審美教育的實施具有深刻的意義。

四、我國師資培育課程中，非常缺乏如何指導教師，將審美教育理論融入任教學科的知識。奧圖的審美教育目標理論相當具體的指出，如何選擇解放、自由、民主等目標，然後將其融入任教的相關學科中，並且系統的安排在一般教育目標、教學目標、課程目標和單元目標中，可以幫助教師澄清各種目標之間的關係，指引教師選擇適當的審美教學目標。有助於我國學校教師將美育的理念融入到各科的教學中，同時奧圖注重教學計畫撰寫的七項因素，對於教師教學目標的決定和教學計畫的撰寫，具有積極指導的作用。

五、傳統的審美教育理論把審美經驗學習的過程，當作一種審美心境的陶冶，並不是非常瞭解人類審美經驗形成的過程和作用的範圍。因此，在進行審美教育學習時，教師往往無法給予學生具體有效的指導，造成只可意會難以言傳的神祕性，影響審美教育的效果和審美教育的評鑑。奧圖的審美教育理論明確的指出藝術領域學習的過程，教師可以將其作為指導

審美經驗學習的依據，有效的解決學生審美教育學習的問題，進行審美教育的評鑑，提高審美教育學習的效果。

　　總而言之，奧圖的審美教育學深受席勒審美教育理論、赫爾巴特審美教學理論、馬克斯美學思想、海曼實證教學理論和阿多諾美學理論的影響，從實證教育學的觀點出發，主張審美教育是一種在藝術、文化價值和一般的知覺、實現和詮釋過程中，有關知識獲得、技能訓練和行為改變的活動。強調審美教育具有導向藝術、導向實在和導向社會的功能，不僅正面的肯定審美教育的價值，而且對藝術在審美教育中的地位也非常重視。奧圖將審美教育的重心放在教學理論的研究上，注重審美教育批判解放的功能，應用實證分析的方法探討審美教學理論的問題。奧圖的審美教育理論有助於審美教育概念的釐清、學校審美教育的實施、審美教育功能的闡明、審美教學目標的訂定、審美教學效果的提高和審美學習歷程的瞭解，對審美教學理論的建立貢獻很大，相當值得我們加以重視。但是，奧圖的審美教育理論侷限於教學理論的探討，容易窄化了審美教育理論的發展，使得審美教育理論成為一種藝術教學或一般教學的理論。其次，奧圖從實證教育學的觀點出發，主張審美教育具有使個人導向藝術、導向實在和導向社會的功能，不僅正面的肯定審美教育的價值，而且對藝術在審美教育中的地位也非常重視。但是，奧圖忽略了審美教育在其他方面的功能。再次，奧圖將審美教育的目標限制在藝術教學的層面，容易造成審美教育目標窄化的問題，使得審美教育淪為藝術教學，這是相當值得注意的。畢竟，審美教育不只是藝術教學。雖然藝術學科教學目標的訂定非常重要，但是也不能忽略審美教育與其他學科教學的配合。最後，奧圖的審美教育學習理論比較注重圖畫的藝術學習，無法類推應用到其他審美領域學習的說明，這是奧圖審美教育學習理論的限制。

第五章

波姆的人格教育學探究

21世紀是知識爆炸的時代，隨著專業分工的發展，形成許多不同的學術領域。學校教育為了傳遞人類的文化，不得不實施分科教學，以利專業人才的養成。在這種情況下，注重知識教學的方式，逐漸占有優位性，於是產生偏頗的教育。這種現象對於人格的健全發展有不利影響，日後可能造成嚴重的社會問題。德國哲學家謝勒（Max Scheler, 1874-1928）就認為教育是人類所有精神動力的自我開展，偏頗的教育不足以稱為教育（Rutt, 1978：608）。教育應該全面地發展人類的感官能力，才能培養健全的人格，誠如德國哲學家赫森（Johannes Hessen, 1889-1971）所言：人類的生命是一個完整的精神動力系統，人類化成[1]（Menschwerdung）的努力既不能

1　指一個自然人經由人的教育成為一個文化人的過程，稱為人類化成（Menschwer-dung）。

否定人類精神存在的特質，也不能偏頗的追求某一部分的精神價值。耽於低級本能層次價值的追逐或偏執某部分的精神價值，均難以完成統整的人格（Hessen, 1973：181）。我國學校教育因為受到升學主義的影響，向來偏重知識層面的教學，對於道德判斷、審美鑑賞、體格涵養和宗教信仰的教育較為忽略，以致於造成學生人格扭曲的現象，產生許多社會犯罪和宗教迷信的問題。雖然政府在各級學校廣開輔導諮商課程，企圖解決這些社會亂象，但是因為見樹不見林，未能標本兼治，忽略學校完整人格教育課程的規劃，所以教育的成效不彰，社會問題仍然層出不窮。最近幾年來，陸續的發生小學生強暴同學、中學生暴力圍毆、大學生情殺毀容、學校教師性侵學生、進行性交易和販售毒品圖利的事件，在在的顯示出學校人格教育出現重大問題，值得所有從事教育工作者關心和注意。長久以來，由於父母忙於工作，無法顧及孩子人格的發展，家庭教育的功能普遍不彰。而且，學校辦學重視績效，偏重智育的教學，在學生人格的指導上相當不足。甚至，許多公眾人物行為不檢，做出不良的示範，抵消學校教育的效果。加上九年一貫課程實施之後，取消了道德教育的課程，將其融入到各領域的教學當中。由於學校教師大多沒有接受人格教育的訓練，因此，人格教育變成七不管地帶，對學生健全人格的發展非常不利，實在相當令人憂心。波姆（Winfried Böhm, 1937-）提出「人格教育學」的主張，批判當前教育偏重知識學習的錯誤，可以作為我國學校進行人格教育的參考，相當值得我們加以重視。

第一節　生平著作

波姆（Winfried Böhm）1937年3月22日出生於波門（Böhmen）的斯陸克瑙（Schluckenau），在接受銀行和音樂教育後，進入班貝爾格大學、伍茲堡大學和帕杜亞大學學習哲學、神學、教育學、心理學、歷史學和音樂科學。1969年獲得哲學博士學位，1971年應聘擔任美國猶他州楊百翰大學（Brigham Young University）講師，1973年通過大學教授備選資格審查，1974年應聘德國伍茲堡大學教育學研究所，擔任教育學正教授。曾經到

歐洲、非洲、北美洲和南美洲的大學擔任客座教授，而且應聘義大利里維爾（Riviere）的歐洲教育研究所，擔任所長的職務。1987年獲頒阿根廷哥多巴天主教大學哲學榮譽博士學位，1987至2002年擔任德國蒙特梭利學會會長。波姆曾經擔任「科學教育學季刊」（Vierteljahresschrift für wissenschaftliche Pädagogik）、「教育學展望」（Rassegna di Pedagogia）、「教育學基礎」（Pedagogia e Vita）、「教育學評論」（Revista de Pedagogia）、「兒童：蒙特梭利教育學半年刊」（Das Kind. Halbjahresschrift für Montessori-Pädagogik）等刊物的共同主編，波姆的研究重點為教育哲學、教育與陶冶的歷史與理論、比較教育學、學校的歷史與理論，並且創立「人格教育學」（Pädagogik der Person），在教育哲學領域相當著名（Böhm, 2000：90）。主要的著作有《文化政策與歐斯特瑞希的教育學》（*Kulturpolitik und Pädagogik Paul Oestreichs*）、《教育學史與系統教育科學》（*Geschichte der Pädagogik und Systematische Erziehungswissenschaft*）、《教育學辭典》（*Wörterbuch der Pädagogik*）、《理論與實踐：教育基本問題的討論》（*Theorie und Praxis. eine Erörterung des pädagogischen Grundproblems*）、《男性教育學—女性教育？》（*Männliche Pädagogik - Weibliche Erziehung*）、《人格教育學大綱》（*Entwürfe zu einer Pädagogik der Person*）、《教育學史》（*Geschichte der Pädagogik*）、《蒙特梭利之後的教育》（*Erziehung nach Montessori*）、《蒙特梭利：教育思想的背景與原理》（*Maria Montessori. Hintergrund und Prinzipien ihres pädagogischen Denkens*）、《蒙特梭利：導論與核心文本》（*Maria Mäntessori. Einführung und zentrale Texte*）、《改革教育學》（*Die Reformpädagogik*）、《教育學家盧梭》（*Jean-Jacques Rousseau, der Pädagoge*）等（Böhm, 2000: 90）。

第二節 思想淵源

根據個人對波姆相關文獻的分析，其人格教育學的思想淵源主要有下列幾個：

一、艾蘇格拉底的教育理論

　　艾蘇格拉底（Isokrates, 436-338 B.C.）反對柏拉圖（Plato, 428-347 B.C.）哲學數學化的思想和辯證法中存有的觀點，曾經在《帕納提納庫斯》（*Panathenaicus*）一書中問到：「誰稱呼我為有教養者，是因為我能銜接科學和特殊的學習嗎？」艾蘇格拉底明確的主張要稱得上是有教養者必須符合下列四項條件（Lichtenstein, 1970: 120）：(1)我們每天邂逅的事物，擁有一種為其自身提供機會的幸運感，而且大部分在其使用中遇到。(2)能夠與某人在其交往中得體的和合理的對談，對於不愉快和他人的侮辱能夠輕易的接受和承擔，自己愉快的和理性的與其他人互動。(3)不得意忘形，不被不幸擊倒，表現出勇敢的行為和本性給予的尊嚴。(4)要維持善的信念和喜愛善的事物，對來自本性和信念的善要比來自偶然給予的善更加重視。波姆深受艾蘇格拉底的影響，應用艾蘇格拉底對哲學概念的建構，來說明哲學注重的是人類行動和共同行動的探討，而不是精確科學或弔詭的思辨。主張教育學亦然，教育學應該注重實踐行動和人類共同生活的問題，人格教育的問題無法經由科學和科學知識來解決（Böhm, 1985: 150-151）。

二、奧古斯丁的宗教哲學

　　奧古斯丁（Aurelius Augustinus, 354-430）經由本體論人類學超越宇宙論的世界理解，成為世界與時間建構原理的基礎，並且發現了「人格」（Person）的概念。波姆深受奧古斯丁人格概念的影響，認為這種人類的內在性對於教育人類學的探討，產生相當重要的影響。主張人經由回憶使過去現在化；經由等待使未來現在化；在反思中過去、現在和未來融合成為一個整體。人類精神包括「存有」、「知識」、「意願」（Wollen）和「愛」等內涵，教育在「追求」（Sucht）和「渴望」（Sehnsucht）自我實現之中，使理想的人格逐漸的形成（Böhm, 1997: 97-112）。

三、維柯的歷史哲學

　　維柯（Giovanni Battista Vico, 1668-1744）反對笛卡爾主義者的觀點，主張他們將科學方法化約為信念的方式，起源於從證據建立起來的一種幾何學證明的使用。笛卡爾主義者理解的方法，只是實在多種方法中的一種幾何學方法。相反的，維柯主張在實在中有許多不同的方法存在，就像實在中有許多的對象一樣。如果笛卡爾主義者將幾何學方法應用到非數學的對象中，將會產生抽象和混淆真理與信念的結果。錯誤的將幾何學方法應用到實踐領域，將會產生工具理性法則錯誤的思考，輕視人類仍然未知的本性，這種本性來自一種自由的意志，根本無法用幾何學方法加以計算（Vico, 1971: 811）。波姆從維柯的觀點出發，反對將自然科學的方法應用到具有歷史性的教育科學中，強調教育科學必須從笛卡爾（René Descartes, 1596-1650）、培根（Francis Bacon, 1561-1626）、杜威（John Dewey, 1859-1952）的科學取向，轉向艾蘇格拉底、維柯的實踐取向，擺脫以往僅僅注重理性教育的缺失，積極重視人格教育的理想（Böhm, 1985: 137-142）。

四、裴斯塔洛齊的教育理論

　　裴斯塔洛齊（Johann Heinrich Pestalozzi, 1746-1827）的教育人類學主張人類教育具有內在的三元性，在人類教育作為自然的作品、作為社會的作品和作為自己的作品之間加以區別。人類作為自然的作品是一種必要性的作品，受到自然的控制，沒有關係的知識，無法自己創造，生活在無辜的動物狀態，受到感官享受法則的操縱。人類作為社會的作品時是社會中的一個組成分子，個人是社會轉變和關係運作中渺小的物質，地位相當卑微。在這種情況下，人類的本性受到社會潮流的撕裂，人類的人性因而被犧牲。人類作為自己的作品時，個人可以贏得自己的立足點，因為自己發展自己成為自己，使自己成為永恆不變的作品，不會受到社會潮流和時間的影響，個人成為自求完美的道德形式（Pestalozzi, 2002: 97-99）。波姆採用裴斯塔洛齊的觀點，說明人格教育的過程也會受到自然、社會和自我的

影響（Böhm, 1985: 120-123）。

五、席勒的審美教育理論

　　席勒（Friedrich Schiller, 1759-1805）主張人可以用兩種方式使自己處於對立的狀態：不是他的感覺支配了原則，成為野人；就是他的原則摧毀了他的感覺，成為蠻人。野人蔑視藝術，視自然為他的絕對主宰；蠻人嘲笑和誹謗自然，但他比野人更可鄙，他總是一再成為他的奴隸的奴隸。有教養的人把自然當作自己的朋友，尊重它的自由，只是約束它的任意性（Schiller, 1993）。波姆深受席勒美育理論的影響，認為人既不是自然的作品，也不是社會的作品，而是他自己的作品。教育應該以人格的培養為核心，才能使人成為有教養的人，避免自然主義教育和社會主義教育的缺失（Böhm, 1985: 117-125）。

六、布伯的對話哲學

　　布伯（Martin Buber, 1878-1965）主張沒有我自身，只有基本語句我的「吾—汝」（Ich-Du）和基本語句的「我—它」（Ich-Es）。當人說我時，指的是前述兩者之一，我是他所指謂的。當他說我時，這些都在那裡。同時當他說你或他時，一個基本語句或其他基本語句中的我就在那裡。我的存在和我的言說是同一的，我言說和基本語句之一的言說是同一的，誰談到一個基本語句，誰就進入該語句中，而且存在其中（Buber, 1997: 10）。波姆深受布伯對話哲學的影響，強調人格的概念在早期基督宗教神學三位一體問題的討論中非常重要，這個神學的問題雖然可以放在一邊，但是我們不應該忽視「三位一體神學」（Trinitätstheologie）的人格贏得關係意義的內容。人格總是只有在論述到它與另一個人的關係時才能被說出，從一個「人格我」（Person Ich）到一個「人格你」（Person Du）。在神學的觀點中：兒子只有經由他與父親的關係才能擁有他的神性，如同父親一樣，只有上帝才能相信兒子，所以父親和兒子兩者只有透過精神的協同體才能獲得其神性，這就是布伯「吾—汝關係性」（Ich-Du-Relationalität）的思想，這種思想並非來自基督宗教的「三位一體神學」，而是來自於

古老的宗教傳統，特別是猶太教和基督宗教的經驗。波姆應用布伯對話哲學的觀點，說明人格教育中我、你和「人格我」的形成過程（Böhm, 1985: 125-126）。

七、莫尼爾的人格主義

莫尼爾（Emmanuel Mounier, 1905-1950）主張客觀關係和決定主義的世界，實證科學的世界是非常不個人化的，距離人類與存有最為遙遠，人格無法在其中找到位置，因為這種世界的圖像由實際所構成，無法對世界中人格新的層面的自由給予解釋（Mounier, 1936: 89）。波姆接受莫尼爾的觀點，反對實證科學取向的教育。主張一種被科學客觀性典範所引導的教育科學，必須將人格問題簡化或整個放在一邊，因為假如人格不是一種「物」（Ding），那麼人格就無法被「物化」（Verdinglichung）成為科學的對象。一種實證的受到可檢證語句限制的科學，必須從其周圍將與人格有關的問題排除在外，因為在此意義中人格既不是可以操作的，也不是可以被檢證或否證的事物。人格的概念在這種脈絡中變成一種所謂「空洞的形式」（Leerformel），雖然能夠滿足教育哲學家和實際工作者的期望，但是無法滿足教育科學的要求。這種教育科學與純粹的和空洞的對象有關，是否真的指向教育科學的進步或只是被化約為施教者和受教者相互理解，以適合於這種教育科學的常規，仍然存在著一個可以被爭議的問題（Böhm, 1985: 122-123）。

第三節　主要內涵

根據個人對波姆相關文獻的分析，其人格教育學的主要內涵有下列幾項：

一、人格概念的起源及其意義

波姆主張「人格」（Person）最初指的是戲劇語言中的「面具」（Maske），其後被羅馬人引進拉丁文中。公元200年左右開始被基督宗

教神學引用，當時稱為「位格」（Person），「位格」具有兩種功能：第一用來作為關係的概念，以說明上帝三位一體的內在相關概念；第二用來指示耶穌人格中神和人兩種性質的緊張關係。在教父學（Patristik）的基督教著作研究文獻中，里昂（Irénée de Lyon）首先賦予位格概念教育的意義，然後在「德國神祕主義」（Deutsche Mystik）中與德國的教育概念混合，最後進入到教育思想之中，成為康美紐斯（Johann Amos Comenius, 1592-1670）和史萊爾瑪赫（Friedrich Ernst Daniel Schleiermacher, 1768-1834）教育學使用的基本概念之一。「人格」與自然決定的個人和環境限制的社會化不同，「人格」是個人經由理性、自由和語言辯護所做的選擇決定，以作為人類自己生命歷史真正的作者。教育人格主義的奠基者德艾（Giuseppe Flores d'Arcais）主張「人格」主要包括四個層面：一是自己的內在性（我）；二是他的社會性（你，我們）；三是世界思考的觀點（理論）；四是他的行動（實踐與創作）。這四個層面彼此相互的影響，成為一個完整的人格。在教育和陶冶的過程中，這四方面應該同樣和諧地發展。波姆強調這種人格的理解如今受到現實主義、自然神話、享樂個人主義和分析哲學的質疑，但是這些質疑不僅有許多錯誤，而且無法改變人格在教育中的重要性。他主張人格教育的內涵如下：首先是倫理行動的自律；其次是對他人尊重、友善和愛的傾向；最後是具有分配正義的理念（Böhm, 1997: 124-132）。

　　波姆主張人格的概念在早期基督宗教神學三位一體問題的討論中非常重要，這個神學的問題雖然可以放在一邊，但是我們不應該忽視三位一體神學的人格贏得關係意義的內容。人格總是只有在論述到它與另一個人的關係時才能被說出，從一個「人格我」到一個「人格你」。在神學的觀點中，兒子只有經由他與父親的關係才能擁有他的神性，如同父親一樣，只有上帝才能相信耶穌，所以父親和兒子兩者只有透過精神的協同體才能獲得其神性，這就是布伯「吾—汝關係性」（Ich-Du-Relationalität）的思想，這種思想並非來自基督宗教的「三位一體神學」（Trinitätstheologie），而是來自於古老的宗教傳統，特別是猶太教和基督宗教的經驗。西塞羅（Cicero）在其著作中指出，在人格概念下人類同時帶著四個面具，而且

具體的對其外在的圖像產生影響：第一個面具是每個人與所有人分享的族類的特徵，主要的是理性的參與，使人類在動物中突顯出來；第二個面具是指特殊的性格類型，例如：一個人是否嚴肅、風趣、開放、建議、粗壯、瘦弱、敏捷或愚蠢； 第三個面具受到當時的環境的塑造，加在我們的生活環境之上；第四個面具依賴於我們所做的決定和選擇，例如：在職業的關係中。波姆認為其中第二個面具可以指示我們前進的方向，而第四個面具則指出哪些是我們最後的選擇，依賴於我們自己的決定。這就涉及人格的召喚，它不是指某些確定的事物，也不是逐漸形成的事物，而是自己一步一步的開展，以便人在材料中找到可能性，使其決定與選擇導向確定的方向，自己保留自己的忠誠，並且顯示出其人格的認同超越關係和時代的轉換。莫尼爾應用這種人格概念召喚的成就，他主張這種所有個人行動、人格和狀態進步的統一化是真正人格的作為，它不是系統的和抽象的統一化，而是進一步的發現一種精神生活的原理，不在於摧毀它所抓住的，而在於證明和使其完美，以便它同樣的出自內在而再度的加以創造，這種生動的和創造的原理在每個人格中我們稱為人格的召喚（Böhm, 1985: 125-128）。

二、兩種不同取向的教育科學

波姆在《理論與實踐：教育基本問題的探討》（*Theorie und Praxis. eine Erörterung des pädagogischen Grundproblems*）一書中，提出其人格教育學的構想。波姆主張新時代科學對教育的探討有兩種不同的觀點：一是本性樂觀—社會批判的觀點，認為社會文明的發展是一種對人類充滿危險的威脅，因此想要將人類儘速的交付給社會和文明，堅定的回到將人類的教育視為一種社會作品的思想。但是同時盲目的相信人類善良的本性，因此將其作為人類教育的規範和標準。二是本性悲觀—社會肯定的觀點，不信任人類的本性，全力避免個體的危險。將個人視為原始的材料，經由社會化將個人教育為對社會有用的人。不認為人類的教育是一種自然的作品，他們認知社會的權威性，將其設定為教育的標準和方向，並且繼續的認同人類的教育就是人類的社會化。但是，波姆主張教育不是本性的開展，也不

同意教育是人類的社會化，反對自然主義的教育和社會主義的教育，主張教育是一種審美的活動，將教育作為一種人類人格的實踐。這種主張有兩方面的意義：一是反對亞里斯多德—培根—杜威以來人類和社會科學化和技術化的教育科學趨勢，相反的返回到維柯—艾蘇格拉底的傳統，注重的不是現代性的大小或對抗支配性典範的多少，而在於尋求人類教育的適當性和人格教育學的建立。二是從反對理論與實踐的考慮來看，可以超越從我們出發的和被康德嘲笑的觀點，使我們奠基在一個觀點上去探討理論與實踐的關係（Böhm, 1985: 118-119）。

裴斯塔洛齊的教育人類學主張人類教育具有內在的三元性，在人類教育作為自然的作品、作為社會的作品和作為自己的作品之間加以區別。人類作為自然的作品是一種必要性的作品，受到自然的控制，沒有關係的知識，無法自己創造，生活在無辜的動物狀態，受到感官享受法則的操縱。人類作為社會的作品時是從山巔掉落溪流的一滴水，個人是轉變和關係運作中微不足道的物質，猶如璀璨陽光中瞬間的閃耀，不久隱入洞穴的黑暗中，有時停留在這裡成為海中的純水，有時停留在那裡成為沼澤中的污泥。在這種情況下，人類的本性受到社會潮流的撕裂，人類的人性因而被犧牲。人類作為自己的作品時，個人贏得自己的立足點，因為自己發展自己成為自己，使自己成為永恆不變的作品，不會受到潮流和時間的影響，個人成為自求完美的道德形式（Pestalozzi, 2002: 97-99）。波姆認為只有將人類教育作為人格的作品，經由個人自己的道德性，才能從自然狀態和社會狀態搖擺的不確定性和尖銳的不和諧中解放出來。在社會中，人是一種必要性的作品或關係的產品；在人格中，人是個人自由、個人選擇和個人決定的作品。在人作為自然的作品中，個人的歷史被自然所書寫；在人作為社會的作品中，人的歷史被社會所口述；在人作為人格的作品中，人是其自身的歷史，能夠形成和實現其自我（Böhm, 1985: 120-122）。

三、實證取向教育科學的批判

莫尼爾主張客觀關係和決定主義的世界，實證科學的世界是非常不個人化的，距離人類與存有最為遙遠，人格無法在其中找到位置，因為這種

世界的圖像由實際所構成，無法對世界中人格新的層面的「自由」（Frei-heit）給予解釋（Mounier, 1936: 89）。波姆認為一種被科學客觀性典範所引導的教育科學，必須將人格問題簡化或整個放在一邊，因為假如人格不是一種「物」（Ding），那麼人格就無法被「物化」（Verdinglichung）成為科學的對象。一種實證的受到可檢證語句限制的科學，必須從其周圍將與人格有關的問題排除在外，因為在此意義中人格既不是可以操作的，也不是可以被檢證或否證的事物。人格的概念在這種脈絡中變成一種所謂「空洞的形式」（Leerformel），雖然能夠滿足教育哲學家和實際工作者的期望，但是無法滿足教育科學的要求。這種教育科學與純粹的和空洞的對象有關，是否真的指向教育科學的進步或只是被化約為施教者和受教者相互理解，以適合於這種教育科學的常規，仍然存在著一個可以被爭議的問題（Böhm, 1985: 122-123）。

波姆引述維柯的《新科學》（*New Science*），提出下列幾項主張（Böhm, 1985: 145-148）：(1)人類真正的知識是一種實踐的知識，而不是一種理論的知識。這對人類的行動、行為、歷史和對最高真理的追求都有效，人類被這些規定所限，只有上帝可以超越這些規定，因為上帝生產和創造一切。但是，人類又想占有一切，成為所有事物的創造者。人類不是經由理論達到真理，而是透過實踐掌握住真理。(2)在人類知識的範圍中數字的「真」或「假」是錯誤的，在人類的世界中演繹的聯結和邏輯的證明是不足的。在人類世界中受到類比可能性的支配，而不是純粹的理性，而是理性的事物。(3)維柯雖然在其《新科學》一書中，將民族的歷史劃分為三個階段，第一是神學階段，第二是詩學階段，第三是一種理性和哲學的階段，維柯認為第三階段合理的理性和批判哲學，根本無法提供人類行動理性的諮詢和引導，只有第二個階段的那些可能性的想像和詩性的真理，才能闡明人類行動的意義。哲學嚴格的採用一般的概念說明人類的道德，鼓勵人類實踐德行，遠離罪惡的事物。相反的，詩人則帶著興趣，採用詩性的形式，描述人格崇高的行為和言辭，帶著熱情和感官的內容實現詩崇高的使命，展現出生動活潑的人格。波姆認為科學的教育使人與生活分離，注重證明、證據、真理的關鍵和邏輯演繹的建構，這些科學的法則

根本無法給人確定的標準，因此人類實際行動和人類共同生活的複雜問題，無法經由科學和科學知識加以解決（Böhm, 1985: 149-150）。

四、人格教育學的建構和倡導

波姆主張艾蘇格拉底注重的不是科學的知識，而是人類生活的實踐，強調人與人之間行動的「共識」（Konsens）和「相互的理解」（Verständigung）。共識的形成有賴於「對話」（Dialog）；對話的理解則以「語言」（Sprache）為基礎。所以，教育應該注重的不是科學、數學或幾何學，而是語言和對話的能力。基此，波姆反對柏拉圖、笛卡爾、培根和杜威以來理性主義和科學的觀點，主張回到艾蘇格拉底、維柯的非理性主義的傳統，將教育當作一種實踐，注重類比的對話，而不是數字的獨白。在教育過程中應該注重人格的義務、人類的責任、忠誠的關聯和人際之間的溝通。人類行動和教育的目的不是抽象概念真理形式的理解，或是可以從真正的或批判的方法中推衍出教育，而是在人類的行動和教育的範例中指出這些形式的似真性。因為人類的實踐和教育都不是一種自然，所以無法經由技術加以解決。教育具有對話的性質，注重人與人之間的相互理解。同時「教育施為」（pädagogische Verfahren）作為從範例到範例過程的確定，注重教育施為的具體化。所以，教育過程中人格涵義的探討非常重要。波姆主張從文法的觀點來看，可以將人格區分為三種：一是抒情的我；二是戲劇的你；三是史詩的她（他或它）。以「戲劇人類學」（Dramatische Anthropologie）為基礎，從布伯「吾—汝—關係」（Ich-Du-Beziehung）建構的意義和「人文主義」（Humanismus）的觀點出發，來進行人格教育的活動，達成人與人之間相互的理解。波姆也主張教育施為有三點前提：一是施教者必須作為價值的代表，也就是說施教者並不是社會工程師或教學工程師，而是其自身人格的行動者，施教者必須與其特定的範例結合，對受教者進行教育的活動。二是施教者必須提供生活的範例，也就是說施教者必須教導受教者建立正確的價值觀，培養受教者價值判斷和價值選擇的能力，給予受教者德行導向的協助。三是施教者必須與受教者進行辯論的對話，也就是說施教者必須將教育視為實踐，在教育過

程中將受教者假設為你，既非冷漠的給予受教者承諾，也非專制的執行教育的權力以贏得知識性的權威，而是施教者必須在教育活動中進行辯論的陳述，讓他為提出的要求進行對話的辯護，而且使他的規劃能夠令人信服的建立起來。只有如此，施教者才能建立良好的教育關係，成為一個如杜威所要求的具有人類尊嚴社會的成員。在這樣的一個社會中，人類能夠做為有人格的人邂逅，相互交往互動，經由彼此的行動達到相互的理解（Böhm, 1985: 151-157）。因此，波姆批判實證教育科學的錯誤，從事人格教育學的建構，主張教育活動和教育學都具有遊戲的性質。教育和教育學不是讓學生在科學的自我滿足中被從事，而應該使學生在遊戲及其自由中獲得人類生活的人性，幫助學生達到可能性的實現。如此，教育和教育學人性的要求和特質才能被測定（Böhm, 1997: 225-236）。

五、自我實現概念的批判反思

　　波姆在〈自我實現概念的批判反思作為後現代教育的目的〉一文中，主張自我實現的單子論的概念，在一個多元的社會和價值不確定的時代根本無法實現，因此教育和陶冶需要培養團結、無私、妥協、無我和放棄直接需求的滿足。強調人類共同生活對話的觀點，主張我們對於人類的理解既非從個體的概念，亦非從社會角色扮演者的概念來描述，因為這兩者都無法讓我們將人類做為自身的存有或作為自身的作品來理解，而是將人類作為被自然或被社會所決定的產品來看待。人作為自身的作品，作為他自己歷史的作者，只有站在自我的立場和堅持人格的人格概念中，才能作為經由自我意識、個人良心、自我控制和自我決定的形式被標示，個人自由的與客觀的義務對立，不再是既與次序的意義，而是原理提交的意義；不再是一種扮演的義務或德行的學說，而是將理性共同的影響作為一種「最高善」的理念來思考。超越人類在團體中自己對人格的理解，同時必須從這種理解出發彼此相互的對待、討論和行動（Böhm, 1997: 58-59）。其次，波姆在〈教育與生命的意義〉一文中，指出生命的意義可以從「功能關聯」、「目的關聯」和「意義關聯」三方面來加以區分。「功能關聯」的觀點將人的生命數學化，沒有留下任何的內容。「目的關聯」在教育中

注重意識型態的設定，使得教育意識型態化。而「意義關聯」則注重反思的精神和自由選擇的意志，反對教育學的科學化，提出詩性的教育方案，促使「教育理論」成為「人格理論」，主張教育就是「人格的現實化」（Aktuierung der Person），注重人類存有的狀態和存有的實現（Böhm, 1997: 68-70）。波姆也在〈尋求與渴望或人類建構中的愛與道〉一文中，探討了人格教育的問題。波姆模仿希臘哲學家普羅塔哥拉斯（Protagoras, B.C. 480-410）「人是萬物的尺度」的語氣，主張「人格是教育的尺度」。他將人格的內涵區分為「愛」（Eros）和「道」（Logos）兩個部分，「愛」有三種涵義：首先是一種「關係概念」（Relationsbegriff），是對某人或某種事物的愛，因此愛是一種關係；其次，「愛」是一種「缺乏」，因為自己不是某種「美」（Schön）和「善」（Gut），所以對其產生愛慕；最後，「愛」是一種「中介者」或「聯結者」，它銜接人與神的世界，關聯塵世與天堂。按照希臘哲學家赫拉克利特（Heraclitus, 535-475 B.C.）的看法，「道」是宇宙的原理，他相信這個世界不是一種混亂的狀態，而是一個有秩序的整體，經由所有支配性的精神所帶來的。「道」是人類思想的原理，具有知識論和倫理學的意義。「道」顯示真理，使人類具有論辯思維的力量；「道」樹立道德的標準，沉思所有來自理性的非理性事物和道德應該被引導的方向。「愛」與「道」的區分類似文學家席勒觀點中的感性與理性和哲學家尼采（Friedrich Nietzsche, 1844-1900）筆下的「戴奧尼索斯」（Dionysus）與「阿波羅」（Apollo），只有兼顧「愛」與「道」的人格內涵，才能成為一個完整的人（Böhm, 1997: 89-96）。神學家奧古斯丁經由本體論人類學超越宇宙論的世界理解，成為世界與時間建構原理的基礎，並且發現了「人格」的概念。波姆認為這種人類的內在性對於教育人類學的探討，產生相當重要的影響。波姆主張人經由回憶使過去現在化；經由等待使未來現在化；在反思中過去、現在和未來融合成為一個整體。人類精神包括「存有」、「知識」、「意願」和「愛」等內涵，教育在「追求」和「渴望」自我的實現之中，使理想的「人格」逐漸的形成（Böhm, 1997: 97-112）。

六、歐洲人的誕生來自音樂精神

　　波姆在〈歐洲人的誕生來自音樂精神〉一文中，主張如果想要瞭解歐洲人，就必須持續不斷的注意其教育的發展。從機構史的觀點來看，三種歐洲學校的嘗試、形成和發展各具特色，在類型上差異非常大，而且符合不同的精神。「大學」（Universität）來自古代的哲學和科學；「古文中學」（Gymnasium）來自義大利文藝復興的人文主義；「國民學校」（Volksschule）則來自法蘭西的啟蒙思想。從理念史的觀點來看，從古希臘帶來三種理想類型的教育思想：一是辯者實用主義—功利主義的教育理論；二是蘇格拉底和柏拉圖的哲學—倫理的教育理論；三是艾蘇格拉底的人文主義—修辭的教育理論。辯者注重實用的真理概念，將可用性作為人類教育的標準。柏拉圖注重絕對真理的概念，而蘇格拉底則強調陶冶和教育的倫理層面。相反的，艾蘇格拉底從強烈的政治實踐思想出發，明白實踐規範的可轉換性和社會秩序的易損壞性，因此將人類生活中的語言和相互理解擺在其教育學說的中心。這些不同類型的學校和不同類型的教育理論都重視音樂在人類教育上的功能，而且音樂在歐洲教育中占有重要的地位。從古希臘時代的畢達哥拉斯、柏拉圖；中世紀的奧古斯丁、波提烏斯（Anicius Manlius Severinus Boethius, 480-526）、康美紐斯；近代的盧梭、黑格爾、赫爾巴特、史萊爾瑪赫、祁克果（Sören Aabye Kierkegaard, 1813-1855）、叔本華；到現代的尼采和阿多諾無不重視音樂和教育的關係。波姆主張音樂在神話和傳奇中喪失其本質，因此從兩方面來思考音樂的本質：一是音樂具有神奇和無法克制的力量，能夠影響控制人類和外在的大自然；二是音樂具有超越克服「陌生性」（Fremdheit）的力量，能夠馴服原始的要素和安撫眾神與群魔。培利克勒斯（Perikles）和蘇格拉底主張音樂不同的節奏和旋律，可以對人類的心靈產生不同的影響。因此，教師可以經由音樂的改變來塑造未成年人的人格（Böhm, 1997: 71-74）。

　　畢達哥拉斯（Pythagoras, 570-510 B.C.）及其學派將音樂轉向解釋的觀點，把感官可以察覺和黑暗魔術的聲音，不僅用理性的方式加以澄清，而且用可以理解的數字加以證明，使得音樂和算術、幾何、天文成為數學的

科學，運用「數字」和「和諧」的宇宙最初原理，使音樂成為本體論的對象，將音樂提升為本體論感官的活動。對柏拉圖而言，音樂屬於數學科學的四個學科之一，能夠將人類的心靈從「變化」（Werden）和「表象」（Schein）的範圍中抽離出來，經由教育可以使人導向存有的真理知識。奧古斯丁看到介於音樂和創造之間的對比，主張音樂的起源立於世界創造之前，因為當上帝創造世界時，音樂就準備為創造者的所有事物服務。奧古斯丁嚴格的區分音樂是一種奠基在數字學說上理性的知識和音樂是一種經由模仿學會名家的技能，也就是區分有教養的音樂家和令人鄙視的音樂演奏者。這種理論和實踐的區分，一方面強調音樂作為教育，注重音樂本質精神的觀點；另一方面強調音樂做為職業，注重技能、記憶成就、模仿、虛榮心、喝采和聲譽。波提烏斯將希臘「派代亞」（paideia）的觀念延續到中世紀，主張音樂的起源來自諸神，而且強調音樂和諧和整體的本質。柏拉圖和奧古斯丁都強調音樂的教育價值，主張人類經由音樂的學習，使其生活在音樂中符合宇宙或創造的秩序，同時在和諧一致中與音樂共同來發展。相反的，盧梭將個人的生命形式的自由設定放在社會中，這無法使既與秩序的力量和秩序的法則，按照和諧法則性的方式追隨在後，而是天生的和無法互換的個人發現的力量，形成一種自我生命的旋律，達到每一個人類個人的組成。阿多諾則注重人類從物質中解放出來的重要性，希望達到人類精神自由的完成。到了這個世紀，歐洲的教育和陶冶理論已經逐漸放棄畢達哥拉斯和柏拉圖本體論既與秩序的思想，反對將教育做為一種和諧適應的理解。今天，未成年人應該調整其設定，應用旋律自我活動來組成其自身最初人格生命的歷史，不是從本體論的觀點推衍出音樂在倫理和審美的意義，而到達了「人格形上學」（Metaphysik der Person）的層次，成為一種證明人格是世界原理的理論，因為只有從「人格尊嚴優位」的概念出發，才能形成崇高偉大的精神，社會共同遊戲和個人演奏的生命旋律才不會變成一種刺耳的噪音或任意的雜曲，而是一種多元和諧的音樂旋律（Böhm, 1997: 75-86）。易言之，教育只有從人格優位的觀點出發，才能整合社會主義和自然主義的教育，使人類的教育成為一個多元和諧的整體。

七、人權教育和對陌生人的仇恨

　　波姆在〈人權、多元文化教育和對陌生人的仇恨〉一文中，指出不同文化的對話和邂逅，將是人類在未來必須面對最大的任務。最近幾年來泛文化和多元文化的問題，已經成為社會政策和人類學—哲學探討的主題。在這種情況下，教育學家也必須進行泛文化和多元文化教育方案和方法的探討。這些爭論的結果主要來自兩個基本假設：一是現存彼此不同和界線分明的文化；二是這些不同文化在未來的彼此相互容忍、補充、理解和承認。但是受到17世紀古典傳統文化概念的影響，不同文化之間產生了許多問題。這些文化概念的內涵如下：(1)每一個文化對另一個文化而言都是特殊不同的；(2)文化是歸屬於一個民族的，民族產生文化和帶來充滿血緣的民族形式；(3)文化影響一個民族的生活和行為，具有統一民族的功能。強調每一個文化都是不同的，沒有辦法在移植其他文化的過程中不造成傷害和不產生改變，人們必須嚴格的區分自己民族的文化和其他民族的文化，避免其他民族文化對自己民族文化的威脅。衛爾希認為這種傳統的文化概念具有一種危險的「文化種族主義」（Kultur-Rassismus）的趨勢，會造成不同文化共同存在和無法溝通的問題（Welsch, 1992: 5-20）。班雅明（Walter Benjamin, 1892-1940）也認為這種傳統文化的概念會產生野蠻非人性的潛在危險（Konersmann, 1991）。波姆主張當前社會中出現人權的傷害、文化的對立和對陌生人的仇恨，多來自傳統文化概念的錯誤。傳統文化概念經常採用「轉化[2]」（Konvertierung）、「孤立[3]」（Gettoisierung）和「清除[4]」（Liquidierung）的方式消滅其他民族的文化，使我們對陌生的文化和陌生的個人產生害怕、恐懼、敵意和仇恨。波姆從傅柯文化史、佛洛伊德心理學、社會學的觀點，說明人類對陌生人產生敵意的原因。波姆提出「人格化」（Personalisierung）的觀念來解決傳統文化概念的缺失。

2　「轉化」是指扭曲解釋不同的文化，以轉變其原來的意義。

3　「孤立」是指分化離間不同的文化，使其失去脈絡的支持。

4　「清除」是指消滅移除不同的文化，以解決其觀點的威脅。

這種「人格化」的形式從「人格的理念」（Idee der Person）出發，主張人與人在交往互動的過程中，應該無條件的將「他人」作為「有人格的人」來加以尊重，將他人視為「客人」（Gast, hospes）而非「敵人」（Feind, hostis），從「存有」（Sein）的觀點而不是從「占有」（Haben）的觀點，經由人的自由、理性和語言，尊重人類的基本權利，進行對話溝通的活動，以達到不同文化之間的相互理解。如此，才能解決人權傷害和對陌生人仇恨的問題，實現多元文化教育的理想。但是我們不要過度高估教育的力量，因為人格教育無法單獨解決所有的問題，仍然必須和其他的措施配合，才能解決當前社會所遭遇的問題（Böhm, 1997: 135-145）。

第四節　綜合評價

根據個人對波姆相關文獻的分析，其人格教育學具有下列幾項優點：

一、以培養健全的人格為教育的目的

柯瓦契克（Wolfdietrich Schmied-Kowarzik, 1939-）主張自由社會的建立，需要健全的個人，而個人的自我實現只有在自由的社會中才有可能，因此教育的目的不能僅僅注重個人的自我實現，也不能只注重人類社會的改善，而應當兩者並重（Schmied- Kowarzik, 1974: 113）。波姆的人格教育學認為後現代教育的目的不能只強調個人的自我實現和自由理性社會的建立，而應該注重健全人格的培養。因為自我實現無法在一個多元的社會和價值不確定的時代獲得實現，唯有培養健全的人格，個人才能真正的達到自我實現的理想，而自由理性社會的建立如果不奠基在健全人格的基礎上，根本不可能長久存在。所以，波姆提出詩性的教育方案，促使「教育理論」成為「人格理論」，主張教育就是「人格的現實化」。這種注重健全人格培養的教育目的可以彌補強調個人自我實現和自由理性社會建立教育目的的不足，使教育目的的設定更加完善。

二、以「愛」和「道」作為人格的內涵

　　諾丁（Nel Noddings, 1929-）的「關懷倫理學」（ethics of care）將關係定義為一套有秩序而成雙產生描述成員情感的規則。而且為了確立觀念的基礎，將關係鎖定在「關懷者」（the one-caring）與「被關懷者」（cared-for）之間。認定女性是關懷者，而男性則是被關懷者。主張個人應該培養關懷的能力，由關懷自己親近的人，向外推到他人和整個自然界的萬物（Noddings, 1984）。但是，這種關懷的概念往往缺乏終極性，不是人類行為動力的來源，是以無法成為產生關懷行為的動力，因為「愛」的概念遠比「關懷」更為基礎，才是人類形成關懷動力的來源。因此，波姆人格教育學所倡導的「愛」，似乎要比「關懷」更具有徹底性，能夠成為人類關懷行為的動力。同時，除了感性的「愛」之外，波姆還注重理性的「道」，「道」能夠顯示真理和樹立道德的標準，使人類具有論辯思維的力量。道德教育如果能經由自由、理性和語言，培養學生「愛」和「道」的觀念和能力，使學生的理性和感性和諧的發展，對於學生健全人格的培養一定有正面的幫助。

三、強調音樂、遊戲和對話的教育方法

　　皮亞傑（Jean Piaget, 1896-1980）在《兒童的道德判斷》（*The Moral Judgement of the Child*）一書中，提出兒童道德發展的理論，主要包括無律、他律和自律三個時期。皮亞傑認為道德是由各種規則體系構成的，成熟的道德包括兩方面：一為兒童對社會規則的理解；一為兒童對人類關係中平等互惠的關係，這是公道的基礎（Piaget, 1932）。而柯柏格（Lawrence Kohlberg, 1927-1987）則在《道德發展的哲學》（*The Philosophy of Moral Development*）和《道德發展的心理學》（*The Psychology of Moral Development*）兩書中，提出三個時期六階段的道德認知發展理論，以說明人類道德認知發展的過程（Kohlberg, 1981; Kohlberg, 1984）。斯柏克（Otto Speck）批判皮亞傑和柯柏格的「道德發展理論」，因為他們只注意到人類道德在認知方面的發展，同時研究對象的年齡都在4歲以後，對於出生嬰兒到4歲

之間的道德發展有所忽略，而且未重視兒童道德情感的探討。事實上，道德情感是道德認知發展基礎，在道德教育中非常重要。最初施教者的關愛（Liebe）與尊重（Achtung），對兒童道德發展影響很大（Speck, 1996: 65-66）。波姆的人格教育學也反對柏拉圖、笛卡爾、培根和杜威以來理性主義和科學的觀點，主張回到艾蘇格拉底、維柯的非理性主義的傳統，將教育當作一種實踐，注重類比的對話，而不是數字的獨白。在人格教育中強調道德情感的重要性，注重音樂、尊重、遊戲和對話的教育方法，對學生德育、體育、群育和美育的健全發展具有相當重要的意義。

四、提出學校人格教育的具體內容

　　波姆的人格教育學從「人格的理念」出發，主張人與人在交往互動的過程中，應該無條件的將「他人」作為「有人格的人」來加以尊重，將他人視為「客人」而非「敵人」，從「存有」的觀點而不是從「占有」的觀點，經由人的自由、理性和語言，尊重人類的基本權利，進行對話溝通的活動，以達到不同文化之間的相互理解。如此，才能解決人權傷害和對陌生人仇恨的問題，實現多元文化教育的理想。同時提出人格教育的內涵如下：首先是倫理行動的自律；其次是對他人尊重、友善和愛的傾向；最後是具有分配正義的理念。這些人格教育的內容可以指引學校品格教育發展的方向，作為學校教師實施品格教育活動的參考，培養學生成為一個人格健全而有教養的人。如此，自然能夠避免人權的傷害和對陌生人的仇恨，實現多元文化教育的理想，建立一個民主自由理性的社會。

五、將人格概念作為人類教育的核心

　　波姆認為從理念史的觀點來看，從古希臘帶來三種理想類型的教育思想：一是辯者實用主義—功利主義的教育理論；二是蘇格拉底和柏拉圖的哲學—倫理的教育理論；三是艾蘇格拉底的人文主義—修辭的教育理論。辯者注重實用的真理概念，將可用性作為人類教育的標準。柏拉圖注重絕對真理的概念，而蘇格拉底則強調陶冶和教育的倫理層面。相反的，艾蘇格拉底從強烈的政治實踐思想出發，明白實踐規範的可轉換性和社會秩

序的易損壞性，因此將人類生活中的語言和相互理解擺在其教育學說的中心。波姆深受艾蘇格拉底的影響，既反對希臘辯者實用主義的教育觀點，也反對蘇格拉底以來理性主義的教育觀點，他主張應該建立「人格形上學」，使人格成為世界的普遍原理，從「人格尊嚴優位」的概念出發，才能培養人格健全的個體，使個人達到真正的自我實現，建立一個多元和諧的社會。在這樣的一個社會中，人類能夠做為有人格的人邂逅，相互交往互動，經由彼此的行動達到相互的理解。

但是不可諱言的，波姆的人格教育學也存在著下列幾個問題：

一、偏重部分人格教育的層面

哲學家謝勒（Max Scheler, 1874-1928）認為教育是人類所有精神動力的自我開展，偏頗的教育不足以稱為教育（Rutt, 1978: 608）。教育應該全面的發展人類的感官能力，才能培養健全的人格。誠如哲學家赫森（Johannes Hessen, 1889-1971）所言：人類的生命是一個完整的精神動力系統，人類化成的努力既不能否定人類精神存在的特質，也不能偏頗的追求某一部分的精神價值。耽於低級本能層次價值的追逐或偏執某部分的精神價值，均難以完成統整的人格（Hessen, 1973: 181）。波姆的人格教育學強調音樂精神、人權教育、多元文化、道德教育、遊戲性質和人格概念，注重在審美、道德、人權和多元文化方面的教育，比較忽略人格教育的其他層面，例如：宗教教育和認知教育，使其人格教育的理論不是非常完整，仍然有待進一步的補充。

二、忽視其他人文藝術的作用

波姆的人格教育學主張歐洲文化的誕生來自於音樂精神，這種觀點忽略了其他藝術對歐洲文化起源的影響。事實上，歐洲文化的起源必須追溯到古希臘的教育。古希臘的教育除了算術、幾何、天文和音樂之外，也非常重視舞蹈、造形藝術（包括建築、雕刻、繪畫）、文學（包括修辭、故事、神話、喜劇、悲劇、抒情詩、史詩）的教育（楊深坑，1988a: 127-146）。這種教育的活動屬於文雅教育，強調德、智、體、美的和諧

發展，注重文法、修辭、辯證、算術、幾何、天文和音樂等七藝的學習
（林玉体，1997：62）。波姆的人格教育學比較強調音樂對人格形成的影
響作用，忽略了舞蹈、造形藝術、文法、修辭、辯證和文學在歐洲文化起
源上的重要性，這是波姆人格教育學在論述上的偏頗之處，不僅使其人格
教育偏重在音樂與人格的關係的探討上，同時忽略了其他人文藝術在人格
教育上的重要性。

三、忽略語言相關學科的重要

　　波姆的人格教育學強調語言對話溝通的作用，而忽略了語言相關學
科在人格教育上的功能。洪保特（Wilhelm von Humboldt, 1767-1835）主張
人類的意識和人類的語言是相互聯結密不可分的，人類在沒有語言的情況
下，想要進行思考的活動是不可能的（Humboldt, 1809b: 89）。從人類的思
想和理解對於語言的依賴性來看，語言不僅僅只是一種工具，同時也是
一種對於未知真理的發現，我們甚至可以說語言是人類思想建構的工具
（Humboldt, 1809d: 191）。洪保特的語言哲學主要目的在於指出語言可以
作為統一感性與理性的媒介，以解決康德在《純粹理性批判》和《實踐理
性批判》所提出有關人類知識對立的問題。他認為語言不僅能夠聯結先驗
美學和先驗邏輯學，並且在確定的判斷力中扮演了決定性的角色。語言是
美學和目的論反思判斷力的核心，它既是藝術中充滿藝術的工具，也是大
自然中天生的藝術作品（Wohlfart, 1984: 167）。因此，從洪保特的觀點來
看，人格教育的推展不限於語言對話溝通的作用，甚至語言相關學科的教
學也都具有人格教育的功能。波姆只強調語言對話溝通的重要性，忽略語
言相關學科在人格教育上的作用，這是他人格教育理論的限制。

第五節　重要啟示

　　根據個人對波姆相關文獻的分析，其人格教育學對我國的教育學術具
有下列幾項重要的啟示：

一、將人格教育作為學校教育的核心

　　我國學校雖然將人格教育列為教育的重點，在學前教育和初等教育階段，還能兼顧人格教育的要求，但是到了國中之後，由於受到升學考試的影響，往往注重學科的教學，忽略人格教育的實施，導致學校教育偏頗發展，造成學生人格的扭曲。波姆批判實證取向的教育理論，反省教育科學的缺失，主張從科學的教育轉向詩性的教育，認為學校應該放棄知識為主的教育，以人格教育為核心，才能培養人格健全的個體，達成學校教育的理想。這種觀點相當值得我國學校教育作為參考，才能解決當前學校教育偏頗發展的危機。

二、善用音樂、遊戲和對話的教育方法

　　我國學校教育在學前教育和初等教育階段相當重視音樂和遊戲課程，這對於學生的人格教育非常重要，但是到了國中之後，音樂和遊戲課程往往不受重視，時間經常被考試的科目借用，這對於學生健全人格的培養相當不利。其次，教師的教學方法也比較權威，教師極少與學生好好對話，這在人格教育上也是不好的作法。波姆認為教師在實施人格教育時，應該善用音樂、遊戲和對話的方法，這樣可以促進教師與學生的互動，增進彼此的相互瞭解，有利於師生情感的交流，教師也能夠藉此影響學生，發揮人格感召的功能，以培養學生健全的人格。

三、指出學校實施人格教育的具體內涵

　　我國學校雖然注重德、智、體、群、美的教育，但是由於升學主義的影響，人格教育往往無法真正的落實，對於人格教育的實施更是缺乏系統的內涵，導致人格教育的成效不彰，受到許多社會大眾的詬病。波姆提出學校人格教育的具體內涵，可以提供我國學校實施人格教育作為參考。首先是倫理行動的自律；其次是對他人尊重、友善和愛的傾向；最後是具有分配正義的理念。這些人格教育的內容可以指引學校品格教育發展的方向，作為我國學校教師實施人格教育活動的參考，培養學生成為一個人格

健全而有教養的人。

　　總而言之，波姆深受艾蘇格拉底教育理論、奧古斯丁宗教哲學、維柯歷史哲學、裴斯塔洛齊教育理論、席勒審美教育理論、布伯對話哲學和莫尼爾人格主義的影響，提出人格教育學的理論，探討人格概念的起源及其意義，反對亞里斯多德—培根—杜威以來人類和社會科學化和技術化的教育科學趨勢，返回到維柯—艾蘇格拉底的傳統，注重的不是現代性的大小或對抗支配性典範的多少，而在於尋求人類教育的適當性的建立。波姆批判實證教育科學的錯誤，從事人格教育學的建構，主張教育活動和教育學都具有遊戲的性質。教育和教育學不是讓學生在科學的自我滿足中被從事，而應該使學生在遊戲及其自由中獲得人類生活的人性，幫助學生達到可能性的實現。主張人與人在交往互動的過程中，應該無條件的將「他人」作為「有人格的人」來加以尊重，將他人視為「客人」而非「敵人」，從「存有」的觀點而不是從「占有」的觀點，經由人的自由、理性和語言，尊重人類的基本權利，進行對話溝通的活動，以達到不同文化之間的相互理解。如此，才能解決人權傷害和對陌生人仇恨的問題，實現多元文化教育的理想。

第六章

連哈特的人權教育學探究

　　「人權教育」（human rights education）是指引導民眾對不同族群、不同階級、不同地域的個人與群體加以尊重與容忍的教育理念與措施，目的在透過人群之間的互相尊重與容忍，創造溫馨和諧的社會，進而促進世界的和平（吳清山、林天佑，2000：99）。教育部曾經在2001年提出「人權教育實施方案」，其主要目標有五項：(一)結合民間資源推動人權教育，規劃人權教育之研究及評鑑。(二)提升教師基本人權知能與態度，充實人權教育教學及研究資源。(三)促使人權教育融入各學習領域，發展成為統整的學習經驗。(四)運用各項傳播媒體宣導人權觀念，落實人權教育於生活。(五)改善學校人權狀況，營造人權保障與尊重的教育環境。在「人權教育實施方案」的策略中，特別鼓勵學者專家從事人權教育的相關研究（傅木龍，2001：15-16）。同年，楊國賜也在〈強化人權教育，培育一流國民〉一文中，提出推動人權教育的策略。他主張重視人權理論與實際

的研究發展，因為人權教育涉及領域相當廣泛，而且隨著時代的進步與社會的發展，人權教育益趨於專業化，如何有效的推展人權教育，當然必須重視理論與實務的研究發展，以有效的方法策略，來推展人權教育（楊國賜，2001：6）。因此，臺灣人權教育理論和實際問題的研究非常重要。連哈特（Volker Lenhart, 1939-）的人權教育學深受樂爾斯（Hermann Röhrs, 1915-2012）和平教育學、柯柏格（Lawrence Kohlberg, 1927-1987）道德認知發展理論、杜林格（Karl Doehring, 1919-2011）實證法學和瑞爾頓（Betty A. Reardon, 1929-）人權教育理論的影響，注重國際人權文獻的分析，關切人權規準的演變，指出人權的內容從古典自由權和保護權，擴展至政治、經濟、社會、文化的權利，甚至救助和支持的要求。雖然，權利承載者還停留在單一的個人，但是也逐漸增加對團體權利的重視。連哈特提出人權普效性的論證，以解決各種觀點的爭論，有助於我們深刻的瞭解人權的性質、概念和功能。而且，確立人權教育學在教育科學體系中的地位，主張人權教育學是國際與比較教育科學的一門學科；分析人權教育的課程教材和教學理論，指出教育就是一種人權，重視教育歷程人權的維護和相關人員職前教育人權觀念的培養，兼顧人權教育理論和人權教育實際的研究，雖然在人權教育理論的建構上還有一些缺失存在，但是對我國人權教育學術的發展提供相當多的啟示，因此值得我們特別加以重視。

第一節　生平著作

連哈特（Volker Lenhart）1939年12月14日出生於柏林。1945年就讀於柏林的基礎學校，學業成績表現優異。1949年進入文理中學，學習古典語文和理論科學。1958年通過高中畢業會考，進入海德堡大學就讀，主修哲學、歷史學和教育學。1968年獲得海德堡大學哲學博士學位，1972年通過大學「教授備選資格審查」（Habilitation），應聘海德堡教育高等學校擔任教育科學教授。自1973年起轉任海德堡大學，擔任教育科學教授。其後，榮任海德堡大學教育科學研究所所長和柏林洪保特大學教育科學研究

所榮譽教授。連哈特曾經擔任「德國教育科學會」會長（1984-1986），目前已經從海德堡大學教育科學研究所講座教授退休，其研究的重點有普通教育學、改革教育學、學校教育學、歷史教育學、比較教育學和人權教育學。主要著作有《關於德國學校改革的討論》（*Diskussion über die Schulreform in der Bundesrepublik Deutschland*）、《學校教育學導論》（*Einführung in die Schulpädagogik*）、《巴登教師運動的歷史1926-1976》（*Geschichte der Lehrerbewegung in Baden 1926-1976*）、《國際教育科學的觀點》（*Aspekte internationaler Erziehungswissenschaft*）、《基督教教育學與資本主義的精神》（*Protestantische Pädagogik und der Geist des Kapitalismus*）、《人權教育學》（*Pädagogik der Menschenrechte*）等書；主編有《學校的民主化》（*Demokratisierung der Schule*）、《歷史教育學：教育史的方法論問題》（*Historische Pädagogik. Methodologische Probleme der Erziehungsgeschichte*）、《比較教育科學》（*Vergleichende Erziehungswissenschaft*）、《社會工作與發展的重要性》（*Soziale Arbeit und Entwicklungsrelevanz*）、《為了未來而總結：教育科學的任務、概念與研究》（*Bilanz für die Zukunft: Aufgaben, Konzepte und Forschung in der Erziehungswissenschaft*）、《今日的教育與啟蒙》（*Bildung und Aufklärung heute*）、《Trinidad 和Tobago 的科技教育》（*Technology Education in Trinidad and Tobago*）、《全民的教育：第三世界中的教育危機》（*Bildung für alle*）、《發展中國家的實際層面：亞洲、非洲與拉丁美洲的原理與實例》（*Der Praxisbezug der Entwicklungsländerforschung. Grundsätze und Beispiele aus Asien, Afrika und Lateinamerika*）（1988）、《全球化與教育》（*Globalisierung und Bildung*）等書（Böhm, 2000: 340-341）。

第二節　思想淵源

根據個人對連哈特相關文獻的分析，其人權教育學的思想淵源主要有下列幾個：

一、樂爾斯的和平教育學

樂爾斯（Hermann Röhrs, 1915-2012）在其《和平教育學》一書中，主張人權中的和平權概念可以與和平教育配合，達成和平教育的理想（Röhrs, 1970; Röhrs, 1975; Röhrs, 1994）。連哈特的人權教育學奠基在樂爾斯的和平教育學上，借用其內戰後教育行動演化、第三世界教育學與和解教育學的觀念，處理人權傷害的問題，建立人權教育的理論，落實人權維護的理想，促進國際人權的發展（Lenhart, 2003）。

二、柯柏格的道德理論

柯柏格（Lawrence Kohlberg, 1927-1987）在《道德發展的哲學》和《道德發展的心理學》兩書中，提出三個時期六階段的道德認知發展理論，以說明人類道德認知發展的過程（Kohlberg, 1981; Kohlberg, 1984）。連哈特深受柯柏格的影響，採用其道德認知發展理論來說明人權教育中，學習者價值認知發展的過程，以作為實施人權教育活動的基礎（Lenhart, 2003: 83-88）。

三、杜林格的實證法學

杜林格（Karl Doehring, 1919-2011）在《國際法》一書中，主張在國際法中人權在兩方面發生積極的作用：一是人權作為國際習慣法；二是人權作為契約的國際法（Doehring, 1999: 976-984）。連哈特深受杜林格的影響，採用實證法學的觀點說明人權與國際法息息相關，能夠發揮積極的作用，以證成人權的普效性（Lenhart, 2003:25-27）。

四、瑞爾頓的人權教育理論

瑞爾頓（Betty A. Reardon, 1929-）在《人類尊嚴的教育》一書中，主張將人權教育課程納入學校教育和師資培育之中，目的是要形成一種公民教育，促使人們對於人權有所覺醒與擁護。其次，她認為人權教育不但是和平教育的基礎，同時也建構了和平教育（Reardon, 1995）。連哈特深受瑞

爾頓人權教育理論的影響，也主張在師資培育的課程中納入人權教育的內容，讓所有的教師認識人權相關的議題與規準，而且相信人權可以導向和平，兼顧人權教育與和平教育問題的探討（Lenhart, 2003）。

第三節　主要內涵

根據個人對連哈特相關文獻的分析，其人權教育學的主要內涵有下列幾項：

一、人權規準的演變和普效性的論證

連哈特主張人權在一般的解釋中有其現代基本的表述，1948年12月的聯合國大會對人權作出決議。這一份文件具有宣言的性質，但是並非國際法的契約。這一份宣言符合當時世界政治的情勢，其內涵的解釋受到北半球支配性國家法律觀念的影響。在近幾十年來政治獨立的要求下，許多聯合國的會員國至今仍未承認這一份宣言。在這一份宣言中確定的內容包括自由、保護、政治、經濟、社會和文化參與的權利。它達到了自由、平等、博愛原理的宣告（第1條），論及個人生命、自由和安全的權利（第3條），法律人格的承認（第6條），法律的平等性（第7條），逮捕和驅逐出境的保護（第10條），同時論及遷移和外移的自由（第13條），尋求庇護（第14條），婚姻締結的自由和家庭的保護（第16條），宗教、言論和集會自由（第18-20條），一般選舉權利和平等參與選舉的權利（第21條），要求社會安全、工作、同酬、結社自由、療養、休閒、社會照顧、教育和親權的保證（第22-26條），文化和學術活動無阻礙的從事（第27條），一個國家或兩個國家之間社會秩序適當的權利（第28條）和基本義務的定義，特別是怠忽前述權利和自由達成行動的義務之定義（第29-30條）。在一般宣言的基礎上聯結許多不同的國際條約，這些條約作為高等的法律聯結，而且大多以國際委員會的形式和簽約國的報告義務作為控制機制，以維持不同國家之間對人權宣言一致性的做法（Lenhart, 2003:

11）。這些具體的條約如下（Lenhart, 2003: 11-12）：(1)有關經濟、社會和文化權的國際協定。(2)有關公民和政治權的國際協定。(3)消除各種形式種族歧視的國際統一協定。(4)有關種族謀殺預防和處罰的條約。(5)消除各種歧視女性形式的統一協定。(6)有關難民權利地位的協定。(7)有關兒童權利的條約。連哈特認為近50年來，人權規準有兩方面的發展（Lenhart, 2003: 12）：(1)人權的內容從古典自由權和保護權擴展至政治、經濟、社會、文化的權利，甚至救助和支持的要求。(2)權利承載者雖然停留在單一的個人，但是也逐漸增加對團體權利的重視。

連哈特主張在人權普遍有效性的探討上有下列幾種不同的看法：

㈠反對普遍有效性的論證

自從人權內容的宣言第一次在法國大革命的脈絡中被提出之後，其「普遍有效性」（Universale Gültigkeit）就受到批判。新的人權宣言則來自西方承載論證的文化範疇的觀點，這些論證是非強制的在爭論和相對的體系中建立起來的。在這些可以取得的論述中，能用拒絕不當的討論，來區別出自種族主義動機對人權的扭曲。比較近的實例像是德國的納粹政權和南非專制政權的種族隔離政策。反對普遍有效性的論證主要如下（Lenhart, 2003: 13-17）：

1. 缺乏普遍性的論證

這種觀點共同主張人權的普遍性要求令人失望，因為在這些人權觀念的背後隱藏了許多策略性的興趣。其中，政治經濟學的論證由馬克斯（Karl Marx, 1818-1883）所提出。對馬克斯而言，人權是指資產階級和勞動階級，其真正的目的是在維持剝削資本主義的貨物經濟。從這種早期的論斷來看，在真正存在的社會主義國家中，人權的爭論並沒有完全的被解決，相對於符應國際趨勢的階級權利逐漸走向個體的人權。女性主義的論證批判人權在基本上就是一種男性的權利，從苦難的歷史經驗來看，可以說對女性是不正義的。女性積極奮鬥要求人權能夠將女權納入，但是就像

德‧古格[1]（Olympe de Gouges, 1748-1793）受到男性暴力的傷害而變成沉默一樣，女權並未被納入人權之中。這個論證的重點不在於要求廢除人權，而在於提醒大家注意女性權益受到傷害和忽視，進而改變這種忽略女權的現象。在較高的層級上，這種普遍性將再度的被提出來。海德格（Martin Heidegger, 1889-1976）人文主義的論證批判人權符應特定歐洲古代至今哲學的傳統，受到文化關聯性移植的整個人性所限定。但是每個受到文化教養的人都有其自身理性的概念，符應其善惡和真假的理念，在不同文化之間不必然能夠達成一致的結論。哈伯瑪斯則提出權力批判的論證，他主張權利性質化約主義的觀點，強調積極權利總是部分權力政治興趣情況的反映。因此，人權同樣的與自己相互對立。

2. 西方個人主義起源的論證

這種觀點強調人權作為個人的權利，完全是一種西方國家的人類圖像，根本無法讓其他的文化參與。其中又有三種觀點：一是集體主義的論證：強調經濟、社會和文化過程的發展先於個人自由權和保護權的承諾，當基本需求滿足的狀態達到之後，才能進一步的想到有關個人權利的保護，否則會被視為機構化的自私在發展的過程中受到阻礙。這個論證特別是由第三世界中發展權威的政體所提出。二是缺乏權利—義務—平衡確認的論證：批判人權草案單方面的作為個人權利的要求。當時的文化傳統有些反對將團體的要求優先加諸在個人身上，這種觀點並不是要讓個人的要求與團體相對立，而是將參與者義務的基本表達和次要的參與者權利並列。新加坡政府和其他國家奠基在「亞洲價值」（asiatische Werte）上的論證就是典型的範例。三是衝突批判的論證：主張人權已經在西方國家憲法中作為基本權利，以作為機構化衝突的法則。但是並不適合於非西方社會注重社會和諧和穩定性優先的國家。

3. 世俗主義的論證

這種觀點將人權視為所有生活領域的結果，充滿了世俗主義，從啟蒙

---

[1]　德‧古格是法國著名的女權作家和革命家，1748年5月7日生於蒙特奧班（Montau-ban），1793年11月3日逝世於巴黎（Paris）。

運動時期就盛行在西方社會。「基礎主義」（Fundamentalismus）的論證強調人類權利設定罪惡的任意性，與上帝啟示的恩賜或一種超越人類神聖的秩序相對立。「印度主義」（Hinduismus）非一神論宗教的形上輪迴學說就是典型的代表。在「一神論」（Monotheismus）的宣傳中，非僅只有一些伊斯蘭的法律學派和神學學派，甚至有一些正式的基督宗教神學也持這種看法。相對於基礎主義的其他論證則轉往相反的方向，區分人權的規範和信仰的規範，使人權的規範相對於宗教的誡律成為中立的事物。如果有其必要的話，人權可以離開宗教信仰的規範而發展。

(二)人權的懷疑和有限功能的描述

這種觀點對於人權的效用和期待並未完全放棄，但是強烈的降低了對於人權效用和期待的要求。主要的代表人物是盧曼（Niklas Luhmann, 1927-1998）。他能夠一方面談論與人權語意學邂逅的人權意識型態或我們時代的人權基礎主義；另一方面從人權尊嚴的概念指出明顯驚人的世界性人權傷害的事件。盧曼在《社會的法律》（*Das Recht der Gesellschaft*）和《社會的社會》（*Die Gesellschaft der Gesellschaft*）兩書中，指出現代人權從自然法、社會契約法和理性法中形成，宗教關聯的自然法還不需要人權的思想，而且從宗教改革以來，人權的狀態在基督教範圍內其權力形式還停留在神學辯護的階段。但是保羅從上帝而來的正義，還不是人能向上帝要求的一種權利。社會契約學說必須在世界中區分具有尊嚴和不具有尊嚴的人類，以前只有諸侯或貴族擁有尊嚴，現在則包括了所有人的尊嚴，沒有能夠與契約相連的尊嚴就沒有社會的契約。革命的理性法將自由和平等的個人法普及化和個別化為基本和天生的人權。現在作為自然假定的權利，無法獲得有關自然內部限制的資訊。1800年興起的新實證法律哲學也包括人權在內，它將超越自由和平等的原理在個人法中分化開來，被憲法文件接受為基本的權利，而且在國際宣言和契約中具有積極的意義。盧曼主張的「人權意識型態」和「人權基礎主義的拒絕」跟隨兩條論證的路線：一方面主張人權的向外分化是過度膨脹的，使人們陷入不清楚的疆域，再度將權力作為最高的法庭發生作用，愈來愈多人不再將人權視為防

衛權，而將其視為供養權；另一方面強調人權的向外分化會給自己帶來討論的膨脹、意識型態和不再能夠感受人權傷害，進而維護人權的問題。儘管如此，盧曼認為人權還是有法律理論—政治學和系統理論—社會學的功能。觀察的社會學和觀察的系統不是麻木不仁的，面對明顯的政治行為加諸人類無法忽視的苦難，人權是對抗國家專制最後的法律保障（Lenhart, 2003: 15-17）。因此，盧曼提出對人權的懷疑和有限功能的主張。

(三)人權普遍有效性的論證

連哈特主張贊成人權具有普效性的論證有下列幾項（Lenhart, 2003: 18-27）：

1. 論辯理論的論證

人權論辯理論根據的基礎在於區分倫理（Ethik）和道德（Moral）。倫理將經由善的理念、人類事務正義和神欲的或神聖的秩序來管理我的或我們的不可缺乏的生活。倫理附著在我或我們的關係上，它必須與特定的文化相關聯。相反的，道德需要普遍主義的觀點。道德就像康德的無上命令在論辯理論中提出的表達：有效性正是行動的規範，這種規範是參與者同意一項理性的論辯時，所有可能涉及的事物。道德強調論辯的所有人或政治的表達是一個世界公民的共和國，從符合同樣興趣的觀點出發，以建立適合所有人的法則。哈伯瑪斯在〈人權泛文化的論辯〉一文中認為人權與道德相似，因此人權也具有普效性。而且給予人權論證的有效性要求精確的證成。他要求他的考慮不是客觀觀察者的觀點，而是西方參與泛文化論辯意識參與者的觀點，任何論辯相互理解前提的有效性在於：相互承認的關係、交互觀點的接受、共同隸屬的準備、從外人的觀點來考察自己的傳統，以便彼此互相學習。但是，哈伯瑪斯從道德理論和法律理論的觀點出發，反對文化相對主義的看法，以建立人權的普效性，只注重古典自由權和保護權的論述，忽略第二代和第三代人權的考察。

2. 正義理論的論證

羅爾斯（John Rawls, 1921-2002）從國際法建構主義自由理論的觀點出發，建構其人權的學說。這種學說涉及為了個別社會規劃的正義之政治理

論。在這個學說中的「原初狀態」（original position）、社會契約和正義等概念都被視為公平加以建構。原初狀態是一種處境的抽象建構，被理解為人們在一個社會中依照自由、理性和道德原則共同的生活。這種思想來自康德實用—建構主義的理論，原初狀態特別經由「無知的面紗」被標記出來，假定參與者本質上不認識其生活處境的細節。例如：他是否具有較多或較少的天賦，是貧窮的還是富有的。這種特殊性的知識經由原則的確定和具體的興趣加重負擔，會阻礙理性契約的聯結。羅爾斯在其《正義理論》（Theory of Justice）一書中指出，在原初狀態中契約聯結的建立中，會產生正義作為公平的概念，並且與所有「效益主義」（Utilitarianism）的正義觀念劃定界限。羅爾斯主張正義的觀念在一個民主自由的社會中包括三個要素：(1)特定基本權利、自由和機會的規定。(2)為了這些自由一種高度的優先性。(3)提出每一位公民有效使用這些自由的措施。羅爾斯採用兩個步驟從「建構主義」（Konstruktivism）的方法擴大到國際法的普遍化：首先探討哪些共同生活的法則在民主的社會中作為國際法的對象在原始狀態中達到意見的一致。然後，指出為什麼良好隸屬的階層社會能夠同意這些法則的規定。羅爾斯認為主要的原因是因為階層社會正義的觀念能夠與自由的社會相容。而人權是正義觀念的組成要素，不管是在階層的社會或自由的社會，人權觀念都能夠相容。所以，人權具有普效性。但是，羅爾斯只注重古典自由權、保護權、政治參與權和社會參與權的論述，完全忽略第三代人權的考察，這是羅爾斯人權正義理論論證的缺失。

3. 倫理理論的論證

　　連哈特主張所有的倫理理論的概念，從不同的人權尊嚴、善的和正義的共同生活的觀點中過濾出來，以指示現代人權的方向。這些倫理理念的參照性是各不相同的，其中神學家庫恩格（Hans Küng, 1928-）從世界宗教的倫理觀點所提出來的「世界倫理計畫」（Projekt Weltethos），致力於聯合信仰者和非信仰者，以產生倫理共同性的基礎。另外一種嘗試從早期高度文化人權學說和人類義務學說相容的基礎開始，閱讀所有文化神話、詩學、哲學、神學、法律導向和契約方面的文本，以建立世界性可接受的人權教學理論的基礎。不僅在證明現代人權的觀念沒有為西方國家特定的

文化而規劃，而且指出人權觀念源自一種國家形成之後，所有文化和社會人類尊嚴觀念的共同資產。明顯的範例就是「美國和平資源中心」（US-American Peace Resource Center）提出來的「人權時間線」（Human Rights Time Line）的觀點，主張在人類社會及其儲存文化模式的歷史中，人權尊嚴、人權和人類義務的觀念總是一再的出現，逐漸匯集起來而貢獻於現代人權規範的主流。因此，人權的觀念具有共同性和普效性。但是這種觀點的缺失在於並未將早期非洲人權尊嚴的觀念納入，還停留在黑格爾歷史哲學的觀點，將非洲視為沒有歷史的大陸和尚未閃耀精神之光的地區。

4. 法律實證論的論證

連哈特從實證法學的觀點出發，提出解決爭論的途徑。他確信將人權有效性論證和異議導向人權普遍道德哲學的補充論證是可能的，前述這些理論就如其常見的外貌一樣，在設定興趣的理念和認知不一致的衝突中，只能相信在論述中接受的原理和建構的法則，因此無法達成論證的目標。在那裡人權不僅是文化價值系統和知識系統的一部分，同時也是政治系統的權利。而且從系統層次到行動層次相連，無法滿足這種模糊的接受狀態。人權保護的實際和人權的實施需要人權教育的實際，在這種情況下實在主義的藝術垂手可得，強調人權的法律性質較其道德和倫理的應用方面來得強烈，而且將人權作為規範的內容包含在積極法之中。人權的普效性來自其事實，這種觀點的轉換與人權相聯結，但是並不完全來自普遍語用學的論證。在那裡人類權利的規範只有如此，才能被合法的感受到。當人權設定的理由至少能夠由善的和正義的理念引導，特別是在人權教學理論的關係中，道德理論和倫理理論的合理性強度才能夠繼續保持重要性。但是，人權實際的有效性和普遍性無法依賴這種論證而做成，人權之所以有效是因為它是實際存在的，而且人權是一種積極法。有關人權在何種法律氛圍是一種積極法的問題，連哈特認為可以清楚的回答：人權是國際法最基本的一部分，而且對國際法對象的法律秩序、國際組織的國內法和個別國家的法律發生效力。人權在國際法中以兩種模式發生積極的作用：一是人權作為國際習慣法；二是人權作為契約的國際法。因此，在法律實證主義的觀點下，人權不但具有積極性，同時具有普效性。

二、人權教育學在教育科學體系中的定位

　　自聯合國組織將1995至2004年定為人權教育十年之後，要求將人權教育納入教育和陶冶媒體中的呼聲不斷，同時希望人權教育成為教育科學研究的對象。因此，出現了人權教育的任務範圍要如何納入教育科學體系的問題。人權教育和其他直接符應於教育實際的部分學科不同，人權教育和人權陶冶不同於這些教育行動脈絡相關的任務領域。雖然「人權教育學」（Pädagogik der Menschenrechte）還沒有發展得那麼遠，但是媒體教育學與和平教育學的分化過程，卻給予人權教育學這種學科一個先前的圖像，隨著人權教育的機構化，有助於人權教育學在高等教育制度中獲得一定的地位或在專業的學會中建立相應的統一性。例如：在「德國教育科學會」中，成立一個人權教育學的部門。到那時，人權教育學將可以成為一門教育科學體系中實際存在的和行動領域關聯的分支學科。人權教育學屬於「國際與比較教育科學」（Internationale und vergleichende Erziehungswissenschaft）的一環，因為國際教育從實際問題解決的觀點出發，將問題作為研究的對象，注重教育科學國際政策的處理。在這情況下，人權教育學必須與行動領域特定的分支學科關聯，特別是學校教育學、成人教育和繼續教育理論、職業教育理論、社會教育學、特殊教育學相關聯，並且在其任務範圍中進行人權相關問題的探討。同時，人權教育學也必須和政治教育的學科教學法、法律課程、普通教育科學的部分領域：價值教育理論、泛文化教育學與和平教育學相聯結，而「人權教育」只是人權教育學實際領域和部分學科的一部分而已（Lenhart, 2003: 29-30）。總之，連哈特主張由於人權教育涉及國際法、人權宣言和各國不同的文化和教育事務，因此，人權教育學在教育科學體系中，屬於「國際與比較教育科學」中的一門學科。人權教育學的基本理念與普通教育科學中的教育哲學有關；而人權教育學的學科教學理論則與學校教育學有密切的關係。

三、國際人權教育文獻的探討

　　1996年「聯合國教育科學與文化組織」（United Nations Educational, Scientific and Cultural Organization, UNESCO）德勒爾委員會在其報告《學習——寶藏在其中》，提出「教育的四個圓柱」作為世界人權教育的原則（Lenhart, 2003: 31）：(1)「學習去認識」（learning to know）：認知的學習目標和學習內容；(2)「學習去做」（learning to do）：工作層面與經濟的學習目標和學習內容；(3)「學習一起生活」（learning to live together）：「學習與他人一起生活」（learning to live with others）：社會道德的學習目標與學習內容；(4)「學習去成為」（learning to be）：人格方面存在的學習目標和學習內容。連哈特主張人權教育具有世界性效力的文獻主要如下（Lenhart, 2003: 32-44）：

1. 世界人權與民主教育行動計畫（World Plan of Action on Education for Human Rights and Democracy）

這項計畫由「人權高級委員辦公室」（Office of the High Commissioner for Human Rights）提出，1993年在加拿大蒙特婁（Montreal）召開的人權國際會議中，由參與「聯合國教育科學與文化組織」的國家通過。希望經由具體學習目標和行動步驟的制定，促進世界各國人權狀況的改善。人權實現的第一個層次是建立在民主、發展、容忍相互尊重的和平文化之上，1990年代「聯合國教育科學與文化組織」人權教育的核心思想在於關聯人權教育、民主教育和和平教育。在此行動計畫的目標下，關聯經濟條件與人權實現，使社會大眾達到人權意識的覺醒，以促進世界人權的發展。這項行動計畫集體的策略在於嚴格的避免暴力和採用民主的措施，進行人權教育的活動；同時，區分正式教學機構和非正式機構形式的人權教育。提供人員職業繼續教育中，有關工作領域人權問題的討論。並且透過人權教育、和平教育和民主教育的介入，進行各種人權問題的探討，以幫助各種不同角色的人員，處理自己面臨的情境，促進人權、和平和民主的發展。

2. 和平、人權與民主教育行動宣言與整合架構（Declaration and Integrated Framework of Action on Education for Peace, Human Rights and Democracy）

　　這一份文獻是1994年「聯合國教育科學與文化組織」在瑞士日內瓦主辦的國際教育部長會議，對和平、人權與民主作出的說明，並且在1995年在法國的巴黎簽訂，作為「聯合國教育科學與文化組織」人權教育活動的基礎。希望透過和平教育、民主教育和人權教育的關聯，在國際普通教育的概念中，能夠加上社會─政治─道德教育的部分。但是這對於人權教育學是有問題的，因為從羅爾斯的觀點來看，要達成和平教育、民主教育和人權教育三者的任務和要求理想的條件是過分的，而且在缺乏民主與和平難求的不理想狀況下，教育介入的成效恐怕不大。這一項計畫主要是透過正式和非正式的教育過程，利用大眾的媒體和教育的脈絡，診斷學前兒童一直到成人和平教育、民主教育和人權教育錯誤的觀念發展和缺失，並且提供有關的資訊，以促進和平教育、民主教育和人權教育的發展。這些錯誤的觀念包括：極端的國家主義、對外國人的敵意、種族主義、暴力傾向、恐怖主義、貧富國家的差異。這一項計畫希望經由教育的措施對抗這些錯誤的觀念，至少能夠使大家注重經濟的不平等，並且去質疑當前政治─道德教育的希望到底切不切合實際的問題。這一項計畫的行動重點如下：(1)課程處理的方式必須要注意到教學大綱必須針對人權、民主和和平的問題。(2)經由國際合作來編製適合的教學材料，特別是學校教科書。(3)加強閱讀、表達和外語能力學習的計畫，這些能力在社會─政治學習領域中，將被視為資訊取得和資訊處理的前提。(4)學校的發展應著眼於給予相關團體、合作教學形式和國際師生交換較大參與的機會。(5)師資的職前和在職教育應該要在人權、和平和民主教育的學校和教學研究之下，來計畫、進行和評鑑。(6)對於特殊遭遇團體的協助，例如：不只有難民兒童、被剝削兒童、學習障礙者，還包括在武裝衝突中人權遭受傷害者。對於這些人的教育，需要國際社會透過來自不同衝突團體的教師、家屬和大眾媒體代表，在衝突範圍之外組織起來給予概念和建議，以建立文明社會和平對立的公開性。這種加強的職前教育，應該在實際的衝突階

段之後針對教師來進行。(7)民主導向、和平教育和人權方面教學建議的研究、發展和評鑑，應該在可以轉化的模式處理意義之中來進行。(8)在高等院校的課程中採用適合的教學活動來進行民主、和平和人權的教育。(9)聯合教育機構和社會化機構在民主、和平和人權教育上的努力。(10)組織青少年和成人有關民主、和平和人權教育非正式的建議。(11)加強區域和國際的合作，經由「聯合國教育科學與文化組織」倡議設立聯合學校計畫、教育機構參與計畫、俱樂部、講座、教育交流計畫和國際會議，共同來推動世界的民主、和平和人權教育。

3. 聯合國國際人權教育十年行動計畫（International Plan of Action for the United Nation Decade for Human Rights Education 1995-2004）

這一項行動計畫在1995年由聯合國提出，1998年正式出版。主要包括8項計畫的要素：(1)需要的調查和策略的描述：特別是聯合國人權高級委員有義務對聯合國每一個會員國，在人權教育上需求的情況和適合的資源進行調查。特別在建立區域性和國家性人權保護機構上具有重要的意義。(2)加強國際的方案計畫和專業人才：聯合國人權高級委員會（United Nations High Commission for Human Rights）應該加強與其他國際組織合作，特別是加強與「聯合國教育科學與文化組織」、「聯合國兒童保護組織」（The United Nations Children's Fund, UNICEF）和志願性支持人權教育活動的國際基金會的合作，來推展人權教育的活動。(3)加強區域性的方案計畫和專業人才：在世界各地和次要地區的方案計畫和專業人才應該負責任地作為合作者，與聯合國人權高級委員會和世界各地負責人權教育機構，共同促進人權教育的發展。(4)加強國家性方案計畫和專業人才：國家應該提出和實施人權教育的行動方案，聯合國內特定的委員會、國際的人權團體、國家性和非國家性的人權組織，共同來推展人權教育的活動。(5)加強地區性的方案計畫和專業人才：像環境保護的區域性活動一樣，在各地區加強人權教育的倡導和人權教育的活動。(6)合作發展人權教育的教學材料：聯合國際和國內人權教育相關的團體，透過同事教學的觀摩、師資訓練和能力建構、教學技術的創新、配合聽眾的特殊性、採用實用的方式，訂定國際的規準、提高教學的敏感性、增加設計和應用的彈性、發展

評鑑的工具等方式，共同合作發展人權教育的教學材料。(7)加強大眾媒體的角色：現代的大眾媒體不僅被動的作為人權教育的工具，同時可以主動的提升單一國家和國際政治的開放性，促進人權教育的發展。(8)人權一般概念世界性的拓展：可以透過不同的圖片、聲音、語言和儲存的媒介拓展人權的概念，使人權的概念普及到世界各地。

4. 國家人權教育行動計畫準則（Guidelines for National Plans of Action for Human Rights Education）

這一項準則是前述國際行動計畫在國家層級的行動計畫，強調人權教育本身就是一種基本的人權。這項準則的學習目標和學習內容必須符合國際行動計畫的要求，特別強調自由的在探究方法的活動中設定教學的大綱。所有的教育活動在國家計畫之下必須培養下列觀念、態度和行為：(1)尊重和欣賞差異，反對種族、國家、民族、性別、宗教、年齡、社會、身心狀態、語言、性傾向等的歧視。(2)培養無歧視性的語言和行為。(3)尊重和欣賞意見的多元性。(4)教學和學習的參與。(5)將人權規範轉化為日常生活的行為。(6)人權教育者專業的訓練。(7)發展和強化國家專業人才和有效實施計畫的專業知識。整個準則的教學大綱詳細的包括六個計畫的步驟：(1)國家人權教育委員會的成立和功能。(2)國家人權教育需求情況評估和現有資源提升基本研究的進行。(3)目標團體和優先性選擇需求層面教育措施的確定。(4)國家計畫詳細的擬定，特別是不同人權教育承載者之間的合作。(5)國家計畫和配套措施的進行。(6)國家計畫的修正和評鑑：形式評鑑著名的工具將依照不同指示物的模式，投入到計畫的修正中，以達到人權教育國家計畫的目標。

5. 國際特赦組織的人權教育策略（Amnesty International's Human Rights Education Strategy）

「國際特赦組織」（Amnesty International）是人權教育工作中最大的「非政府組織」（Non-Governmental Organization, NGO），這一項策略是「國際特赦組織」在1996年所提出來的。這個策略的主要目標包括三個計畫的定向目標：首先是一種寬廣的、不同文化公開性的達成，喚醒所有的人確信人權的促進和保護是一種權利和責任。其次，著眼於自身組織與國

際特赦組織合作的可能性，以確定計畫能夠在所有的國家中實施。最後，
能夠聯合國際特赦組織與其他國際人權的非政府組織，使人權教育能夠以
正式和非正式教育計畫的方式普遍的存在世界各地。採用創造性的方法進
行人權教育，以達成充實個人學習歷程的要求。國際特赦組織人權教育策
略有七項計畫的要素：(1)將人權教育導入所有正式和非正式形式的教學
脈絡中。(2)在非正式的教學脈絡中談論人權教育的問題，雖然非正式教
學建議的界限是流動的。(3)鼓勵國際特赦組織大綱在內部和其他非政府
組織大綱之間的交換。(4)組織人權教育活動要注意和關聯世界區域或次
要地區文化的特殊性。(5)國際特赦組織作為人權維護的機構，應該在國
家之間的組織和非政府組織中，清楚的強調人權教育的重要性。(6)國際
特赦組織應該和其他國家合作，提出人權教育策略的工具和教學材料，但
是國際特赦組織依然要保持其獨立性，使其工作經費來自私人捐獻，不受
任何其他國家的影響。(7)發展人權教育專業規準的評鑑措施，經由人權
教育實施成效的評鑑，以改善國際特赦組織的人權教育策略。

6.區域性人權教育行動計畫（Regionale Handlungspläne der Menschenrechtsbildung）

這些區域性的人權教育行動計畫主要包括：(1)1997年「聯合國教育
科學與文化組織」在歐洲舉辦的人權教育會議：在歐洲的文件中指出，人
權教育最重要的目標是對抗種族主義和對外國人的敵意。歐洲勞工運動的
傳統注重人權的經濟層面和保護個人免於貧窮的人權，表達出強調人權教
育在公民社會的確定性。歐洲國家要求不同的社會組織和團體，在教育工
作中注重人權的維護。(2)1998年「聯合國教育科學與文化組織」在非洲
提出的人權教育促進策略：非洲的策略將國家之間內在的衝突和全球化對
大陸間國際經濟的負面影響視為急迫的問題，在這種情況下，將痛苦的經
驗引導表現為人權維護和法律國家的需求。希望經由人權教育來實現前述
的理想。(3)1999年「聯合國教育科學與文化組織」在拉巴特提出的阿拉
伯人權教育策略宣言：阿拉伯策略的文本強調人權、阿拉伯文化和伊斯蘭
傳統教育原本的組成部分之價值的評估，兩種要素彼此非常接近的交織在
一起。強調阿拉伯—回教文化對人類文化遺產的貢獻，在人權的觀點之

下，教育可以提升人權和降低文盲的比率，教育在人權的脈絡中具有重要
的使命。(4)2000年聯合國人權高級委員會在亞太地區舉辦的國家人權教
育行動計畫工作坊：亞洲的文件不僅強調人權的普遍性、可判斷性和獨立
性，同時要求世界性人權事務公平和正義的處理。表達出對西方意見領袖
在人權事務的批判，形成亞太國家在人權教育上權利和責任平衡的要求之
特徵，所謂亞洲價值的爭論似乎已經成為過去。總之，這些區域性的行動
方案不僅只是一種技術的實施計畫，同時在各國的人權教育中表達出其人
權政策的重點。

四、人權教育的課程與教學理論

　　連哈特在〈人權教育教學材料的分析〉一文和《人權教育學》一書
中，從學校階段、參與者、學習目標、學習內容、方法變項、方法規定、
價值教育和學習監控等八個層次，對下列幾種人權教育的教材，進行詳細
內容的分析（Lenhart, 2002: 199-216; Lenhart, 2003: 47-70）：

　　1. ABC人權教學（ABC, Teaching Human Rights）

　　這一種教材是1998年由聯合國人權高級委員會所編製的，它是一份教
學大綱的小冊子，適合所有學校階段人權教育之用。可以應用在4至10歲
學前和小學生的教學上，也可以應用在11至18歲小學高年級到高中階段結
束的學生教學上。主要的目的在理論和實際上幫助教育人員，達成學生人
權教育的目標。首先，使學習者認知人權的內容。其次，銜接學生的認
知，進行人格存在的介入。然後，影響學生的價值態度和行動傾向。教育
人員應該按照教材作者的意見做最後的努力，在指定的規準之下，人類自
己只能基於權利為別人辯護，假如人類能夠得到安全，才能決定自己擁有
什麼。人權教育在粗略目標上，一方面要建立自信和社會價值的評估；另
一方面應該將承認和定義的人權（例如：和平與權利），投入到生活、思
想、良心、宗教、意見和表達自由或歧視的保護之中。前述的目標適合於
低級階段的學生；後述的目標則適合於中級階段和高級階段的學生。學習
的目標符合認知、社會和道德的規定，學習內容一方面是認同建構的要
素；另一方面也是基本的人權主題。教材選擇的規準則是解決真實生活問

題的重要性。在進行教學時，所有方法的選項都應該注意，以建構學生活動關聯的可能性。教學方法規定的建立應該以特定的發展為優先，然後納入文化、社會和涉及的觀點。價值教育的論述採用柯柏格傳統發展的導向和羅爾斯正義原理的設計，來進行人權教育的活動。在學習成就的監控方面，這一種教材採用形成性評量和傳統測驗的方式，來進行認知內容領域的評量。在社會—道德領域的學習上，採用開放性回答的方式來評量，同時也採用其他教學評量的方式。

2. 人權教育手冊（Manual for Human Rights Education）

這一種教材是1998年「聯合國教育科學與文化組織」人文主義、文化和國際教育部門主席薩佛萊琳（Kaisa Savolainen）所發展的人權教育手冊。她獲得來自不同領域和不同地區專家同事：包括法國國家教育研究所的貝斯特（Francine Best）、瑞士佛利堡大學倫理學與人權研究所的麥爾—畢希（Patrice Meyer-Bisch）、美國哥倫比亞大學師範學院和平教育計畫主任瑞爾頓、埃及開羅人權研究所和中美洲哥斯大黎加人權研究所成員的支持。這一本手冊由31個不同人權觀點詳細的教學設計匯集而成，作者依照接近實際的人權教育理論來分類整理，希望教師和學生能夠在語言上得到較高的理解。同時附有專業術語的解釋和令人印象深刻的卡通類型插圖。如果學校的教育人員未接受符合國際學術水準的職前教育，可能會降低人權教育手冊教學的效果。這一本手冊是為小學、中學和非正式人權教育課程而設計的，適合兒童、青少年和成人的人權教育之用。教材主要針對教育人員，在每一份教學大綱的評論中，包含人權教育主要目標和法定目標教育理論的討論。基本的想法是具體的表達每一個道德行動的人權原理。在手冊中包括了所有學習目標領域的範圍，學習內容按照人權、經濟、社會與文化權和兒童權公約一般解釋的主題來選擇，在教學大綱中依照不同的組合，採用不同的方法選項來進行教學的活動，教學方法規定的建立是靈活有變化的。價值教育的論述是在人權的普遍性和可判斷性觀點之下，導向核心的正義觀念而發展。在學習成就的監控方面，大部分採用形成性評量的方式，當然也採用其他的活動來進行評量。

3. 人權主題日（Thementag Menschenrechte）

這一種教材是1995年由毛斯（Gertrud Maus）等人所提出來的人權教育手冊，包括24個人權教育的教學建議。教學時間長度為一或兩個小時，適合5至13年級學生的教學大綱，銜接回溯的規劃被記錄下來。包括歷史—社會、語言—歷史、繆斯—藝術、數學—自然科學和運動等學科領域，主要的目的在提供材料給教育人員，並且引導學生學習的活動。就學習目標而言，整個手冊放在法定目標上；單一的規劃則放在粗略目標和詳細目標的表達上。除了認知和社會道德領域的目標之外，也包括心理動作領域部分的目標。學習內容的選擇規準是人權教育和學校特定學科內容結構關聯的能力，所有的方法選項可能在不同的組合中被應用。教學方法規定的建立受到教學大綱、關係特定、社會處境和特定情境的影響差異相當大，學習成就的監控在一些大綱中，採用事後學習進步意識覺醒的形式來評量。有些也採用形成性評量的方式來進行學習成就的監控。

4. 人類尊嚴的教育（Educating for Human Dignity）

這一種教材是1995年由美國哥倫比亞大學師範學院和平教育計畫主任瑞爾頓所撰寫的人權教育書籍，包括27個人權教育的教學大綱。適合美國幼稚園到高中畢業學生的教學之用。主要的課程概念包括：(1)強烈的道德和法律導向。(2)概念與內容混合導向。(3)柯柏格傳統的發展導向。(4)羅爾斯正義理論導向。這些課程概念所有普效性的要求和世界性的主題，牢牢的與美國的傳統聯繫在一起。學習目標是將教學法奠基在主要目標和法定目標的層次上，單一教學大綱則奠基在粗略目標和精細目標的表達上。包括認知、社會和道德學習領域。學習內容是涉及的核心概念，這些核心概念也作為人權規範和個案範例選擇的規準。所有的方法選項在學生活動的特別強調之下，在特定的組合之中被要求提供出來。要求的文本或圖片—聲音的文獻經常組成教學大綱媒體的基礎。教學方法的規定建立在精確特定的發展上，就像價值教育的論述注重發展的導向。學習成就的監控大多是形成性的評量，自由的從超越學習過程的觀點來進行。

5. 人權教學實際（Unterrichtspraxis Menschenrechte）

1995到1998年之間，國際特赦組織曾經連續出版「暴力和訊問」、

「歧視」、「同意」、「衝突」、「婦女」、「兒童」、「宗教」、「容忍」、「政治庇護」、「處罰」等十期的人權教育相關手冊，組成《人權教學實際》一書，提供德國、奧地利和瑞士等德語系國家使用。包括10至20個人權教育的教學大綱，適合小學到高中的學生教學之用。主要在協助教育人員進行人權教育，讓學生能夠自由的獲得人權教育的材料。在狹義的人權教育主題之外，也包括普通教育、大部分社會課程和道德教育的大綱。每一份教學設計將經由自己給予的主要目標，納入相關的教育理論之下。單元目標就是當時教學大綱的粗略目標，學習內容側重在認知和社會道德的領域。選擇的規準要看主題與人權問題是否具有直接與間接的重要性，在單元設計上，教學進度要在階段中預先被提出來。特殊的價值將奠基在文本和圖片媒體上，所有方法的選項將靈活的被應用。教學方法的規定建立在應用不同的方式實現單元的目標。價值教育的論述從柯柏格的模式主題化，大部分是發展導向的。學習成就的監控一般採用系列活動的形式加以評量。

連哈特在《人權教育學》一書中，也提出人權教育的教學理論。詳細的內容如下（Lenhart, 2003: 71-88）：

1. 學習目標

連哈特主張學校中的人權教育有下列幾項學習目標：(1)能夠認識和索回自己的人權。(2)能夠認識和維護他人的人權。(3)將人權作為自己的道德加以承認和用以引導個人的行動。

2. 學習內容

連哈特認為人權教育的學習內容有普遍性和不可以劃分的人權，這些人權存在於繼續機構化的國際法和國家法中，並且與國際法相連。人權教育的任務在於和平、容忍和民主。主要的課程內容包括前述《ABC人權教學》、《人權教育手冊》、《人權主題日》、《人類尊嚴的教育》、《人權教學實際》等教材。

3. 聯結的過程

連哈特指出人權教育的教學方法主要有下列幾種：(1)工作教學：包括團體教學、方案教學、派克赫斯特（Helen Parkhurst, 1887-1973）的道爾

頓制、皮特森（Peter Petersen, 1884-1952）耶納計畫或蒙特梭利（Maria Montessori, 1870-1952）的教學方法。(2)模擬：採用角色扮演的方式，在日常生活情境中進行模擬和訓練，以培養學習者行動和決定的能力。(3)學習計畫：在機構計畫革新的實際脈絡中影響學習者，使其應用獲得的知識在真實的情境和機構中，進行學習的活動和改善生活的品質。(4)學習網絡：透過網際網絡討論的學習方式，繼續班級中斷討論的問題，使學習者自己能夠交互的聯結，藉助大量書面的通知，產生人權實際革新的知識，具有人權組織和建議者的能力。(5)小團體談話：學習者在小團體中，經由結構性的資訊和意見的交換，例如：個人經驗、評價和安置的知識，進行主題中心的互動，以促進參與者任務的表達。(6)辯論：在法庭兩種權利觀點的辯論或典型學術爭論的探討，都可以在學校的學習過程中應用辯論的方式，促進學習者對主題的學習，培養論證和判斷的能力。(7)個案方法：在單一、團體和全體大會工作的社會形式中，經由實際個案的方式，對學習者進行法律的教學，以促進學習者判斷和決定的能力。

4. 方法規定的建立

連哈特主張人權教育方法規定的建立有下列幾項規準：(1)在教學設計中要注意符合發展性的規準：符合學習者的年齡、認知能力和發展階段，以建立道德判斷的結構。(2)注意人權文化特定的規準：注意不同文化中倫理、宗教、文化的差異，進行人權教育的活動。(3)注意情境特定的規準：依照學習者面對情境的不同，進行人權教育的活動。(4)個人涉入不同的規準：學習者在面對歧視問題的時候，可能因為種族、膚色和經驗不同，而有不同的感受和定義。因此，人權教育要注意個人涉入不同的規準。(5)學校外因素介入的規準：學校外觀點和階級的差異會影響到學校內學習者的團體，教師在實施人權教育的教學時也要加以注意。

5. 發展價值導向的教育

連哈特從柯柏格道德認知發展理論的觀點出發，將人權教育中價值的發展分為三個時期六個階段：(1)前成規期：包括兩個階段，第一個階段是按照賞罰和生理結果的觀點來判斷。第二個階段是從互惠的基模來判斷，這是一種交換的觀點，服務於正義扮演的角色。(2)成規期：包括兩

個階段，第三個階段是按照黃金法則的原理來判斷：己所不欲，勿施於人。按照團體和團體多數的原則來判斷道德或價值的高低。第四個階段是從對所有人都同樣有效的社會權利義務來判斷，在這個階段法律是重要的，因為它保證法律之前人人平等。(3)後成規期：包括兩個階段，第五個階段是社會契約階段，社會的利益和個人的權利具有重要的意義。第六個階段是普遍倫理原理階段，注重社會整頓和道德立場的觀點，以帶來社會的秩序。連哈特主張從柯柏格道德發展理論出發的人權教育教學理論，非常注重下列幾項教學的原理：(1)從人權的法律觀點到人權的道德觀點。(2)從個人具體的權利到人權的概念。(3)從人權作為主題到人權作為價值的基礎。

6. 學習評量

連哈特主張人權教育學習的評量要注意下列幾項原則：(1)在人權教學學習目標的意義下，接受教學之外的義務。(2)學校方面系列活動的參與，例如：自願的參與包含主題的教學計畫。(3)包含教學事件中的參與和表達，例如：兩難情境的討論。(4)教學中人權主題道德判斷水準的評量。(5)學習者書面表達學習進步的紀錄。(6)依照一種資訊認知的測驗加以檢視。在一般學校的情況中，教育人員大多注重學習者個人的評量，有時也會進行學生團體的評量。在人權學習進步的評量上，形成性的評量要優於總結性的評量。人權的學習在學校日常生活中需要嚴肅性的保證，有時也要有機會實施總結性的評量，以進行學習者成就的評價。

五、人權教育中教育與人權的關係

連哈特指出教育上人權有效的世界性國際習慣法和國際條約法文件如下（Lenhart, 2003: 89）：(1)1948年的人權宣言。(2)1960年教育中反歧視公約。(3)1996年有關經濟、社會和文化權的國際條約。(4)1989年有關兒童權的公約。在這些國際法中，都將教育視為一種人權。連哈特主張在人權宣言的第26條也提到這樣的觀念（Lenhart, 2003: 89）：(1)每個人都有接受教育的權利，教育應該是免費的，至少在基礎階段。基礎教育應該是強迫性的。技術教育和專業教育應該使其普及，而且高等教育應該在成就的基

礎上公平的接受所有的人。(2)教育應該導向人格的全面發展、加強人權的尊重和基本的自由，教育應該促進國家之間的理解、容忍和友誼。種族團體和宗教團體應該推動聯合國維持和平的活動。(3)父母有為其子女選擇教育類型的優先權。1990年在泰國的中天（Jomtien）舉辦「教育為了所有人」的國際會議，以促進全世界基礎教育的發展。2000年，「教育為了所有人」後續的國際會議在塞內加爾的達卡舉行，總結十年來國際基礎教育進步的情形，希望經由基礎教育達到人權實現的目標。其次，連哈特主張在教育中不僅注重人權的保護，同時強調反歧視的措施。自從1960年提出教育的反歧視公約之後，還建立了反歧視的報導和諮詢制度。1999年舉辦了第六次的反歧視諮詢會議。參與的國家都致力於改善教育情境中歧視的問題。這些努力都顯示出國際對教育上人權實現和教育中人權維護的重視。在教育中反歧視的具體措施有：少數族群兒童母語教學的實施、允許少數住民團體參與教育政策的決定、給予少數族群教育參與的公平性、少數族群兒童適當學習結果的保障、將少數族群的歷史、語言和文化納入教學計畫中、少數族群學校教科書的接受。除此之外，反歧視公約簽約國的教育制度還注重學生教育需求的滿足、被性侵害兒童、難民兒童、被驅逐和被綁架兒童、毒品濫用家庭兒童、家庭暴力兒童、被捕青少年、愛滋病孤兒、偏遠國家兒童和勞動兒童反歧視的教育，以維護兒童在教育中的人權（Lenhart, 2003: 100）。

六、人權相關職業領域人員的職前教育

　　連哈特主張聯合國倡議的國際人權教育十年計畫，最終並不是針對學校中的教育人員，而是針對教師們使用的基本手冊。最近幾年來，一些人權教育在師資的職前教育和在職教育上的模式，才開始橫越過歐洲大陸發展起來。同時，德國的聯邦文化部長會議也強調對於學校中的人權教育給予補助和在師資的職前教育和在職教育中實施人權教育課程的必要性（Lenhart, 2003: 132-133）。連哈特主張在教學中人權主題的處理，應該特別注重知識和觀點與下列主題的關聯（Lenhart, 2003: 133）：(1)人權的歷史發展及其現在的意義。(2)基本權利和人權的意義。(3)在基本法和國際

公約中個人自由權和社會基本權利的關係。(4)在不同政治制度和文化中人權的不同觀點和保障。(5)人權對現代憲法國家形成的基本意義。(6)在國際法中個人人權保護注意的必要性。(7)國際合作以實現人權與確保和平的意義。(8)全世界注意到人權傷害的社會、經濟和政治因素之程度。連哈特採用海德堡大學師資培育的課程活動為例，說明人權教育在教師職前教育中的實施：首先，學習者必須在學校中呈現五種國際人權教育的教材，而且必須將其導入教學理論分析模式的範疇，參與者必須依照自己的興趣納入一個小組，處理一種人權教育的教材。在多次小組的討論中，描述人權教育個別的教材和理解一種至兩種選出的教學大綱。同時，將討論的結果記錄下來，作成大型的海報。每週的討論課程採用小組工作的方式進行，講師也會用傳統演講和討論的方法，在進行全體師生討論之前，概觀50年來人權規準的發展、反對和贊成人權普效性的論證。在個別的教學大綱談到的人權問題中，參與者可以得到人權在道德和國際法中地位的概觀，以及人權維護和實施的方法。整個學期討論課程三分之二的時間被用來認識教學設計，在海報報告呈現之後，介紹參與者重要的人權教育教學理論，最後參與者必須完成自己的教學設計，在全體師生討論中作出報告和接受批判。在討論課程結束前，會對參與者人權方面教學大綱計畫能力的成長進行多次的評量，以瞭解參與者學習的效果（Lenhart, 2003: 133-135）。

第四節　綜合評價

　　根據個人對連哈特相關文獻的分析，其人權教育學具有下列幾項優點：

　　一、說明各種反對和贊成人權普效性的論證，分析這些人權普效性論證的缺失，同時嘗試從實證法學的觀點，提出人權普效性的論證，以解決各種觀點的爭論，有助於我們深刻的瞭解人權的性質、概念和功能。

　　二、從人權性質的觀點出發，將「人權教育學」視為「國際與比較教育科學」的一門學科，確定「人權教育學」在教育科學體系中的地位，而

且嘗試提出「人權教育學」的觀念，建構「人權教育學」的內涵，對於人權教育獨立為一門學科貢獻相當大。

三、分析《ABC人權教學》、《人權教育手冊》、《人權主題日》、《人類尊嚴教育》、《人權教學實際》等各種人權教育的材料，而且探討學習目標、學習內容、聯結的過程、方法規定的建立、價值教育發展的導向、學習評量等人權教學理論的問題，有助於我們認識人權教育的課程內容，瞭解人權教育的教學方法，提高人權教育的效果。

四、將教育視為一種人權，探討國際法教育方面的人權問題，說明世界人權簽約國希望經由基礎教育實現人權的努力。同時，分析教育中反對歧視的人權協助和保護措施，以便在教育脈絡中做到人權的保障。有助於我們瞭解人權的性質和教育中遭遇到的人權問題，以便採取適當的因應措施，落實人權教育的理想。

五、闡述警察、軍人、社會工作者、自然科學家、醫護人員、教師和其他專業人員職前人權的教育，可以讓我們瞭解專業人員人權教育的要點，重視專業人員人權教育的問題，培養人權教育專業的觀念和態度，促進人權教育的效果，提升世界各國人權意識的水準，落實人權教育的工作。

但是不可諱言的，連哈特的人權教育學也存在著下列幾個問題：

一、雖然人權教育具有國際比較的性質，但是將人權教育學納入國際與比較教育科學中並不恰當，因為人權教育學涉及人權觀念教育哲學的分析、人權課程內容與教學方法在學校教育學方面的探討、人權教育教育史的追溯、人權背景教育社會學的意涵、人權教育教學媒體的應用等問題，所以人權教育學應該是一門科際整合的學科，不能列入單一教育學科的領域之中。

二、採用柯柏格的道德認知發展理論，來說明人權教育中學習者價值認知發展的過程，容易陷入以男性為中心，忽略女性因素的道德觀點（Gilligan, 1982; Noddings, 1984）。而且，道德認知發展理論在劃分上過於牽強，可能會遇到一些無法納入道德認知發展階段的範例。同時，在道德教學上團體壓力固然是促進成員行為的動力，但是也可能是壓迫和灌輸的

來源。然而，柯柏格卻把它當作是衡量組織道德階段的唯一形式規準，這是過於武斷的看法。此外，柯柏格的道德概念與道德規準之間也存在著矛盾（蘇永明，1997）。

三、瑞爾頓主張第一代衍生出來的人權概念，是以18世紀的美國和法國革命為基礎，它產生了相關的政治權利和公民權利。第二代人權概念的衍生是來自於19世紀的各種社會運動和勞工運動，它產生了關於經濟和社會方面的權利。這兩個世代形成了關於個人權利的概念。第三代人權產生於20世紀中期，此時人權觀念的影響已經不僅限於西方世界，主要是一種人民自我決定的權利，以及族群自我認同的權利。此外它還包含了對抗政治壓迫的權利。在20世紀末期，代表全體人類權益的第四代人權已經浮現。第四代人權的種子由「違反人性的罪行」此一觀念所散播出來，這起因於國際間對大屠殺和種族仇恨的譴責，以及人類和平共存的希望（Reardon, 1995）。但是，連哈特只論述了三代人權的概念，忽略第四代人權的興起，這是其人權教育學理論的限制。

第五節　重要啟示

根據個人對連哈特相關文獻的分析，其人權教育學對我國的教育學術具有下列幾項重要的啟示：

一、介紹四代人權觀念的演變

我國自從1971年退出聯合國之後，被排除在重要的國際組織之外，幾乎與聯合國失去聯繫，對於聯合國重要的人權教育措施所知甚少，嚴重影響我國人權教育的發展，造成我國人權保護措施嚴重落後的問題。連哈特在其人權教育學中，對於四代人權的演變和聯合國重要的人權教育措施，有相當詳盡的介紹，可以增進我們對人權觀念演變的瞭解，提供我國作為推展人權教育的參考，對於我國人權教育水準的提升，具有相當重要的意義。

二、提供人權教育的課程教材

　　我國政府正在推展人權教育，並且將其列為重要議題，但是由於我國政府長期的忽視，不僅人權教育師資相當稀少，而且人權教育的課程教材也非常缺乏，這對於人權教育的推展相當不利。連哈特在其人權教育學中，介紹許多人權教育的課程教材，可以解決我國人權教育課程教材不足的問題，提供我國學校教師作為實施人權教育的參考，落實人權教育的理念，提升我國人權教育的水準，相當值得我們加以重視。

三、說明人權教育的教學理論

　　我國學校實施人權教育，比較缺乏教學理論的指導，不僅教師教學的成效不彰，而且學生學習的效果不好，因此無法真正達成人權教育的理想。連哈特在其人權教育學中，提出人權教育的教學理論，教導教師訂定學習目標，安排學習內容，進行教學設計，引導學生價值的發展，最後實施學習的評量。這種人權教育的教學理論，可以提供我國學校教師作為參考，以落實人權教育的教學，提高學生人權教育學習的效果，達成人權教育的理想，提升我國人權教育的水準。

四、探討專業人員的人權教育

　　目前我國人權教育方面的著作，極少談到各類專業人員的人權教育，這對於專業人員人權教育觀念的培養相當不利，有礙我國人權水準的提升。連哈特在其人權教育學中，曾經舉例說明各類專業人員人權觀念的養成，這不僅對於各類專業人員人權觀念的建立有很大的幫助，而且有助於我國人權觀念的落實，對於人權的保護也有相當大的裨益。

　　總而言之，連哈特深受樂爾斯和平教育學、柯柏格道德理論、杜林格實證法學和瑞爾頓人權教育理論的影響，提出人權教育學的理論，介紹贊成和反對人權觀念的論證，主張人權觀念具有普遍性。將人權教育學劃歸國際與比較教育科學領域中的一門學科，探討各種人權教育的課程教材，並且分析人權教育的教學理論，指出教育中的人權和教育即人權的觀念，

最後舉例說明各種專業人員人權觀念的養成。其人權教育學具有說明各種反對和贊成人權普效性的論證、劃定人權教育學在教育科學中的地位、介紹各種人權教育的課程教材、探討人權教育的理念和舉例說明專業人員人權觀念的養成等優點，但是也存在著人權教育學學科地位有待商榷、引用柯柏格道德發展理論的缺失和忽略第四代人權的探討等問題，儘管連哈特的人權教育學有前述問題，仍有可以提供我國作為建立人權教育理論和解決人權教育問題的參考，相當值得我們加以重視。

第七章

萊恩的系統與建構主義
教育學探究

　　傳統教育理論將人類視為被動的個體，忽略人類的主動性，強調灌輸囤積的教育，造成意識型態宰制的問題。到了20世紀下半葉，許多學術理論陸續的提出，從自我組織理論、社會系統理論和建構主義的觀點出發，注重人類自發性和複雜性的探討，不僅深深的左右教育理論的發展，甚至對教育的實際產生影響。希望將教育學建構成為一門諮詢科學，以解決教育理論和教育實踐的問題，萊恩（Rolf Huschke-Rhein, 1939-）就是其中相當著名的一位，他的教育哲學稱為「系統與建構主義教育學」（Systemische und Konstruktivistische Pädagogik）。萊恩在《系統與建構主義教育學導論》一書中，指出其系統與建構主義教育學深受激進建構主義、自我組織理論、盧曼（Niklas Luhmann, 1927-1998）社會系統理論、一般動力系統理論、華茲拉維克（Paul Watzlawick, 1921-2007）溝通理論、維納爾（Norbert Wiener, 1894-1964）模控學和羅特（Gerhard Roth, 1942-）認知神經生物學的

影響（Huschke-Rhein, 2003）。這種系統與建構主義教育學重新定義人類的本質，指出人類具有自我創化的能力，可以自發的從事學習，從系統理論的觀點來看待教育的歷程。將教師和學生視為自我組織的系統，從建構主義的觀點來解釋學習的現象。在萊恩的系統與建構主義教育學中，教育系統是社會系統的一環，從一般動力系統理論的觀點來說明教育與其他系統之間的關係。教師與學生之間的關係可以用溝通理論來說明，指出溝通活動在教育歷程中的重要性。萊恩從系統與建構主義教育學的觀點出發，將學生界定為主動的學習者和知識的建構者。其系統與建構主義教育學和傳統的教育理論相當不一樣，可以給予我們嶄新的觀點和視野，創造具有特色的教育學說，解決教育理論和教育實踐的問題，相當值得我們深入的加以探討。

第一節　生平著作

萊恩（Rolf Huschke-Rhein）1937年出生於多特蒙德（Dortmund），1943年進入國民學校就讀，1947年進入實科中學就讀，學習現代外語與自然科學。1957年進入菲利格斯特（Villigst）學校就讀，學習音樂科學。1958年到多特蒙德的工廠擔任勞工。1959年進入海德堡大學就讀，主修音樂科學、基督教神學、心理學、哲學和教育學。1967年以〈梅蘭克頓的社會倫理學〉（Sozialethik Melanchthons）一文，獲得海德堡大學神學博士學位。同年，通過國家神職人員考試。1969年通過國家教師資格考試，在埃森主幹學校從事教師的工作。1970年在夏勒（Klaus Schaller, 1925-）指導之下，獲得波鴻大學教育學博士學位。應聘波昂的萊蘭教育學院，擔任教育學講座助教的工作。1980年應聘波昂大學教育學院，擔任私聘講師的工作。1986年通過大學教授備選資格審查，晉升為教育學講座教授。1994年轉到科隆大學教育學院，擔任教育學講座教授。目前應聘於科隆大學教育學講座，擔任普通教育學教授。萊恩的工作領域為系統理論—建構主義、系統與建構主義教育學、諮詢方法、衝突教育學、和平教育學、攻擊教育

學、生態教育學與環境教育，現任「德國教育科學會」和「和平與衝突研究委員會」的會員。主要著作有《精神科學教育學的科學理解》（*Das Wissenschaftsverständnis in der geisteswissenschaftlichen Pädagogik*）、《系統教育學的科學與方法學說》（*Systempädagogische Wissenschafts- und Methodenlehre*）、《為了教育學的系統理論》（*Systemtheorien für die Pädagogik*）、《系統—生態教育學》（*Systemisch-ökologische Pädagogik*）、《系統—生態科學學說作為原子時代的教育學說》（*Systemisch-ökologische Wissenschaftslehre als Bildungslehre im Atomzeitalter*）、《系統教育學》（*Systemische Pädagogik*）、《系統與建構主義教育學導論》（*Einführung in die systemische und konstruktivistische Pädagogik*）等（梁福鎮，2006）。

第二節　思想淵源

　　根據個人對萊恩相關文獻的分析，其系統與建構主義教育學的思想淵源主要有下列幾個（Huschke-Rhein, 2003:13-14）：

一、激進建構主義（Radikales Konstruktivismus）

　　激進建構主義來自康德和維柯的哲學，激進建構主義將認知視為「功能意義」下的「適應」。傳統實在論對知識與事實之間的關係界定是「吻合」；而激進建構主義則是「適合」。亦即，激進建構主義與傳統實在論迥異其趣的地方在於其知識觀擺脫了「鏡像逼真」的模式（馮朝霖，2000:149）。激進建構主義視認知為生物現象，生命系統即是認知系統；生命歷程即是認知歷程。認知乃是生物作為「自我創化系統」的運作過程，所謂的自我創化系統可以簡述如下：活的系統皆是自我維生、自我組織、自我參照及自我再生的系統（馮朝霖，2000：159）。系統與建構主義教育學從建構主義的系統概念出發，主張我們對世界的知覺是一種世界建構的形式，我們的行動也是一種世界建構和自我建構的形式。因此，對這種論述來說將其知識理論作為實踐學來表述是可能的，誠如馬杜拉納（Humberto R. Maturana, 1928-）所說的：「認識就是行動」（Erkennen ist

Tun）。系統論述的建構概念可以和陶冶和教育的概念關聯，任何一種教育、發展和陶冶的過程都可以作為一種心理和社會系統的建構來理解。精確的說教育和陶冶的過程可以被視為一種生物、心理和社會系統共同建構或共同演化的形式。

二、自我組織理論（Theorie der Selbstorganisation）

自我組織理論不是某個人的理論，也不是僅限於某一特殊科學領域的理論，而是一個典型的「大滿貫理論」，同時可以說是一個「同謀典範」。現代的自我組織研究可以從三條路線確認其發展的基礎：首先是普里果金（Ilya Prigogine, 1917-2003）及其學派在物理學領域所從事的「耗散結構模式」（model of dissipative structure）研究；其二是佛斯特（Heinz von Foerster, 1911-2002）及其同事在生物學研究所獲得的「自我創化」（Autopoiesis）概念；第三則是系統理論家哈肯（Hermann Haken, 1927-）的「協同理論」（Synergetik）。此外，愛根（Manfred Eigen, 1927-）在分子研究、賀林（Crawford Stanley Holling, 1930-）在生態系統上的研究；馬杜拉納等人在神經生理學和演化生物學上的研究，都不斷的將「自我組織理論」擴展到其他學術研究領域（馮朝霖，1994: 265-266）。系統論述的基礎是自我組織理論，學習和教育在這種觀點下被理解為人類的自我建構。從系統論述的生態學觀點來看，每一個自我建構不僅僅只是在於主觀世界的建構，而在於生態學概念雙重的意義中，包括社會環境和自然環境中主觀環境系統關係的建構。人類的自我組織建構學習和教育的過程，使得心理系統（主體的教育過程）、社會系統（主體的社會脈絡）和自然系統（生物─身體系統）產生共同的演化（Huschke-Rhein, 2003）。

三、盧曼的社會系統理論（Soziale Systemstheorie）

盧曼（Niklas Luhmann, 1927-1998）於1984年出版《社會系統：一般理論概要》一書，正式提出「系統理論」（Systemtheorie）。他主張系統具有自己生成的能力，能夠自己分化以對抗外在的環境（Luhmann, 1984：31）。系統概念（Systembegriff）指的是真正的系統，對於其事實陳述的

證明負有責任（Luhmann, 1984：30）。它包括三個層次，第一個層次包括多種系統（Systeme），第二個層次包含了機器、有機體、社會系統、心理系統，第三個層次包括多種互動、組織和社會（Luhmann, 1984：16）。盧曼認為必須從個人與環境之間的關係來看「系統」，任何社會系統總是面臨著具有高度複雜性的環境，此時環境意謂著較系統複雜許多的外界，如果系統要生存下去，它就必須有處理這種複雜性的方法。這樣系統就必須使自己的複雜性與其環境的複雜性對應起來，即系統需要提高自身的複雜性，亦即系統本身必須尋求足以與環境配合的內部分化，擴大選擇性來應付高度複雜環境的壓力，而系統是通過分化來達到這個目的（楊思偉，1996：93-94）。系統分化的方式包括分裂（segmentation）、階層化（stratification）和功能分化（functional differentiation）三種。他認為一般系統理論應當在與社會學材料遭遇中被證明合一，使其概念獲得和概念建構的經驗，能夠科際整合的存在和呈現出來，以應用於社會學的研究（Luhmann, 1984：28）。

四、一般動力系統理論（Allgemeine dynamische Systemtheorie）

1970年代開始，一種新的典範稱為「渾沌理論」（Chaostheorie），在自然科學領域中興起，並逐漸擴展至社會科學。「渾沌理論」是系統理論的一個分支，稱為「一般動力系統理論」或「非線性動力學」（Nonlinear Dynamics）。這種渾沌理論主張非線性、不確定性、隨機性等，對牛頓以來的物理學典範產生革命性的反動（秦夢群，1995：84）。格里菲斯（D. E. Griffths）等人將渾沌理論區分為兩大派：一派以普里果金和史頓喬斯（Isabelle Stengers）為代表，主張渾沌現象是產生秩序的前兆，兩者之間彼此呼應，而非互相排斥。這種情況在系統中熵效應特別豐足時最為明顯。另一派則強調在渾沌系統中即隱藏著秩序，兩者並無先後秩序（Griffths, Hart, & Blair, 1991）。渾沌理論應用在社會科學研究中，數量較其他理論來得少，目前兩派論點的真確性尚待考證（Hayles, 1990）。儘管如此，渾沌理論卻對1990年代以後的社會科學，產生巨大的衝擊。探究其主要的原因，在於渾沌理論的基本論點與傳統的理念大相逕庭。海勒

斯（N. K. Hayles）在研究渾沌系統後，主張渾沌系統有五個特徵（Hayles, 1990）：(1)非線性；(2)複雜形式；(3)循環的對稱；(4)對起始狀態的敏感；(5)回饋結構。萊恩主張渾沌系統是一種非線性系統，在自然和實在中不是例外，而是法則。對於最小的開始條件和影響有一種特殊的敏感性，循環或返回聯結原理將取代因果關係。在此沒有強的因果性，同樣的原因不具有同樣的影響。渾沌系統的行為不能用安全性加以預測，渾沌系統的現存不排除簡單線性系統的現存與可靠性。渾沌系統追隨秩序的特定模式，而不是日常語言所謂的混亂（Huschke-Rhein, 2003: 236-237）。萊恩的系統與建構主義教育學深受渾沌理論的影響，將教育系統當作是開放而不穩定的系統，從渾沌理論的觀點來解釋教育的現象。

五、華茲拉維克的溝通理論（Kommunikationstheorie Watzlawicks）

　　華茲拉維克（Paul Waltzlawick, 1921-2007）等人提出溝通理論，他們的溝通理論將溝通的一般意義，奠基在人類的生活之中，主張人不能沒有溝通（第一公理），他將溝通進行的集中性（Zentralität），當作是教育過程的工作。內容和關係觀點的區別，在華茲拉維克的溝通公理中，最後被命名的是最早決定的（第二公理）。所有的教學都必須在教師和學生的班級團體中被注意，這不是一種教師—學生—關係（教育關係），而是作為教學法考慮的出發點，教學傳統的對象—內容呈現自己成為「凝聚的關係」（geronnene Beziehungen），而且必須是可以被批判的。溝通的夥伴經由標註（他們在溝通的過程中如何加入，他們如何及向誰將訊息繼續傳遞下去）來決定「關係的性質」（Natur der Beziehung）（第三公理）。數位和類比溝通的區別是針對非語言的溝通而進行的，其意義在關係的層面（類比的模式）是受到注意的（第四公理）。對稱和補充溝通過程的區別（第五公理）是與當時溝通教學法「解放的興趣」相反的（Schaller, 1987:52; Watzlawick, Beavin & Jackson, 1969）。

六、維納爾的模控學（Kybernetik Wieners）

模控學（Kybernetik）一詞源出希臘字Kybernetes，意為「掌舵術」，而其現代概念之應用則首推維納爾（Norbert Wiener, 1894-1964）於1948年出版的《模控學》（*Cybernetics*）一書，他將之界定為：自動調整／規制技術與訊息理論的全部領域—包括機器與生物種類（Wiener, 1948）。必須強調的是模控學研究的主要並非現實世界中既有的結構，而毋寧是結構間之特殊「互動關係」，因此其思維對象集中於作為資訊處理與自我規制基礎的資訊處理與自我規制「系統」及其「機制」（馮朝霖，2000: 156）。模控學關注的是系統內部結構間之關係，普洛伯斯特（G. J. B. Probst）將其模式化為系統界定、部分與整體、作用結構、結構與行為、調控與發展、知覺等六個部分。顯然地，系統性與模控性思考之特徵包含：聯結性（Vernetztheit）、互為依賴性（Interdependenz）、可能行為之變異性（Varietät der Verhaltensmöglichkeiten）和遞迴性（Rekursivität）。激進建構主義的基本精神大致已經在這些特徵中浮現，人類大腦神經系統的運作與社會系統所共同具有的內在特徵如：複雜性（Komplexität）、自我參照性（Selbstreferenz）、備份性（Redundanz）與自律性（Autonomie），都可以從前述的特徵中推衍出來（馮朝霖，2000: 157-158; Probst, 1987: 76-83）。

七、羅特認知神經生物學（Kognitive Neurobiologie Roths）

羅特（Gerhard Roth, 1942-）從神經生物學研究的結果將人類大腦的運作特質描述如下（馮朝霖，2000：160; Roth, 1986:16）：(1)由於大腦對於外界刺激只能進行「未分化編碼」，所以他必然具有自我解釋（建構）的功能。(2)複雜行為操控所需的知覺建立在一個循環組織的、持續性的及自我評價的神經系統前提上。(3)大腦所執行的「複雜簡化」並非為真相的反映。(4)大腦做為神經網絡可以循環地形塑狀態，因而為其認知世界的層級性建構提供基礎。(5)成功的環境取向（抉擇）並非以大腦中的世界幕像再現為前提。萊恩深受羅特認知神經生物學的影響，從自我組織的觀點出發，重新定義教育、陶冶和社會化的概念，將教育的過程視為自我建構

的過程，指出教育系統的複雜性，來解釋教育系統的運作方式，說明教育系統自我創化、自我參照、自我組織的現象，系統的建構其教育理論，以解決教育實際的問題（Huschke-Rhein, 2003）。

第三節　主要內涵

　　萊恩看到早期布瑞欽卡（Wolfgang Brezinka, 1928-）從經驗分析的基礎發展教育學，但是並沒有非常成功，因此，開始從教育工作社會的和生態的脈絡，嘗試將系統理論作為教育學的基礎理論。他主張社會系統不僅是既與的，同時也是建構的。社會系統是人類建構的，可以再度被人類解構和改變。萊恩1993年在《系統—生態教育學》（*systemisch-ökologische Pädagogik*）一書中，提出其系統—生態教育學，用來說明其教育的理論和教育的實踐。1998年他將其「系統—生態教育學」的理論基礎進一步發展，修正為「系統教育科學」（systemische Erziehungswissenschaft）。隨著「協同理論」（Synergetik）、神經生物學、大腦研究、演化論和渾沌研究等領域在「自我組織」科際整合研究上的發展，對教育學及其實踐產生令人振奮的結果，2003年再度將其「系統教育科學」修正為「系統與建構主義教育學」，將諮詢的方法用到不同的教育學科中，提供監督的概念給所有的教師，而且將危機管理的觀念用到學校中。主張諮詢、監督、系統分析和自我組織的概念，強調教育學是一門諮詢科學（Huschke-Rhein, 2003: 7-8）。他指出1998年的《系統教育科學》一書隱藏了建構主義的名稱，主要有三個原因：一是因為在系統諮詢的實踐中，到處預設了建構主義出發的基礎；二是因為系統的關係動力和系統脈絡的重構在其科學和實踐的概念中占有重要的地位；三是因為稱呼「系統教育科學」比「系統與建構主義教育學」簡單。但是，後來他在2003年將其改為《系統與建構主義教育學》。他認為這樣的書名比較精確，而且可以描述理論和實踐兩種途徑的共同性和差異（Huschke-Rhein, 2003: 5）。根據個人對萊恩相關文獻的分析，其系統與建構主義教育學的主要內涵有下列幾項：

一、自我組織系統作為實在的重建

　　萊恩主張從系統理論的原理來看，「系統」（System）是經由內外的差異被建構而成的。經由這種定義，系統隸屬於其內在的領域或不隸屬於這個範圍，而外在於這個領域。這種區分對「社會系統」（soziales System）同樣有效，而且能夠應用到化學或「生物的系統」（biologisches System），可以被視為統一初步的功能。他將系統區分為線性系統、非線性系統和階段系統。「線性系統」（lineares System）單純的追隨因果關係，而不依賴於時間因素；相反的，「非線性系統」（nicht-lineares System）不是因果關係可以說明的，而受到渾沌因素的影響；「階段或循環系統」（periodisches oder zyklisches System）則介於線性系統和非線性系統之間。這些系統可以用於不同的教育概念中，來說明教育不同的意義。除此之外，萊恩也將系統區分為開放系統和封閉系統。「開放系統」（offenes System）與環境在物質、能量和資訊三方面進行交換；熱水瓶則是一個「封閉系統」（geschlossenes System），我們打開它，使其與環境進行能量的交換。雖然我們將宇宙視為一個封閉系統，但是事實上，宇宙中並沒有封閉系統的存在。因此，複雜性的化約和興趣部分系統的選擇扮演相當重要的角色。在教育系統中，高度複雜與系統的環境有高度的聯結，從分化到系統環境必須被建立表達出來。因為在教育學中一般而言先有相反的觀點：建構對發展是初級的；不是分化，而是發展脈絡的聯結。例如：與兒童的父母、保母、朋友、住家和生活空間等等相關聯（Huschke-Rhein, 2003: 194）。

二、自我組織的意義

　　萊恩主張「自我組織」（Selbstorganisation）來自馬杜拉納、盧曼和羅特，「自我組織」和「自我創化」（Autopoiesis）意義是相同的，「自我參照」（Selbstreferenz）則是一種「自我組織」的特殊形式。「自我組織」首先應用於物質的演化；第二是生物的演化；第三是社會的過程和神經的自我組織。盧曼和布勒爾（Julia Buhler）指出系統的自我組織有三種

基本的類型：一是生命（生物系統）；二是意識（心理系統）；三是溝通
（社會系統）。馬杜拉納首先將「自我創化」標示為生命自我組織的特殊
形式，例如：細胞系統有一種動力的組織位於細胞的各個部分之間，這些
部分及其交互系統的關係繼續成為新的系統，亦即產生新的細胞。這些系
統經由與其環境劃清界線，一方面保證其同一性；另一方面經由界線自身
表達出其內在的自我組織，細胞因此能夠自動的運作，使其成為一種運作
封閉，但是能量開放的系統，也就是說它是一種相對於環境，不僅能夠接
受資訊、能量和物質，而且可以自己設定處理標準的系統。「自我組織」
被標示為一種從宇宙開始就包含物質的形式，諾貝爾獎得主普里果金已經
在「耗散結構理論」（Theorie der dissipativen struktur）中證明，不是只有生
命，而是所有的物質，自己不需要任何外在的刺激，都可以自動的組織新
的系統。因此，打破了物質傳統的圖像，物質不再允許被理解為被動的本
質。在自我組織的過程中，物質也不再符應傳統思想的基模，被視為精神
活動形塑的混合物來看待，這種觀點將會帶來歐洲物質與精神分離的世界
圖像之瓦解。「自我組織」也標示著生物和生態的演化，這種演化必須作
為一種相對高度自律的物種主動和建構自我改變的歷程被理解，而不是一
種被動的、外在引導去適應於轉變環境的歷程。這種觀點可能是一種新的
超越達爾文（Charles Darwin, 1809-1882）的演化概念。最後，演化的意義
經由神經精神的能力到世界和環境共同演化的產物，描述了自我組織目前
的情況，成為一種人類社會自我組織的形式。自我組織模式作為一種內在
的、有控制能力的生命系統模式吸引教育學的注意，因為這種模式可以
解釋學習過程和發展的過程，而且有助於教師產生較佳的自我理解。自
我組織系統運作的理解被建構主義的系統理論從循環性（Zirkularität）、
遞迴性（Rekursivität）和自我參照三方面加以解釋（Huschke-Rhein, 2003:
195-197）。

三、自我組織系統的運作方式

　　萊恩認為自我組織系統運作方式的一般概念是「循環性」（Zirkular-
ität），相對於A不斷的作用於B，B不斷的作用於C等線性的因果鏈。其

中存在著一種因果性，亦即每一個部分同時是原因和作用。循環的思想意謂著物化觀點的溶解，表示部分A或人物A總是能夠精確的被X特性或Y作用所描述。在系統諮詢或治療的範例中，意味著諮詢者或治療者的提問，一種症狀不允許被一個承載者單獨的描述為特性，而是在一個系統脈絡或問題系統中，被作為關係來看待。馬杜拉納和華瑞拉（Francisco Varela）主張循環性作為行動和經驗的聯結，這種不可分離性有其確定的類型，如同世界顯示給我們的樣子。每一種認識的行動都帶來一個世界，這些可以用格言來說就是：每一種行動都是認識；而每一個認識都是行動（Huschke-Rhein, 2003: 197; Maturana & Varela, 1987: 31）。萊恩指出「遞迴」（Rekursion）意味著「返回」（Zurücklaufen），表示其他部分與起點的關係。「遞迴」相對於舊的「返回聯結」（Rückkopplung）概念，而貫徹其意義。雖然，「返回聯結」概念技術—模控學的起源是有問題的，因為「返回聯結」概念與線性歷程的觀點比較接近，「遞迴」的歷程結構是循環的，但是基本上它們指謂的事物是相同的。在「遞迴」概念中，超越彎曲的途徑作用於每個部分，又越過其他的組成部分向自己返回。所以，每一個部分同時是起點和終點。沒有從系統而來的描述，也不必從一個因果鏈的任何一個部分出發，考察複雜的社會系統，可以讓我們獲得一種遞迴聯結的印象。在馬杜拉納和華瑞拉的觀點中，反年代順序的概念占有優勢的地位，「遞迴」概念經常被應用於反年代順序的系統歷程中，以標示年代重複的系統關係。這種觀點強調經由重複在部分之間或人們之間特定的互動，無法在社會系統中形成穩定的互動模式。假如我們應用一種封閉的系統概念，同時在其中注意非線性的系統歷程，那麼遞迴的歷程不僅包含穩定的運作，而且也包含不穩定、無法預測和非線性的歷程。系統理論主張「遞迴性」（Rekursivität）是指運作的循環性，在其中系統的組成部分越過彎曲歷程向自己返回作用，而且系統的輸出無法表達輸入可預測的結果。這種運作形式是認知歷程和心理歷程的基礎，表示認知和心理系統不是簡單的對外在的刺激作出反應，而是系統對自己內在結構的反應（Huschke-Rhein, 2003: 197-198）。

四、不同自我組織系統的關係

　　萊恩主張「交互性」（Reziprozität）描述出兩個系統簡單的聯結，在兩個系統中產生交互或互補的關係，當兩個系統的關係彼此相互的關聯，兩個系統的行為將能夠達到相互的理解，藉以揚棄因果原理，因為「交互性」意味著雙方的行為，同時是原因和作用，交互的關係經常產生共同的模式，這種現象將可以被觀察者認識到。在實踐中有許多「交互性」的互動存在，特別是在夥伴系統和小團體系統中。在系統減壓訓練和衝突諮詢中，這種師生衝突關係的解決不是經由罪責的分擔，而是經由系統的介入才有可能得到解決。在家庭治療中，有許多「交互性」的系統關係，例如：在逐漸增加對稱的或互補的關係中，逐漸增加罪責的猜測，他們被引導成為熟悉的模式。在華茲拉維克處理一對夫妻關係的範例中，先生自己產生退縮，使妻子對此大發牢騷，而先生因此更加退縮。在這個範例中，儘管每個人都將他人視為其行為的原因來看待，但是明顯的並未形成簡單的因果關係（Huschke-Rhein, 2003: 199-200; Watzlawick, 1985: 94）。萊恩主張「自我參照」應該精確的與「自我創化」（Autopoiesis）和「自我組織」（Selbstorganisation）區分開來，我們已經看到大腦不是「自我創化」的，而是「自我參照」的：大腦會對所有的資料和訊息，就其當時的系統狀態加以運作。學習系統是卓越的系統參照，而不是封閉的動能。一個系統的「自我參照」意謂著從系統環境選出有聯結能力、可以相容和可以取得的資料，可以建構新的可能性。「自我參照」（Selbstreferenz）也意謂著自我創化系統基本的運作形式。在教育文獻中，「自我參照」大多被應用在個體的「自我關係性」（Selbstbezüglichkeit）上。「自我參照原理」（Theorem der Selbstreferenz）或「自我參照性」（Selbstreferentialität）有實踐的和知識的結果，對教育科學概念和治療—諮詢概念具有重要的意義。一個「自我組織」或「自我創化」的系統（一個大腦、一個個體、一個班級、一個社會系統）必須對給予的訊息、結果和教學，首先針對自己，而且在自己內部的狀態中加以結構化。經由自己來控制自己，以便在自己內部判斷每一個自我價值聯結的能力，這必須要求其運作方式的結構。其中

就含有聯結、選擇和排斥的環節，沒有聯結能力的就是被排除的。在此，一方面給予機會；另一方面也為新世界和新經驗的建構劃定界線。在教育學中機會和界線意味著「教育性教學」成功責任的接受，對學生或兒童認知或心理的處理容量；在傳記拼湊中自我認同的維持；對終生歷程的自我建構。這種機會和界線使父母、教師、諮詢者、治療者和受僱者每天在其中，聚精會神而努力不懈（Huschke-Rhein, 2003: 201-202）。

五、自我組織系統與部分的關係

萊恩指出系統理論經由「脈絡」（Kontext）來定義其「組成部分」（Elemente），脈絡會形成意義。這種原理也適用於奠基在系統傾向科際整合起源上的其他領域：例如原子經由它與其他粒子的關係而存在。就像數學家格德爾（Kurt Gödel, 1906-1978）的「不完全原理」（Unvollständlich-keitstheorem）所說的：沒有任何現象和系統能夠自己定義自己，系統必須經由系統環境來定義。因此，脈絡作為系統環境總是邏輯和經驗的屬於系統自身。但是這也涉及到人類，我們是否能夠將脈絡像系統理論一樣，作為「自我創化」和「自我組織」的系統來看待？允許我們說：系統的環境是否決定它的「存有」（Sein）和「存在」（Existenz）？如果是這樣的話，是否就不能達到較高的價值，使我們完全無法認識社會化的歷程或系統的環境？我們已經陷入傳統─教條「社會主義」（Sozialismus）和「環境理論」（Milieutheorien）追隨者的範疇中：環境是否塑造人類？有趣的是盧曼和馬杜拉納等人的「自我創化原理」（Autopoiesistheorem）剛好相反，隨著較高生命形式相對於其環境「自我組織」、「自我創化」和「自我複雜性」的增加，環境的獨立性也跟著升高。但是這種現象也同時具有風險，因為高度發展的受造物總是必須與其自身的能力分離，以便它自己去形成和改變環境的關係，「自我決定」和「負責任環境」的形成是真正隸屬在一起的。在教育學中，就像社會化研究指出的：「教育的環境」（Erziehungsumwelten）或「教育的脈絡」（Kontext der Erziehung）扮演重要的角色。從系統的觀點來看，學習過程從兩方面進行：在「自我組織」方面經由「自我創化」的大腦來進行，但是也奠基在脈絡方面，因

為經由每個學習過程，將建構出一種系統脈絡的關係。人類經由創造建構
產生的文化脈絡，再度的作用於「自我組織」的大腦，形成一種「自我創
造的循環」（selbstkreativer Zirkel），就像華瑞拉所說的：教育過程在單一
的系統中沒有任何的作用，只有在多個系統中，一切的脈絡才會在兒童自
己的發展中，與作為核心的「參照系統」發生關聯（Huschke-Rhein, 2003:
203-204）。萊恩主張馬杜拉納將「結構聯結」（Strukturelle Koppelung）的
概念是與聯合系統的社會共同聯結的，這種共同聯結可以經由語言、社會
規範、共同理念、角色接受、遞迴互動或共同的興趣來形成。來自馬杜拉
納共識聯結舊的概念，在原則上也有相同的看法，這意味著一種共同的假
設或解釋，能在監督會議中被不同的治療者所同意達到共識的聯結。當我
們想要尋找一幅圖畫，結構聯結可以作為一種社會黏合劑的類型來想像，
在這一幅圖畫之後，存在著建構主義系統理論的主要原理：一個自我創化
的系統，到另一個系統沒有直接的通道。因此，關係只有經由結構聯結才
有可能，盧曼就指出只有「系統認識系統」（Systeme erkennen Systeme）。
從這種理論來看，一群人要理解或認識另一群人不是那麼簡單。從「系統
認識系統」主題範圍而來有一個特別的問題，那就是教育者、諮詢者和治
療者會遇到一種規範的問題，因為衝突問題也是一種系統關係的衝突，在
治療中經常可以觀察到爭吵的事件，大多數是由彼此的爭吵所聯結。明顯
的，其中大部分雖然是悲慘的，但也是一種深度的真理。如果使其他人在
對手的觀點之下去知覺感受，那麼系統的描述將會被當作是一種無能。盧
曼強調教師可以真正的讓學生不將自己理解為一個人，而是讓學生知覺或
認識自己是學校中一個內在於學習系統的系統。當教師弄清楚職業和角色
理解的脈絡條件時，這種命題可以相當有益的實際應用到學校中。例如：
學生在衝突的情況下，可以用某種方式來避免危險或災難的發生。學生的
反抗也許不是教師人格的影響，而是有系統限制和脈絡的原因。在此，其
他人知覺系統限制的觀點，一方面是其他人一種人格的限制；另一方面卻
是對關係新的建構很有幫助的出發點。因此，很難一眼就看出知覺的觀點
是如何自我限制的（Huschke-Rhein, 2003: 206-207）。

六、自我組織系統的複雜性

　　萊恩主張「複雜性」（Komplexität）可以簡單的作為部分與部分之間
的聯結來理解，當我們從前述的特性來考察，可以確定在部分與部分之
間，有許多不同等級的聯結。複雜性一方面可以從系統實在出發，作為部
分與部分之間真正聯結的數量來定義；另一方面複雜性可以從部分與部
分之間，可能性的關係來理解。以便於使複雜性不再是內在於系統的「自
我複雜性」（Eigenkomplexität），而是從成為比「系統複雜性」（System-
komplexität）高出許多的「環境複雜性」（Umweltkomplexität）出發。因
此，這種複雜性必須被系統所化約。他比較偏愛結構的或組織的複雜性，
這種演化知識增加的系統複雜性，在高度組織的系統中可以比較好的達
成，而且可以使實際相關的教育系統的研究成為可行的。盧曼認為系統的
任務在於複雜性的化約，亦即系統必須具有繼續將其組成部分，在法則中
加以化約的可能性。拉茲洛（Ervin Laszlo, 1932- ）也主張系統在高度演化
組織中，經常比它組織的次系統的複雜性要少，例如：水要比它的組成元
素氫和氧的組織來的簡單。所以家庭的結構要比個人來的簡單，系統不能
汲取或隔絕其組成元素可能的和實際的複雜性來定義。複雜性在人類或社
會系統中急遽的上升，因為在此部分與部分之間，存在著關係聯結的可能
性，而且人類之間的關係相當複雜，原則上反對無盡的符應其理念、興
趣、動機、角色等的無限制性，這些可以經由人類之間的聯結使其可能和
成真。人類大腦神經之間有十億到百億個聯結的可能性，其中99.9%彼此
互動，而且真的沒有界限。複雜性在教育和社會中的核心問題，首先是在
神經精神的層次，因為迄今來自演化相容的複雜性顯得相當豐富，而且戲
劇性的升高，因為目前存在著無盡的複雜性生產的可能性。這種現象在社
會、在自然，特別是在教育學上形成許多結果的問題。在不久的將來，沒
有任何的問題比在控制下自我產生的複雜性更為困難和核心，或者說這種
複雜性必須與經濟、社會和心理的基本條件保持相容的狀態。這種複雜性
不只有在學習的組織中，而且在規範目標概念可行的教育過程組織中，將
會繼續成為核心的主題（Huschke-Rhein, 2003: 205-206）。

七、自我組織系統的共同作用

　　萊恩主張「協同」（Synergie）的概念意味著「共同作用」，「能量」意味著「作用進來」（Hineinwirken），「協同」與「能量」（Energie）有相當密切的關係。「協同」是指一個系統達到一種特定的狀態或搖擺的價值，經常自動的組織一種新的和其他的秩序狀態。對這種新的系統狀態沒有一種直接的因果關係，也沒有由外而來的原因。例如：水晶不經由先前系統狀態的推衍，突然的變成一種確定的新的形式。在這個範例中，系統達到一種新的性質，這種性質既非量的亦非質的，從系統先前的歷史推衍而來。「浮現」也有類似的意義，它是指一種新的和其他的系統狀態，不是出自單一部分自身或添加的總結所能夠解釋；而是表達出整個系統新的特性。在此系統達到新的性質，這種性質既非量的亦非質的，從系統先前的歷史推衍而來。「浮現」（Emergenz）最著名的範例就是人類自我反思精神的出現。「浮現」或「協同」的效果來自基礎、部分和成分一種新的合成或組織，原來也許有完全不同的功能。「浮現」位於生物的生命起源之前，例如：一種來自固有物種改變的新物種之創造，演化史充滿這種例子。演化整體的方向可以理解為「浮出現象」（Emergenzphänomenen）的一個環節，從簡單的系統（細胞）到中度複雜性的系統（器官），再到高度複雜性的系統，「浮現」位於哺乳類動物的精神起源之前。我們也可以說「浮現」和「協同」一樣帶來了自我組織的層面，「浮現」在系統的單一部分和多個系統新類型的共同作用中形成。這種自動的新的創造有時也應用到「閃電概念」（Begriff der Fulguration）中，人類嘗試著經由數學和動力模式，在災難理論、遊戲理論、渾沌理論和協同理論中，去模擬系統理論自我組織的現象。從「浮現」和「協同」兩種原理中，指出自我組織是自動的，總是有新的和令人驚奇的自我組織的形式。因此，自我組織神奇的結果與特定的條件聯結，在這種情況下達到新的狀態。協同工作不是連續性，就是非連續性。教育學大多對可預見和連續發展的過程感興趣，心理治療卻謀求對病患非連續系統過程的瞭解。一種教育理論必須接受前述兩種系統形式，因此穩定的系統也是一種不穩定的系

統，一種渾沌的系統。在這兩種形式之間存在著第三種循環階段的系統形式。簡言之，生命總是在這三種系統形式之間發生，因此必須有一種教育理論包含這三種形式，作為「教育拓樸學」（Pädagogische Typologien）來加以重建（Huschke-Rhein, 2003: 207-209）。

八、系統教育科學的科學理解

　　萊恩主張從「自我組織理論」的觀點來看，所有給予建議、支持和協助的教育行動都是建構的行動，所以教育的目的就是任何人或團體自我組織的協助。在這個前提下，教育學作為教育科學必須改變其理論的理解和實踐的任務領域，教育科學和教育目的對受教者自我組織能力的培養負有義務，教育科學將成為「自我組織」理論的科學。教育科學是一種諮詢的科學，因為自我組織無法強制的要求，而只能給予建議，教育學維持著它古希臘文名稱（pädagogikä technä）的涵義，既是一種藝術，也是一種技術。教育科學是一種藝術學說，因為自我組織是一種非直接和非線性因果關係的目的，這種目的是施教者針對的和將要達到的。教育科學也是一種技術，因為自我組織的組織要有因果經驗的支持和經過脈絡的計畫。教育理論和教育實踐是循環聯結的，經由教育商議的任務相互聯結。教育的努力在實踐中自己達到三種基礎的系統：生物系統、心理系統和社會系統。系統的考察和彼此高度的聯結是一個成功自我組織的基礎，這三個系統對教育商議的任務特別有效（Huschke-Rhein, 2003: 7-8）。萊恩提出五個重要的命題（Huschke-Rhein, 2003: 9-12）：1.系統取向適合於後現代的教育科學：系統取向可以建構的反應在：(1)社會逐漸增加的個別化；(2)朝向單一化（Singularisierung）發展；(3)社會的反傳統化；(4)教育學作為科學分化的趨勢；(5)展望和導向的需求。2.系統取向不僅僅要求適應，同時注重建構和個人的義務：系統取向不僅追隨控制的趨勢，而且獲得一種建構對抗的潛能和解決的導向。3.系統導向不應該被高估，它可以解決一些問題，但不是一種可以拯救世人的治療學說。4.我們社會的發展在結構上需要更多的諮詢：在提高自我發現和自我組織危機的未來社會中，諮詢是常態教育學一般的機會和標準的任務。5.當教育學能夠提供導向的功能，那

麼教育學在未來將持續被需求：提供導向的功能，取代其傳統的角色，給予兒童行為的規劃，這種新的任務可能是教育學最重要的任務。導向的概念是出自教育供給脈絡組織的任務，形成諮詢或商議的特殊形式。

　　萊恩主張系統與建構主義教育學的系統概念主要來自不同的系統論述，包括模控學、生態學取向、自我組織理論和建構主義。這種系統思想的發展是從外在控制到自我控制，主要來自模控學訊息理論的取向、生物學—生態學的系統理論、社會學的系統理論、一般動力的系統理論（自我組織理論）、渾沌理論、建構理論和協同理論[1]。除此之外，對教育相當重要的系統概念還有生態學的系統理論、華茲拉維克的溝通理論、布隆芬布雷納（Urie Bronfenbrenner, 1917-2005）的社會生態學取向、生態心理學理論、激進建構主義、組織理論和家庭治療。這些系統取向主要提供世界導向的方法，焦點集中在建構的層面，強調我們的世界知覺是一種世界建構的形式，我們的行動同樣是一種世界建構和自我建構的形式。因此，這種取向的知識理論能夠當作實踐學來加以表達（Huschke-Rhein, 2003: 216-217）。系統與建構主義教育學的陶冶概念和教育概念如下（Huschke-Rhein, 2003: 217-219）：1.建構的概念與陶冶和教育的概念相聯結：每一種教育、發展和陶冶的過程可以被視為一種生態—心理—社會系統建構的形式。教育過程和陶冶過程可以被當作為一種生物—心理—社會系統共同建構或共同演化的形式。2.系統的原理被用以說明教育和陶冶的概念：從教育系統發展的邏輯出發給予自身：人事參照系統在兒童時期剛開始是脈絡依賴占有優勢的（教育概念）；後來自我控制能力相對於其脈絡依賴性而占有優勢（陶冶概念）。教育的意義是：一種生物—心理系統應該從社會脈絡系統的法則來決定和控制，由此所創造的社會或教育機構我們稱為意向的教育或社會化。另一種是在社會脈絡系統的習慣、規範和禮儀中形成的，例如：祖父母、親戚、國民團體、教會或經由中介環境的影響，我們

1　協同理論是一種自我組織理論，這種理論的特徵一方面強調自我組織的自動性；另一方面注意條件的結構，這種結構作為脈絡對於自我組織的動力學是無法放棄的（Huschke-Rhein, 2003: 224）。

稱為功能的教育或社會化。相反的，陶冶是外在的決定性，經由社會脈絡
系統的控制，逐漸讓個體接受，學習自己控制。但是系統內部不可避免
的，因為具有人類學既與的觀點，當然會朝向教育的理想前進。因此，教
育人類學和系統理論是不衝突的。系統取向也可以銜接批判理論和啟蒙教
育學[2]（Aufklärungspädagogik）的傳統，作為單一成員和人性高度發展的要
求。

九、建構主義和自我組織理論的重要性和問題

萊恩主張建構主義和自我組織理論的重要性和問題如下（Huschke-
Rhein, 2003: 219-221）：

1.在系統與部分存在早期定義未被檢視的設定中，存在著系統的部分
關係分析的基本研究任務。在建構主義系統取向中，分析方法能夠掌握之
前，研究觀點轉向系統的建構自身。因為系統建構總是顯著的在決定前，
超越了系統成分的意義，而且其交互的關係是互相關聯的。這種不同的系
統觀點對教育科學是重要的，因為系統的改變或改善，哪些有關的措施應
該事先作為都有賴於此。2.有兩種建構主義的原理被教育科學所接受，也
就是自我創化和自我組織的原理。教育學基本參照範圍中的「自我」，或
傳統所謂的「個體」或「主體」，在系統取向中再度被重視。系統思想在
理論史資料中的重要發展步驟如下：(1)從控制理論到自我組織理論；(2)
從外在控制到自我控制；(3)從穩定狀態的系統到耗散結構的系統或動盪
不安的系統；(4)從「動態平衡的系統」（Homöostatisches Systemen）到演
化的系統；(5)從經驗的系統分析到建構主義；(6)從家庭的動態平衡模式
到語言既與的問題系統；(7)從經驗的系統分析到渾沌理論；(8)從觀察的
系統到觀察者的系統。3.在核心控制的陶冶和教育計畫的同時化約之下，
現代作為個人主義教育和學習成就潛能自由設定的方案，從系統取向來解
釋公共教育組織的雙重任務，可以被描述為：一方面是陶冶和教育公開

---

2   啟蒙教育學是指一種來自啟蒙運動時期，以現代主義哲學思想為基礎的教育理論。這
     種啟蒙教育學包括傳統教育學、詮釋教育學、實證教育學和批判教育學。

的在社會系統的層次來組織；但是另一方面不允許被中心所控制，因為個體內在控制的潛能和自我組織的教育應該被要求。這兩個任務只有當陶冶和教育系統向其他的社會系統一樣，在系統自我組織的標準之下，進行個體的自我控制和自我組織才能夠達成。這種觀點可以運用到許多教育系統中，例如：幼稚園、托兒所、托嬰室、學校系統、職業教育系統、高等教育系統、成人和繼續教育組織，甚至教育伴隨的死亡協助。系統取向在教育科學中應用的擴張，顯示出現代教育的問題。

十、渾沌研究：系統理論與教育理論

　　萊恩主張渾沌研究僅僅只是系統理論的一個分支，被稱為「一般動力系統理論」。渾沌研究致力於系統取向重要科學定理的研究，萊恩反對社會學系統理論的抽象性和偏好形式主義的建構主義，渾沌研究的知識為系統理論的系統─生態觀點表現出一種勝利。現在教育學對渾沌研究有興趣的是什麼？萊恩認為下列渾沌研究的結果是重要的（Huschke-Rhein, 2003: 230-231）：1.一種教育發展過程分化的理解；2.一種新的教育職業和角色的觀點；3.一種教育系統控制較佳的理解；4.教育概念的區別；5.教育學科學概念的區別。萊恩認為我們必須將教育過程當作是介於嚴格秩序和創造渾沌之間的平衡過程，教育系統中小的原因有可能產生大的影響。相反的，教育系統中大的原因也有可能產生小的影響。線性單層面的形式僅只是實在和自然過程和系統的一部分，而且僅僅只是很小的一部分，剩下的才是大的部分。教育的過程也是如此，教育過程是非線性的或屬於線性─非線性的混合類型（Huschke-Rhein, 2003: 232-233）。渾沌理論應用於系統取向和系統實踐有下列結果（Huschke-Rhein, 2003: 237-240）：1.教育系統和教育知識的拓樸學：在教育知識的區別中渾沌研究的重要貢獻在於：(1)不同教育系統的系統分析；(2)不同研究方法的應用；(3)不同教育過程的區別。教育系統在階段中有三種不同的秩序類型，對於生物─心理─社會系統的描述相當重要，它們跟隨著一種三分的拓樸學：(1)穩定的過程伴隨著固定的秩序模式，在進程中有一個固定點；(2)階段的過程自己循環的重複，而且在特定的價值中擺盪；(3)渾沌系統可以經由吸引子被模

擬，它無法精確的被預測，不可預見，而且不被因果關係決定。這種系統形式符合特定的知識類型，而且在教育上具有重要性。萊恩建議教育知識可以區分為三種類型：(1)關於穩定、可以期待的系統過程的知識，可以用傳統的經驗—分析的量化方法加以描述。所有教育的事實知識、教育機構和機構中，可以期待與符合規範的行為，都屬於這一類型的教育知識。(2)關於平衡過程，以達到特定價值的知識，這些知識可以部分用量化，部分用質性的方法加以描述，有關符合階段不連續發展過程或教育機構中，非期待行為決定措施的知識，都屬於這一類型的知識。(3)有關偏離破壞對稱和進行系統轉化的渾沌系統過程的知識，可以用渾沌研究的概念加以描述，有關傳記的斷裂和危機、創造性要求的偏離和諮詢與治療的知識，都屬於這一類型的知識。2.系統脈絡中自我的自律：萊恩認為互動的現象指出穩定性和轉變不是相互對立的，而是如鏡像一樣相互輝映的。互動顯示出自我系統中，出發點價值或出發點條件導向重複的改變，不必然呈現出一種穩定的系統狀態。在此自我的概念陷入搖擺之中，這在邏輯上已經相當清楚：依照傳統邏輯學的觀念來定義同一性，一個大A自己作為自己，而且不會改變。自我只能夠作為介於穩定性和非線性動力學之間一種緊張的過程。在自我經驗描述形式的探究中，哪些自我的部分屬於穩定的系統；哪些屬於階段或循環搖擺的系統；哪些屬於渾沌的系統？一種自我決定的變項從渾沌研究的觀點來看，多元的人格絕非經由病理學的圖像來解釋，而是在規範性範圍中透過建構的方式加以理解。這就是為什麼總是維護諮詢規範性的原因，諮詢的知識和諮詢的方法不允許單方面的列入第三種系統的類型，同樣不能作為特殊的方法去注意第三種類型的系統。人格的改變要經由諮詢，經由諮詢才能使自我達到自律。因此，諮詢在教育過程中非常重要，教育學就是一種諮詢科學。3.創化的弔詭：萊恩主張一個系統的自律和自我組織的重要性，明顯的大於截至目前所接受的。同樣的，一個系統的自律和自我組織也有很大的一部分依賴於系統的環境。在結果中產生了一種弔詭：一個組織的自律愈大，它在自己中和在自己與環境的關係中，明顯的需要更多的返回聯結的迴路，這是自我創化的弔詭。從特定的意義來看，個體是一種幻像，這是就那些自詡為自主的個體

而言的。因為在教育系統中，高度自律和高度環境依賴是同時存在的。

第四節　綜合評價

根據個人對萊恩相關文獻的分析，其系統與建構主義教育學是一種自我組織理論教育學。這種自我組織理論教育學具有下列幾項優點（馮朝霖，1994：274-277）：

一、指出生命現象中的自主性

直接的因果關係屬於簡化性思維的模式，認為外在的力量或作為可以強制有生命或無生命的系統產生行為，因此原因與結果非屬兩個不同的系統範疇，在邏輯上就是因果關係的自然法則；在生物界的行為研究就成為刺激與反應的關係。但是根據自我組織典範，開放系統本身的行為或發展，其原因與影響可以同屬內在；或至少，外在的原因也必須經由系統內在封閉的過程，才表現出間接的影響。那麼這個發現更可以貼切的用以解釋生命的現象，尤其是人的現象。由於心理系統上的「自我參照」具有運作上的封閉性，所以教育作為上的任何刺激，不可能對於個體產生直接而一致的影響。任何刺激或訊息都將在個體主觀的自我參照歷程運作後，才會有所反應。因此，如果我們認為教育的歷程可以參照行為主義機械論模式，予以一致化的處理和瞭解，那就遺漏了生命的自主性成份，同時在教育倫理學上也難以立足，對於人類精神自主性的忽視或故意排斥，就必然造成對於他人人格的宰制。從盧梭以降，教育的間接性曾不斷的被強調與提醒，其深刻原理應從生命的參照性中予以闡明。

二、注重認知與行動的關聯性

在杜威（John Dewey, 1859-1952）的實驗教育學中，人是透過經驗而學習，經驗就是一種嘗試，一種在認知不平衡狀態下所做「自我組織」（Selbstorganisation）的適應行動；這個嘗試性行動若能解決不穩定的情況，個體的經驗就能獲得強化而增加下次經驗的意義，在此意義下，知與

行是難以二分的。因此，馬杜拉納主張知識等於行動，也等於互動。他說每個行動都是認知，而每個認知也是一種行動。亦即生活就是認知，人類從行而得知。自我組織典範的學習理論或許會被誤解為一種極端的相對論，但它卻也正好打破知識的絕對客觀論，而且強調認知行為的實踐意義和主觀性的關聯。在教育學上的意義，符合強調自我活動的主動性和參與學習的重要性。同時因為人與環境之間關係的變動性和相互影響性—行為改變環境，環境又反過來影響個體。因此，既有的世界也是一個理論的世界；理論、世界、個體、實踐四者之間是一個永恆的互動。所有類型的開放性教育，強調活動、直觀與體驗的學習理論都或多或少植基於此一認識理論的演化觀。

三、主張自發性是學習的根源

「自我創化」（Autopoiesis）的前提是充斥於宇宙各處的自發性，沒有這個最原始的動力，就沒有生生不息的自我組織的可能。自發性因此是一切系統進行自我創化、自我實現、自我超越的根本動力。對於人類精神層面而言，更具有莫大的重要性。在更高的複雜性系統中，也就是精神意識層面，由於系統的開放性更大，系統的轉化可能性也更大，它實現為多樣的特殊性壓力也就更大；因此自發性的強度也更需要集中。只有足夠活潑盎然的自發性，才足以推動整個生命自身，在實現它的特殊性的歷程中，充分運用環境的資訊與能源，克服環境中的阻礙與困難，而得以自我完成。人類精神的開放性壓力—成就獨特的自我—促使它必須有足夠的自發性，才能去確定獨特的生命意義；在演化的最高層級，意義是引導系統轉化與超越的純粹形式。如果沒有生機盎然的自發性，人將難以成為他自己，將會是失敗的演化。如果自發性是教育人類學的核心理念，是人類自我完成的內在動力根源，是人格發展不可或缺的條件；那麼自發性的重視與維護，也將是教育倫理學所要建立的首要格律，對於個體自發性的維護和激勵，將是所有教育行動與措施的基本任務。

四、學習就是自我詮釋的過程

　　人性誕生在每個鐘頭，一個個體的死亡代表一個世界的消逝，因為每個生命都是一個完全獨特的世界。每個生命的過程都是一個世界組織的過程，那個世界的形成並沒有既定的過程與規範，否則那就不是學習了！而每個世界的組織過程也同時是不斷地自我詮釋的過程。人初誕生時的世界圖像是空白的，經由與環境的互動才逐漸有非常模糊的內涵。但即使年歲增長和經驗的累積，我們對於世界的認知也永遠不會是完整或清晰的。人類不清楚的世界理解，構成人類學習的人類學基礎；而人類的世界圖像是簡化的模式，往往代表一個混雜的事實，無法為其行為提供安全的基礎。因此，理性決定基本上是不完整的。理性的決定涉及到周邊情境的掌握，但情境因素的界定往往不是一個客觀的與件，而往往是心理和社會歷程的結果。其實，人類心理系統中的元素單位始終都是「認知與情感一體」的。認知系統的發展一開始就充滿個人色彩，因此認知系統的分化越複雜，個人的特色也就越明顯。終究一個人的言語表達就是他個人世界的表達。洪保特就主張個人世界的形成和發展完全有賴於語言的媒介，而語言的理解則一直是個人的理解。因此，學習是個人自我世界組織的過程。

五、意識的演化是教育的核心

　　德日進（Pierre Teilhard de Chardin, 1881-1955）認為演化到了意識是個跳躍，而人的「反思性意識」（Reflective Consciousness）則是意識的平方。意識是演化的軸心，演化的最高點則是類似耶穌的人格。反思性的意識象徵人類精神存有的「世界開放性」（Weltoffenheit），也就是從環境與本能支配中解放。這樣的生命有自己的世界。反思性思維不僅使他能與自己採取距離，使行為方向更有選擇性，也使他更有自由的空間決定系統與環境的關係，而這也是道德的基本意義。自由不僅是「從何而自由」（free from what?），自由的演化意義更在於「為何而自由」（free to what?）。佛洛姆（Erich Fromm, 1900-1980）認為積極的自由在於自發性的愛與工作，而自發性的愛即是生命與其他生命自然聯結的能力。因此，反思性的意義

在演化上的作用恰是：演化在個體生命上展現的回皈性（尋求融合）。反思性意識雖然能使人認知生命與全體、部分與全體之間的關聯性，但是這種關聯性的體驗不是單純的理性認知可及。因此，意識的演化還有更高的層級，那就是全腦的轉化或融合。在宗教的各種客觀經驗中都顯現意識轉化的跡象，佛教的整個系統更明確的顯示出「轉識成智」的原則和問題。意識演化的過程就是人類追求自我實現的過程，教育與文化若強調「全人教育」的人性理想，則意識演化將是教育與文化最核心的目標與內涵。

但是不可諱言的，萊恩的系統與建構主義教育學奠基在建構主義和社會系統理論之上，其教育理論也存在著下列幾個問題（邱兆偉，2003：198-199; Benner, 1987: 165; McCarty & Schwandt, 2000: 69-74）：

一、建構主義放棄客觀而產生知識的真理宣稱，以利於主觀的個人建構或包藏於社會對話的建構。建構主義對於知識的客觀性，未具有認可的承諾。格拉塞斯費爾德（Ernst von Glasersfeld, 1917-2010）接受知識宣稱的規準為適合性和可行性，頗有犯錯的機會，卻有容納客觀知識的可能。再如喬耿（Kenneth J. Gergen, 1934-）主張一個人可以自由選擇去建構自己的世界，這個世界可能與錯誤搭建在一起，也可能與客觀世界搭建在一起。因此，建構主義者無法完全排斥客觀知識或知識的客觀性。萊恩的系統與建構主義教育學奠基在激進建構主義上，高估個體自我組織的能力，將教育科學窄化為諮詢科學，忽略教育科學其他層面的重要性，無法說明智商較低和主動性較差學生的教育過程。因此，這種系統教育科學的論述不夠完整。

二、建構主義者自己不承認自己的觀點涉及基礎理論，格拉塞斯費爾德激進建構主義的後知識論透視，以「無形上學的認知」（knowing without metaphysics）為名，不自承其具有本體論的宣稱。而且，喬耿提出「反基礎理論」（antifoundational）或「後知識論」（post-epistemological）的觀點。其實，這兩位學者的立場，就是「基礎形上學」（foundational metaphysics）的看法。格拉塞斯費爾德從他心理建構的適合性和可行性的束縛，引申了康德式的倫理學。而且，喬耿主張的「進步中的文化對話」（ongoing cultural conversation），以針對其對話的正面或負面貢獻，作為判

斷一切事物的根據，自以為未在哲學或道德上，對於其對話外的規範有所回應。事實上，他們以為建構主義就是賴以形成世界的起源，而每一項哲學問題的解答都取決於此。

三、對於建構主義凡事皆結構的觀點不予認同，建構主義者認為一切事物都是建構的，自我、心智和世界亦不例外。如是作為建構的兩項先決條件：能動者和材料，就不可能是建構的。格拉塞斯費爾德所言被建構世界的建構，須假定一個真實的建構原動者，此一原動者在某一個起始點，利用既有的材料而著手建構，而原動者和材料兩者都不是建構而得的實體。而且，在喬耿的情況，也有本體論的與件，包括關係、社群和一些語言，都投入喬耿對話的概念。因此，除非承認先前具有一些非建構的事物，而抱持著客觀的本體論的承諾，格拉塞斯費爾德或喬耿的建構主義都不成道理。

四、建構主義犯了「局部的知識」（local knowledge）或「認知的局部主義」（epistemiclocalism）的弊病，格拉塞斯費爾德和喬耿抨擊客觀的知識宣稱，導致他們採取某一種知識的局部論，其知識宣稱的有效性，陷入了局部性，只有在個人的建構心智或在對話社群範圍內始能有效。因此，麥克卡迪（Luise Prior McCarty）和麥休斯（Michael Matthews）兩人認為激進建構主義和社會建構主義，都不能提供知識的適當解說，由於知識宣稱的基本性質是要在任何情況中約束別人，這種約束的範圍不是侷限在局部，或限制在臆測性的知識原初發生的情況。

五、邊納爾（Dietrich Benner, 1941- ）在《普通教育學》中，提出一種「非肯定的教育理論」（Nicht-affirmative Bildungstheorie）。他主張教育思想和行動的原理有四個，其中教育理論範疇的要求自動性，和陶冶理論範疇的可塑性，屬於個體方面的「建構性原理」（Konstitutive Prinzipien），教育理論範疇移交社會決定到教育決定中，和陶冶理論範疇人類完整實踐中，非階層次序關係屬於社會方面的「調整性原理」（Regulative Prinzipien），教育機構論綜合這四項原理，從教育體制內外以達成教育改革的目的。萊恩的系統與建構主義教育學奠基在激進建構主義和社會系統理論之上，這些理論都主張個體和系統具有自我組織和自我參照的功能，認為教

育過程就是自我建構的過程。這種觀點過度強調個體和系統的自動性，忽略個體和系統的被動性，無法完整的說明個體和系統的本質，容易誤解個體和系統的運作方式，對個體和系統做出錯誤的解釋。因此，在教育的過程中，除了受教者的自我組織和自我創化之外，施教者的內在啟發和外在陶冶也相當重要。而且，無法經由自我創化的功能，解決教育系統所有的問題，有時需要外在力量的介入，以彌補系統自我創化的不足。

第五節　重要啓示

　　根據個人對萊恩相關文獻的分析，其系統與建構主義教育學對我國的教育學術具有下列幾項重要的啟示：

一、在教育活動中善用自主性

　　過去教師經常從行為主義的觀點出發，將學生看成被動的學習者，使用行為改變技術和嚴格的控制管理來教育學生，反而使得學生的被動性受到激發，造成教育上不利的影響。萊恩的系統與建構主義教育學強調人類具有自主性，可以主動的進行學習的活動，教師應該在教育活動中，善用這種自主性，協助學生進行學習的活動，能夠有效的減少學生的被動性，使其朝向主動性發展，成為一個自主性的學習者。

二、加強認知與行動的關聯性

　　以往學校非常擔心學生在學習之後，很難將認知的成果實踐出來，經常強調認知與行動的分離，久而久之也影響學生的觀念，造成認知與行動無法合一的問題。從萊恩的系統與建構主義教育學來看，認知與行動經常伴隨而來，其實認知就是行動，行動就是認知，認知與行動應該相互關聯，因此教師在進行教育活動時，應該注意認知與行動的配合，培養學生知行合一的觀念，使認知與行動緊密的結合在一起，這樣可以提高學習的效果，同時活用學得的知識，以解決生活遇到的問題。

三、激發學生自我創化的天性

　　傳統的學校教育側重教師的教學，忽略學生的學習，強調教師由內而外的啟發引導和由外而內的陶冶塑造，完全漠視學生具有自我創造轉化的能力，這其實誤解了教育完整的意義，也忽略了學生在教育過程中的責任。從萊恩的系統與建構主義教育學來看，學生具有自我創化的天性，不是被動的學習者，教師可以善用這種天性，激發學生的好奇心，安排適當的環境，讓學生自我創化的特性得到發展，去除以往被動學習的觀念，將教師傳授的知識、情意和技能，經過自我組織的機制，加以融會貫通創造轉化，內化為自身生命的一部分。

四、教育學生詮釋自己的生命

　　每一個生命都是一個世界，這個世界的詮釋無法透過他人來進行，而必須由這個世界的主人自己來詮釋。過去的教育往往教導學生，以他人的觀點來提供詮釋自己的世界，導致學生認同的困難，造成許多生命的痛苦和不幸。從萊恩的系統與建構主義教育學來看，以他人的觀點來詮釋自己的世界，這是一種錯誤的作法。我國學校教育可以參照這種觀點，教育學生詮釋自己的世界，這樣才能夠讓教育產生積極的意義，真正改變學生自己的人生，使其成為自我世界的詮釋者。

五、培養學生自我反思的能力

　　傳統的學校教育偏重填鴨的教學，不鼓勵學生進行自我意識的反思，導致學生缺乏反思批判的能力，容易隨波逐流，無法成為自律的個體。從萊恩的系統與建構主義教育學來看，教育應該是一種自我意識反思的活動，教師必須培養學生反思性意識，才能幫助學生轉識成智，認知個人生命與整體環境的關係，真正瞭解自由的意義，達到自我實現的理想，成為一個能夠自律的人。

　　總而言之，萊恩深受激進建構主義、自我組織理論、盧曼社會系統理論、一般動力系統理論、華茲拉維克溝通理論、維納爾模控學和羅特認

知神經生物學的影響，提出系統與建構主義教育學的理論，從教育工作社會的和生態的脈絡，嘗試將系統理論作為教育學的基礎理論。他主張社會系統不僅是既與的，同時也是建構的。萊恩的系統與建構主義教育學具有指出生命現象中的自主性、注重認知與行動的關聯性、主張自發性是學習的根源、學習就是自我詮釋的過程和意識的演化是教育的核心等優點，但是也存在著高估個體自我組織的能力，將教育科學窄化為諮詢科學，忽略教育科學其他層面的重要性，無法說明智商較低和主動性較差學生的教育過程。建構主義奠基在基礎形上學上，陷入現代主義哲學的窠臼，而其所有事物都是建構的觀點，顯示出自相矛盾的錯誤。萊恩過度強調個體和系統的自動性，忽略個體和系統的被動性，無法完整的說明個體和系統的本質，容易誤解個體和系統的運作方式，對個體和系統做出錯誤的解釋。儘管如此，萊恩的系統與建構主義教育學依然有許多優點，可以提供我國作為建立教育理論與解決教育問題的參考，相當值得我們加以重視。

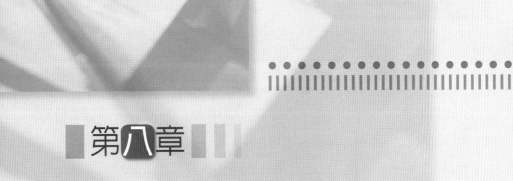

第八章

邊納爾的規範教育學探究

　　教育學的學術性質究竟如何？教育學能否成為一門獨立自主的科學？教育學有無獨特的研究方法？教育理論與實踐的關係如何？教育學與其他科目有何關係？針對這些問題賈馥茗（1999: 9-10）曾經在《人格教育學》一書中，指出教育學的建立面對著兩個難題：其一是教育學與現有科目的關係；其二是研究的方法問題。在教育學與現有科目的關係上，教育學是要將教育哲學排除，以免掠美而重複，抑是必要時予以納入。她認為學術領域中可貴的是求真求實求完備，不必要的顧慮或成見應該不在此列。在研究方法的問題上，教育學的研究方法必須採取個別方法之所長，來研究教育中性質不同的問題。楊深坑（2002: 288）則在《科學理論與教育學發展》一書中，強調教育科學係一門實踐性的學術，透過不同研究途徑所形成的教育經驗，均是一種問題的提出與解決的結果，經由不同途徑形成各種理論，對實踐過程做批判與質疑，形成進一步的探究以改善教育實踐。

其次，他也在《理論‧詮釋與實踐》一書中，指出我國教育研究一向強調
實踐性的性格，建基在實證主義的基礎上。因此，實證研究方法廣泛的被
採用。實證主義「工具—目的—型模」背後方法論上的合法性基礎，甚少
有人提出批判性的反省。因而，在教育學研究上幾乎落入羅赫納[1]（Rudolf
Lochner, 1895-1978）痛加針砭的弊病，不僅理論層次並未提升，而且在實
踐上流入頭痛醫頭、腳痛醫腳的窘境。為提升我國教育學術研究水準，
使教育實踐措施能採較為寬廣的視野，有深入探究教育理論與實踐關係
的必要（楊深坑，1988b: 83-84）。是以，釐清教育學的學術性質、分析
其與現有科目的關係、探討研究方法的問題和闡明教育理論與實踐的關
係就相當重要。邊納爾（Dietrich Benner, 1941-）是德國當代非常重要的教
育學家，曾經擔任「德國教育科學會」（Deutsche Gesellschaft für Erziehun-
gswissenschaft）會長（1990-1994），不僅位列《德國名人錄》（*Wers Wen in
Deutschland*），擔任著名刊物《教育學雜誌》（*Zeitschrift für Pädagogik*）的
主編多年，而且創立了實踐學取向的教育學，在德國教育學術界占有舉足
輕重的地位（Böhm, 2000: 61-62; Lenzen, 2001: 254-276）。邊納爾實踐教育學
的演變可以分為三個時期：第一個階段是規範教育學時期（1967-1987），
第二個階段是普通教育學時期（1987-2001），第三個階段是改革教育學
時期（2001-）。他曾經在規範教育學時期的著作中談到這些問題，從實
踐學的觀點出發，主張教育學是一門實踐科學，提出教育科學研究結構
模式，探究教育研究方法的問題，闡明教育學與其他學科的關係，釐清
教育理論與實踐的關係（Benner & Schmied-Kowarzik, 1967; Benner & Schmied-
Kowarzik, 1969; Benner, 1973）。因此，邊納爾的規範教育學相當值得我們
加以重視。

1　羅赫納（Rudolf Lochner）是德國實證教育學時期著名的教育學家。1895年出生於捷克
　　布拉格，1922年取得布拉格大學哲學博士學位，1927年通過大學教授備選資格審查，
　　1934年成為希爾斯柏格大學教育學教授，曾經任教於柴勒教育高等學校和律納堡大
　　學，1978年病逝於律納堡（Böhm, 2000: 351）。

第一節 生平著作

邊納爾（Dietrich Benner）1941年3月1日生於萊蘭（Rheinland）的諾伊維德（Neuwied），1960年通過「高中畢業會考」（Abitur），進入波昂大學就讀，主修哲學與教育學。1962年轉入奧地利維也納大學就讀，主修歷史學、德國語文學、哲學和教育學。1965年隨著名哲學家海特爾[2]（Erich Heintel, 1912-2000）修讀博士課程，以〈理論與實踐：黑格爾與馬克斯系統理論的考察〉（Theorie und Praxis. System-theoretische Betrachtungen zu Hegel und Marx）一文，獲得維也納大學哲學博士，精通希臘文、拉丁文、法文和德文。1966年隨奧國教育學家德波拉夫應聘波昂大學，擔任哲學與教育學講師，並且結識同樣畢業於奧國維也納大學的教育學家柯瓦契克[3]（Wolfdietrich Schmied-Kowarzik, 1939-）。1967年與柯瓦契克合著《教育學基礎緒論I：赫爾巴特的實踐哲學與教育學》一書，1969年再度與柯瓦契克合作出版《教育學基礎緒論II：早期費希特學者與赫尼希華的

2　海特爾（Erich Heintel）1912年3月29日出生於奧國維也納，1936年獲得維也納大學哲學博士學位，1939年在維也納大學通過教授備選資格審查。自1965年起擔任維也納大學哲學研究所講座教授，曾經是「維也納哲學年刊」（Wiener Jahrbuch für Philosophie）的主編，其哲學思想深受奧國哲學家萊林格（Robert Reininger, 1869-1955）和德國哲學家康德的影響，2000年11月因病逝世於斯內貝爾格（梁福鎮，2006：364）。

3　柯瓦契克（Wolfdietrich Schmied-Kowarzik）1939年出生於奧國佛利德堡（Friedberg），1959年進入維也納大學，主修哲學、民族學和心理學，1963年以「謝林後期哲學中的意義與存有」（Sinn und Existenz in der Spätphilosophie Schellings）一文，獲得維也納大學哲學博士學位。從此隨教育學家德波拉夫任教於德國波昂大學，1970年開始擔任哲學和教育學講座教授。1971年轉任卡塞爾大學哲學與教育學教授，1979年擔任「哲學教學法雜誌」（Zeitschrift für Didaktik der Philosophie）諮詢顧問，1981年主編「卡塞爾哲學論文集」（Kasseler philosophischen Schriften），1990年擔任「維也納哲學年刊」（Wiener Jahrbuch für Philosophie）編輯。1981年和1996年兩度擔任卡塞爾大學教育科學與人文科學院院長，曾經擔任巴西大學和立陶宛大學客座教授，現任卡塞爾大學教育科學與人文科學院教育學與哲學講座教授，1999年獲頒德意志聯邦共和國服務十字勳章，以表揚柯瓦契克在教育學術界的重要貢獻（梁福鎮，2006：125）。

教育學》。1970年在德波拉夫（Josef Derbolav, 1912-1987）的指導之下，以〈洪保特教育理論〉一文通過波昂大學「教授備選資格審查」（Habilitation），晉升為哲學與教育學教授，同時應邀到佛萊堡大學擔任哲學與教育學教授。邊納爾於1973年轉到敏斯特大學，擔任哲學與教育學教授。他早年深受康德哲學的影響，屬於「新康德學派」（Neo-Kantianer Schule）的教育學家。後來由於受到赫爾巴特（Johann Friedrich Herbart, 1776-1841）陶冶理論、洪保特（Wilhelm von Humboldt, 1767-1835）教育改革思想、黑格爾（Georg Wilhelm Friedrich Hegel, 1770-1831）辯證哲學、史萊爾瑪赫（Friedrich Ernst Daniel Schleiermacher, 1768-1834）教育理論、芬克（Eugen Fink, 1900-1975）現象學哲學和德波拉夫實踐學的影響，逐漸成為綜合派的教育學家。1978年出版《教育科學主要思潮》一書，說明傳統教育學的內涵包括了教育理論、陶冶理論和教育學理論；將德國教育科學的發展分為傳統教育學、精神科學教育學、實證教育學、解放教育學和行動導向教育學等五個時期；並且闡明理論、經驗和實踐三者之間的關係，提出教育科學研究結構模式，深受教育學術界的好評。1987年出版《普通教育學》一書，說明普通教育學建立的必要性，從實踐學的觀點將教育、政治、倫理、經濟、藝術和宗教並列，論證教育現象在人類整體實踐中的獨特性。並且提出教育理論、陶冶理論和教育機構理論，作為普通教育學的內涵。闡明世代之間的關係，建立普通教育學的體系。由於邊納爾的普通教育學深具獨創性，不僅確立教育學是一門獨立自主的學科，闡明了教育理論與教育實踐的關係，而且批判後現代教育學的缺失。因此，使其學術聲望達到巔峰（Böhm, 2000：61-62）。

　　1990年東西德統一，「德意志聯邦共和國」（Bundeorepublik Deutschland）政府特派邊納爾等人，至「德意志民主共和國」（Deutsche Demokratische Republik）首都柏林接收洪保特大學。2001年開始和門生康培爾（Herwart Kemper）出版一系列改革教育學著作，探討啟蒙運動迄今教育科學理論和教育改革運動的演變，提出其改革教育學的理論。邊納爾是德國當代相當重要的教育學家，其著作有中文、法文、西班牙文、日文和韓文等譯本，深受各國教育學術界的重視。曾經擔任「德國教育科學

會」會長（1990-1994）、柏林洪保特大學第四哲學院院長（1994-1996）、柏林洪保特大學第四哲學院教育科學研究所講座教授。應聘擔任中國社會科學院《赫爾巴特全集》和《洪保特全集》翻譯顧問，1998年應邀至中國上海和北京等地講學，並且到臺灣的國立中正大學演講。2004年獲得中國華東師範大學（East China Normal University）頒贈榮譽教授的榮銜，2008年應聘波蘭國立華沙大學，擔任終身職講座教授，2009年獲得丹麥阿胡斯大學（Universität Aarhus）頒贈的榮譽博士學位，2011年獲得芬蘭亞堡學術大學（Åbo Akademi Universität）頒贈榮譽博士學位。主要著作有《洪保特教育理論》（*Wilhelm von Humboldts Bildungstheorie*）、《赫爾巴特教育學》（*Die Pädagogik Herbarts*）、《教育科學主要思潮》（*Hauptströmungen der Erziehungswissenschaft*）、《普通教育學》（*Allgemeine Pädagogik*）、《教育科學理論研究》（*Studien zur Theorie der Erziehungswissenschaft*）、《教育與陶冶理論研究》（*Studien zur Theorie der Erziehung und Bildung*）、《教學理論與學校理論研究》（*Studien zur Didaktik und Schultheorie*）、《教育的國家》（*Erziehungsstaat*）、《教育與批判》（*Bildung und Kritik*）、《改革教育學理論與歷史原典》（*Quellentexte zur Theorie und Geschichte der Reformpädagogik*）、《改革教育學理論與歷史1》（*Theorie und Geschichte der Reformpädagogik 1*）、《改革教育學理論與歷史2》（*Theorie und Geschichte der Reformpädagogik 2*）、《改革教育學理論與歷史3.1》（*Theorie und Geschichte der Reformpädagogik 3.1*）、《改革教育學理論與歷史3.2》（*Theorie und Geschichte der Reformpädagogik 3.2*）和《教育標準》（*Bildungsstandards*）等著作（梁福鎮，1999：82；梁福鎮，2009；Wikipedia, 2013）。

第二節 思想淵源

邊納爾受到許多教育學者的影響，從傳統的觀點來說明教育方法與材料、教育本質與目的、教育學的學術性質、教育理論與實踐的關係，因此屬於一種規範教育學。這種規範教育學又稱為積極教育學，不同於消極

教育學。「消極教育學」（Negative Pädagogik）的內容主要在探討不同教育學家對於教育行動引導、教育活動本質、教育任務導向和教育科學建立的理論，而「積極教育學」（Positive Pädagogik）則在於探討教育行動的規範，達成教育任務的策略和教育實踐理論的建立。連琛（Lenzen, 1987: 41-60）曾經在〈神話、隱喻與模擬〉一文中，評論邊納爾的《教育科學主要思潮》（*Hauptströmungen der Erziehungswissenschaft*），反對許多學者[4]的看法，認為邊納爾早期的教育理論不是一種消極的理論，而是一種積極的理論。這種積極的理論就是規範教育學。根據個人對邊納爾相關文獻的分析，其規範教育學的思想淵源主要有下列幾個：

一、盧梭的教育學思想

邊納爾的規範教育學是一種「積極教育學」，這種教育學強調教育行動的引導和教育任務的導向，其教育方式是一種「肯定的教育」（Affirmative Erziehung），注重教育行動規範和達成教育任務的策略，追求一種目的論—階層的次序觀念，其教育方式是一種「積極教育」（Positive Erziehung），它是指教師在進行教學時，預先確定行為的規範，並且預定了教育的目標，直接將知識、情意和技能傳遞給學生的教育方式。在這種情形下教育理論和陶冶理論處於目的理性的關係，教育行動出自預定的道德或目的決定的力量，這不僅阻礙人類反省和批判能力的發展，同時會讓教育活動缺乏學習的概念（Benner, 1995a: 166）。相反地，「消極教育學」不預定教育行動的規範和達成教育任務的策略，其教育方式是一種「消極教育」（Negative Erziehung），這種教育方式不主張直接的教導，允許學生主動去經驗世界，自己決定行動的目標，可以培養學生主動學習和反省

---

4 主張邊納爾（Dietrich Benner）早期的教育理論屬於消極理論的學者有布律根（Friedhelm Brüggen）、柯瓦契克（Wolfdietrich Schmied-Kowarzik）、布隆德欽斯基（Andreas von Prondczynsky）等人，他們都認為邊納爾早期的教育理論不預定教育行動的規範和達成教育任務的策略，因此是一種消極理論，（Brüggen, 2006: 19-20; Schmied-Kowarzik, 1974: 25; Prondczynsky, 1993: 42）。

批判的能力（Benner, 1973: 35-36）。但是，教育的實際不只需要一種消極教育，同時也需要一種積極教育。未成年人絕非從無創造他的世界，而是在他人決定的世界中出生，教育如果沒有積極的要求是無法想像的（Benner, 1973: 46-47）。因此，「積極教育」仍然有其存在的必要性。邊納爾肯定消極教育的價值，但是也強調積極教育的重要，提出其規範教育學，這些都受到盧梭（Jean-Jacques Rousseau, 1712-1778）後期教育理論的影響[5]。

二、康德的批判哲學和教育學

邊納爾的規範教育學是一種批判教育學，一種行動教育學，也是一種辯證教育學，其「先驗批判」（Transzendentale Kritik）的觀念來自於康德（Immanuel Kant, 1724-1804）的哲學思想。事實上，邊納爾在維也納大學的指導教授海特爾是一位新康德主義的哲學家。因此，他的教育學深受康德哲學的影響。早在1967年出版《教育學基礎緒論》第一冊（*Prolegomena zur Grundlegung der Pädagogik I*）時，邊納爾就採用康德「實踐優位」（Primat der Praxis）的觀念，強調教育學是一門來自於實踐、應用於實踐的科學（Benner & Schmied-Kowarzik, 1967: 134-135）。其次，邊納爾也受到康德《教育學演講錄》（*Vorlesung über Pädagogik*）一書的影響（Kant, 1982），主張在教育科學研究的過程中，注重「教育實驗」（pädagogisches Experiment）的進行，以驗證教育理論的成效，作為再次建構和修正教育理論的參考（Benner, 1973: 321-322）。這種「教育實驗」的觀念，來自於康德設立實驗學校以驗證教育理論的主張。再次，邊納爾也應用康德批判哲學中「建構原理」（Prinzip der Konstruktion）和「調整原理」（Prinzip der

---

5 盧梭（Jean-Jacques Rousseau）早期的《論人類不平等的起源》（*Discours sur l'origine et les fondements de l'inégalité parmi les hommes*）、《愛彌兒》（*Emilé ou de l'education*）、《新愛洛依斯》（*La nouvelle heloise*）等著作屬於消極教育理論，但是晚期的《社會契約論》（*Du contrat social ou principle du droit politique*）、《政治經濟論》（*De l'economie politique*）、《波蘭統治論》（*Considerations sur le gouvement de la pologne*）則屬於積極教育理論，邊納爾對於積極教育的看法深受盧梭後期教育理論的影響（Benner, 1987: 46）。

Regulation）的觀念，來說明其教育理論和陶冶理論，提出「非肯定的教育理論[6]」和「非肯定的陶冶理論[7]」（Benner, 1987: 66-78）。除此之外，邊納爾在教育理論中特別強調「啟蒙」（Aufklärung）的觀念，這種觀念也來自於康德的批判哲學。他曾經從「啟蒙」的觀點出發，批判後現代教育學「教育學擴張」（Erweiterung der Pädagogik）的說法，主張教育的無限膨脹，將使人類永遠無法達到「成熟」（Mündigkeit），不能運用自己的「理性」（Vernunft），達到「自我活動」（Selbsttätigkeit）的要求。邊納爾認為人類必須將「行動」（Handeln）作為人類化成的原理，教學應該要有結束的一天，以便人類能夠運用自己學到的知識，以自我負責的態度參與世界的活動和人類整體的實踐，解決自己所遭遇到的問題，成為一個自律的人（Benner, 1999: 1-18; Benner, 1987: 297-298）。

三、赫爾巴特的普通教育學

　　邊納爾曾經和柯瓦契克（Wolfdietrich Schmied-Kowarzik）在1969年合著的《教育學基礎緒論》第二冊中，分析了赫爾巴特（Johann Friedrich Herbart, 1776-1841）普通教育學的內涵。邊納爾指出有些學者認為《普通教育學》（Allgemeine Pädagogik）是一本從倫理學和心理學觀點出發的著作，其實這是一種對赫爾巴特教育理論的誤解。因為普通教育學是一部真正的教育學體系之作，主要包括教育理論、陶冶理論和科學理論三個部分。在教育理論中赫氏從教育學的觀點出發，釐清「教育」（Erziehung）、「陶冶」（Bildung）、「教學」（Unterricht）、「教育性教學」（Erziehender Unterricht）、「管理」（Regierung）、「訓練」（Unterweisung）、「服

6　邊納爾（Dietrich Benner）「非肯定的教育理論」是一種採用反省批判來進行教育的方式，以超越國家政治和現代科學中存在的錯誤意識型態，使學生得到真正的自由與解放的理論。

7　邊納爾「非肯定的陶冶理論」是一種注重人類與世界的交互作用，培養學生反省批判的能力，以適應民主政治生活的需要，避免人類整體的實踐窄化為科學技術文明的理論。

從」（Gehorsamkeit）等概念；在陶冶理論中提出教育的目的在於培養有品格道德的人，並且論證教育的理想。在科學理論中探討教育學的學術性質，證成教育學是一門理論性的科學；同時處理教育理論與實踐之間的關係，提出「圓融教育智慧」（Pädagogische Takt）的觀念。在這部著作中，赫氏清楚地指出教育學研究的對象，以先驗批判作為教育學的研究方法，建立系統的教育理論，並且界定了教育學的學術性質。所以，普通教育學絕對不是拼湊的雜作，而是第一部系統性的教育學著作（Benner, 1986）。其後，邊納爾和柯瓦契克又在1986年出版《赫爾巴特系統教育學》（*Johann Friedrich Herbarts Systematische Pädagogik*）一書（Benner & Schmied-Kowarzik, 1986），並且在哈根空中大學講授「赫爾巴特系統教育學」。因此，對於赫爾巴特的普通教育學有非常深入的研究。同年，邊納爾整理他對赫爾巴特研究的成果，出版了《赫爾巴特教育學》（*Die Pädagogik Herbarts*）一書（Benner, 1986）。在邊納爾的《教育學基礎緒論》（*Prolegomena zur Grundlegung der Pädagogik*）第一冊中，不僅接受了赫爾巴特「教育性教學」的概念，同時對於教育理論與教育實踐關係的探討也深受赫爾巴特普通教育學的影響。

四、史萊爾瑪赫的哲學和教育理論

史萊爾瑪赫（Friedrich Ernst Daniel Schleiermacher, 1768-1834）於1826年出版《教育理論》（*Theorie der Erziehung*）一書。在這本書中，史萊爾瑪赫從歷史哲學的觀點出發，將教育學奠基於倫理學之上，希望經由教育學和政治學的合作來實現最高的善。史萊爾瑪赫認為教育學是一門實踐科學，教育理論應該建立於上一代對下一代理解的基礎之上。教育孩子不可使用積極的方式，而應當使用消極的方法。這樣才能使孩子主動的經驗外在的世界，養成反省思考的能力，避免教育活動淪為意識型態的灌輸。史萊爾瑪赫主張實踐先於理論，理論必須力爭上游方能獲得承認，使理論與實踐完全一致（Schleiermacher, 1983: 131）。其次，史萊爾瑪赫主張：「人類世代存在於單一的形式中，以特定的週期在地球上存在，然後再度地消失，所有的事物同屬於一個週期。經常能夠用年長和年幼的兩代來區

分……年長一代大部分的活動延伸到年幼一代，這種活動是如此地不完美，但是很少被認知到，人們在做什麼？為什麼人們要做它？因此，必須要有一種理論，從年長與年幼兩代關係出發，自己提出下列問題：年長一代究竟要對年幼一代做什麼？這種活動的目的要如何決定？如何使活動的結果符合要求？在年長與年幼兩代關係的基礎上，年長一代對年幼一代負有何種責任？我們建構一切屬於這個範圍的理論。」（Schleiermacher, 1983: 38-39）這些教育方法、理論與實踐和兩代關係的觀點，明顯的影響到邊納爾對於前述問題的看法（Benner, 1973: 14）。因此，邊納爾的規範教育學也深受史萊爾瑪赫哲學和教育理論的影響。

五、德波拉夫的實踐學和教育學

德波拉夫（Josef Derbolav, 1912-1987）是邊納爾的指導教授，也是一位黑格爾主義者，他應用黑格爾（Georg Wilhelm Friedrich Hegel, 1770-1831）的辯證法來說明教育的過程。認為教育運動的辯證結構就是一種未成年人（自己）與世界（他人）不斷辯論的過程，兒童的教育途徑就在導向自我實現，教師在教育過程中具有啟發的任務，他必須引導兒童與世界邂逅（Weltbegegnung），協助兒童達成自我實現（Derbolav, 1969: 121）。其次，德波拉夫也在〈綜合教育學陶冶理論的基礎〉（Die Bildungstheo-retischen Grundlagen der Gesamtpädagogik）一文中，談到教育學在實踐學範圍中的地位（Derbolav, 1987: 18-22）。他的實踐學來自奧地利經濟自由主義學派的米塞斯（Ludwig von Mises, 1881-1973），可以追溯到古希臘哲學家亞里斯多德（Aristotle, 384-322 B.C.）的哲學，主張從人類整體的實踐出發，來建立綜合教育學的陶冶理論。這些觀點可以在邊納爾的《教育學基礎緒論》第二冊中找到痕跡，例如：邊納爾主張教育的過程就是一種辯證的過程，教育理論的建立，必須來自於教育實際，應用於教育實際之中（Benner & Schmied-Kowarzik, 1969: 172）。其次，邊納爾在《教育科學主要思潮》一書中，處理教育學的學術性質時，受到德波拉夫實踐學觀點的影響，主張教育學是一種行動理論，也是一門行動科學（Benner, 1973: 321）。因此，邊納爾的規範教育學也受到德波拉夫實踐學觀點的影響。

第三節 主要內涵

根據個人對邊納爾相關文獻的分析，其規範教育學的主要內涵有下列幾項：

一、教育學的體系內涵

邊納爾在《教育學基礎緒論》第一冊中，接受赫爾巴特的看法，主張教育學是一門教育的科學，而不是一門教育的藝術。而且從「實踐優位」的觀點出發，認為教育學是一門實踐科學。他將教育學的體系劃分為「教育學說」（Erziehungslehre）、「教育現象學」（Erziehungsphänomenologie）和「教育哲學」（Erziehungsphilosophie）三個部分。「教育學說」在探討如何教育的問題，「教育學說」必須奠基在「負責的教育作為之優位性」（Primat der verantwortlichen erziehrischen Tätigkeit）上，解答如何教育的問題，提供技術給教師來進行教學。保爾（Jean Paul）的著作《列華納》（Levana）就是一種教育學說，他所謂的教育責任優位是所有教育學說原理的界限。只有在這種優位之下，可以發現教育的方法與原則，自己立於一種歷史的轉變和文化的依賴之中。每個時代都必須發展其自身的教育學說以達成其實踐。只有涉及奠基於如何教育和如何教育的教育決定，才能使教育學說的性質不是規範的而是呼籲的。只有經由教師呼籲的責任性之教育學說，才能在其內容的確定性中預設其自身。每位教師具有來自教育傳統由內容所建構的責任性，教育的目的不依賴於如何教育的問題，這是毫無疑問的基本假設，只有在內容責任性的自明預設之下，教師才能決定正確的教育方式，滿足教育學說的要求（Benner & Schmied-Kowarzik, 1967: 126-128）。

「教育現象學」在探討什麼是教育的問題，「教育現象學」必須理論的確定什麼是教育的問題，奠基在「實現確定意義的教育之優位性」（Primat der Verwirklichung sinnbestimmter Erziehung）上，給予教育行動具體意義的確定，使得教育的可能性能夠達到完善。赫爾巴特的著作《普通教

育學》就是一種教育現象學，經由教育現象學教師自己建構一種教育的思想圈，它使得教育責任的內容導向成為可能。在此，教育現象學經常陷入危險之中，因為思想圈的導向性使得師資培育在具體的教育決定中，保證了直接的從可能性到本質的轉變。因此，它總是天真的預設教師伴隨著思想圈，能將影響的可能性加諸在學生的發展上，教育現象學能夠審美的建構教師教育的本質和既與性，必須尋求一種對學生特定的影響，這種影響能夠單獨的由教育學說所決定（Benner & Schmied-Kowarzik, 1967: 128-130）。

　　「教育哲學」在探討如何聯結「教育學說」和「教育現象學」的問題，因為教育學如果僅僅作為「教育學說」，會將「實現意義確定教育優位」化約為教師未經檢視的教育理解；而教育學如果僅僅作為「教育現象學」，會將「教育責任優位」限制在一種理想的教育信念上，這將不利於教育學的發展。因此，教育學就需要「教育哲學」這個部分，奠基在「存在聯結優位」（Primat der existentiellen Vermittlung）上，在教育實踐中聯結教師的責任和意義確定，達成教育學的「自我沉思」（Selbstbesinnung）。赫尼希華（Richard Hönigswald）的著作《論教育學的基礎》（Über Grundlage der Pädagogik）就是一種教育哲學，其教育學的預設觀點與康德「先驗可能性」（Transzendentale Möglichkeit）的概念對立，教育預設的觀點將自身帶來，不再處於教育實際「存在聯結優位」之下，因為對赫尼希華而言，教育理論是具有可能性的科學，是教育行動自身預設的科學。這種教育行動可能性和實際的循環嘗試著自己去辯護，在這種循環之內自身作為教育學的作用，應用於教育之中以提出問題。只有當教育學可能作為特定實在的決定，以及這種教育實際的概念成真時，教育學自身才是存在教育實際的理解。因此對赫尼希華而言，教育實際位於教育學概念優位之中，如果實踐優位在先驗教育哲學之下有可能的話，那麼赫尼希華最好放棄一種先驗的──本體論的效用理論（Benner & Schmied-Kowarzik, 1967: 131-133）。

　　到了《教育科學主要思潮》一書中，邊納爾將「教育學說」改為「教育理論」，「教育現象學」改為「陶冶理論」，「教育哲學」改為「教

育學理論」。他認為傳統教育學的體系內涵包括：「教育理論」（Theorie der Erziehung）、「陶冶理論」（Theorie der Bildung）與「教育學理論」（Theorie der Pädagogik）三個部分（Benner, 1973: 9-10）。「教育理論」是一種教育情境建構與教育經驗的理論，致力於正確教育方式的確定、教育情境建構的指導與教育理論廣闊視野的形成。「陶冶理論」是一種教育任務與意義確定的理論，著重於探討教育影響措施的任務和教育目的的解釋。「教育學理論」強調一種教育實踐科學建立可能性的分析，它的重點不在於教育情境建構的指導，也不在於將教育行動導向教育目標。教育學理論的目的在於教育科學內容可能性條件的說明（Benner, 1973: 14）。總而言之，邊納爾經由教育學史的探討，在其規範教育學中主張教育學的體系內含包括「教育理論」、「陶冶理論」和「教育學理論」三個部分。

二、教育學的歷史演變

邊納爾在《教育科學主要思潮》一書中，將教育科學的演變劃分為傳統教育學（Traditionelle Pädagogik）、實證教育學（Empirische Pädagogik）、精神科學教育學（Geistwissenschaftliche Pädagogik）、解放教育學（Emanzipatorische Pädagogik）和教育實驗理論（Theorie für pädagogischen Experiment）等五個時期（Benner, 1973）：

1. 傳統教育學時期

這個時期教育學剛剛自哲學領域獨立出來，由於本身的研究對象尚未確定，缺乏獨特的研究方法，不僅自創的理論很少，同時自身的學術造型尚未確定，因此以哲學思辨的方法來探討教育問題。邊納爾指出當時「教育學」（Pädagogik）與「教育科學」（Erziehungswissenschaft）彼此對立，前者否認科學性和承認強烈的價值判斷，後者則肯定科學性和價值判斷的中立性。但是，邊納爾認為傳統教育學不在於區分「教育學」與「教育科學」的概念，也不在於討論一些過時的事物，而在於確定幾個世紀以來教育與教育科學的思想。「傳統」（Tradition）和「傳統的」（traditionelle）可以從兩方面來理解：其一表示對於提出問題的處理，這些問題至今無法再以同樣的方式有效的解答；其二是這些問題流傳下來的思想必須面對新

的情境，以便經由這些方式能夠贏得新的有效性。新的問題在這種意義中與傳統做區隔，而且傳統的問題在關係中必須用新的方式解決，這無法從教育問題的歷史性去探討，而必須從區隔的目的和面對系統的觀點去引導。邊納爾將傳統教育學的體系內涵劃分為「教育理論」、「陶冶理論」與「教育學理論」三個部分（Benner, 1973: 13-18）。

2. 實證教育學時期

　　邊納爾指出實證教育學大約有90餘年的歷史，經由與傳統教育學的對話辯論，實證教育學希望透過努力在教育科學之內獲得認同。隨著19世紀古典教育學家建立的教育哲學、陶冶理論、教育學說和教育經驗領域實證研究統一性的喪失，教育學逐漸在輔助學科中分化開來。同時，由於學校實際研究的需要和受到自然科學蓬勃發展的影響，許多教育學家開始批評詮釋教育學的理論過於主觀模糊，希望將教育學建立成為一門嚴謹客觀的教育科學。因此，在教育實際中應用教育行動和實證研究，探討教育的可能性與任務，將純粹的因素作為教育研究對象，建立以自然科學為典範的實證教育學。二次大戰之後，德國學校實際研究的必要性，根據社會需求和教育科學自我理解的轉變指出：這種學校實際研究的發展對於實證教育學的突破有很大的幫助。至今，學校實際的研究已經對教育科學的傳統取向提出問題，而且已經被接受成為教育學的輔助科學。邊納爾在實證教育學中探討了實驗教育學、教育事實研究和技術─實證主義等三種取向（Benner, 1973: 137-139）。

3. 精神科學教育學時期

　　邊納爾指出精神科學教育學是20世紀教育科學中第二種新的取向，致力於教育經驗問題的探討。當實證主義教育學在皮特森（Peter Petersen, 1884-1952）教育事實研究的承認之下，不僅將教育學置於一種喪失教育問題的行動科學之經驗的可能性中，而且將教育學化約為一種特殊學科或整合社會行為和人類心理對象的次級科學。精神科學將自身從一種「歷史詮釋學」（Historische Hermeneutik）發展成為一種「承受詮釋學」（Engagierte Hermeneutik），以便使精神科學教育學銜接狄爾泰傳統詮釋學的學校方向，接受史萊爾瑪赫教育理論的概念取向。拒絕並與柏克曼（Hans Bokel-

mann）「歷史—重建的」（historisch-rekonstruktiven）和「存在—建構的」
（existentill-konstruktiven）精神科學教育學相對立，形成了諾爾（Herman
Nohl, 1879-1960）的歷史詮釋學、魏尼格（Erich Weniger, 1894-1961）結構詮
釋學和佛利特納（Wilhelm Flitner, 1889-1990）承受詮釋學等三種精神科學
教育學。教育實在經驗取向和詮釋取向的出發點，都沒有注意到實證教育
學和精神科學教育學之間的差異。當實證教育學對教育實在傳遞一種因果
分析的解釋和準備對目的理性行動尋找技術知識時，精神科學教育學正致
力於對教育實在進行歷史詮釋的理解。當然，經驗和詮釋研究無法單獨由
其研究的過程來區分，還必須經由其對傳統教育學的評價和行動學說來決
定。當經驗研究繼續對實踐層面的對象加以抽象化，而且在教育實際之下
僅僅使用因果分析對事實加以理解時；詮釋研究則致力於一種行動理論的
分析和教育實際實踐的預設（Benner, 1973: 199-200）。

4. 解放教育學時期

　　解放教育學時期許多教育學家受到法蘭克福學派「批判理論」（Kri-
tische Theorie）的影響，開始反思精神科學教育學和實證教育學在教育研
究方法和理論建構方面的缺失，以反省批判的方法來研究教育問題。當時
對實證取向和精神科學取向教育學的分析結果顯示：兩種現代研究典範都
無法達到建立一種來自於教育，為了教育的實踐之經驗科學的要求。邊納
爾主張教育觀點應該走向經驗的處理過程，因此它不允許僅僅只是被使
用，而必須使其方法論達到有效性的要求。知識科學的經驗和歷史的詮釋
學必須使教育行動的興趣達到方法論的承認，而且尋求兩者彼此的合作。
從教育學作為批判理論的立場，類比於經驗科學與實踐科學的區分，以及
傳統理論與批判理論的區分，有些教育學者嘗試著將批判理論引進教育領
域，進行教育問題的探討。解放教育學在教育科學之下，理解自身為一種
行動科學。它將實證教育學和詮釋教育學納入傳統理論，而將解放教育學
提升為批判理論。邊納爾探討教育學與批判理論的關係，分析批判理論的
學術概念，然後在解放的興趣之下，逐一的探討教育科學的各種取向，以
便檢視解放教育學是否足夠成為一門來自教育，為了教育的行動科學或實
踐科學。最後說明解放教育學中尚未解決的問題，以便教育科學能夠繼續

朝向一種行動科學發展（Benner, 1973: 275-276）。

5. 教育實驗理論時期

邊納爾指出新的教育理論在與解放教育學的取向論辯時，並未考慮到其所有的弱點與矛盾，於是產生了許多不同批判理論的教育科學，致力於將教育學建立成為一門來自於教育和為了教育的行動科學。這些問題確定了實證取向和詮釋取向教育學的發展，嘗試著將實證的和詮釋的處理過程加以聯結。傳統取向尋求將教育學建立為一種來自於教育和為了教育的行動理論，教育理論和陶冶理論將自身理解為對實踐者具有魅力的行動學說。其科學理論的分析集中在教育理論和陶冶理論基本概念的奠基上，傳統教育學對於將教育學建立成為一門研究的學科並無貢獻。到了教育科學的現代取向（實證教育學、精神科學教育學和解放教育學），它們將興趣轉向教育理論與陶冶理論背景的反思。其中的教育實際成為教育科學研究的對象，當它來自於教育實際的行動者或可以實證研究的關係表達時，教育理論和陶冶理論對詮釋取向和實證取向而言，其自我理解只是一種興趣。詮釋分析經由內外在的理論建構教育實際在傳遞一種解釋時，教育理論和陶冶理論的反思會衡量經驗對其隱含和公開內容的價值。相反的，傳統的行動理論很少注意教育實踐先前理解和自我理解的詮釋分析，也很少注意原因與作用關係經驗的檢視，而比較注重一種理性的推演和教育行動的導向。因此，教育學告別了傳統的行動理論，轉向經驗的和詮釋的研究概念。但是，尚未出現一種新建立的教育理論、一種理論引導的分析和一種被承諾的批判教育的實踐。所以，許多學者希望透過教育實驗的觀點，建立一門嶄新的教育學（Benner, 1973: 321-322）。

三、教育學的研究方法

傳統教育學時期的代表人物中，盧梭、保爾和赫爾巴特採用演繹和歸納等哲學思辨的方法，史萊爾瑪赫和赫尼希華則採用普遍詮釋學和辯證法，來進行教育問題的研究（Benner, 1973: 19-111）。實證教育學時期的代表人物中，雷伊（Wilhelm August Lay, 1862-1926）和繆曼（Ernst Meumann, 1862-1915）的實驗教育學；皮特森的教育事實研究；費雪爾（Aloys Fischer, 1880-1937）、羅赫納（Rudolf Lochner, 1895-1978）和布瑞欽卡（Wolfgang Brezinka, 1929-）的實證教育學，都採用觀察、實驗和描述等實證分析的方法，來進行教育問題的研究（Benner, 1973: 137-197）。精神科學教育學時期的代表人物，受到狄爾泰（Wilhelm Dilthey）精神科學觀點的影響，採用詮釋學作為教育學研究的主要方法，只是彼此之間採用的詮釋學類型有所不同而已，其中諾爾採用歷史詮釋學；魏尼格採用結構詮釋學；佛利特納採用承受詮釋學來進行教育問題的研究（Benner, 1973: 199-224）。解放教育學時期許多教育學家受到法蘭克福學派霍克海默（Max Horkheimer, 1895-1973）和哈伯瑪斯（Jürgen Habermas, 1929-）等人「行動科學」（Handlungswissenschaft）概念的影響，開始反思實證教育學和精神科學教育學在教育研究方法和理論建構方面的缺失，以意識型態批判的方法來研究教育問題，著名的代表人物有布蘭克茲（Herwig Blankertz, 1927-1983）、克拉夫基（Wolfgang Klafki, 1927-）、連培特（Wolfgang Lempert）與莫連豪爾（Klaus Mollenhauer, 1928-1998）等人（Benner, 1973: 275-320）。除此之外，邊納爾也在〈教育經驗〉（Pädagogische Erfahrung）一文中，提出「調整詮釋學」（Regulative Hermeneutik），以區分「肯定詮釋學」（Affirmative Hermeneutik）與「非肯定詮釋學」（Nicht-affirmative Hermeneutik）的概念，運用經驗的概念聯結教育實際的歷史性、人類的歷史性和（觀念論與新人文主義的）自由意識。這種調整詮釋學具有聯結教育行動理論範疇基本決定的能力，不同於傳統「肯定詮釋學」（哲學詮釋學）對於歷史規範的詮釋（Benner, 1995b; Brüggen, 2006: 11）。邊納爾認為教育學的研究方法包括實證分析、歷史詮釋和先驗批判等三種不同的典範，這些典範是從教育科學的演變中歸納而來，彼此之間沒有絕對的優劣之分，但是各有其使用的限制，研究者應該按照研究問題的需要，適當的選擇研究方法的典範，才能達到教育科學研究的目標（Benner, 1973）。

四、教育學的學術性質

　　邊納爾在《教育學基礎緒論》第一冊中，主張教育實踐是教師和學生在其具體的邂逅中的存在關係，這種關係對教師和學生而言，必須是一

種實踐的關係。因為學生的成長不是一種自然的過程，教師對於學生的教育也不是任意和偶然的影響。這種關係的實際只發生在實際的邂逅中。教師無法專制的影響學生的化成，只有教師有意的影響真正的被學生接受，才能對學生的自我發現起作用，這才是真正的教育。因此，教師需要教育意義的確定。教育學的可能性涉及教育實踐理論的意義確定，以便教師能夠加以實踐，教育學的必要性因此得以建立。只有教師對教育實踐的實際意義之確定能夠負責的加以進行，教育學對於教育實踐才是必須的要求，教育學只有站在「實踐優位」的立場服務於實踐，教育學的可能性才能真正的實現。在這種意義之下，教育學與教育實踐之間存在著「教育的差異」，一方面教育學是教育學與教育實踐存在的邂逅；另一方面教育學是教師與學生在實際中存在的邂逅（Benner & Schmied-Kowarzik, 1967: 125-126）。教育學有其自身的結構，它是一種來自教育（實際），應用於教育（實際）的科學，教育學與教育兩者相互參照，教育有賴於教育學的指導，教育學來自教育情境，教育理論與教育實踐的聯結繫於教師，他不僅能夠在研究中將教育學作為科學，並且可以將教育學說化為實踐。教育學的建立必須奠基於「實踐優位」的基礎上，在教育歷程中通過教師才有可能將教育理論與教育實踐聯結起來（Benner & Schmied- Kowarzik, 1967: 134-135）。

但是教育學的建立如果僅僅來自於教育實際，應用於教育實際，這種教育理論建構的方式，會妨礙「理論教育學」（Theoretische Pädagogik）的發展，因為教育理論的建立不僅來自於教育實際的觀察，而且必須奠基在教育科學的研究之上。假如沒有一種與教育實踐相關的研究為基礎，教育學將無法成為一門理論、實踐與經驗兼顧的科學（Benner, 1973: 123-124）。因此，邊納爾在《教育科學主要思潮》一書中，提出了「教育科學研究的結構模式」（Strukturmodell erziehungswissenschaftlicher Forschung），說明理論（Theorie）、經驗（Empirie）、實踐（Praxis）三者之間的關係，希望將教育學建立成為一門行動科學。他主張在教育科學的研究中包括三個層次，那就是「理論層次」、「實踐層次」和「經驗層次」。在理論層次涵蓋了「教育理論」（Theorie der Erziehung）、「學校理論」

（Theorie der Schule）和「陶冶理論」（Theorie der Bildung），這些理論可以作為教育實踐的指導和意義的導向；並且發展教育機構和陶冶機構教育改革的概念。然後，在實踐層次進行「教育的實驗」，以驗證教育理論的正確與否。最後，進入經驗層次。在經驗層次中教育科學研究者可以獲得「詮釋的經驗」（Heumeneutische Erfahrung）、「教育的經驗」（Pädagogische Erfahrung）和「因果分析的經驗」（Kausalanalytische Erfahrung），以作為再次建構和修正教育理論的參考，這樣就能緊密的結合理論、實踐和經驗，使教育學成為一門行動科學（Benner, 1973: 322-338；Benner, 1987: 308-312）。因此，教育學是一門兼顧理論、實踐與經驗的行動科學。萬德爾（Fritz Wandel, 1898-1956）曾經在《教育學：技術學或實踐學？行動理論的分析》（*Pädagogik, Technologie oder Praxeologie? Handlungstheoretische Analysen*）一書中，談到邊納爾實踐學取向的教育學。贊同邊納爾實踐學的看法，主張教育學不是一門技術學，而是一門實踐學的學科，從行動理論的觀點說明教育學的學術性質（Wandel, 1979）。

五、教育理論、實踐與經驗的關係

邊納爾在《教育科學主要思潮》一書中，指出實踐、理論和教育科學研究的關係，應該從四個層面加以說明。首先是理論與實踐的關係，其次是理論與研究的關係，再次是實踐與研究的關係，最後是將實踐、理論與研究包含於一種教育實驗理論中，而這種教育實驗理論朝向行動科學經驗的建立。在理論與實踐的關係方面，他主張理論經由行動成為對象，理論與實踐處於非理論，而是一種實踐的關係中。教育學處於一種理論無法聯結的實踐差異中，我們將這種科學和對象的差異稱為「教育差異」（Pädagogische Differenz）。教育科學和教育的「教育差異」，對教育學而言完全是建構的，教育學不能也不允許從它抽象出來。教育應作為可以問題化的和不斷的從新的成為問題的主觀和社會方面的行動對象，教育學從其原理建構的教育差異中抽象出來，教育理論行動指導和行動導向的功能既非只是一種理論的事務，亦非只是一種實踐的事務。前者會使教育學成為獨斷的規範理論；後者會使教育行動學說在技術的視野上化約為實證的

理論。這兩種情況都會使教育學無法成為來自於教育、為了教育的實踐科學。在此，理論與實踐進入了一種應用的關係中，理論強調其可應用性；而實踐自身服務於這種理論。理論停留在其進入的實踐困境中，而實踐也將被實際問題解決面臨的優位所欺騙。這種優位認識理論與實踐的教育差異，因為實踐的依賴性在於一種它在其決定的發現之捷思的指導，而且在其任務確定意義導向的理論作為理論的參照性奠基在實踐作為聯結機制及其實踐行程的場所上（Benner, 1973: 325-326）。

在理論與研究的關係方面，邊納爾主張實踐理論和行動科學研究的共同對象是教育實踐，當這種對象是理論時，實踐需要一種教育情境和陶冶理論任務導向形成的捷思法（Heuristik）。行動科學的經驗成為教育行動和教師與未成年人之間教育溝通（作為一種理論指導和導向實踐）的對象。因此，理論與實踐之間的教育差異超越了理論，而且對教育科學的經驗具有重要的意義。在那裡理論的指導和導向教育行動作為行動科學研究的對象絕非理論立即的結果，而是根據理論與實踐之間的教育差異實際的聯結理論與實踐。行動科學的經驗在實際的研究中未曾陷入一種理論的檢證，而是理論經由實踐聯結實踐形成可逆的作為，以便這些經驗可以將教育行動更新成為一種可能性批判分析和教育任務能夠提升的對象。理論經常作為一種實踐的探究，經驗很少是理論問題直接的結果，如同理論能夠被視為一種經驗直接的結果。理論與經驗的關係會將建構的教育差異抽象化，理論與經驗進入一種連續的線性應用中。在其中不僅允許理論去規範實踐，而且會使得經驗在面臨的任務中失去教育學做為實踐科學的視野。理論面對其實踐的形成，以及為了永恆修正和教育理論行動指導與陶冶理論行動導向繼續發展的改善而準備（Benner, 1973: 326-327）。

在研究與實踐的關係方面，邊納爾主張當行動科學經驗的結果只是與實踐相關，並且由此贏得其實際的意義。在教育行動中，理論的自我反思及其「實踐化成」（Praxiswerden）的控制經由教育行動而服務。行動科學的研究很少允許傳遞實踐的「檢證」（Verifikation）和「否證」（Falsifikation），如同理論的「檢證」和「否證」一樣。理論與實踐之間的「教育差異」對於經驗和實踐的關係更多是建構的，在此它成為教育科學和教育

經驗的差異。當實踐者的教育經驗在一種理論推演的實際情境形成和決定發現中有其地位時，教育科學的經驗建立了有關教育經驗聯結的理論之「實踐化成」。教育科學經驗無法預先接受教育經驗而負起義務，直接喚起教育科學經驗的結果，以作出實際的決定；亦無法監督教育經驗而找到標準的行動模式。在理論與實踐之間很少能夠建立一種「法則範圍」（Regelkreis），也不允許在教育科學經驗和教育經驗之間建構一種「法則範圍」。研究和實踐在一種直線關係中彼此帶來，使行動理論和行動科學的經驗進入一種技術模式中。在其中，理論要求將一種行動參照的功能化約為目的理性的行動。所有有關「目的—手段」的反思不僅廢除了實踐，並且控制了經驗，其自身誤解了作為理論與實踐檢證的機制，只剩下發展和遵守規範技術的法則。經驗不在服務於理論的繼續發展和實踐的較高建構，而是作為一種功能運作系統的建構，以規範控制教育的過程（Benner, 1973: 327-328）。

在理論、實踐與經驗的關係方面，邊納爾指出海特爾關聯康德的概念，應用「部分實驗」（Teilexperiment）與「整體實驗」（Totalexperiment）的特性，區分「技術實驗」（Technisches Experiment）與「實際實驗」（Praktisches Experiment）的不同。他指出技術實驗將因果關係的可應用性使用在其對象上，而實際實驗則強調對象的「不可應用性」（Unverfügbarkeit），這使得「技術實驗」與「實際實驗」有所不同。邊納爾認為倫理學、教育學和政治學應該從人類行動是「部分實驗」的觀點走出來，站在「人類存有整體實驗優位」（Primat des Totalexperiments menschlicher Existenz）的立場，作為人類問題理解和意義理解特定部分實驗的實踐理論，以實現人類較高教育的使命。這個使命技術的可能無法被接受為一種意識型態操弄的要求，而是將其作為人類自我改變和世界改變的實驗，才能達成人性較高教育的使命。在這種功能中，教育學必然的具有一種實驗科學的性質，一種朝向實驗實際的行動科學。他指出行動理論、行動科學的經驗和教育實踐的關係，在行動科學和知識科學的經驗之間建立了一種「批判合作」（Kritische Kooperation）的基礎，使得教育學成為一門兼顧理論、實踐與經驗的行動科學。從實踐的觀點來看，教育科學的研究既非奠

基在技術經驗和歷史詮釋的視野上加以化約，亦非奠基在因果關係和歷史詮釋的處理過程而提出教育研究方法的假設。必須將知識科學在偶然教育情境中的分析和教育情境中知識科學的調查置於教育實驗中加以探究，才能實現知識科學和行動科學經驗合作的可能性（Benner, 1973: 328-333）。因此，理論、實踐與經驗三者之間的關係是一種批判合作的關係。基爾梅斯─史坦（Renate Girmes-Stein）在〈行動導向教育科學的基礎〉一文中，探討教育理論與實踐的關係。他贊同邊納爾對於教育理論與實踐關係的看法，批判魏尼格[8]教育理論與實踐關係觀點的錯誤。指出教育理論與實踐之間的差異，可以經由教育科學研究結構模式消除其差異，說明教育理論與實踐的關係（Girmes-Stein, 1981: 39-51）。

第四節　綜合評價

　　魯洛夫（Jörg Ruhloff）和貝爾曼（Johannes Bellmann）在《普通教育學的觀點：邊納爾65歲祝壽論文集》（*Perspektiven allgemeiner Pädagogik: Dietrich Benner zum 65. Geburtstag*）一書中，集合歐洲各國學者，從理論的觀點出發，進行普通教育學基礎的反思，以關聯和補充邊納爾的普通教育學，肯定邊納爾在普通教育學上的重要貢獻（Bellmann, J., Böhm, W., Borrelli, M., Brüggen, F., Heid, H., Heitger, M., u. a., 2006: 1-7）。根據個人對邊納爾相關文獻的分析，其規範教育學具有下列幾項優點：

一、指出教育學的體系內涵

　　邊納爾經由教育學史的探究，分析了盧梭、保爾（Jean Paul, 1763-

8　魏尼格（Erich Weniger）是德國詮釋教育學時期著名的教育學家。1894年出生於漢諾瓦的史坦霍斯特，1926年取得哥廷根大學教授備選資格，曾經擔任基爾、阿爾托那、法蘭克福和哥廷根大學的教育學教授，1931年擔任新教育協會德國分會的會長，1949年成為哥廷根大學的教育學正教授，一直任教到退休為止，1961年5月病逝於哥廷根（Bohm, 2000: 569）。

1825）、史萊爾瑪赫、赫爾巴特、威爾曼（Otto Willmann, 1839-1920）、費希特主義者和赫尼希華（Richard Hönigswald, 1875-1947）等人的著作，將教育學體系的內涵歸納為「教育理論」、「陶冶理論」和「教育學理論」三個部分，並且指出盧梭有關個體—私人與公開—國家公民教育的爭論和史萊爾瑪赫有關教育與較高的陶冶的理論，都屬於教育理論的範疇。而赫爾巴特有關教育智慧和教育性教學的學說和威爾曼有關陶冶與文化財的理論，都屬於陶冶理論的範疇。至於早期費希特主義者（früher Fichteaner）有關可塑性與要求自動性和赫尼希華有關專注與決定的教育哲學原理，則屬於教育學理論的範疇（Benner, 1973: 19-111）。這對於教育學體系內涵的釐清具有重要的貢獻，可以讓我們瞭解教育學體系的重點，指出其未來發展的方向（Brüggen, 2006: 19-20）。

二、劃定教育學演變的時期

邊納爾經由教育學史的探究，指出教育學歷經傳統教育學、實證教育學、精神科學教育學、解放教育學和教育實驗理論等五個時期的演變，並且說明每個時期教育學理論的代表人物、特色與重點（Benner, 1973）。從邊納爾對教育學演變的分析中，可以讓我們知道各個時期教育學探討的問題，明瞭教育學理論的趨勢，發現教育學建構的問題，讓我們發現許多教育學取向的不足，批判這些教育學理論的錯誤之處，進而促成教育學術的進步，不僅有助於我們對於整個教育學歷史的瞭解，促進教育學理論的蓬勃發展，而且對教育學演變的研究具有重要的貢獻（Sladek, 2006: 55）。

三、說明教育學的研究方法

邊納爾經由教育學史的探究，指出傳統教育學時期有些學者採用哲學思辨的方法，來進行教育問題的探討。實證教育學時期有些學者採用觀察、實驗和描述的方法，來進行教育問題的探討。精神科學教育學時期有些學者採用歷史詮釋學、結構詮釋學或承受詮釋學的方法，來進行教育問題的探討。解放教育學時期有些學者則採用意識型態批判的方法，來進行教育問題的探討。這些論述讓我們瞭解教育學並沒有專屬的研究方法，儘

管狄爾泰企圖將詮釋學方法應用於精神科學教育學中，希望奠定教育學研究方法的基礎（Dilthey, 1990: 14-21；詹棟樑，1995: 339）。但是事實上，教育詮釋學方法只是教育學眾多研究方法中的一種，而不是唯一的研究方法。許多科學的成立並不一定需要有專屬的研究方法，例如：心理學應用來自於自然科學的實驗研究法，這並不影響其成為一門獨立自主的科學。所以，研究方法的借用與否不能用來作為決定一門學科是否成立的標準。邊納爾有關教育學研究方法的論述，有助於我們對教育學研究方法的演變有更多的瞭解與認識（梁福鎮，2009: 276-277）。

四、闡明理論、實踐與經驗的關係

邊納爾指出行動理論、行動科學的經驗和教育實踐的關係，在行動科學和知識科學的經驗之間建立了一種批判合作的基礎，使得教育學成為一門兼顧理論、實踐與經驗的行動科學。從實踐的觀點來看，教育科學的研究既非奠基在技術經驗和歷史詮釋的視野上加以化約，亦非奠基在因果關係和歷史詮釋的處理過程而提出教育研究方法的假設。必須將知識科學在偶然教育情境中的分析和教育情境中知識科學的調查置於教育實驗中加以探究，才能實現知識科學和行動科學經驗合作的可能性（Benner, 1973: 328-333）。因此，理論、實踐與經驗三者之間的關係是一種批判合作的關係。這種論述可以讓我們瞭解理論、實踐與經驗的關係，促成這三者的緊密結合，在批判合作的關係中有效的改善教育實際，以促進教育學術的發展（Merkens, 2001: 175-176）。

但是不可諱言的，邊納爾的規範教育學也存在著下列幾個問題：

一、窄化教育學的體系內涵

邊納爾從實踐學「實踐優位」的觀點出發，主張教育學不僅是一門來自於教育實際，應用於教育實際的實踐科學，同時也是一門指引教師教育行動的「行動科學」。他經由教育學演進的歷史和當代教育發展的趨勢提出教育學的內容。他認為教育科學的內容包含：「教育理論」、「陶冶理論」與「教育學理論」三部分（Benner, 1973: 14-19）。其實，這種觀點化

約了教育學的體系內涵,無法呈現教育學完整的面貌。例如布瑞欽卡提出
「教育後設理論」(Brezinka, 1978);盧曼(Niklas Luhmann, 1927-1998)
與修爾(Karl Eberhard Schorr, 1919-1995)提出「教育系統理論」(Luhmann
& Schorr, 1999);波姆(Winfried Böhm, 1937)提出「人格教育理論」
(Böhm, 1997)。教育學的探討雖然已包含了這三部分的理論,但是作為
一門教育學科的後設理論,絕對不能以此自限,而應當全面的探討教育學
的問題,並且系統的規劃其研究的方向,以促進教育學術健全的發展。從
實踐學觀點來看,教育學體系的內涵並不止於邊納爾所提出的三個部分。
德波拉夫即在其《綜合教育學大綱》(*Grundriß einer Gesamtpädagogik*)一
書中,指出綜合教育學包括陶冶理論基礎、教育人類學、教育倫理學、普
通教育法與課程理論、教育社會學與教育政策理論、科學理論等六個部分
(Derbolav, 1987)。因此,邊納爾對於教育學體系內涵的劃分,應該採取
開放界定的策略,才能符合未來趨勢發展的需要。

二、誤解教育學的學術性質

邊納爾主張教育學是一種朝向實驗實踐的行動科學,這種觀點並不正
確。因為亞里斯多德(Aristotle, 384-322 B.C.)曾經在《尼科麥遜倫理學》
(*nicomachean ethics*)一書中,根據求知的對象、目的與方法的不同,將
知識區分為三種類型(Aristotle, 1984: 1730):理論(theoria)的知識、實
踐(phronesis)的知識與創作(poiesis)的知識。理論的知識是經由理性思
維能力,以把握到事物普遍必然特質的知識;實踐的知識是人類據以做出
正確行為抉擇的知識;創作的知識則是有關人類藝術創作的知識。布隆德
欽斯基(Andreas von Prondczynsky)在《教育學與創化:理論與實踐關係
的排斥關係》一書中,探討邊納爾對於理論與實踐關係的看法,批評邊納
爾混淆了實踐與創化的概念,將教育學視為一門理論、實踐與經驗兼顧的
科學,根本無法闡明理論與實踐的關係(Prondczynsky, 1993: 54)。莫連豪
爾(Klaus Mollenhauer)也在〈教育與陶冶理論中遺忘的審美層面〉(Die
vergessene Dimension der Ästhetischen in der Erziehungs- und Bildungstheorie)一
文中,探討藝術與教育學的關係。他不僅批判邊納爾教育學內容的缺失,

同時指出當代教育學的發展，忽略了審美層面的探討（Mollenhauer, 1990: 3-17）。從教育實踐的觀點來看，教育學的知識包括前述三種類型，將教育學視為一門理論科學、實踐科學、精神科學、社會科學或經驗科學都是偏頗的，因為教育理論不僅要沉思教育的本質，觀審教育現象的變化，構思體系的關聯，必須具有理論性。同時，教育理論也必須來自教育的實際，才能解決教育問題，滿足教師的需求，注重應用的取向，必須具有實踐性。而且，教育理論必須指引教師教學行為的表現，呈顯教育藝術的性質，甚至藝術教育活動的推展，必須具有審美性。所以，教育學是一門理論、實踐和審美兼顧的科學（梁福鎮，2009: 282-283）。

三、容易產生積極教育的缺失

　　積極教育是指教師在進行教學時，預先確定行為的規範，並且預定了教育的目標，直接將知識、情意和技能傳遞給學生的教育方式。邊納爾的規範教育學就是一種積極教育理論，這種積極教育方法的優點在於教學以教師為中心，按部就班的進行學習，比較能夠學習到系統而完整的知識。同時，由於學習的內容和步驟完全由教師控制，所以教學的時間比較經濟。而且，教學在教師的指導之下，可以減少許多不必要的錯誤和危險。但是積極教育方法的缺點在於教學以教師為中心，會忽略學生的興趣和需要，學生容易對學習內容感到乏味。其次，教學完全由教師控制，無法讓學生主動的觀察和探索，容易受到錯誤意識型態的控制，阻礙學生反省批判思考能力的發展。最後，積極教育方法不鼓勵學生主動的體驗外在的事物，學到的經驗比較不能夠內化為自己的知識（梁福鎮，2006: 194）。因此，邊納爾的規範教育學固然有其優點，但是也有其無法克服的限制存在。

第五節　重要啟示

　　根據個人對邊納爾相關文獻的分析，其規範教育學對我國的教育學術具有下列幾項重要啟示：

一、注重教育學自身理論的建構

　　我國教育學術的發展向來偏重主流科學理論的借用，比較忽略教育學自身理論的建構。因此，整個教育學術的發展紊亂而沒有系統，雜揉了各國教育學科的名稱，缺乏嚴謹的邏輯架構，阻礙我國教育學術的發展甚鉅。邊納爾從教育學史的探究中，發現教育學的體系內涵，包括教育理論、陶冶理論和教育學理論三個部分，這些理論都是教育學者建構的理論，不是借用自其他主流科學的理論，這種做法可以提醒教育學者，應該努力的建構教育理論，而不是借用其他國家的教育學術架構，才能形成我國自身的教育學術體系。邊納爾的觀點有助於我國教育學術的發展，避免我國成為其他國家教育理論應用的場所，建立本土的教育理論，發展出具有我國特色的教育學術。除此之外，楊深坑（2002: 295）也認為在一個全球化的社會中，決策的考量不僅止於國家社會層次，更應及於世界社會與人類層次，因而國際主流教育理論的比較分析，未來不僅止於教育理論層次而已，更應涉及不同生活形式比較互動之探討。如此，才能與本土的認知與生活形式相互參照，建構一個兼容本土性與全球性，特殊性與普遍性的教育科學理論。

二、緊密聯結教育理論與教育實踐

　　今天在臺灣思考人文社會科學發展問題，首先應該考慮的不是世界學術舞台上的知名度或競爭力；而是我國社會文明整體本身未來的出路走向，包含：人民生活品質之提升、生命意義之開顯、自由與幸福之創進！而唯有先對於大環境的挑戰能做切實觀照、系統探索與虛心反思，才可能有下一步積極有效的發展作為（馮朝霖，2006: 33）。我國因為大量引進歐美的教育理論，並且將其應用到教育實際中，經常造成教育理論與實踐的斷裂，使得許多教育工作者對教育理論喪失信心，認為教育理論根本無法解決教育實際的問題，教育理論的學習根本沒用。邊納爾提出教育科學研究的結構模式，主張在教育科學的研究中包括三個層次，那就是「理論層次」、「實踐層次」和「經驗層次」。在理論層次涵蓋了「教育理論」、

「學校理論」和「陶冶理論」，這些理論可以作為教育實踐的指導和意義的導向；並且發展教育機構和陶冶機構教育改革的概念。然後，在實踐層次進行「教育的實驗」，以驗證教育理論的正確與否。最後，進入經驗層次。在經驗層次中教育科學研究者可以獲得「詮釋的經驗」、「教育的經驗」和「因果分析的經驗」，以作為再次建構和修正教育理論的參考，這樣就能緊密的結合理論、實踐和經驗，避免教育理論與教育實踐斷裂的問題。

三、確立教育學獨特的學術性質

　　我國教育學術的發展比較偏向科際整合模式，經常借用主流科學的理論來解決教育問題，這使得我國的教育學術淪為應用科學，甚至被主流科學的學者視為次級科學，造成教育學術地位低落的問題。在這種情況下，教育理論宜先立足於本土現象，深刻反思本土的文化資源或限制，再虛懷若谷的從國外取經。當然，在立足本土的過程中，無可避免地要把心思放在此間的人事物，從本地現象中抽絲剝繭，理論工作者當然也要對既存的文化結構，持批判反省的態度。但如果教育理論者所揭示的教育理想，完全不體察本土文化的氛圍，無視此間人物的共同信念，也不正視大多數教育工作者的日常生活世界，自然無法使大多數基層教師對教育理論產生熱情，那理論者自溺於所謂的學術規準，只不過是疏離教育實踐的托辭（簡成熙，2006: 41）。邊納爾的觀點對我國教育學術有所啟示，因為邊納爾指出教育學不是一門應用科學，而是一門兼顧理論、實踐與經驗的行動科學，這種行動科學具有實驗的性質，不同於其他科學，因此教育學具有獨特的學術性質，而不是其他主流科學應用的領域。我國應該可以學習這種觀點，承認教育學獨立自主的傳統，確立教育學獨特的學術性質，致力於教育理論的建構，才能有效的解決教育實際的問題，贏得其他主流科學的尊重，促進教育學術的發展，提升教育學術的地位。

　　總而言之，邊納爾的規範教育學深受盧梭教育學思想、康德批判哲學和教育學、赫爾巴特普通教育學、史萊爾瑪赫哲學和教育理論、德波拉夫實踐學和教育學的影響，將教育學的體系內涵劃分為教育理論、陶冶理

論和教育學理論。他經由教育學史的探究，指出教育學歷經傳統教育學、實證教育學、精神科學教育學、解放教育學和教育實驗理論等五個時期的演變。並且從其演變中，說明傳統教育學的學者採用哲學思辨的方法，實證教育學的學者採用實證分析的方法，精神科學教育學的學者採用歷史詮釋的方法，解放教育學的學者採用意識型態批判的方法，來進行教育問題的探討。邊納爾認為理論、實踐和經驗三者之間的關係是一種批判合作的關係，可以透過教育科學研究結構模式，有效的結合理論、實踐與經驗三者，使教育學成為一門來自於教育實踐，為了教育實踐，具有實際實驗性質的行動科學。其規範教育學具有指出教育學體系的內涵、劃定教育學演變的時期、說明教育學的研究方法、闡明理論、實踐與經驗的關係等優點，但是也存在著窄化教育學的體系內涵和誤解教育學的學術性質等問題。由於邊納爾的規範教育學涉及教育學學術性質、研究方法、歷史演變和體系內涵的探討，注重教育學自身理論的建構，緊密聯結教育理論與教育實踐，確立教育學獨特的學術性質，可以提供我國作為建立教育理論、改善教育實際和發展教育學術的參考，因此相當值得我們加以重視。

第九章

邊納爾的普通教育學探究

　　近年來德國教育科學[1]的發展非常蓬勃，在傳統教育學（Traditionelle Pädagogik）、詮釋教育學[2]（Hermeneutische Pädagogik）、實證教育學（Empirische Pädagogik）與解放教育學[3]（Emanzipatorische Pädagogik）之後，又形成了行動導向教育學（Handlungsorientierte Pädagogik）和後現代教育學（Postmoderne Pädagogik）的思潮，不僅教育理論學派林立，而且彼此之

---

[1]　在德文世界「教育學」（Pädagogik）、「教育科學」（Erziehungswissenschaft）與「普通教育學」（Allgemeine Pädagogik）三概念其實是混淆不清、時常交互使用的。追求「系統性之論證」乃是其基本共同特徵，此特徵與德國精神歷史、學術傳統及教育實踐的富於創造性、批判性與辯證性有密切關係（馮朝霖，2000：21-22）。

[2]　詮釋教育學也稱為精神科學的教育學（Geisteswissenschaftliche Pädagogik），由教育學家狄爾泰及其學生的倡導逐漸形成的一派教育學（Benner, 1991: 199-200）。

[3]　解放教育學也被稱為批判教育學（Kritische Pädagogik）。

間針鋒相對，甚至不斷地展開對話和論辯（Benner, 1994; Borrelli & Ruhloff, 1996; Wulf, 1983），其中行動導向教育學派和後現代教育學派的論戰就是典型的例子。其中行動導向教育學的興起，受到哈伯瑪斯（Jürgen Habermas）於1968年出版《知識與興趣》（Erkentnis und Interesse）一書的影響，許多教育學家逐漸意識到解放教育學，如果只是注重意識型態的反省批判，根本無法促使人類經由教育的活動獲得啟蒙，進而達到自由解放的目的。因此，開始探討教育行動理論，希望將教育理論的反省落實到教育實踐中，以達到人類化成的理想（梁福鎮，1999：81）。而後現代教育學的提出，則是受到哲學家傅柯（Michael Foucault, 1926-1984）、布迪爾（Jean Baudrillard, 1929-2007）、李歐塔（Jean-François Lyotard, 1924-1998）和羅逖（Richard Rorty, 1931-2007）等人後現代主義的影響。後現代教育學斥責系統教育學[4]是意識型態擴充的發展到最高點，教育的關係是表面的，教育使科學、藝術和生產等退步。並且要為系統教育學下診斷（Benner & Göstemeyer, 1987：76）。後現代主義對於系統教育學的攻擊，對形上學敘述內文的否定，對科學知識非人性後果的質疑，對以歐陸思想為中心的叛離，以及對知識固定疆界的挑戰等論點，都成為後現代教育發展的取向。但是，後現代教育學企圖捨棄系統教育學，切斷與傳統的關係，面臨否定的狀態，教育學術的危機跟著發生（詹棟樑，1999：716）。這些教育理論的趨勢，值得進一步的瞭解，而邊納爾曾經在其著作中討論這些問題。因此，邊納爾的普通教育學理論相當值得我們加以重視。

第一節 思想淵源

邊納爾曾經在《普通教育學》一書中，說明其普通教育學論證的層

4　在德文世界「教育學」（Pädagogik）、「教育科學」（Erziehungswissenschaft）與「普通教育學」（Allgemeine Pädagogik）三概念其實是混淆不清、時常交互使用的。追求「系統性之論證」乃是其基本共同特徵，此特徵與德國精神歷史、學術傳統及教育實踐的富於創造性、批判性與辯證性有密切關係（馮朝霖，2000：21-22）。

次：第一個層次是「一般行動理論」（Allgemeine Handlungstheorie），從人類實踐的「身體性」、「自由性」、「歷史性」和「語言性」出發，以區分工作、倫理、教育、政治、藝術和宗教等分化的人性領域。第二個層次是「教育思想和行動的基本概念」（Grundbegriffe pädagogischen Denkens und Handelns），從可塑性自我活動的要求和教育轉換非階層的秩序出發，說明教育實踐的個人層面和教育行動的社會層面。第三個層次是「教育行動理論」（Pädagogische Handlungstheorien），從自我活動的要求出發，建立「教育理論」。從非階層的秩序出發，建立「陶冶理論」。從銜接教育行動的個人層面和社會層面出發，建立「教育機構理論」。第四個層次是「特定教育行動形式與教育行動層面的理論」（Theorien spezieller päda-gogischer Handlungsformen und-dimensionen），從教育行動作為自己否定的關於未成熟者的權力關係出發，建立「管理措施的一般理論」（Allgemeine Theorie regierender Massnahmen）。從教育行動作為經由教學的教育與陶冶出發，建立「普通教學法」（Allgemeine Didaktik）。從教育行動作為社會行動領域的引導出發，建立「普通社會教育學」（Allgemeine Gesellschaft-spädagogik）。最後，達到教育學「統一性」（Einheit）的目標（Benner，2001b：303-306）。根據個人對邊納爾相關文獻的分析，其普通教育學的思想淵源主要有下列幾個：

一、盧梭的教育學思想

　　邊納爾在其《教育理論》中曾經討論到積極教育和消極教育的關係，他主張「積極教育學」（Positive Pädagogik）強調教育行動的引導和教育任務的導向，其教育方式是一種「肯定的教育」（Affirmative Erziehung），強調教育行動規範和達成教育任務的策略，追求一種目的論─階層的次序觀念（Teleologisch-hierarchische Ordnungsvorstellungen），在這種情形下教育理論和陶冶理論處於目的理性的關係，教育行動出自預定的道德或目的決定的力量（Benner, 1991：166），這不僅會阻礙人類反省和批判能力的發展，同時使教育活動缺乏學習的概念，因此，這種教育方式是錯誤的

（Benner, 1991：53）。相反地，「消極教育學」（Negative Pädagogik）不預定教育行動的規範和達成教育任務的策略，其教育方式是一種「消極的教育」（Negative Erziehung），這種教育方式不主張直接的教導，允許學生主動去經驗世界，自己決定行動的目標，可以培養學生主動學習和反省批判的能力（Benner, 1991：166-167）。然而，教育的實際不只是一種消極教育，同時也是一種積極教育。未成年人絕非從無創造他的世界，而是在他人決定的世界中出生，教育如果沒有積極的要求是無法想像的（Benner, 1987：46）。因此，「積極教育」和「消極教育」都有其存在的必要性。邊納爾對於「積極教育」和「消極教育」關係的看法，深受盧梭（Jean-Jacques Rousseau, 1712-1778）教育理論的影響。

二、康德的批判哲學和教育學

　　邊納爾的普通教育學是一種批判教育學，一種行動教育學，也是一種辯證教育學，其先驗批判的觀念來自於康德（Immanuel Kant, 1724-1804）的哲學思想。事實上，邊納爾在維也納大學的指導教授海特爾是一位新康德主義的哲學家。因此，他的教育學深受康德哲學的影響。早在1967年出版《教育學基礎緒論》時，邊納爾就採用康德「實踐優位」的觀念，強調教育學是一門來自於實踐，應用於實踐的科學（Benner & Schmied-Kowarzik, 1967）。其次，邊納爾也受到康德《教育學演講錄》一書的影響，主張在教育科學研究的過程中，注重「教育實驗」的進行，以驗證教育理論的成效，作為再次建構和修正教育理論的參考（Benner, 1983）。這種「教育實驗」的觀念，來自於康德設立實驗學校以驗證教育理論的主張。再次，邊納爾也應用康德批判哲學中「建構原理」和「調整原理」的觀念，來說明其教育理論和陶冶理論，提出「非肯定的教育理論」和「非肯定的陶冶理論」（Benner, 2001b）。最後，邊納爾在教育理論中特別強調「啟蒙」（Aufklärung）的觀念，這種觀念也來自於康德的批判哲學。他曾經從「啟蒙」的觀點出發，批判後現代教育學「教育學擴張」（Erweiterung der Pädagogik）的說法，主張教育的無限膨脹，將使人類永遠無法達

到「成熟」（Mündigkeit），不能運用自己的「理性」（Vernunft），達到「自我活動」（Selbsttätigkeit）的要求。邊納爾認為人類必須將「行動」（Handeln）作為人類化成的原理，教學應該要有結束的一天，以便人類能夠運用自己學到的知識，以自我負責的態度參與世界的活動和人類整體的實踐，解決自己所遭遇到的問題，成為一個自律的人（Benner, 1999；Benner, 2001b: 297-298）。

三、赫爾巴特的普通教育學

邊納爾曾經和柯瓦契克在1969年合著的《教育學基礎緒論》第二卷中，分析了赫爾巴特（Johann Friedrich Herbart, 1776-1841）普通教育學的內涵。邊納爾指出有些學者認為《普通教育學》是一本從倫理學和心理學觀點出發的著作，其實這是一種對赫爾巴特教育理論的誤解。因為普通教育學是一部真正的「教育學」體系之作，主要包括教育理論、陶冶理論和科學理論三個部分。在教育理論中赫氏從教育學的觀點出發，釐清「教育」、「陶冶」、「教學」、「教育性教學」、「管理」、「訓練」、「服從」等概念；在陶冶理論中提出教育的目的在於培養有品格道德的人，並且論證教育的理想。在科學理論中探討教育學的學術性質，證成教育學是一門理論性的科學；同時處理教育理論與實踐之間的關係，提出「圓融教育智慧」的觀念。在這部著作中，赫氏清楚地指出教育學研究的對象，以先驗批判作為教育學的研究方法，建立系統的教育理論，並且界定了教育學的學術性質。所以，普通教育學絕對不是拼湊的雜作，而是第一部系統性的教育學著作（Benner, 1969；Benner, 1993）。其後，邊納爾和柯瓦契克又在1986年出版《赫爾巴特系統教育學》一書（Herbart, 1986），並且在哈根空中大學講授「赫爾巴特系統教育學」。因此，對於赫爾巴特的普通教育學有非常深入的研究。同年，邊納爾整理他對赫爾巴特研究的成果，出版了《赫爾巴特教育學》一書（Benner, 1986）。在邊納爾的《普通教育學》一書中，不僅接受了赫爾巴特「教育性教學」的概念，同時對於教育理論與教育實踐關係的探討也深受赫爾巴特普通教育學的影響。

四、洪保特的哲學和教育理論

邊納爾在1990年出版《洪保特教育理論》一書中，不僅探討了洪保特（Wilhelm von Humboldt, 1767-1835）的教育理論，同時分析了教育與政治的關係。洪保特主張人類具有一種不確定的可塑性，並且將教育視為人類與世界的交互作用。在教育的過程中語言是一種媒介，透過語言可以關聯人類的理論理性和實踐理性（Benner, 1990）。邊納爾在其《普通教育學》一書中，非常強調經濟（Ökonomie）、倫理（Ethik）、教育（Erziehung）、政治（Politik）、藝術（Kunst）和宗教（Religion）等六大人類存在的基本現象，主張人類存在的特性包括「自由性」（Freiheit）、「歷史性」（Geschichtlichkeit）、「語言性」（Sprachlichkeit）和「身體性」（Leiblichkeit）四項，其中「語言性」的觀念就是來自於洪保特的語言哲學。邊納爾也把教育的過程視為是人類與世界的交互作用，這種觀念充分的反映在他的普通教育學之中（Benner, 2001b）。邊納爾對於洪保特的哲學和教育理論讚譽有加，他將洪保特視為統一德國學校制度最重要的改革者和理論家，甚至在邊納爾的改革教育學著作中，也經常談到洪保特對普魯士王國教育制度改革的貢獻。由此可見，邊納爾不但對於洪保特的教育理論有深入的研究，而且其普通教育學也深受洪保特哲學和教育理論的影響。

五、黑格爾的辯證哲學

邊納爾在波昂大學的指導教授德波拉夫是一位黑格爾主義者，他應用黑格爾的辯證法來說明教育的過程。德波拉夫認為教育運動的辯證結構就是一種未成年人（自己）與世界（他人）不斷辯論的過程，兒童的教育途徑就在導向自我實現，教師在教育過程中具有啟發的任務，他必須引導兒童與世界邂逅（Weltbegegnung），協助兒童達成自我實現（Derbolav, 1969: 121）。因此，邊納爾也受到黑格爾（Georg Wilhelm Friedrich Hegel, 1770-1831）哲學的影響。1965年邊納爾隨著名哲學家海特爾修讀博士課程，以〈理論與實踐：黑格爾與馬克斯系統理論的考察〉（Theorie und Praxis. System-theoretische Betrachtungen zu Hegel und Marx）一文獲得維也納大

學哲學博士學位。由此可知，邊納爾對黑格爾哲學有相當深入的研究。黑格爾在《法理哲學》（*Philosophie des Rechts*）一書中，闡述家庭、學校、社會、國家等各種教育機構的功能（Hegel, 1995: IX-IIX）。黑格爾主張家庭教育的主要環節是紀律，涵義在於破除子女的自我意志，清除純粹感性和本性的東西。從家庭關係說，教育的目的在於積極的灌輸倫理原則，以培養子女倫理生活的基礎；並且應用消極的教育方式，使子女超脫原來所處的直接性，而達到獨立性和自由的人格。黑格爾批評遊戲論教育學稚氣本身就具有自在價值，將教育降為稚氣形式的主張，認為這種教育學乃是把不成熟狀態中的兒童，設想為已經成熟，並力求使他們滿足於這種狀態（Hegel, 1995: 158-159）。這些觀念可以在邊納爾的《普通教育學》中找到痕跡，例如：邊納爾在處理消極教育學和積極教育學的關係時，就採用辯證綜合的方法來克服兩者的缺失。其次，邊納爾在普通教育學中提出的「教育機構理論」，也受到黑格爾《法理哲學》一書的影響（Benner, 2001a）。

六、史萊爾瑪赫的哲學和教育理論

史萊爾瑪赫（Friedrich Ernst Daniel Schleiermacher, 1768-1834）主張：「人類世代存在於單一的形式中，以特定的周期在地球上存在，然後再度地消失，所有的事物同屬於一個週期。經常能夠用年長和年幼的兩代來區分……年長一代大部分的活動延伸到年幼一代，這種活動是如此地不完美，但是很少被認知到，人們在做什麼？為什麼人們要做它？因此，必須要有一種理論，從年長與年幼兩代關係出發，自己提出下列問題：年長一代究竟要對年幼一代做什麼？這種活動的目的要如何決定？如何使活動的結果符合要求？在年長與年幼兩代關係的基礎上，年長一代對年幼一代負有何種責任？我們建構一切屬於這個範圍的理論。」（Schleiermacher, 1983: 9）這種兩代關係理論在邊納爾的普通教育學中，占著相當重要的地位。因為教育是在兩代關係中，進行文化傳承的活動。邊納爾主張一種教育問題的形成被自由地設定在兩代關係中，這種問題的關係把其他行動領域根本地改變了。在倫理和政治立即的聯繫中，教育論辯、教育反省和教

育實際必須在此目的下被區分開來。只有當教育的兩代關係包含了自身的意義，才能經由教育對道德風俗的改變作出貢獻，並且完成人類實踐領域和形式的分化。因此，邊納爾的普通教育學也深受史萊爾瑪赫哲學和教育理論的影響。

七、芬克的現象學與教育學

芬克（Eugen Fink, 1905-1975）於1955年在佛萊堡大學講學時，就特別強調人類存在的基本現象。他主張人類的生活有其「有限性」或「有盡性」（Endlichkeit），它是教育思想與教育行動的基礎。從這個基礎為出發點，可以找出教育學的方法和基礎。芬克主張探討人類的存在，應該瞭解人類存在的現象，它包括死亡、工作、管理、愛情、遊戲等等，這一些現象都在生活中與人類有密切的關係。人類的存在有其固定的意義，這是生活的根本。以此原理來分析人類的基本現象，可以瞭解教育與工作對人類的重要性，也可以證明在教育的範圍中，教育問題、教育內涵和生活問題與生活關係發生關聯。教育的努力就是在用強而有力的方式，來解決教育問題或生活問題，並為教育發展建立方向。生活的意義或存在的意義，必須透過教育才能瞭解，它不是從外在去瞭解，而是從人類的本身去瞭解，因此人類的內在才是「可經驗的世界」（Fink, 1970: 66；詹棟樑，1997：254-255）。芬克認為人類與世界的關係是一種「共同存在的關係」（Koexistenz-Verhältnis），要瞭解世界的概念並不容易，因為世界有外在世界與內在世界之分，對於內外在兩個世界完整性的把握不容易做到。芬克「物的本體論」（Ding-Ontologie）強調存在在謀求統一，這種統一是無法打破的，它以內在世界為出發點，為了把握存在，人類的思想運作必須以本體論的思想為基模，一切物的運動方式都以此為準，也就是說其運作自如，例如：建立與毀滅、拒絕與接受、場所的置換、一年的時序等，都是存在的原始和早期運動的起源（Fink, 1979：451；詹棟樑，1997：260-261）。邊納爾在普通教育學中，論證人類存在的基本現象，就是從芬克現象學的本體論出發的。其次，邊納爾非常強調人類與世界的交互作用，而且注重「共同存在」的觀念，這些觀念都來自於芬克的著作。由此

可知，邊納爾的普通教育學深受芬克現象學和教育學的影響。

第二節　主要內涵

　　邊納爾和柯瓦契克在1967年的《教育學基礎緒論I：赫爾巴特的實踐哲學與教育學》和1969年的《教育學基礎緒論II：早期費希特學者與赫尼希華的教育學》中，將黑格爾的「辯證方法」與康德「實踐優位」（Primat der Praxis）的觀點更新（Schmied-Kowarzik, 1974：24-25），建立教育學為一門「實踐科學」（Praktische Wissenschaft），以解決教育理論與教育實踐分離的問題。此時，他的教育學是一種消極教育學，主要包括「教育學說」（Erziehungslehre）、「教育現象學」（Erziehungsphänomenologie）和「教育哲學」（Erziehungsphilosophie）等三部分。邊納爾在其《教育學基礎緒論》一書中，將保爾（Jean Paul, 1763-1824）的《列華納或教育學說》（*Levana oder Erziehungslehre*）、盧梭的《愛彌兒》（*Emilé*）與史萊爾瑪赫的《教育理論》（*Theorie der Erziehung*）列入教育學說的範圍（Benner & Schmied-Kowarzik, 1967：180-181）。教育學說強調教育類型與教育方式的決定，致力於將教育經驗形成科學性的指引，在教育責任的前提下，協助教師發展教育性的情境。惟有具備內在責任感的教師，才能決定正確的教育方式，滿足作為教育學說的要求。教育現象學注意教育任務與教育本質的探討，強調教育理論意義的導向，以協助教師在教育情境中進行實踐，只有在實踐優位下，揭示教育實踐的本質，並且對其任務的實現加以說明，才能滿足教育現象學的要求，而這種要求無法單從知識科學的觀察方式與規範的價值科學獲得滿足。教育哲學不僅在理論上揭示教育學說與教育現象學聯結的可能性，同時真正在實踐中聯結教育學說與教育現象學。其主要重點在於說明教育科學學說的可能性、條件及其與教育學說和教育現象學的關係。只有在這種情況下，教育哲學才是一種教育學的「自我沈思」（Selbstbesinnung）。邊納爾將現代教育科學依照歷史發展的趨勢，劃分為「教育理論」、「陶冶理論」、「教育機構理論」三部分，並且將其作為「教育學理論」探討的對象（Benner, 1991：9-10）。所謂的「教育

學理論」（Theorie der Pädagogik）也就是一種「教育科學理論」（Theorie der Erziehungswissenschaft）或「教育哲學」（Erziehungsphilosophie）。根據個人對邊納爾相關文獻的分析，其普通教育學的主要內涵有下列幾項：

一、教育理論（Theorie der Erziehung）

邊納爾在1987年出版的《普通教育學》中，提出一種「非肯定的教育理論」（nicht-affirmative Erziehungstheorie）。他主張教育思想和行動的原理有四個，其中教育理論範疇的要求自動性和陶冶理論範疇的可塑性，屬於個體方面的建構性原理（Konstitutive Prinzipien），教育理論範疇移交社會決定到教育決定中和陶冶理論範疇人類完整實踐中非階層次序關係，屬於社會方面的調整性原理（Regulative Prinzipien），教育機構理論綜合這四項原理，從教育體制內外以達成教育改革的目的。他認為赫爾巴特的「普通教育學」奠基於實踐哲學和心理學，以釐定教育目的和發展教學方法，是一種典型的「規範教育學」（Normative Pädagogik），它不是從教育行動的形式來探究教育活動的實施，而是從理論的觀點來進行教育學的反省（Benner, 1987：165）。這種規範教育學是一種「積極教育學」，其教育方式則是一種「肯定的教育」，強調教育行動規範和達成教育任務的策略，追求一種目的論─階層的次序觀念（Teleologisch-hierarchische Ordnungs-vorstellungen）。在這種情形下，教育理論和陶冶理論處於目的理性的關係，教育行動出自預定的道德或目的決定的力量（Benner, 1991：166），這不僅會阻礙人類反省和批判能力的發展，同時使教育活動缺乏學習的概念。因此，這種教育方式是錯誤的（Benner, 1991：53）。相反地，「消極教育學」強調教育行動的引導和教育任務的導向，不預定教育行動的規範和達成教育任務的策略，其教育方式是一種「消極的教育」，這種教育方式不主張直接的教導，允許學生主動去經驗世界，自己決定行動的目標，可以培養學生主動學習和反省批判的能力（Benner, 1991：166-167）。然而，教育的實際不只是消極教育，同時也是一種積極教育。未成年人絕非從無創造他的世界，而是在他人決定的世界中出生，教育如果沒有積極的要求是無法想像的（Benner, 1987：46）。因此，「積極教育」仍然有其存

在的必要性。

　　邊納爾主張以「非肯定的教育」（nicht-affirmative Erziehung）辯證超越消極教育和積極教育的缺失，但是這種教育一直尚未在人類的歷史中實現，主要是受到現代科學目的論次序觀念，和國家政治上階層區分因素介入的影響，教育活動中存在著許多「肯定性」（Affirmation），使得「非肯定的教育」無法推行。邊納爾認為韋伯（Max Weber, 1864-1920）所提出的「決定論模式」（Dezisionistische Modell），奠基於政治非理性的價值決定；薛爾斯基[5]（Helmut Schelsky, 1912-1984）倡導的「技術官僚模式」（Technokratische Modell），奠基於緩慢的「形上學的持續反省」（Metaphysische Dauerreflexion）；哈伯瑪斯[6]（Jürgen Habermas, 1929-）所建立的「語用學模式」（Pragmatistische Modell），奠基於缺乏成熟性個體前提的「無宰制的對話」（Herrschenloser Diskurs），都無法解決政治和科學產生意識型態宰制，造成教育活動存在太多「肯定性」的問題，這種「肯定性」也就是一種未經反省批判的「意識型態」（Ideologie）。邊納爾認為只有超越國家政治和現代科學中存在的肯定性，才能實現「非肯定的教育」（Benner, 1995b：66-71）。消極教育和積極教育不僅具有「消極性」（Negativität），同時也具有「積極性」（Positivität）。哲學家黑格爾在《法理哲學》一書中，主張從家庭關係說，對子女所施肯定教育的目的，在於灌輸倫理原則，這些倫理原則是採取直接形式的。這樣，他們的心情

---

[5]　薛爾斯基（Helmut Schelsky, 1912-1984）是德國社會學家，1912年出生於薛姆尼茲，1931年進入寇尼斯堡大學就讀，主修哲學、德國語文學、歷史學和藝術史，同年轉到萊比錫大學，隨格倫（Arnold Gehlen, 1904-1976）和佛瑞爾（Hans Fryer, 1887-1969）學習哲學，1935年獲得哲學博士學位。曾經在寇尼斯堡、布達佩斯、漢堡、敏斯特等大學任教，在社會學領域非常著名。

[6]　哈伯瑪斯（Jürgen Habermas, 1929-）1929年出生於杜塞道夫，1948年進入哥廷根大學就讀，後來轉到蘇黎士和波昂大學，主修哲學、歷史學和心理學。1954年獲得哲學博士學位，1956年擔任法蘭克福大學社會研究所的助教，1961年通過「大學教授備選資格審查」，前往海德堡大學擔任哲學講座教授。1964年轉任法蘭克福大學，擔任哲學與社會學講座教授，1983年曾任馬克斯－普朗克研究所所長，現在已經從法蘭克福大學退休。

就有了倫理生活的基礎。另外，從同一關係說，這種教育還具有否定的目的，就是使子女超脫原來的直接性，而達到獨立性和自由的人格（Hegel, 1995：158）。在這種情況下，積極教育理論應該放棄其獨斷的態度，從非肯定的觀點反省自身理論的缺失，而消極教育理論也應該向積極教育理論學習，不是去否定實踐的積極性，而是去容忍實踐的積極性。消極教育學和積極教育學應該彼此合作，並且互相學習。如此，才能建立完整的現代教育科學，改善教育理論和教育實踐，同時助益於人類教育活動的推展（Liang, 1997：129）。

二、陶冶理論（Theorie der Bildung）

邊納爾在《普通教育學》一書中，探討「形式的陶冶理論」（Formale Bildungstheorie）和「質料的陶冶理論」（Materiale Bildungstheorie）的問題，並且提出具有獨創性的「非肯定的陶冶理論」（nicht-affirmative Bildungstheorie）來解決兩者之間的爭論。「形式的陶冶理論」強調個人可塑性的建構性原理，忽略社會非階層關係的調整性原理。從「教育實踐優位」（Primat der pädagogischen Praxis）的觀點出發，在教育上注重個人能力和技術的培養，以個人實現為教育的目的，進而影響人類整體的實踐。相反的，「質料的陶冶理論」強調社會非階層性的調整性原理，忽略個人可塑性的建構性原理。從「人類行動優位」（Primat der menschlichen Handeln）的觀點出發，在教育上注重社會期望價值的培養，以社會需要為教育的目的，進而化約了人類的可塑性。邊納爾認為「形式的陶冶理論」將所有世界的內容和人類行動實踐的範圍，理解為個人能力和技術練習的和教育的材料，而「質料的陶冶理論」將教育的對象僅僅視為社會期望價值資格和認證的承載者。邊納爾認為「形式的陶冶理論」和「質料的陶冶理論」兩者在教育目的方面的主張並不正確，因為個人層面和社會層面的教育目的是交互作用的（Benner, 2001b：150-152）。

邊納爾列舉盧梭、赫爾巴特、洪保特、史萊爾瑪赫、阿多諾的觀點，來說明其「非肯定陶冶理論」的意義。他主張盧梭在《愛彌兒》一書中，說明教育的互動不在目的論的為既與的和預定的社會秩序服務；而且在其

主要的政治著作《社會契約論》（*Contrat social*）一書中，提出理性社會秩序非奠基於人類本性或實質公民的憲法，而是建立在民主原理上的社會理論。盧梭主張教育的目的就是「自然本身」（Natur selbst），這種教育目的的意義包含了人類本性積極的規範和人類整體實踐中，教育互動任務肯定規範設定的質問。自從盧梭的社會批判和文化批判提出後，陶冶理論無法隱藏在已達到的問題意識中，而且不再是一種肯定的論證。赫爾巴特則將「人類的可塑性」（Bildsamkeit des Menschen）視為從「不確定性」（Unbestimmtheit）到「確定性」（Bestimmtheit）的過渡，他認為教育是一種從「深入」（Vertiefung）到「沉思」（Besinnung）交互作用的過程。在這個過程中，人類在眾多的世界內容中深入，並且在多種興趣中發展，以增加其思想和行動彼此關聯的能力。洪保特不像盧梭將可塑性的概念限定在個人的可塑性上，而將其指謂為整個人類人性的教育。在其〈論人性的精神〉（Über den Geist der Menschheit）一文中，將人類內在的本性描述為「未知的事物」（unbekanntes Etwas），並且將個人的決定描述為一種「原初的個體性」（originelle Individualität），對人類的可塑性而言，既未給予一種「原型」（Original），也未給予一種「先前的圖像」（Vorbild）。就人類可塑性的意義而言，它不是為特殊的活動確定不變的，當人類活動之間的關係不是依照既與的或預定秩序的標準規範時，才能夠被個人和社會所承認。亦即，當人類整體實踐分化的形式彼此之間不是一種階層的關係，而且在溝通之中自己有多種而開放的教育時，這種人類可塑性的意義才有可能達到。史萊爾瑪赫曾經在其倫理學和教育學著作中，建構人類可完美性「族群本質」（Gattungsnatur）的反目的論的基本結構。他將教育學和政治學作為非階層的「善的理念」（Idee des Guten）的部分觀點，這些觀點彼此之間無法相互歸屬（Benner, 2001b：156-162）。

邊納爾主張「非肯定的陶冶」與「肯定的陶冶」之間的區別在於：「非肯定的陶冶」既不在於使未成年人適應科學技術文明時代的生活；也不在於引導未成年人錯誤的相信科學技術文明時代的事物法則。而在於能夠使未成年人從這些事物法則中解放出來，使未成年人將這些既與系統的強制，經由個人學習的過程，改變經濟或政治的秩序結構，進而獲得透徹

的學習。並且從現代工業社會事物法則和系統強制中解放出來，回到人類整體實踐的工作、倫理、教育、政治、藝術和宗教統一的生活中。因此，邊納爾主張教育目的應該注重人類與世界的交互作用，採取非肯定的態度，培養學生反省批判的能力，以適應民主政治生活的需要，避免人類整體的實踐窄化為科學技術的文明。因此，非常注重人類整體實踐的統一性和教育在人類整體實踐中的重要性（Benner, 2001b：176-181）。

三、教育機構理論（Theorie pädagogischer Institutionen）

邊納爾在其《普通教育學》一書中，對伊里希[7]（Ivan Illich, 1926-2002）的「反學校化理論」（Theory of De-schooling）和盧曼[8]（Niklas Luhmann, 1927-1998）的「教育系統理論」（Theorie der Bildungssystem）加以批判，他認為伊里希的目的在於消除教育機構，經由這種方式創造可塑性和要求自動性互動原理的條件，將自己與社會的前提天真的對立，將教育實踐特殊性化為人類行動的部分領域，以改善教育的實際。邊納爾主張

---

[7] 伊里希（Ivan Illich, 1926-）1926年生於奧地利維也納，曾在羅馬的格里利安大學（The Gregorian University）學習自然科學、歷史、神學和哲學，其後取得薩爾斯堡大學（Universität Salzburg）的哲學博士學位。1950年伊里希到美國，在紐約一個愛爾蘭—波多黎各教區擔任牧師助理（parish priest）。1956年至1960年擔任波多黎各天主教大學（The Catholic University of Puerto Rico）副校長，並在該校成立了一所美國牧師在拉丁美洲服務的訓練中心。其後也參與墨西哥國際文化資料中心（Center for Intercultural Documentation）的創立，從事「技術社會中機構變通方案」（Institutional Alternatives in a technological Society）的發展，自1960年起伊里希在墨西哥的柯納瓦卡（Cuernavaca）定居。

[8] 社會學家盧曼（Niklas Luhmann, 1927-1998）是「教育系統理論」的倡導者，1927年出生於律納堡(Lüneburg)，1960年進入美國哈佛大學（Harvard University）攻讀行政學和社會學，深受社會學家帕深斯（Parsons, T.）結構功能論和莫爾頓（Merton, R.K.）功能分析論的影響，1962年返回德國，進入敏斯特大學隨著名社會學家薛爾斯基（Schelsky, H.）完成博士學位，1968年起擔任畢勒斐大學（Universität Bielefeld）社會學教授。他於1984年出版《社會系統：一般理論概要》（*Soziale Systeme:Grundriss einer allgemeinen Theorie*）一書，正式提出「系統理論」（Systemtheorie），對社會學產生重大的影響，1998年因病逝世於畢勒斐。

這種僅僅取消教育機構的理論，不僅無法在社會中加以實現，同時無法替代教育學在確定未成年人可塑性的「承認」（Anerkennung），和對要求自動性的行動產生作用的地位，而且只會在分化的人性實踐下，取消教育實際作為一項特殊活動的性質（Benner, 1987：168）。他認為伊里希的「反學校化理論」雖然提出積極的變通方案，並且和前公民社會的規定相聯結，當時教育實際仍然作為經濟、倫理、政治以及宗教實際的整合，因此能夠被執行。今天教育實際已經不具有以前整合各種人類實踐的意義，通過所有生活領域的「科學化」（Verwissenschaftlichung），不僅使得這種可能性自己停止，同時無法直接建構產生作用。因此，將未成年人單純地送回工作場所，就如直接地讓未成年人參與政治的計畫和未來的擬訂，這都是不可行的。這種將工作與生活融合，在一般社會學習關係和行動關係中納入教育過程的「休閒教育學」（Freizeitpädagogik），無法使未成年人在人類整體的實踐中參與作用，以改善教育的實際。德國「工作學校運動」（Arbeitsschulbewegung）和「多元技術教育」（Polytechische Erziehung）兩項教育改革，嘗試著不將教育實際作為休閒的媒體，而作為生產勞動關係的整合加以組織，但是最後卻失敗了。因為這兩種改革教育學的主張，只能在前公民的或早期公民的勞動關係中實現，並且只服務於工業生產場所受薪勞工的認可，無法將人類整體的實踐恢復（Benner, 1987：168-169）。伊里希的「反學校化理論」強調教育機構的取消，根本不可能真正實現，因為他忽略了現代公民社會和工業社會的複雜性（Komplexität），人類實踐整體的關係既非機構內人類整體實踐擴張的教育機構的「塑造」（Abbilden），亦非人類整體實踐顯而易見的在其他機構中的再次整合（Benner, 1987：169）。教育是人類整體實踐中的一環，無法從生活中加以取消，或由其他的人類實踐予以取代。所以，伊里希的「反學校化理論」是錯誤的。

邊納爾對盧曼的「教育系統理論」也提出批判，他認為系統理論的論證具有「問題洗滌器」（Problemwaschanlage）的功能，它將教育理論和陶冶理論反省的問題，用其他的問題加以取代。邊納爾主張教師假如在自己的教學中，不再詢問學生思考的作用，而只是作為一位專家，在「較好─

較差」（besser-schlechter）編碼之後陌生地判斷，將反省的本質視為「平凡的機制」（trivale Maschinen），盧曼天真地以為這種機制，能夠使人針對錯誤加以觀察，同時能夠選擇地處理現存的錯誤。在陶冶理論反省教育行動合法的目標和任務方面，邊納爾認為在盧曼的「教育系統理論」中，教師的目標觀點不是建立在教育學上，而是建立在系統理論的學說上。將教育系統的任務視為「社會選擇」（Gesellschaftliche Selektion）的過程，學校成為個人升遷發展合法化的機構，未成年人在「較好─較差」編碼的協助和系統內外選擇的設計下，使個人的教育過程逐漸肯定化（Benner, 1987：171-172）。邊納爾認為非肯定教育實際「制度的基本結構」（Die institutionelle Grundstruktur），與「肯定的概念」（Affirmative Konzepten）相對立，在人類行動領域中存在的「相互從屬性」（Interdependenzen），既非在反機構教育化意義下，亦非在系統理論合法化意義下的發生作用，而是在實際的「系統理性」（Systemrationalität）的問題下被分析和判斷。這種分析和判斷奠基於教育機構產生的「連續作用」（Folgewirkungen），及其對其他人類行動領域的意義。首先，教育機構產生的連續作用與對於教育實際的意義將被區分開來。接著，必須詢問介於這兩種意義間存在的相互從屬性，是否以及在何種程度上它可以符合一種非肯定教育實際方法和主題基本結構的假設。

　　邊納爾在普通教育學中，提出「非肯定的教育機構理論」。主張「機構的開放性」（Institutionelle Offenheit）有助於社會次系統分化，和人類整體實踐機構化的理解，「機構的開放性」具有兩項「現代的特徵」（Merkmale der Moderne）：一是在相對區分的機構中人類實際的分化；二是人類實際非階層整體關係的思考，這兩項特徵相互聯結。他認為機構開放性的基本假設，可以超越伊里希的「反學校化理論」，批判其取消公民社會的機構，返回「前公民社會」（Vorbürgerliche Gesellschaft）的概念，並且超越盧曼的「教育系統理論」，批判其注重系統理論合法化，被動接受社會事實的觀點，而建立非肯定的教育機構理論（Benner, 1987：181）。邊納爾認為人類存在的六大基本現象是彼此平等，密切相互關聯，具有各自的系統和功能，但是並非相互從屬，更無法彼此化約（Benner, 1987：20）。因此，社會的決定不可以直接應用到教育領域中，而必須加以適當的「轉化」（Transformation）。社會系統的階層現象必須消除，目的論的預設也必須加以反省，教育領域中的個體不但具有被動的可塑性，同時具有要求的自動性，教育科學必須從這種觀點出發，才能避免非理性的完全否定教育機構的功能，或者盲目的肯定教育系統的運作。作為一種教育機構理論，必須從理性的觀點，深刻的反省教育機構內外的問題，以改善教育的實際。

四、教育科學理論（Theorie der Erziehungswissenschaft）

　　邊納爾主張從實踐學的觀點出發，不僅可以論證教育學是一門獨立自主的學科，而且能夠說明教育理論與教育實踐的關係。在論證教育學的學術性質方面，邊納爾在《普通教育學》一書中認為，教育領域隨著學科的分化，產生了各種不同的教育學科。雖然這些學科都在研究教育問題，但是彼此之間卻缺乏一致的任務和系統的劃分。教育學是一門科學，它具有特殊的對象，想要建立教育科學系統的一致性，必須成立普通教育學對教育思想和行動加以探究。教育思想的聯結既非經由歷史科學和社會科學的重建，亦非通過詮釋學對我們的存有做超越時間的本質的確定，或是對教育問題理性論述先驗地反省，而應該透過行動理論和問題史的方式來加以證實（Benner, 1987：14）。邊納爾從實踐學的觀點出發，分析人類完整實踐的次序，參酌奧地利哲學家海特爾著作《哲學的雙重迷宮》（*Die beiden Labyrinthe der Philosophie*）中，經由古代系統哲學與現代先驗哲學的聯結，建立人類行動實驗性質的看法，並且以人類共同實踐區分的形式，作為人性分化的實踐學觀點，批判分析芬克在其著作《人類存在的基本現象》中，將工作、統治、愛情、死亡和遊戲五大人類存在的基本現象，列入自由性、語言性、歷史性和身體性四大存在特性中的觀點，原來邊納爾認為人類存有的特性包括「自由性」、「歷史性」、「語言性」三項，因為「身體性」無法超越時空而存在，所以被邊納爾排除在外（Benner，1987：20）。但是後來邊納爾認為「身體」（Körper）不僅是一種具體的

存在，同時也是人類實踐的工具，所以從芬克的理論中加以接受（Benner,
2001b：43）。邊納爾主張人類必須工作，經由自然的利用和保護，投入
經濟的活動，以創造和獲得其生活的基礎。必須對其相互理解的規範和法
則提出問題，進行倫理道德的肯定和發展。必須規劃和擬訂其社會的未
來，參與國家的政治活動。必須在美感的表達中超越現在，從事藝術的創
作或鑑賞，以獲得自由。必須面對同類終結及其自身死亡的問題，尋求宗
教的慰藉和信仰。人類位於兩代關係中，必須經由教育活動，從事文化傳
承的工作。因此，人類完整的實踐包含經濟、倫理、教育、政治、藝術和
宗教等六大領域，這些人類存在的基本現象彼此之間不是相互從屬的，也
無法相互化約（Benner, 1987：20）。教育是施教者秉持著善意，通過內在
啟發和外在陶冶的方式，進行各種教導與學習的活動，引導學生朝向正向
價值，以協助受教者獲得知識、情意和技能，進而使受教者產生自我創
化，並且形成健全人格的歷程。因此，教育的本質具有其不同於其他社會
系統的獨特性。既然教育的本質有其獨特性，那麼以教育實際為研究對象
的教育學自然有其不同於其他科學的地方。何況普通教育學已經建立許多
教育理論和陶冶理論，同時形成了教育理論與實踐兼顧的學術性質。所以
普通教育學足以成為一門獨立自主的科學。

　　在闡明教育理論與教育實踐的關係方面，1967年邊納爾在《教育學基
礎緒論》一書中，主張教育理論與教育實踐之間存在著「教育的差異」
（pädagogische Differenz），教育學有其自身的結構，它是一種來自教育
（實際），應用於教育（實際）的科學，教育學與教育兩者相互參照，教
育有賴於教育學的指導，教育學來自教育情境，教育理論與教育實踐的聯
結繫於教師，他不僅能夠在研究中將教育學作為科學，並且可以將教育學
說化為實踐。教育學的建立必須奠基於「實踐優位」（Primat der Praxis）
的基礎上，通過教師在教育歷程中才有可能將教育理論與教育實踐聯結起
來（Benner & Schmied-Kowarzik, 1967）。但是教育學的建立如果僅僅來自
於教育實際，應用於教育實際，這種教育理論建構的方式，會妨礙「理
論教育學」（theoretische Pädagogik）的發展，因為教育理論的建立不僅來
自於教育實際的觀察，而且必須奠基在教育科學的研究之上。假如沒有

一種與教育實踐相關的研究為基礎，教育學將無法成為一門理論與實踐兼顧的科學（Benner, 1991：123-124）。因此，邊納爾在《教育科學主要思潮》一書中，提出了「教育科學研究的結構模式」（Strukturmodell erziehungswissenschaftlicher Forschung），說明理論（Theorie）、經驗（Empirie）、實踐（Praxis）三者之間的關係，希望將教育學建立成為一門理論與實踐兼顧的科學。他主張在教育科學的研究中包括三個層次，那就是「理論層次」、「實踐層次」和「經驗層次」。在理論層次涵蓋了「教育理論」、「學校理論」（Theorie der Schule）和「陶冶理論」，這些理論可以作為教育實踐的指導和意義的導向；並且發展教育機構和陶冶機構教育改革的概念。然後，在實踐層次進行「教育的實驗」（Pädagogische Experiment），以驗證教育理論的正確與否。最後，進入經驗層次。在經驗層次中教育科學研究者可以獲得「詮釋的經驗」（Heumeneutische Erfahrung）、「教育的經驗」（Pädagogische Erfahrung）和「因果分析的經驗」（Kausalanalytische Erfahrung），以作為再次建構和修正教育理論的參考。因此，理論與實踐的關係在教育科學研究中，可以不斷的循環發展，拉近教育理論與教育實踐之間的差距，解決教育理論與教育實踐無法一致的問題（Benner, 2001a：322-338；Benner, 2001b：308-312）。

有些學者批判邊納爾的「教育實驗理論」（Theorie des pädagogischen Experimentes）混淆了教育（實踐）與科學（理論）的普遍化問題（Lenzen, 1996：85；Schorr, 1981：447）；有些學者則認為邊納爾的「教育科學研究結構模式」，忽略教育理論與實踐所處的社會條件、意識型態和物質生產關係的分析批判（楊深坑，2002：288）。其實這完全是一種誤解，因為在「教育研究結構模式」中，邊納爾主張當研究者只將教育實際當作實驗行動、把行動理論當作一種社會實驗改變的理論或將行動科學的經驗只當作在社會—實際實驗中，對教育經驗的分析時，教育實驗的概念可以是一種對教育技術操弄批判繼續的引導。在技術實驗的批判中，它確認那些擺脫實際實驗行動的變項，以便這些變項被每個批判所隔絕（Benner, 2001a：334）。也就是說「教育實驗」不僅是一種實踐層次行動的實驗，同時也是一種實踐層次思想的實驗。這對於教育科學的研究是一種可能的和必要

的活動，因為教育科學的研究除了實地的實驗之外，也需要理論的反思。因此，在教育科學研究中，教育與科學的普遍化問題是無法分離的，不像在一些學科中，可以將實驗作理論與實踐層次的區分。在《理論與實踐：黑格爾與馬克斯系統理論的考察》一書中，邊納爾首先分析批判了馬克斯對物質生產關係的看法（Benner, 1966：151-152），這種觀點一直延續到教育科學研究結構模式中，在教育實踐經濟層面的論述時，邊納爾就曾經深入的探討物質生產關係的問題。其次，邊納爾也曾經在其著作中探討各種教育理論與實踐意識型態批判的問題（Benner, 1983；Benner, 1987；Benner, 1999a）。他認為意識型態批判的使命不在於證明一切理性理解的偏見，而在於使新的理解成為可能，並且拓寬分析還未起作用的經驗的視野（Benner, 1998b：22-23）。最後，從邊納爾教育行動理論兼顧個人層面與社會層面的建構來看，教育實踐其實不是孤立的系統，而是社會系統中的一環。教育與政治、經濟、倫理、宗教、藝術等人類整體的實踐產生交互作用（Benner, 2001b：29-45），在「教育科學研究結構模式」中，理論、實踐和經驗三個層次的建構、實驗、批判與修正，就是對於教育理論與實踐涉及的社會條件、意識型態和物質生產關係的反思（Benner, 2001a：332-338）。因此，邊納爾的「教育科學研究結構模式」，並未忽略教育理論與實踐所處的社會條件、意識型態和物質生產關係的分析和批判。

第三節　綜合評價

　　邊納爾的普通教育學是德國數十年來少數的偉大體系設計，透過其高度的聯結能力關聯教育科學理論建構的傳統，而且經由其理論的一貫性使人確信無疑（Schäfer & Thompson, 2006）。根據個人對邊納爾相關文獻的分析，其普通教育學具有下列幾項優點：

一、證立普通教育學是一門獨立自主的科學

　　賈馥茗1999年在其《人格教育學》一書中，指出教育學的建立面對著兩個難題：其一是教育學與現有的科目的關係；其二是研究的方法問題

（賈馥茗，1999：9）。事實上，這個問題不僅在臺灣受到學者的重視，而且也是普通教育學探究的核心。邊納爾曾經在普通教育學中，從實踐學的觀點出發，論證經濟、政治、倫理、教育、藝術、宗教是人類存在的六大基本現象，而且這些現象之間無法相互從屬或彼此化約。因此，教育是一種不同於其他現象的存在。也就是說，教育具有不同於其他社會系統的獨特性。今天這種獨特性非常明顯，因為普通教育已經成為一門專業。不再像以前的社會，官吏可以同時是教師，實施一種政教合一的制度。今天，教育的實際與其他的社會實際已經有明顯的差異，因此研究教育實際的教育學，自然與其他科學有所不同。事實上，今天普通教育學在許多歐洲國家已經是一門獨立自主的科學，這可以從下列幾方面來看：(1)從語言學的意義來看，「教育學」這個語詞與其他的科學在意義上顯然有別，無論在探討的對象上，抑或是所使用的術語，均有明顯的差異；(2)從邏輯學的分析來看，心理學不等於教育學，心理學家不等於教育學家，所以，教育學術有其不同於其他科學的獨特性；(3)從方法論的探討來看，狄爾泰（Wilhelm Dilthey, 1833-1911）在1883年出版《精神科學導論》（*Einleitung in die Geisteswissenschaften*）一書，書中將科學區分為自然科學（Naturwissen-schaft）和精神科學（Geisteswissenschaft），並且主張自然科學以自然為研究對象，使用說明（Erklären）的方式，注重因果原則（Kausalitätsprinzip）的研究。精神科學則以人類為研究對象，使用理解（Verstehen）的方法，強調結構關係（Strukturverhältnis）的研究，所以兩者的性質全然不同。教育學以教育過程中的師生為研究對象，因此屬於精神科學的一部分。狄爾泰企圖將詮釋學方法應用於所有的精神科學中，奠定了教育學研究方法的基礎（Dilthey, 1990：14-21；詹棟樑，1995：339）。後來，經由莫連豪爾、達奈爾（Helmut Danner）和帕門提爾（Michael Parmentier）等教育學家的努力，使得教育詮釋學方法更加的完備，並且廣泛的應用於教育問題的研究。事實上，許多科學的成立並不一定需要有專屬的研究方法，例如：心理學所應用的實驗研究法來自於自然科學，然並不影響其成為一門獨立自主的科學。所以，研究方法的借用與否不能用來作為決定一門學科是否成立的標準。許多教育學者經常將教育詮釋學方法，應用於教育領域問題的

研究上，提供教育學的獨立性以堅實的基礎，形成教育學強烈的獨特性；4.從系統學的建立來看，教育學已經有系統地建立教育理論、陶冶理論、教育機構理論、教育關係理論、人格教育理論、教育改革理論和教育科學理論，教育領域的研究成果豐碩，足以成為一門獨立自主的科學；5.從學術性來看，教育學的研究強調理論來自於實際，並且應用於實際，兼顧理論與實際的性質，充分顯示出教育學術獨特的學術性質。因此，邊納爾在普通教育學一書中的實踐學論證，不僅說明教育實踐的獨特性，而且證立教育學是一門獨立自主的科學，對於教育學術的發展具有相當重要的意義。

二、闡明教育理論與教育實踐的關係

理論與實踐的概念來自希臘，在古代哲學中已經具有今天相互參閱與相互對立的意義。實踐（Praxis）表示行動，特別是人與人之間意識的行為，與事物的生產（Poeisis）不同，理論（Theoria）意謂慶典人員到祭祀場所旅行，理論等於經驗，發展成為事件的調查或行動指引（Schmied-Kowarzik, 1974：133）。我國教育研究一向強調實踐性的性格，建基在實徵主義的基礎上。因此，實徵研究方法廣泛的被採用。實徵主義「工具—目的—型模」背後方法論上的合法性基礎，甚少有人提出批判性的反省。因而，在教育學研究上幾乎落入羅赫納1960年代即已痛加針砭的弊病，不僅理論層次並未提升，而且在實踐上落入頭痛醫頭、腳痛醫腳的窘境。為提升我國教育學術研究水準，使教育實踐措施能採較為寬廣的視野，有深入探究教育理論與實踐關係的必要（楊深坑，1988b：83-84）。邊納爾在《普通教育學》一書中，從教育科學研究的基本結構，說明了教育理論與教育實踐的關係。他主張教育理論必須來自於教育實踐，而教育實踐是教育理論實踐的結果。在邊納爾的教育科學研究基本結構中，教育理論的建立必須經過實踐層次「教育實驗」的檢證和經驗層次「詮釋的經驗」、「教育的經驗」和「因果分析的經驗」的研究，才能作為修正和再次建構教育理論的參考。因此，教育理論是一種來自於實際的理論。相反的，教

育實踐的實驗必須經過理論層次的分析和經驗層次「詮釋的經驗」、「教育的經驗」和「因果分析的經驗」的研究，才能應用到教育實踐的活動中。因此，教育實踐是一種來自於理論的實踐。在這種情況之下，「理論」是實踐的理論；「實踐」是理論的實踐。理論與實踐之間的差距可以拉近，教師在學習教育理論時，不會與教育實踐脫離，而且教師在處理教育實踐時，無法與教育理論分開。因為存在於教育理論與教育實踐之間的「教育的差異」，能夠真正的被超越和克服，使得教育理論與教育實踐能夠達到真正的統一。所以邊納爾的普通教育學可以有效的闡明教育理論與教育實踐兩者之間的關係。

三、解決積極教育學與消極教育學的爭論

在教育史中有許多學者[9]提出「消極教育學」與「積極教育學」，藉以改善教育的理論與實踐。但是消極教育學與積極教育學的關係一直未被闡明，因此，現代教育科學中仍然存在著許多問題。當前對消極教育學與積極教育學關係的探討有三個取向：第一個取向致力於建立教育學為科學，強調教育行動的指導，教育任務的導向與教育事實的分析，但是不主張教育實踐的規範；第二個取向區分教育實踐與「消極實踐」（Negative Praxis），他們強調一種在反省過程中積極性的「引導」（Einführung），但非積極性自身中的引導；第三個取向著重教育學作為理論與實踐的聯結。他們從理論到實踐，從實踐到理論和理論與實踐相互逼近三種觀點，綜合教育學作為理論的與實踐的科學。但是這些學派不同觀點的探究，迄今沒有得到令人滿意的結果，消極教育學與積極教育學的關係尚未得到正確的說明（Liang, 1997：1）。面對這種情況，邊納爾主張教育的實際不只是消極教育，同時也是一種積極教育。未成年人絕非從無創造他的世界，

9　柏拉圖（Plato）在《理想國》（*The Republic*）中的教育理論是一種積極教育學，因為他的教育理論不僅注重受教者教育行動的規範，而且提供教育任務的策略。相反的，盧梭（Jean-Jacques Rousseau）在《愛彌爾》（*Emile*）中的教育理論則是一種消極教育學，他既不強調受教者教育行動的規範，也不提供教育任務的策略。

而是在他人決定的世界中出生，教育如果沒有積極的要求是無法想像的。因此，「積極教育學」與「消極教育學」都有其存在的必要性（Benner, 1987：46）。這不但闡明了「積極教育學」和「消極教育學」的關係，同時有助於現代教育科學中教育理論與實踐的改善，對人類教育的貢獻相當大。邊納爾認為「形式的陶冶理論」將所有世界的內容和人類行動實踐的範圍，理解為個人能力和技術練習的和教育的材料，而「質料的陶冶理論」將教育的對象僅僅視為社會期望價值資格和認證的承載者。邊納爾認為「形式的陶冶理論」和「質料的陶冶理論」兩者在教育目的方面的主張並不正確，因為個人層面和社會層面的教育目的是交互作用的（Benner, 2001b：150-152）。所以，提出「非肯定的陶冶理論」來解決「形式的陶冶理論」和「質料的陶冶理論」的紛爭。主張教育目的應該注重人類與世界的交互作用，採取非肯定的態度，培養學生反省批判既與規範的能力，以適應民主政治生活的需要，避免人類整體的實踐窄化為單一向度的科學技術文明。因此，非常注重人類整體實踐的統一性和教育在人類整體實踐中的重要性（Benner, 2001b：176-181）。

四、批判「反學校化理論」與「教育系統理論」的偏頗

邊納爾在《普通教育學》一書中，對伊里希的「反學校化理論」和盧曼的「教育系統理論」加以批判，他認為伊里希的目的在於消除教育機構，經由這種方式創造可塑性和要求自動性互動原理的條件，將自己與社會的前提天真的對立，將教育實踐特殊性化為人類行動的部分領域，以改善教育的實際。邊納爾主張這種僅僅取消教育機構的理論，不僅無法在社會中加以實現，同時無法替代教育學在確定未成年人可塑性的「承認」，和對要求自動性的行動產生作用的地位，而且只會在分化的人性實踐下，取消教育實際作為一項特殊活動的性質（Benner, 1987：168）。由於教育是人類整體實踐中的一環，無法從生活中加以取消，或由其他的人類實踐予以取代。所以，伊里希的「反學校化理論」是錯誤的。同時，邊納爾對盧曼的「教育系統理論」也提出批判，他認為系統理論的論證具有「問題洗滌器」的功能，它將教育理論和陶冶理論反省的問題用其他的問題加以

取代。邊納爾主張教師假如在自己的教學中不再詢問學生思考的作用，而只是作為一位專家，在「較好─較差」編碼之後陌生地判斷，將反省的本質視為「平凡的機制」，盧曼天真地以為這種機制能夠使人針對錯誤加以觀察，同時能夠選擇地處理現存的錯誤。在陶冶理論反省教育行動合法的目標和任務方面，邊納爾認為在盧曼的「教育系統理論」中，教師的目標觀點不是建立在教育學上，而是建立在系統理論的學說上。將教育系統的任務視為「社會選擇」的過程，學校成為個人升遷發展合法化的機構，未成年人在「較好─較差」編碼的協助和系統內外選擇的設計下，使個人的教育過程逐漸肯定化。因此，邊納爾提出 「教育機構理論」，主張社會的決定不可以直接應用到教育領域中，而必須加以適當的轉化。社會系統的階層現象必須消除，目的論的預設也必須加以反省，教育領域中的個體不但具有被動的可塑性，同時具有要求自動性，教育科學必須從這種觀點出發，才能避免非理性的完全否定教育機構的功能，或者盲目的肯定教育系統的運作。作為一種教育機構理論，必須從理性的觀點，深刻的反省教育機構內外的問題，以改善教育的實際。

五、指出後現代教育學的缺失

邊納爾在〈盧梭、泛愛主義與德國古典主義中現代兒童性的概念和教育〉一文中，指出兒童性消失的觀點得自於十五年前，經由現代媒體所帶來「童年終結」（Ende der Kindheit）的診斷，因為媒體「圖片的灌輸」（Bildfütterung）正逐漸地產生無特定年齡限制的影響，並且及於每一個人（Postman, 1983）。今天「童年終結」的觀念逐漸地與教育領域中「兩代關係終結」（Ende des Generationenverhältnisses）的說法聯結（Göstemeyer, 1993），這正是「反教育學[10]」（Antipädagogik）最初在小群體中回應60年

10　反教育學（Antipädagogik）興起於1970年代，主張兒童具有自我教育的能力，傳統的教育會傷害兒童的本性，反對教育萬能的承諾和教育學的建立。著名的代表人物有布朗穆爾（Ekkehard von Braunmühl）、庫普佛（Heinrich Kuffer）和歐斯特麥爾（Helmut Ostermeyer）等人（Oelkers & Lehmann, 1983: 6-9）。

代「解放教育學」的宣傳，要求整個放棄「教育」（Erziehung）。同時天真的將兒童和青少年視為創化的系統來處理，此時這種觀點似乎經由盧曼的系統理論變得更具有說服的能力。這種觀點認為現代教育與教育學正處在一種「變革的歷程」（Umbruchsprozess）中，在此過程中不僅兒童性和教育，就連教育的兩代關係也將消失無形。兒童性消失與成人消失說法之間的關聯，早已經見諸波斯特曼（Neil Postman, 1931-2003）的著作中，在德國教育學中，連琛（Dieter Lenzen, 1947-）是第一位談到教育領域「兩代關係」終結的教育學者，他在部分著作中把「兒童性的終結」和「成人的終結」聯結在一起。連琛的論點主張在媒體的影響下，使得「典型的兒童」（Typus Kind）消失，因為電視替兒童揭開了成人世界從性事到戰爭的秘密。連琛援引波斯特曼的觀點認為，不僅「典型的兒童」，就連成人也消失了。他進一步地談到「教育職業的膨脹」（Explosion pädagogischer Berufe），因為教育服務的需要已經不限於初生嬰兒的家庭，還包括在協會中、醫院裡、度假時、工作崗位上、養老院中和臨終所臥的床上。教育服務正逐漸地影響到所有年齡層，這使得接受教育服務的成人必要地兒童化了，成人因此消失在教育服務中（Lenzen, 1990：126-127；Postman, 1983：115-116；Cloer, 1992）。從康德的觀點來看，成熟是一個人在經過努力之後，能夠在沒有外來的協助下，運用其自身理性的狀態。而持續終生專業的生活伴隨，將使個體終生無法達到成熟的境界。而且教育如果在終生伴隨的意向下，經由轉換、互相交替的部分專業進行，將無法非常有責任被實施，甚至會造成一種反教育和反常的現象（Benner, 1999b）。因此，批判後現代教育學「教育學擴張」的觀點，主張專業的教育應該放棄「教育萬能」的期待，承認教育有其「無用」（überflüssig）之時，以克服終生教育所造成的缺失。

但是不可諱言的，邊納爾的普通教育學也存在著下列幾個問題：

一、混淆了「實踐活動」與「創作活動」的區別

邊納爾在《普通教育學》一書中，說明「整體實踐」（Gesamtpraxis）指的不是所有人類實踐的系統，而是人類行動的基本實踐形式：包括經

濟、倫理、教育、政治、審美和宗教。它並不要求這些實踐的完整性，而在於與反省傳統中人類行動理論的區分，並且指出人類整體實踐秩序問題的理解是無法放棄的。在邊納爾的普通教育學中，主張傳統「實踐的概念」（Begriff der Praxis），來自於古希臘哲學，特別是柏拉圖的概念。在柏拉圖的概念中，「實踐」（Praxis）指的是人類符合倫理的自由行動。不僅指謂單一個人之間的友誼，也指謂在波利斯城邦中，合法的共同的政治行動。在這種理解之下，工作和藝術不屬於實踐的範圍，而被視為一種創造和生產的不同形式或「創作的活動」（Poietische Tätigkeit）。在工作的過程中，彼此之間沒有扮演特別的角色。邊納爾主張所有人類活動的形式都是實踐。「實踐」與「創作」（Poiesis）[11]的區別，在實踐的概念中自己被闡明，而且工作之間彼此的關係被視為是實踐。他認為今天「實踐」的概念已經不再像古代一樣，指謂個人道德和公共政治領域中的行動，而包含了藝術、經濟、教育和宗教的行動（Benner, 2001b：29-30）。但是，邊納爾並沒有詳細的說明「藝術」被納入實踐概念的原因。他將原本屬於創作活動的「藝術」，劃入「實踐活動」的領域，混淆了「實踐」與「創作」的區別。同時片面的把普通教育學視為一門實踐科學，忽略了普通教育學「審美」的層面。因此，遭到教育學者的批判（Prondczynsky, 1993）。所以，邊納爾必須區分「實踐」與「創作」的概念，將藝術歸屬於實踐活動的原因，做清楚而詳細的說明，將普通教育學的性質定位為一門理論、實踐與審美兼顧的科學，才能使其普通教育學的論證臻於完善的境界。

二、忽略審美教育層面問題的探討

20世紀是知識爆炸的時代，隨著專業分工的發展，形成許多不同的學術領域。學校教育為了傳遞人類的文化，不得不實施分科教學，以利專業人才的養成。在這種情況下，注重知識教學的方式，逐漸占有優位性，於

11　柯瓦契克（Wolfdietrich Schmied-Kowarzik）將「創作」（poiesis）定義為「事物的生產」（Schmied-Kowarzik, 1974：133）。

是產生偏頗的教育。這種現象對於人格的健全發展有不利影響，日後可能造成嚴重的社會問題。德國哲學家謝勒（Max Scheler, 1874-1928）就認為教育是人類所有精神動力的自我開展，偏頗的教育不足以稱為教育（Rutt, 1978：608）。教育應該全面地發展人類的感官能力，才能培養健全的人格，誠如德國哲學家赫森（Johannes Hessen）所言：人類的生命是一個完整的精神動力系統，人類化成的努力既不能否定人類精神存在的特質，也不能偏頗的追求某一部分的精神價值。耽於低級本能層次價值的追逐或偏執某部分的精神價值，均難以完成統整的人格（Hessen, 1973：181）。莫連豪爾（Klaus Mollenhauer, 1928-1998）曾經在〈教育與陶冶理論中遺忘的審美層面〉（Die vergessene Dimension der Ästhetischen in der Erziehungs- und Bildungstheorie）一文中，探討藝術與教育學的關係。他不僅批判邊納爾《普通教育學》內容的缺失，同時指出當代普通教育學的發展，忽略了審美層面的探討（Mollenhauer, 1990：3-17）。郎格萬（Alfred Langewand, 1950- ）也指出20世紀實證教育學的科學化，使得理論的探究與實際的分析，逐漸抽象化和主觀化，產生許多理論建構發展的問題。教育學如果能夠注重藝術的概念，將能避免科學式反省的主觀性，並且將教育的理性客觀地表達出來（Langewand, 1990：22-23）。邊納爾的普通教育學雖然奠基在人類整體的實踐上，包括了經濟、政治、倫理、教育、宗教、藝術的領域，但是對於審美教育的問題並未加以探討，這是邊納爾普通教育學美中不足的地方，因為審美教育是人格教育的一環，在各級學校教育中，占有非常重要的地位（梁福鎮，2001：4）。如果教育理論的建構，忽略了審美教育的層面，將無法達到教育培養健全人格的理想。

三、化約了普通教育學完整的學術性質

　　邊納爾從實踐學「實踐優位」的觀點出發，主張普通教育學不僅是一門來自於教育實際、應用於教育實際的「實踐科學」（praktische Wissenschaft），同時也是一門指引教師教育行動的「行動科學」（Handlungswissenschaft）。他經由教育科學演進的歷史和當代教育發展的趨勢提出普通教育學的內容。他認為教育科學的內容包含：「教育理論」、「陶

冶理論」、「教育機構理論」與「教育學理論」四部分（Benner, 1991：9-10）。「教育理論」是一種教育情境建構與教育經驗的理論，致力於正確教育方式的確定、教育情境建構的指導與教育理論廣闊視野的形成。「陶冶理論」是一種教育任務與意義確定的理論，著重於探討教育影響措施的任務和教育目的的解釋（Benner, 1991：14）。「教育機構理論」主要的目的在於探討教育實踐的社會場所，以適當地聯結教育理論與陶冶理論（Benner, 1987：166）。「教育學理論」強調一種教育實踐科學建立可能性的分析，它的重點不在於教育情境建構的指導，也不在於將教育行動導向教育目標。教育學理論的目的在於教育科學內容可能性條件的說明（Benner, 1991：14）。普通教育學的探討雖然以這四部分的理論為主，但是作為一門教育學科的後設理論，絕對不能以此自限，而應當全面的探討教育科學的問題，並且系統的規劃其研究的方向，以促進教育學術健全的發展。從實踐學觀點來看，教育實踐的內涵並不止於邊納爾所提出的四個領域。因此，教育科學的內容日後將不限於教育理論、陶冶理論、教育機構理論和教育科學理論而已。所以，邊納爾對於教育科學內容的劃分，應該採取開放界定的策略，才能符合未來趨勢發展的需要。而且普通教育學的學術性質，絕對不僅僅只是一門實踐科學而已。因為教育理論不僅要沉思教育的本質，觀審教育現象的變化，構思體系的關聯，所以具有理論性。同時，教育理論也必須來自教育的實際，才能解決教育問題，滿足教師的需求，注重應用的取向。所以具有實踐性。而且，教育理論必須指引教師媒體的製作運用，培養教師教案的撰寫與執行，甚至審美教育活動的推展。所以具有技藝性。因此，普通教育學是一門理論性、實踐性和技藝性兼顧的科學。邊納爾偏頗的強調理論、實踐與經驗，忽略審美層面的意義，化約了普通教育學完整的學術性質。

除此之外，有的教育學者認為邊納爾的普通教育學返回到啟蒙時代進步導向歷史哲學的傳統脈絡中，不僅注重個體的進步，而且強調整個人種的進步，同時將其作為教育的使命（Lenzen, 1995: 33）。邊納爾的普通教育學注重教育原理的普遍有效性，忽略歷史時代的轉變（Gängler, 1988: 63）。其次，邊納爾將行動理論作為教育科學理論建構的參照理論，是

否會阻礙其他社會條件的教育行動相當令人擔心（Krüger, 1994: 120; Mollenhauer, 1996: 283）。邊納爾強調基本概念和教育行動核心層面的確定，將教育關係奠基在世代和年齡的差異上，這與文化工作和婦女教育領域的看法不同，因為在這些領域未成年人已非教育的對象，邊納爾只注意教育學的統一性，而忽略教育科學分化過程中多元實踐領域的系統性（Krüger, 2009: 93）。

第四節　重要啟示

根據個人對邊納爾相關文獻的分析，其普通教育學對我國的教育學術具有下列幾項重要的啟示：

一、證成普通教育學的獨特性質

我國學術界過去不承認教育學是一門獨立自主和嚴謹的學術，因此反對在中央研究院成立教育學研究所。其後才有設立國家教育研究院的倡議，如今國家教育研究院雖然已經設立，但是教育學的地位仍然不見提升，教育人員依然不被視為專業人員，其地位和待遇還是不如其他專業人員。邊納爾從實踐學的觀點出發，論證教育是人類存在的六大基本現象之一，與政治、經濟、倫理、宗教和藝術有所不同，不能相互從屬或彼此化約，證成教育現象具有獨特性，而探討教育問題的教育學是一門獨立自主的科學，教育人員是專業的人員，應該享有專業人員的地位和待遇，相當值得我國教育學術界作為參考，以提升我國教育學術和教育人員的地位。

二、聯結教育理論與教育實踐

我國教育學術界由於大量借用歐美的理論，忽略國家社會文化的差異，造成教育理論與教育實踐脫節的現象，不僅許多教育問題無法得到真正的解決，而且影響學者對於教育理論的信心，因此如何有效聯結教育論與教育實踐成為當務之急。邊納爾認為教育理論與教育實踐之間存在著教育差異，必須經由「教育科學研究結構模式」的建立，在理論層次、詮釋

層次和實踐層次，循環驗證理論的經驗、詮釋的經驗與實踐的經驗，才能有效的聯結教育理論、教育經驗與教育實踐，解決教育理論與教育實踐分離的問題，這種「教育科學研究結構模式」的做法，可以提供我國作為有效聯結教育理論與教育實踐的參考。

三、批判積極與消極教育方法

積極教育方法和消極教育方法各有其優缺點，如何兼顧這兩種教育方法，避免教育方式的偏頗，才能正確的說明其彼此之間的關係，達成教育的理想。過去我國學校教師在教育方法的選擇上，比較偏重積極教育方法，注重填鴨式的教學，不僅阻礙學生反思批判能力的發展，而且影響學生學習的效果。邊納爾分析積極教育方法和消極教育方法的利弊得失，提出非肯定的教育方法，應用辯證和批判的觀點處理前述兩種教育方法的缺失，相當值得我國學校教師作為應用教育方法的參考，有助於學校教育效果的提升。

四、增進學校機構性質的瞭解

學校作為教育機構有其特殊的性質，既非伊里希所想的完全無法發揮教育的功能，只是國家複製社會階級的工具，應該徹底加以廢除，使用教育網絡來取代。當然也不是盧曼所說的具有自我生成的功能，在遇到問題時可以自我組織，解決所有的教育問題。邊納爾批判伊里希對教育機構過於悲觀，教育機構到了今天已經相當複雜，無法回到中世紀的做法，使用教育網絡來取代學校。盧曼對於教育機構則過於樂觀，強調教育機構自我創生的功能，忽略教育機構消極保守的特性，根本無法真正的瞭解教育機構的性質。這種觀點可以提供我國作為參考，以瞭解教育機構的性質，發揮教育機構的功能。

五、避免後現代教育的缺失

我國的教育學術在後現代主義的影響下，不僅引進許多實驗學校的教育觀念，而且產生教育功能膨脹的問題。這些實驗學校的教育觀念中，

隱含反教育學的思想，否定教育的功能，違反兒童真正的意願，排除教學和學習的活動，根本背離教育的原理。伴隨著教育功能的膨脹，積極推展終身學習的理念，使人類失去自己使用理性思考的能力，產生反教育的作用。邊納爾批判反教育學錯誤的觀念，主張兒童性的尊重，反對教育功能的擴張，強調教育功能的限制，指出教育無能和教育萬能觀點的錯誤，這些觀點可以提供我國作為引進實驗學校理念和推展終身學習理念的參考，使我國的教育學術得到健全的發展。

　　總而言之，邊納爾普通教育學的提出，主要是因為有感於教育科學的學科之間，長久以來缺乏一致性的關聯，甚至彼此之間存在著衝突，因此阻礙了教育科學的進步。同時，由於普通教育學在教育領域中的重要性逐漸喪失，無法針對教育科學的發展提供確切的建議。因此，主張在分化的教育科學之間，可以找到一些彼此關聯的基本教育思想，從行動理論和問題史的觀點來重建普通教育學，成為教育科學領域核心的學科。邊納爾普通教育學的思想淵源，主要來自於盧梭的教育學思想、康德的批判哲學思想、赫爾巴特的普通教育學思想、洪保特的改革教育學思想、黑格爾的辯證哲學思想和史萊爾瑪赫的教育學思想。邊納爾普通教育學的內涵主要包括「教育理論」、「陶冶理論」、「教育機構理論」和「教育科學理論」四個部分。其普通教育學有幾項重要的貢獻：(1)證立普通教育學是一門獨立自主的科學；(2)闡明教育理論與教育實踐的關係；(3)解決積極教育學與消極教育學的爭論；(4)批判「反學校化理論」與「教育系統理論」的偏頗；(5)指出後現代教育學的缺失。當然，邊納爾的普通教育學也有下列幾項問題存在：(1)混淆了「實踐活動」與「創作活動」的區別；(2)忽略審美教育層面問題的探討；(3)化約了普通教育學完整的學術性質。然而不可諱言的，邊納爾不但具有相當獨到的見解，而且解決了許多教育科學的爭論，值得我們探究其普通教育學的內涵，以提供我國作為建立教育理論與解決教育問題的參考。

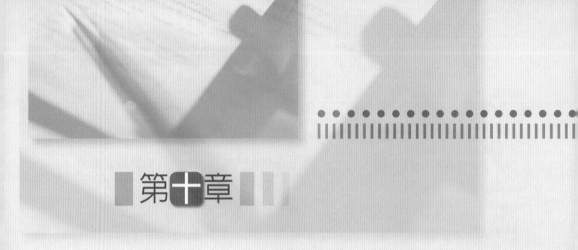

第十章

邊納爾的改革教育學探究

　　目前我國正在進行一系列教育改革的活動，由於在教育政策制定的過程中，忽略教育哲學專家意見的徵詢，導致教育政策決策的失當，引起許多學生、教師、家長和社會人士的批評，足見教育改革的推動不能忽略哲學的思考，以往治標不治本的作法，應該徹底的改弦更張，才能因應國家社會的需要，提出合理可行的教育政策，達到教育改革的理想（梁福鎮，2006）。面對這些問題，教育學者要尋找傳統價值、釐定創新方向、認清領先優勢和痛改沈痾宿疾，才能促進臺灣教育學術的發展，找到我國社會整體文明未來的出路（馮朝霖，2006）。教育改革主要在使個人足以具備探究能力，開啟自然中的理性秩序，解除傳統、宗教與迷信的桎梏，而得到真正的自由與解放。掃除文盲運動、自然主義的教育運動和泛愛主義教育運動的教育改革，宗旨雖然未盡一致，但是都在透過教育的活動，點燃人類的理性之光，使人類能夠勇於運用理性，以控制自然與社會，而

躋斯土於天堂（楊深坑，1996: 1）。因此，世界各國無不重視教育改革。但是，教育改革如果沒有理論的指引，實施的結果勢必成效不彰。因此，教育改革理論的建立相當重要。在這種情況下，「改革教育學」的研究應運而生。傳統的定義主張「改革教育學」（Reformpädagogik）是一門研究19世紀以來，一些重要教育改革運動的學科。這些重要的教育運動包括藝術教育運動、鄉村教育之家運動、工作學校運動、青少年運動、學校改革運動、社會教育運動和進步教育運動等等（Böhm, 2000: 443-444）。經過七十幾年的發展，改革教育學的定義已經開始改變。到了今天，改革教育學是指一門從教育反思的觀點出發，探討歐洲啟蒙運動時期迄今，各國重要的教育改革運動和教育改革思想，提出教育改革理論，以改善教育改革實際的學科（Benner & Kemper, 2001: 9）。「改革教育學」是「普通教育學」（Allgemeine Pädagogik）領域中的一門學科，兩者關係非常密切。如果從教育科學的演變來看，「普通教育學」雖然是一門「常規教育學」（Normalpädagogik），但是由於教育學者不斷的進行論辯，使得「普通教育學」在概念上不斷的推陳出新。因此，「普通教育學」也是一門「改革教育學」。如果從庫恩（Thomas S. Kuhn）科學理論的觀點來看，「普通教育學」是一門「常規科學」（Normal Science），那麼「改革教育學」就是一門「革命科學」（Revolutionary Science），兩者不斷的循環，促成教育科學的進步（梁福鎮，2004）。邊納爾（Dietrich Benner, 1941-）曾經在其改革教育學時期的著作中，從實踐學的觀點出發，應用哲學分析的方法，探討德國教育改革運動、國家教育政策和教育科學理論的發展，釐清一些錯誤的教育改革理念，探討國家教育政策，闡述教育科學的演變，緊密的結合教育理論與教育實際，分析許多教育改革運動成敗的原因（Benner & Kemper, 2001; Benner & Kemper, 2002; Benner & Kemper, 2004; Benner & Kemper, 2007）。因此，邊納爾的改革教育學相當值得我們加以重視。

第一節　思想淵源

　　根據個人對邊納爾相關文獻的分析，其改革教育學的思想淵源主要有下列幾個（梁福鎮，2004: 462-465）：

一、盧梭的教育學思想

　　邊納爾在其《普通教育學》（*Allgemeine Pädagogik*）一書的「教育理論」（Theorie der Erziehung）中曾經討論到「積極教育」（Positive Erziehung）和「消極教育」（Negative Erziehung）的關係，他主張教育的實際不只是一種「消極教育」，同時也是一種「積極教育」。未成年人絕非從無創造他的世界，而是在他人決定的世界中出生，教育如果沒有積極的要求是無法想像的（Benner, 1987: 46）。在此，邊納爾點出未成年人必須先接受積極教育，具備相當的基礎之後，才可能接受消極教育。是以，邊納爾既主張消極教育，也肯定積極教育。而且在《改革教育學理論與歷史》（*Theorie und Geschichte der Reformpädagogik*）一書中，指出泛愛主義（Philanthropismus）學校、康拉第主義（Conradinum）學校、鄉村教育之家（Landerziehungsheim）、自由學校區（Freie Schulgemeinde）、歐登森林學校（Odenwaldschule）等教育運動，都受到盧梭（Jean-Jacques Rousseau, 1712-1778）教育學思想的影響（Benner & Kemper, 2001; Benner & Kemper, 2002），邊納爾主張「積極教育」和「消極教育」都有其存在的必要性。在「積極教育」和「消極教育」關係的看法上，邊納爾深受盧梭教育理論的影響。

二、康德的批判哲學

　　邊納爾的普通教育學是一種「批判教育學」（Kritische Pädagogik），一種「行動教育學」（Handlungspädagogik），也是一種「辯證教育學」（Dialektische Pädagogik），其先驗批判的觀念來自於康德（Immanuel Kant, 1724-1804）的批判哲學思想。他的《改革教育學的理論與歷史》一書也

從批判的觀點出發，探討國家政策、教育運動與教育科學的關係，將教育學區分為「常規教育學」和「改革教育學」（Benner & Kemper, 2001; Benner & Kemper, 2002; Benner & Kemper, 2004; Benner & Kemper, 2007）。事實上，邊納爾在維也納大學的指導教授海特爾（Erich Heintel, 1912-2000）是一位新康德主義的哲學家。早在1967年出版《教育學基礎緒論》（*Prolegomena zur Grundlegung der Pädagogik*）時，邊納爾就採用康德「實踐優位」（Primat der Praxis）的觀念，強調教育學是一門來自於實踐，應用於實踐的科學（Benner & Schmied-Kowarzik, 1967）。因此，他的教育學深受康德批判哲學的影響。

三、赫爾巴特的普通教育學

　　邊納爾和柯瓦契克（Wolfdietrich Schmied-Kowarzik, 1939- ）在1986年出版《赫爾巴特系統教育學》（*Systematische Pädagogik Herbarts*）一書（Herbart, 1986），並且在哈根空中大學（Fernuniversität Hagen）講授「赫爾巴特系統教育學」。因此，對於赫爾巴特（Johann Friedrich Herbart, 1776-1841）的普通教育學有非常深入的研究。同年，邊納爾整理他對赫爾巴特研究的成果，出版了《赫爾巴特教育學》（*Pädagogik Herbarts*）一書（Benner, 1986）。在《改革教育學的理論與歷史》一書中，邊納爾不僅接受了赫爾巴特「教育性教學」的概念，同時對於教育理論與教育實踐關係的探討也深受赫爾巴特普通教育學的影響（Benner & Kemper, 2001）。赫爾巴特主張「教育性教學」（erziehender Unterricht）的觀念，強調教師在進行教學活動時，只有將教育和教學結合在一起，才是真正完善的教學（Herbart, 1991）。教育是指品德的養成，而教學是指知識的傳遞，兩者兼顧才是教育性教學。邊納爾深受赫爾巴特的影響，主張真正的教學必須是教育性教學。

四、洪保特的語言哲學

　　邊納爾在其《普通教育學》一書中，非常強調經濟（Ökonomie）、倫理（Ethik）、教育（Erziehung）、政治（Politik）、藝術（Kunst）和

宗教（Religion）等六大人類存在的基本現象，主張人類存在的特性包括「自由性」（Freiheit）、「歷史性」（Geschichtlichkeit）、「語言性」（Sprachlichkeit）和「身體性」（Leiblichkeit）四項，其中「語言性」的觀念就是來自於洪保特（Wilhelm von Humboldt, 1767-1835）的語言哲學。邊納爾也把教育的過程視為是人類與世界的交互作用，這種觀念充分的反映在他的普通教育學之中（Benner, 1987）。其次，邊納爾也在《改革教育學的理論與歷史》一書中，探討洪保特哲學與教育理論對於普魯士王國教育改革的影響，指出洪保特對於普魯士王國的教育改革具有重要貢獻（Benner & Kemper, 2001）。因此，邊納爾深受洪保特語言哲學的影響。

五、黑格爾的辯證哲學

邊納爾在波昂大學的指導教授德波拉夫是一位黑格爾主義者，他應用黑格爾（Georg Wilhelm Friedrich Hegel, 1770-1831）的「辯證法」（Dialektik）來說明教育的過程。德波拉夫認為教育運動的辯證結構就是一種未成年人（自己）與世界（他人）不斷辯論的過程，兒童的教育途徑就在導向自我實現，教師在教育過程中具有啟發的任務，他必須引導兒童與世界邂逅（Weltbegegnung），協助兒童達成自我實現（Derbolav, 1969: 121）。1965年邊納爾隨著名哲學家海特爾修讀博士課程，以〈理論與實踐：黑格爾與馬克斯系統理論的考察〉（Theorie und Praxis. System-theoretische Betrachtungen zu Hegel und Marx）一文（Benner, 1966），獲得維也納大學哲學博士學位。由此可知，邊納爾對黑格爾哲學有相當深入的研究。邊納爾在《改革教育學的理論與歷史》一書中，應用黑格爾的辯證法來說明教育運動、國家政策與教育科學的關係（Benner & Kemper, 2001; Benner & Kemper, 2002; Benner & Kemper, 2004; Benner & Kemper, 2007）。因此，邊納爾深受黑格爾辯證哲學的影響。

六、史萊爾瑪赫的教育理論

史萊爾瑪赫（Friedrich Ernst Daniel Schleiermacher, 1768-1834）的「世代關係」（Verhältnis der Generation）理論在邊納爾的普通教育學中，占著相

當重要的地位。因為教育是在「世代關係」中，進行文化傳承的活動。邊
納爾主張一種教育問題的形成被自由地設定在「世代關係」中，這種問題
的關係把其他行動領域根本地改變了。在倫理和政治立即的聯繫中，教
育論辯、教育反思和教育實際必須在此目的下被區分開來。只有當教育的
「世代關係」包含了自身的意義，才能經由教育對道德風俗的改變作出貢
獻，並且完成人類實踐領域和形式的分化。邊納爾指出過去教育領域中
的「世代關係」是一種「權威關係」，到了史萊爾瑪赫的《教育理論》
（Theorie der Erziehung）一書，將這種關係改變為「平等關係」，這種觀
念徹底改變了人類在政治、經濟、宗教、倫理、藝術和教育等行動領域的
關係，因為教育實際偏向傳統的權威關係，教育反思站在平等關係的立
場，而教育論辯則是前述兩種觀點並陳，這使得教育論辯、教育反思和教
育實際產生差異。邊納爾在《改革教育學的理論與歷史》一書中，對於史
萊爾瑪赫的「教育理論」與「世代關係」有詳盡的論述，指出其「世代關
係」的觀點不同於傳統的看法，具有教育改革的重要意義（Benner, 1987;
Benner & Kemper, 2001）。因此，邊納爾深受史萊爾瑪赫教育理論的影響。

七、芬克的存在現象學

　　芬克（Eugen Fink, 1905-1975）於1955年在佛萊堡大學（Universität
Freiburg）講學時，就特別強調人類存在的基本現象。他主張人類的生活
（生命）有其「有限性」或「有盡性」（Endlichkeit），它是教育思想與
教育行動的基礎。從這個基礎為出發點，可以找出教育學的方法和基礎
（Fink, 1987）。芬克指出人類終將面臨死亡，人類如何面對自身的死亡和
同類的終結，將文化繼續傳承下去，就顯現出人類有接受教育的必要性，
而教育如何讓人類坦然面對自身的死亡和同類的終結，並且保存、傳遞和
創造文化，就促成各種教育思想和教育行動的興起。因此，人類生活（生
命）的有限性是各種教育思想和教育行動的基礎。邊納爾在普通教育學
中，論證人類存在的基本現象，就是從芬克存在現象學的本體論出發的。
其次，邊納爾的「普通教育學」和「改革教育學」非常強調人類與世界
的交互作用，而且注重「共同存在」（Co-Existenz）的觀念（Benner, 1987;

Benner & Kemper, 2001），這些觀念都來自於芬克的著作。由此可知，邊納爾深受芬克存在現象學的影響。

八、德波拉夫的實踐學

德波拉夫（Josef Derbolav, 1912-1987）1969年在〈綜合教育學教育理論的基礎〉（Die Bildungstheoretischen Grundlagen der Gesamtpädagogik）一文中，談到教育學在實踐學範圍中的地位（Derbolav, 1969）。他的實踐學來自奧地利經濟自由主義學派的米塞斯（Ludwig von Mises, 1881-1973），可以追溯到古希臘哲學家亞里斯多德（Aristotle, 384-322 B.C.）的哲學，主張從人類整體的實踐出發，來建立綜合教育學的教育理論。邊納爾受到德波拉夫的影響，從實踐學的觀點出發，強調人類整體實踐中教育學的獨特性，無法化約或從屬於其他人類的實踐，建立其普通教育學，並且將這種觀點應用到改革教育學中，以詮釋教育科學的演變，提出其獨到的實踐學教育理論（Benner, 1987; Benner & Kemper, 2001）。因此，邊納爾也受到德波拉夫實踐學觀點的影響。

九、庫恩的科學哲學

庫恩（Thomas S. Kuhn, 1922-1996）曾經在《科學革命的結構》（The structure of scientific revolutions）一書中，指出科學典範的轉移通常經過幾個階段。首先是「常規科學」（Normal Science）時期，然後進入「探究階段」（explorative Phase），一門科學產生危機，先前的典範無法解決其問題，此時產生科學的革命，出現一個新的科學典範，尋求異例的解決。其次進入「典範時期」（paradigmatische Phase），在一般的問題解決活動明顯的說明之後，這個典範再度成為一門「常規科學」。然後進入「後典範時期」（postparadigmatische Phase），許多重要的問題都能經由新典範加以解決，直到新的異例出現，借助這個典範的協助，仍然無法說明或解決該異例，此時科學會陷入危機，再度進入「探究階段」，進行科學的革命（Kuhn, 1966）。邊納爾深受庫恩科學哲學的影響，將教育學區分為「常規教育學」和「改革教育學」，將典範時期的教育學稱為「常規教育

學」，而將陷入危機的教育學稱為「改革教育學」，應用庫恩的科學哲學的典範理論來詮釋教育學的演變和發展（Benner & Kemper, 2001）。

第二節 主要內涵

　　邊納爾和康培爾[1]（Herwart Kemper）在《改革教育學的理論與歷史》一書的前言中談到此書來自「德國研究協會」（Deutsche Forschungsgemeinschaft）1989-1991年和1992-1999年「普通教育與學校結構」（Allgemeinbildung und Schulstruktur）計畫，當時由敏斯特大學（Universität Münster）、葉爾福特教育學院（Pädagogische Hochschule Erfurt）和洪保特大學（Humboldt-Universität zu Berlin）的團隊參與。這個計畫的目的在於探討從啟蒙運動到現代，德國改革與實驗學校、國家學校改革和現代教育科學發展中理論與實踐的重要關係，以重建介於實際的改革教育學、國家教育改革和教育科學理論發展與研究之間的發展與學習歷程。這本書包括《啟蒙運動到新人文主義的教育運動》（*Die pädagogische Bewegung von der Aufklärung bis zum Neuhumanismus*）、《從世紀轉換到威瑪共和國結束的教育運動》（*Die pädagogische Bewegung von der Jahrhundertwende bis zum Ende der Weimarer Republik*）、《蘇聯占領區與東德的國家學校改革和學校實驗》（*Staatliche Schulreform und Schulversuche in SBZ und DDR*）、《西方占領區與西德的國家學校改革和學校實驗》（*Staatliche Schulreform und Schulversuche in den westlichen Besatzungszonen und der BRD*）等四巨冊（Benner & Kemper, 2001）。根據個人對邊納爾相關文獻的分析，其改革教育學的主要內涵有下列幾項：

一、「改革教育學」與「常規教育學」的關係

　　邊納爾在《改革教育學理論與歷史》一書的第一冊中，首先探討了

---

[1]　康培爾（Herwart Kemper）是邊納爾（Dietrich Benner, 1941-）1981年在敏斯特大學指導通過「教授備選資格審查」（Habilitation）的學生，目前擔任葉爾福特大學學校教育學研究所的所長。

17和18世紀教育學新的問題，包括師生關係、人類與公民的聯結、新教育的機構化、學校的教育理論等問題。其次分析啟蒙運動、新人文主義的實驗學校和普魯士王國的教育改革，包括巴斯道（Johann Bernhard Basedow, 1724-1790）和薩爾茲曼（Christian Gotthilf Salzmann, 1744-1811）的泛愛主義學校、費希特（Johann Gottlieb Fichte, 1762-1814）、亞赫曼（R. B. Jachmann）和帕紹（R. B. Passow）的康拉第主義學校，以及洪保特在普魯士王國的學校改革。最後闡述現代教育科學的行動理論，包括盧梭、泛愛主義者、費希特和史萊爾瑪赫等人教育理論的問題；盧梭、泛愛主義者、費希特、史萊爾瑪赫、洪保特和赫爾巴特等人有關人類與公民的陶冶理論問題；赫爾巴特、黑格爾和史萊爾瑪赫有關學校批判與學校改革的機構理論問題。其中，比較重要的是邊納爾談到了「革新」（reformieren）和「改革」（Reform）的意義、「教育學」（Pädagogik）與「政治學」（Politik）的關係、「常規教育學」與「改革教育學」的差異、改革教育學歷史書寫的不同形式等問題（Benner & Kemper, 2001）。

在「革新」與「改革」的意義上，邊納爾強調中世紀和近代「革新」和「改革」意義的差異。他主張「改革」概念來自拉丁文（reformare），原意是指「改造」（umgestalten）和「改變」（verwandeln）。「改革者」（Reformer）原來是指宗教改革者，現在已經改變其既存的意義了。「宗教改革」（Reformation）概念原來是指路德和其他人在16世紀進行的宗教改革運動。而天主教教會應用的「反宗教改革」（Gegenreformation）概念則不僅是一種與基督教宗教改革運動相對的觀念，而且是指另一種的革新與改造。「宗教改革」和「反宗教改革」概念顯示是一種對「革新」（reformare）的理解，但不是一種可以解決的兩難情境。如果只是想要再製的革新，可以進行完全不同的再製。這種返回是否可能和哪些是正確的，在舊的改革理解視野中並沒有共識。什麼在理性的革新之下被理解，無法從一個革新和改革者的實際直接推衍出來。這需要繼續的分析，而且與「革新」和「改革」現代的意義相關聯。今天「革新」和「改革」概念主要應用在政治領域，例如：在民主社會中一個政府被另一個接替，或在國會中針對未來政策的方向和重點進行爭論、諮詢和決定。在計畫的關係中，依

照法則彼此展開競爭。這些都是希望社會的實在不是在聯結的意義關係範圍內革新，而是不同參與者按照標準以改變其未來。未來的計畫不僅可以有不同的詮釋，而且在反基礎主義的意義中需要合法化和修正。它在保留之下有效，而且依賴於同意和接受。「革新」和「改革」古代意義的演變是一種斷裂，兩個概念的發展是不連續的。改革在現代的意義中絕對不是一種被遺忘，或要求恢復其權利的事物，而在於按照標準形成未來，使人類不受神聖歷史全然的規定，能夠被自己想出、設定、創造、建立和選擇。「改革」的現代意義和古代意義的差異在於：古代的改革從所有的存有者來自內在，人類的意志不再給予合目的性的理由來理解。而現代的改革不從所有的存有者來自內在，人類的意志不再給予合目的性的理由來理解（Benner & Kemper, 2001: 13-15）。

在「教育學」與「政治學」的關係上，邊納爾主張「教育學」與「政治學」之間存在著兩種不同的關係，他認為國家、教育系統、教育政策和改革教育學具有密切的關係。教育改革如果從國家出發，教育系統的政治改革將會隨後跟進，這是在「正常情況」（Normalsituation）下教育與政治的關係。在國會民主政治制度中，教育政策屬於國家政治行動的範圍。因此，教育改革屬於國家改革的一環。在這種情況下，教育系統必須隨著國家的「現代化」（Modernisierung）不斷地革新，以符合社會的期待和需要。但是在「特殊情況」（Sondersituation）下，教育改革並不追隨國家改革的行動。此時，國家政治和教育反思進入一種新的關係。因為當一個社會陷入「危機狀態」（Krisensituation），無法單獨依靠政治力量和教育成規解決。在這種情況下，特別需要經由政治和教育的努力，在理論和實踐中建立新的方向，帶領整個國家渡過危機狀態，回到常規狀態。這種特殊情況對於改革教育學和教育政策的革新發展，具有相當深刻的意義（Benner, 1998: 18；Benner & Kemper, 2001: 16-18）。

在改革教育學歷史撰寫（Geschichtsschreibung）的形式上，邊納爾提出三種不同改革教育學歷史撰寫的方式（Benner, 1998: 19-21；Benner & Kemper, 2001: 25-30；梁福鎮，2004：478-479）：第一種是從歷史傳記學的觀點出發，著重在改革教育倡議者的看法、教育運動的發展、教育改革的理論

與實踐和國家教育政策的論述。而且，侷限於從「文化批判」或教育理論與陶冶理論的觀點，來進行政治和社會的反思。這種改革教育學的著作可以塞柏（Wolfgang Scheibe）的《改革教育運動》（*Die reformpädagogische Bewegung*）為代表。第二種是將「常規階段」（Normalisierungsphase）與「改革教育的天真」（reformpädagogische Naivität），按照個人的主觀好惡安排，以便於進行片面的描述。這種方式容易偏重教育改革人物，而忽略了教育改革的問題，並且，會陷入改革階段描述不實和忽略反省問題的危險當中。這種改革教育學的著作可以盧曼（Niklas Luhmann）的《編碼化與程式化》（*Codierung und Programmierung*）為代表。第三種是在改革教育階段與教育常規狀態交替中，進行教育科學歷史的描述。將教育理論與教育實際的討論作為對象，進行反思的和系統的歷史書寫。並且，探討現代教育科學中的知識如何來自於教育系統的改變，以及這些知識對於教育過程的觀察、引導和批判有何意義。這種改革教育學著作可以歐克斯（Jürgen Oelkers）的《改革教育學：一種批判的教條史》（*Die Reformpädagogik. Eine kritische Dogmengeschichte*）為代表。

　　邊納爾也談到「改革教育學」與「常規教育學」的關係，他認為今天教育科學在大學院校被傳授和學習，並且被當作研究來進行。在這種看法之下，「改革教育學」被視為一種科學史的結果，從相當不同的方式出發，以探討特定教育理論和教育實踐的問題。教育理論可以預先趕上教育實踐，並且為改變的實踐提出理論的概念。當然，教育理論也可以在其實踐中追隨和體驗，或是在事後進行反思和研究。相反地，教育實踐也可以預先趕上教育理論，並且從其受到理論刺激的實踐規劃，回答社會的改變和革新的情形。這些影響的因素來自教育理論和教育實踐兩方面，我們可以從「改革教育學」理論、實踐和經驗豐富的意義，或教育運動的事實來說明。當理論的革新和實際的改革一致時，「改革教育學」就成為一種「常規教育學」，或是到達特定的常規階段。「改革教育學」和「常規教育學」的差異只在於，「常規教育學」的理論與實踐是「改革教育學」改革的對象，而「改革教育學」致力於改革理念的實踐，以便使自己成為「常規教育學」（Benner & Kemper, 2001: 26；梁福鎮，2004：479）。

二、教育運動與現代改革教育學

　　邊納爾在《改革教育學理論與歷史》一書的第二冊中，首先探討教育運動與現代的「改革教育學」，其次談到教育運動改變的問題地位，主張「改革教育學」是一種「兒童本位教育學」（Pädagogik vom Kinde aus），強調兒童在團體中自然的發展。接著分析德國的教育改革運動，包括李茲（Hermann Lietz, 1868-1919）的「鄉村教育之家」、魏尼肯（Gustav Wyneken, 1875-1964）的「自由學校區」、格黑柏（Paul Geheeb, 1870-1961）的「歐登森林學校」、羅提希（William Lottig, 1867-1953）的「漢堡生活團體學校」（Hamburger Lebensgemeinschaftsschulen）、奧圖（Berthold Otto, 1859-1933）的「家庭教師學校」（Hauslehrerschule）、皮特森（Peter Petersen, 1884-1952）的「耶納計畫學校」（Jena-Plan-Schule）、嚴森（Adolf Jensen, 1837-1879）的「律特利學校」（Rütlischule）、卡爾森（Fritz Karsen, 1885-1951）的「卡爾・馬克斯學校」（Karl-Marx-Schule）。然後闡述教育行動理論再度的發現，以及教育科學作為研究學科新的建構等問題（Benner & Kemper, 2002）。邊納爾認為「改革教育學」的概念與事實和兩種現代「政治學」與「教育學」的觀點有密切的關係，一種指向國家、教育系統、教育政策和「改革教育學」關係中的常規狀態（Normalsituationen）；另一種指向國家、教育系統、教育政策和「改革教育學」關係中的特殊狀態（Sondersituationen）。一種從國家出發的教育改革，會緊跟著教育系統的政治改革，這在今天是一種教育學與政治學關係中的正常狀況。在國會民主這種情況中，教育政策被定義為一種在國家必要的政治行動領域之下形成的必要之特殊領域，因此教育改革被描述為一種國家改革的特殊範圍。教育改革必須促進對其他社會系統反應中的改變和分化社會系統新形成之教育系統的適應過程，我們可以將國家改革和教育改革努力關係中的常規狀態，使用「現代化」（Modernisierung）的概念來描寫。由此顯示教育系統不斷地適應新的改變的需求和接受者的期待，而這必須符合現代化的潮流（Benner & Kemper, 2002: 13）。

　　這種常規狀態歷史和系統一次性的與持續影響的特殊狀態有所不同。

當社會陷入危機之中，無法再使用傳統的媒介加以解決。在這種情況下，教育改革不再單純的追隨國家改革，國家政治（Staatliche Politik）和教育反思（Pädagogische Reflexion）進入一種新的關係。在這種關係中教育改革和教育政策很少成為政治或其他專業政策直接應用的領域，「教育學」與「政治學」面對的課題既非經由管理的政治實踐，亦非經由教育傳遞的媒介被處理。因此，需要教育的和政治的特殊努力，不是提出已經完成處理的理論和語用學，而是必須加以規劃、合法化和嘗試。相對於「教育學」和「政治學」關係中的常規狀態，特殊狀態必須發展出新的教育和政治的思想和行動，以確保能夠繼續存在，並且在改革實驗中帶來新的事物。這種觀點在國家政治、教育政策和「改革教育學」的常規狀態中也是有效的，教育計畫和教育政策中的國家權力（Staatliche Befugnisse）問題開始於近代（Neuzeit），今天國家教育改革和「改革教育學」中的常規關係無法再回到舊的常規狀態，而是走向介於宗教、審美、政治、倫理、教育和經濟行動等機構分化領域之間複雜的交互影響，作為一種理論和機構史形式的和重要的規準，國家教育改革可以用來區分「常規教育學」和「改革教育學」。改革教育階段緊接著發展舊常規教育階段的教育制度和走向未來，其政治的特色在於教育系統和陶冶系統新的確定，這是國家教育改革有效的和能夠被傳遞的功能，所以改革教育階段的目的在於將舊的「常規教育學」朝向改革的道路，而轉化為一種新的「常規教育學」（Benner & Kemper, 2002: 13-14）。

　　邊納爾指出現代教育學自身作為影響史（Wirkungsgeschichte）的生產者，有利的匯集了新的「教育」（Erziehung）概念和「陶冶」（Bildung）的概念。現代改革教育學在德國的發展有三個階段（Benner, 1998: 22-28；Benner & Kemper, 2001: 19-24; Benner & Kemper, 2002: 15-16；梁福鎮，2004：477-478）：

　　第一個階段——邊納爾主張改革教育學的第一階段開始於中世紀之後的宗教戰爭。到了18世紀時英格蘭、荷蘭、法蘭西和德意志的啟蒙運動先後興起，社會體制逐漸從封建制度進入到公民社會。由於絕對主義國家（Absolutistische Staaten）和重商主義（Merkantilismus）經濟制度的發

展，無法滿足社會大眾的需求，導致泛愛主義學校的改革，帶動「學校教育學」（Schulpädagogik）和「社會教育學」（Gesellschaftspädagogik）的探討。當時，泛愛主義者巴斯道在德紹（Dessau），薩爾茲曼在斯納芬塔（Schnepfenthal）、亞赫曼在嚴考（Jenkau）都設立了學校，進行傳統學校教育的改革，並且提出許多「教育理論」（Theorie der Erziehung）、「陶冶理論」（Theorie der Bildung）和「教育機構理論」（Theorie Pädagogischer Institutionen）的思想。這些教育改革的思想，後來在普魯士王國改革中得到真正的實現。在這個階段中，改變了人類個體的可塑性、傳統世代關係的互動和師生之間的關係（Lehrer-Schüler-Beziehungen）。這些教育改革者主要受到盧梭「兒童概念」（Begriff der Kinder）、康培爾「教育反思」（Pädagogische Reflexion）、康德「判斷與行動」（Urteilen und Handeln）、費希特「自由的自我活動」（Freie Selbsttätigkeit）、赫爾巴特「教育性教學」（Pädagogischer Unterrichten）、洪保特多種情境中「人類與世界的交互作用」（Interaktion zwischen Menschen und Welt）和史萊爾瑪赫「世代關係」教育思想的影響。

第二個階段——邊納爾主張改革教育學的第二階段開始於20世紀對於學校的批判。這個階段的「改革教育學」具有國際的性質，包括美國和俄國教育學的發展。他們從行動理論反思、教育學的歷史探討和教育科學的經驗研究出發，著重在新的教育職業和專業性師資培育制度的建立。這個階段的教育改革並非受到費希特、赫爾巴特、洪保特和史萊爾瑪赫等人「教育理論」、「陶冶理論」和「教育機構理論」的影響，而是受到「兒童本位教育學」的啟發，兼顧自然天賦和社會地位的看法。但是，這種見解也受到新康德主義者、精神科學和實證科學反思形式和理論形式的批判。其後，實證教育科學（Empirische Erziehungswissenschaft）擴充「兒童本位教育學」強調「教學方法」、「教學內容」和「教學結果」可以獨立研究的見解。詮釋教育科學（Hermeneutische Erziehungswissenschaft）將「兒童本位教育學」有關「直接引導」和「任其生長」的想法擴大，以便獲得未成年人「主體化成」（Subjekt werden）與「客觀文化」內涵之間的關係。先驗—批判教育學（Transzendental-kritische Pädagogik）則藉此證明：教育不

是一種兒童的活動，而是一種經由「教育」和「陶冶」的方式，形成的一種自由的自我活動。

　　第三個階段——邊納爾主張改革教育學的第三階段開始於當前，主要的目的在於促進教育政策、改革教育學和教育科學的發展。這可以從1960年代教育科學的擴張、傳統學校批判和教育改革批判的現象，看到第三次大規模教育改革運動的興起。這個階段的教育改革運動中，不僅教育行動理論、社會科學經驗與歷史傳記學關係的確定，教育系統、政治系統、職業系統三者之間相互依賴關係的探討，都將成為核心的問題。而且，教師與學生關係的新觀點，教育領域中理論（Theorie）、經驗（Empirie）與實踐（Praxis）的關係，教育過程和陶冶過程成功的社會前提，這些都是此階段重要的問題。

三、改革教育的倡議、國家學校改革與現代教育科學的興起

　　邊納爾在《改革教育學理論與歷史》一書的第三冊中，首先探討1945年之後德國改革問題的地位，包括介於教育系統（Bildungssystem）與政治系統（Politiksystem）之間決定的問題，教育與經濟、學校與宗教、教育與科學的關係，學校普通教育（Allgemeinbildung）和職業教育（Berufliche Bildung）的過渡，以及後代進入社會行動領域的問題。其次分析「蘇聯占領區」（Sowjetische Besatzungszone, SBZ）和「德意志民主共和國」（Deutsche Demokratische Republik, DDR）的國家學校改革與改革教育學，包括1945-1949年「蘇聯占領區」的學校改革和改革教育學；1949-1959年統一與分化緊張領域中的學校，說明十年制「多元技術學校」（Polytechnische Schule）的引進；1960-1970年社會主義系統中，在科學技術發展要求下，教育系統的現代化；1971-1989年服務於「共產主義教育」（Kommunistische Erziehung）的學校；1989-1990年的危機意識與改革的努力。最後闡述「蘇聯占領區」和「東德」的公共教育、陶冶、學校和學校改革的問題（Benner & Kemper, 2004）。

　　邊納爾在導論中首先主張「改革教育學」與「常規教育學」交互影響對現代的三項改革運動，也就是啟蒙運動和新人文主義的改革教育學，19

轉向20世紀到威瑪共和國結束的改革教育學，以及戰後兩德民主的學校改革具有理論史的重要性。改革教育學處理德國教育運動的發展和從那時起有關國家教育改革、改革教育倡議和教育科學三者關係的確定。其次，邊納爾介紹了這三項教育改革運動改變的問題地位，探討1945年之後德國教育改革、改革教育學和教育科學的情形（Benner & Kemper, 2004: 10）。主要的問題包括下列三項（Benner & Kemper, 2004: 10）：(1)教育系統對於教育民主化有何貢獻，如何引導去解構根源於社會及其後來產生的不平等；(2)教育的科學化開啟何種機會，以及其界限位於何處；(3)普通教育的學校系統對於職業教育和世代間關係的改變具有何種意義。這些問題在1945年之後改革之下的德國有許多爭議性的討論和不同的回答，在二次大戰後兩德的改革討論中其答案存在著差異，這些差異不僅介於這些改革討論之中，而且可以在個別的改革階段中得到證明。接著邊納爾探討了改革教育學、國家學校改革、教育科學理論發展和研究在「蘇聯占領區」和「德意志民主共和國」（東德）的演變，然後按照時間的順序介紹了國家的學校改革，其中不僅涉及國家的倡議，而且有些是被選出的事件，它們是在研究中迄今很少被注意到的改革概念、取向和經驗的分析，在國家的範圍中被發展或是嘗試被引進。在此顯示出國家教育政策本質上影響了教育系統的發展，而且在其中顯示出自我邏輯的影響，也設定了國家影響措施的界限。哪些教育改革倡議在教育系統的發展中實施，其影響是可以比較的，這些影響並非來自其與國家計畫的聯結能力，而有賴於它對現代教育系統的結構如何解釋，以及對其發展問題意義的改變。最後邊納爾說明普通教育與學校結構關係的問題，這些問題來自第一次和第二次教育運動中改革教育學的發展和國家的教育改革，不僅決定了二次大戰後兩德的教育改革，而且決定了新德國未來的發展（Benner & Kemper, 2004: 10-11）。

四、西方占領區和西德的國家學校改革和學校實驗

　　邊納爾在《改革教育學理論與歷史》一書的第四冊中，首先探討西方占領區和西德國家學校改革、改革教育學和教育科學的發展。在導論中重複了前面著作三個階段教育運動的區分，在國家學校改革、改革教育的

倡議和教育科學理論建構與研究的關係中，討論「教育理論」、「陶冶理論」和「學校理論」（Theorie der Schulen）協調一致的問題。經由其提出的聯結問題使德國的第三個教育運動與前兩個教育運動有所不同，它與第三冊中戰後兩德發展的平行處理聯結，而作為論述統一之後德意志聯邦共和國教育運動的基礎。其次，邊納爾研究了西方占領區和西德改革教育學、國家學校改革和教育科學理論發展與研究。在國家學校改革的重大事件之下，他探討了教育改革和教育制度的發展問題，並且與改革教育的實踐相互參照。這些探究不僅分析了國家的倡議，而且分析了選出的一些教育改革的概念、取向和經驗，探討其對國家改革措施的影響。指出國家教育政策對教育制度的發展產生本質上的影響，而且顯示出自我邏輯的作用，它設定了國家影響措施的界限，這在改革教育倡議對教育制度發展的執行上也一樣有效，這種影響不是單獨來自於其與國家計畫的可聯結性上，而是依賴於其對於現代教育制度結構如何詮釋，以及其發展問題意義的改變（Benner & Kemper, 2007: 11）。

　　邊納爾接著返回到導論的問題立場去，探討一些普通教育與學校結構關係的問題。邊納爾探討了改革教育學的發展和國家學校改革、教育運動、戰後兩德教育改革的確定、新德意志聯邦共和國與未來的發展。他認為其中有下列幾個問題：第一個問題是現代學校三個不同的階段，解釋學校與生活機構的差異，這種差異對學校組織教育的歷程和教學的歷程不只是建構的，而且顯示出在學校與教學的兩端必須人為的被聯結。第二個問題是在教育和科學之間充滿了緊張關係。這種緊張關係經由矛盾在理論史的關係中被確定，而且被不同的論述所澄清，嘗試將教育建立在現代科學之上，或是在教育理論與科學問題之間加以區別。第三個問題是普通人類教育與學校的普通教育存在著許多差異，最初和最後是無法等量齊觀的，但是其視野因此而被定義。第四個問題是現代學校從普魯士王國改革的概念化開始，就確定以降低社會的不平等為課題，但是不可避免的也製造了新的不平等。第五個問題是學校如何能夠如此的機構化，學校不是國家教育的功能化和教育國家的合法化，而是能夠作為一種在國家監督之下的公共教育制度發揮作用（Benner & Kemper, 2007: 11-12）。

第三節　綜合評價

　　根據個人對邊納爾相關文獻的分析，其改革教育學具有下列幾項優點：

一、擴大改革教育學的探討範圍

　　「改革教育學」（Reformpädagogik）起源於歐洲大陸的德意志帝國，由哥廷根大學的教育學家諾爾（Herman Nohl, 1879-1960）在1933年所創立。傳統的定義主張改革教育學是一門研究19世紀以來，一些重要教育改革運動的學科。這些重要的教育運動包括藝術教育運動、鄉村教育之家運動、工作學校運動、青少年運動、學校改革運動、社會教育運動和進步教育運動等等（Böhm, 2000: 443-444）。邊納爾的改革教育學探討從啟蒙運動到現代，德國改革與實驗學校、國家學校改革和現代教育科學發展中理論與實踐的重要關係，以重建介於實際的改革教育學、國家教育改革和教育科學理論發展與研究之間的發展與學習歷程。這種做法不僅擴大了改革教育學的範圍，也改變了改革教育學的意義，對當代改革教育學的發展具有重要的貢獻。

二、轉變改革教育學的撰寫方式

　　邊納爾指出改革教育學的歷史撰寫（Geschichtsschreibung）有三種不同的形式（Benner, 1998: 19-21；Benner & Kemper, 2001: 25-30）：第一種是從歷史傳記學的觀點出發，致力於改革教育倡議者的論點，教育運動的發展，教育改革的理論與實際和國家教育政策的描述。而且，僅僅從「文化批判」（Kulturkritik）或「教育理論」與「陶冶理論」的角度來進行政治社會的批判。第二種是將「常規階段」與「改革教育的天真」按照個人的喜好安排，以便於進行片面的描寫。這種方式容易偏愛教育改革倡議者，而忽略了教育改革的問題，並且，會陷入改革階段描述錯誤和反省問題消失的危險當中。第三種是在改革教育階段與教育常規狀態交替中，進行教育

科學歷史的建構。將教育理論與教育實際的討論作為對象，進行反省的和系統的歷史描述。並且，探討現代教育科學中的哪些知識是出自於教育系統的改變而來的，這些知識對於教育過程的觀察、引導和批判有何意義。邊納爾的改革教育學融合了第一種和第三種撰寫方式，一方面從歷史傳記學的觀點出發，致力於改革教育倡議者的論點，教育運動的發展，教育改革的理論與實際和國家教育政策的描述。另一方面在改革教育階段與教育常規狀態交替中，進行教育科學歷史的建構。將教育思想與教育行動的討論作為對象，進行反省的和系統的歷史描述。並且，探討現代教育科學中的哪些知識是出自於教育系統的改變而來的，這些知識對於教育過程的觀察、引導和批判有何意義，可以幫助我們瞭解改革教育學探討的問題和論述的重點，對於改革教育學撰寫方式的改善具有重要的貢獻。

三、澄清改革教育學的核心關係

　　有些改革教育學的著作只探討教育運動與教育科學的發展，忽略了它們與國家政策的關係，例如諾爾（Herman Nohl, 1879-1960）的《德國教育運動及其理論》（*Die Pädagogische Bewegung in Deutschland und ihre Theorie*）一書，著重在教育國民運動、教育改革運動、學校教育運動和教育理論關係的探討（Nohl, 1933），並未談論到國家政策與教育運動和教育科學發展的關係。有些改革教育學著作只探討教育運動與國家政策的關係，但是卻沒有將教育運動、國家政策和教育科學三者加以關聯。例如樂爾斯（Hermann Röhrs）的《改革教育學》（*Reformpädagogik*）一書，偏重在藝術教育運動、鄉村教育之家、青少年運動、工作學校運動、進步主義教育運動、道爾頓制或學校生活的個別化、世界教育運動的論述，雖然注意到改革教育學的批判、政治的立場、改革教育學作為現在發展的基礎、回顧、展望與發展的趨勢（Röhrs, 1979），但是卻沒有將教育運動、國家政策和教育科學的發展聯結。因此，無法有效的釐清教育運動、教育科學與國家政策之間的關係。邊納爾《改革教育學的理論與歷史》一書，不僅詳盡的探討啟蒙運動時期到兩德統一後的各種教育運動，而且適切的融入教

育科學各種理念的觀點，說明其對教育運動產生的影響，更難得的是能夠緊密的與國家政策的轉變結合，反思國家政策對教育運動和教育科學發展的影響，探討教育運動、國家政策與教育科學之間的關係。

四、充實改革教育學的實質內涵

在改革教育學的探討中，有些學者只注重19和20世紀的教育運動，忽略18和21世紀教育運動的探討，這使得改革教育學的內涵顯得相當不完整，對於改革教育學的發展有不利的影響。例如歐克斯（Jürgen Oelkers）的《改革教育學》（*Reformpädagogik*）一書，偏重在19和20世紀教育運動的分析（Oelkers, 1988），對於18和21世紀的教育運動完全沒有談到，使得改革教育學的內涵非常不完整。又如溫克勒（Michael Winkler, 1953-）主編的《具體的改革教育學》（*Reformpädagogik konkret*）一書，側重在蒙特梭利學校、耶納計畫學校、佛雷納學校、鄉村教育之家和華德福學校等20世紀教育運動的探討（Winkler, 1993），忽略18、19和21世紀教育運動的介紹。邊納爾《改革教育學的理論與歷史》一書，從啟蒙運動開始到現在，詳細的介紹和分析不同時期的教育運動，至今還沒有一本著作的論述能夠超越，在邊納爾的改革教育學著作中，可以找到各種德國教育運動的分析和評述，而且搜集了大量的改革教育學文獻，充實了改革教育學的內涵，可以說對改革教育學的研究貢獻相當大。

五、指出教育改革運動的成敗得失

過去許多改革教育學的著作不是注重教育改革歷史的描寫，就是注重教育改革運動的說明，或者強調教育科學理論的影響，很少能夠兼顧三者關係的探討，並且融入國家政策因素的論述，指出教育改革運動的成敗得失。例如塞柏的《改革教育運動》一書，也偏重在教育改革運動和教育科學理論的探討，而比較忽略國家教育政策的研究（Scheibe, 2010）。又如潘慧玲主編的《教育改革：法令、制度與領導》一書，偏重在國家教育政策與教育改革運動的探討，而比較忽略教育科學理論的研究（潘慧玲主編，2005）。再如鮑爾（Stephen J. Ball）的《教育改革：批判與後結構主

義取向》一書，則偏重在國家教育政策與教育科學理論的探討，而比較忽略教育改革運動的研究（Ball, 1994）。綜合而言，前述這些著作雖然有的談到教育改革運動與教育科學理論；有的探討國家教育政策與教育改革運動；有的注重國家教育政策與教育科學理論，但是都未能分析教育改革運動的成敗得失。邊納爾的改革教育學則能兼顧這些面向的探討，將其整合起來做為改革教育學研究的方向，而且指出教育改革運動成敗的原因。他在《改革教育學的理論與歷史》一書中，分析許多教育改革運動的成敗得失，不僅探討各項教育運動產生的時代背景和政經因素，詳述教育改革運動的經過，指出該項教育改革運動的理念，釐清教育改革運動與國家政策，而且說明受到何種教育科學理論的影響，這種改革教育學的觀點可以提供各項教育改革運動成敗的經驗，作為他國從事教育改革活動的參考，以解決各國所遭遇到的教育改革問題，因此其改革教育學不僅具有建構教育改革理論的參考價值，而且對於教育改革活動的推展相當重要。

但是不可諱言的，邊納爾的改革教育學仍然存在著下列幾個問題：

一、誤解教育學典範之間的關係

邊納爾應用庫恩的科學哲學典範理論來說明教育科學的演變，將教育學區分為「常規教育學」和「改革教育學」。但是庫恩的科學哲學典範理論主張不同的科學典範之間有取代的現象，例如愛因斯坦（Albert Einstein, 1879-1955）的現代物理學典範可以取代牛頓（Isaac Newton, 1642-1727）的古典物理學典範（Kuhn, 1966），這種觀點意味著「改革教育學」的教育典範將取代「常規教育學」的教育典範，然而在教育學領域中不可能有典範取代的現象，因為不同的教育典範都有其存在的價值，無法完全由另一個教育典範所取代。即使是自然科學領域的典範，也無法由一個典範取代另一個典範。意即，華德福學校（Waldorf Schule）無法完全取代傳統公私立學校；斯泰納（Rudolf Steiner, 1861-1925）的教育理論不可能完全取代赫爾巴特的教育理論。因此，邊納爾誤解教育學典範之間的關係，其改革教育學引用庫恩的科學哲學典範理論也有相同的問題。

二、偏重德國改革教育學的論述

　　邊納爾的改革教育學比較偏重德國教育運動、國家政策和教育科學的關係，側重在德國教育運動的論述，例如普魯士王國的國家主義教育運動、泛愛主義學校運動、康拉第主義學校運動；而忽略其他國家教育運動的介紹，例如美國的進步主義運動、英國的夏山學校運動、法國的新教育運動。邊納爾的改革教育學不同於樂爾斯或歐克斯的改革教育學，樂爾斯和歐克斯的改革教育學對於世界其他國家的教育運動都有詳盡的論述（Oelkers, 1988; Röhrs, 1979），可以說比較能夠兼顧德國改革教育學和外國改革教育學的內容，而邊納爾的改革教育學屬於德國改革教育學，比較忽略外國改革教育學的介紹，這是邊納爾改革教育學的限制，使得邊納爾的改革教育學限制在德國教育運動的探討，忽略其他國家重要教育運動的研究。

第四節　重要啟示

　　根據個人對邊納爾相關文獻的分析，其改革教育學對我國的教育學術具有下列幾項重要的啟示：

一、教育改革理論的建構必須兼顧教育運動、國家政策和教育科學的探討

　　過去我國教育改革活動的推展，往往只從國家政策或教育運動本身出發，例如九年國民義務教育的實施和九年一貫課程的改革，都缺乏教育科學的理論作為基礎，因此無法達到教育改革的理想，經常陷入頭痛醫頭、腳痛醫腳的困境（楊深坑，1988: 84），無法真正的對症下藥，解決教育實際的問題，造成教育改革活動的成效不彰，深受社會大眾的詬病。過去我國的教育改革或是由政府自上往下推動，或是由民間從下往上推動，或是由學者自發性的倡導，可以說教育改革活動相當興盛，但是比較忽略教育科學理論的聯結，造成教育改革成效不彰的問題。邊納爾的改革教育學打

破過去教育改革理論建構的窠臼，緊密結合教育運動、國家政策和教育科學三者，這種做法可以提供我國作為建構教育改革理論的參考，兼顧教育理論與教育實際的面向，對我國教育改革理論的建立相當具有意義。具體而言，我國學者在建構教育改革理論時，應該將教育運動、國家政策和教育科學三者緊密結合起來，才能真正的兼顧教育理論與教育實際，建立更完善的教育改革理論，有效的指引教育改革活動的推展，達成教育改革的理想。

二、教育改革活動的推展必須以國家政策的方向和教育科學的理論為基礎

根據謝文全（2005）的分析，一般教育改革可以歸結成三大改革層面，即學校制度、課程教學和行政措施。但是，這些教育改革的層面都僅只注重教育實際問題的解決，忽略教育理論方面的反省批判。過去我國各項教育改革活動的進行，例如小班小校的政策和綜合中學的政策，往往僅從國家政策的方向出發，忽略以教育科學的理論為基礎，因此在改革的過程中經常出現錯誤，造成朝令夕改和配套措施不足的問題，不僅受到社會大眾的質疑，而且影響教育改革活動的成效。邊納爾的改革教育學指出許多成功的教育改革運動都有其教育科學的理論基礎，例如耶納計畫學校改革運動以皮特森（Peter Petersen, 1884-1952）的教育科學理論為基礎；華德福學校改革運動以斯泰納的人智學教育學為基礎；歐登森林學校改革運動以格黑柏（Paul Geheeb, 1870-1961）的教育理論為基礎，這種觀點可以作為我國進行教育改革活動的參考。因此，未來我國教育改革活動的推展應該配合國家政策的方向，而國家政策方向的制定則應該奠基在教育科學的理論上。具體而言，國家教育研究院不僅應該設立教育技術應用的研究所，而且應該設置教育科學理論的研究所，從事教育科學的理論研究，以作為我國政府制訂教育政策的參考。

三、教育改革歷史因素的研究應該受到重視，以作為推動教育改革的參考

教育改革運動的興起通常與當時的政治情勢、社會狀況、經濟發展和文化交流有關，由於國家政治發展的需要，政治人物經常藉由教育改革活動的提倡，改善國家制度的缺失，促成國家政治的穩定發展。其次，社會狀況的需要也會影響教育制度的變革。許多教育改革運動的興起，與社會要求倫理道德的改善，或是滿足社會大眾接受教育的權利有關。再次，國家經濟發展的現況也對教育制度的興革具有決定性的力量，特別是教育國家化之後，整個國家經濟發展的狀況，深深的影響教育的改革。另外，文化的交流使得教育制度受到不同文化觀念的挑戰，隨時有可能因為批評的反省，造成教育改革活動的興起（梁福鎮，2004）。因此，教育改革深受整個國家政治、社會、經濟、文化等因素的影響。但是，教育改革運動的探討不應該侷限於這些因素，而應該重視教育改革歷史因素的分析，是以各種教育改革歷史因素的研究依然有其價值，應該重新獲得大家的重視，如此才能幫助我們釐清問題，瞭解其來龍去脈，有助於教育改革活動的進行，達成教育改革的理想。具體而言，我國各級研究機構應該加強教育科學的理論研究，特別是教育改革歷史因素的探討，因為這類研究能夠讓我們瞭解過去教育問題的癥結，以及各種方案計畫的利弊得失，可以作為未來推動教育改革的參考，所以相當值得我們重視。

總而言之，邊納爾的改革教育學深受盧梭教育學思想、康德批判哲學、赫爾巴特普通教育學、洪保特語言哲學、黑格爾辯證哲學、史萊爾瑪赫教育理論、芬克存在現象學、德波拉夫實踐學和庫恩科學哲學的影響，邊納爾的改革教育學注重「改革教育學」與「常規教育學」的關係、教育學與政治學的關係、改革教育學歷史書寫的形式、現代教育學在德國的發展、教育運動與現代改革教育學、改革教育的倡議、國家學校改革與現代教育科學的興起、西方占領區和西德的國家學校改革和學校實驗等問題的探究，具有擴大改革教育學的探討範圍、轉變改革教育學的撰寫方式、澄清改革教育學的核心關係、充實改革教育學的實質內涵和指出教育改革運

動的成敗得失等優點，但是也存在著借用庫恩科學哲學典範理論和忽略其他國家教育運動之探討等問題。在我國教育學術上的重要啟示有：教育改革理論的建構必須兼顧教育運動，國家政策和教育科學的探討，教育改革活動的進行必須以國家政策的方向和教育科學的理論為基礎，當前許多教育改革運動並非突然出現，而是深受過去教育科學理論的影響。因此，教育改革歷史因素的研究應該受到重視。儘管邊納爾的改革教育學存在著一些問題，但是其改革教育學的觀點仍然可以作為我國建構教育改革理論和進行教育改革活動的參考，在學術研究和教育實務上相當值得我們加以重視。

第十一章

歐克斯的歷史教育學探究

　　皮特斯（Richard S. Peters, 1919-2011）指出教育有四大基礎理論學門，而教育史就是其中之一（Hirst, 1983）。教育史的研究在探討人類教育活動的意義所在（徐宗林，1991：24），可以奠定教育學的基礎，認清教育的歷史使命，培養促進人類進步的教育史觀，啟發教育工作者的教育愛，瞭解科技整合研究的重要和明瞭過去教育的發展情況（林玉体，1997：5）。根據筆者的經驗和觀察：我國教育史領域存在著學科未能成為師資培育必修課程、教育人物選擇缺乏標準、撰寫方法不夠理想、研究方法基礎薄弱、主題侷限於教育思想與人物、缺乏對研究成果的後設分析與批判、尚未發展出本身的理論架構、不講求一手資料的徵引、欠缺對問題意識提出解釋的觀點和尚未建立教育史學相關學會等問題。周愚文（2003：1）和彭煥勝（2009a：1）就指出：隨著時間的變化，及新興學科不斷地發展，致使教育史與師資培育課程的關係由密轉疏，甚至逐漸退出原有

的舞臺。這種現象主要出現在教育史的教學方面，所幸教育史的研究並未受到影響，甚至有相當可觀的成果。周愚文（2003：11）也談到過去外國教育史的研究，由於研究者受到語文能力、國情背景掌握及史料等因素的限制，整體產出的數量始終有限，而且主題侷限於「思想與人物」類，很少及於其他主題，未來亟待加強。畢竟我國近現代的教育發展深受外國影響，實有必要更深入瞭解各國發展，才不致於斷章取義穿鑿附會。其次，周愚文（2000：230）認為教育史如欲成為一專門學術「學門」（discipline），除須累積大量教學與研究成果外，更需要對這些成果進行後設分析與批判，以期建立本身的理論架構。彭煥勝（2009a：1）則回顧近六十年來臺灣教育史研究的課題取向與研究方法，指出教育史研究不再是教育系所獨占，而是加入歷史系所等其他領域的參與；教育系所在教育史研究方法上，過去較不講求一手史料的徵引與問題意識提出的解釋觀點。在這種情況下，筆者認為想要振興我國教育史的領域，應該建立教育史的理論架構，擴大教育史研究的範圍，培養徵引一手資料的能力，探討教育史的研究方法，改善教育史學撰寫的方式，加強教育人物與研究成果的後設分析，將教育史列為師資培育必修課程，建立教育史學相關的學會，活潑生動教育史的教學，或許能夠促進我國教育史學的蓬勃發展。

根據邊納爾（Dietrich Benner, 1941- ）在《教育科學主要思潮》（*Hauptströmungen der Erziehungswissenschaft*）一書的探究，指出德國教育學的演變可以區分為傳統教育學、精神科學教育學（或稱為詮釋教育學[1]）、實證教育學、解放教育學（或稱為批判教育學[2]）和教育實驗理論等五個時期（Benner, 1973）。個人將教育實驗理論時期稱為多元教育學時期，因為這個時期教育學家從各種不同的觀點來建構教育理論，有的從現代主義（Modernism）的觀點出發，有的從後現代主義（Postmodernism）的角度

1　達奈爾（Helmut Danner）在其《精神科學教育學的方法》中，將精神科學教育學稱為詮釋教育學（Danner, 1994）。

2　吳爾夫（Christoph Wulf）在其《教育科學的理論與概念》中，將解放教育學稱為批判教育學（Wulf, 1983）。

立論，有的從整合現代主義與後現代主義的立場出發，逐漸形成教育學
多元論述的面貌。歐克斯（Jürgen Oelkers, 1947-）是多元教育學時期非常
重要的教育學家，其「系統教育學」（Systematische Pädagogik）屬於實在
主義（Realism）的陣營，對建立在後現代主義之上的「反教育學」（An-
tipädagogik）有許多批判，開啟德語區國家「普通教育學」（Allgemeine
Pädagogik）探究的風潮，因此布林克曼（Wilhelm Brinkmann）和皮特森
（Jörg Petersen）在主編的《普通教育學理論與模式》（*Theorien und Modelle
der Allgemeienen Pädagogik*）一書中，將歐克斯列為普通教育學重要的學者
（Brinkmann & Petersen, 1998）。其次，波姆（Winfried Böhm, 1937-）也在主
編的《教育學辭典》（*Wörterbuch der Pädagogik*）一書中，介紹歐克斯的生
平著作，說明其研究的重點，指出其在教育史學、普通教育學和教育政策
方面的貢獻，將歐克斯列為當代著名的教育學家（Böhm, 2000）。由此可
見，歐克斯不僅對於教育學的歷史有專精的研究，而且對於教育政策的探
討也享有盛名，是德語區一位相當重要的教育學家。歐克斯的歷史教育學
（Historische Pädagogik）[3]包括教育改革史、教育學術史、教育理念史、教
育機構史、教育人物史、學科演變史和撰寫方法論，注重教育改革運動的
探討，從事教育理念的分析，進行教育機構發展的說明，強調學科歷史的
演變，論述教育人物的選擇，對於教育改革、教育理念、教育機構、教
育人物、教育學科和撰寫方法都有豐碩的研究成果（Oelkers, 1988; Oelkers,
1993; Oelkers, 2001; Oelkers, 2009a; Oelkers, 2010a），歐克斯歷史教育學的研
究主題相當廣泛，能夠對教育學史研究進行分析批判，提出教育史學的理
論架構，論述教育人物的選擇，說明教育學史的撰寫原則，注重原典資料
的徵引應用，談到這門學科與師資培育的關係，分析教育史學相關學會
的演變，或許可以解決我國教育史學理論建構和教育史學研究的問題。因
此，歐克斯的歷史教育學相當值得我們加以重視。

3　「歷史教育學」（Historische Pädagogik）是一門探討教育學思想、教育學理念、教育
事實歷史（教育史）、教育機構歷史、教育學學術史、教育人物史、教育和教育學社
會史的學科（Böhm, 2000: 209）。

第一節　生平著作

　　歐克斯（Jürgen Oelkers）1947年3月21日出生於漢堡的布斯特胡德（Buxtehude），在漢堡就讀基礎學校，成績表現優異。1957年進入文理中學，學習古典語言和理論科學。1968年進入漢堡大學就讀，主修教育科學、歷史學和德國語文學。1975年獲得漢堡大學哲學博士學位，1976年應聘科隆萊蘭教育高等學校擔任助教，1979年應聘律納堡高等學校，擔任普通教育學教授。1983年當選律納堡教育高等學校校長，1985年成為「教育學雜誌」諮詢委員，1986年擔任德國教育科學會「教育學與哲學委員會」（Kommission Pädagogik und Philosophie）主席，1987年轉往瑞士伯恩大學，擔任普通教育學教授。1999-2003年和2003-2007年兩度擔任「蘇黎士邦教育諮議會」（Bildungsrats des Kantons Zürich）的委員，1997年婉拒了德國敏斯特大學歷史與系統教育科學講座教授的邀請，1999年轉往蘇黎士大學，擔任普通教育學講座教授。自2002年開始擔任「蘇黎士教育高等學校學校諮議會」（Schulrats der Pädagogischen Hochschule）的主席，1997-2003年擔任德國「馬克斯─普朗克教育研究所顧問委員會」（Beirats des Max-Planck-Instituts für Bildungsforschung）顧問。自2004年開始擔任「蘇黎士邦國民學校基金會諮議會」（Stiftungsrats der Volksschule des Kantons Zürich）主席。2006年前往日本廣島大學，擔任訪問教授。歐克斯是德國著名期刊「教育學雜誌」的共同主編，而且從1991-2004年編輯出版42巨冊的《教育科學研究》（Studien zur Erziehungswissenschaft），深受教育學術界的好評。歐克斯探討的重點為18世紀至20世紀的教育史研究、國際比較中的改革教育學、分析教育哲學、公共教育的內容分析和教育政策。主要的著作有《教育學中理論與實踐的聯結》（*Die Vermittlung zwischen Theorie und Praxis in der Pädagogik*）、《反教育學：挑戰與批判》（*Antipädagogik: Herausforderung und Kritik*）、《教育作為現代的弔詭》（*Erziehung als Paradoxie der Moderne*）、《教育理論導論》（*Einführung in die Theorie der Erziehung*）、《教育倫理學：問題、弔詭和觀點導論》（*Pädagogische Ethik. Eine Einführung in Probleme, Paradoxien und Perspektiven*）、《杜威與教育學》（*John Dewey und die Pädagogik*）、《改革教育學：批判的教條史》（*Reformpädagogik: Eine kritische Dogmengeschichte*）和《德國綜合中學：歷史的分析與困境的出路》（*Gesamtschule in Deutschland. Eine historische Analyse und ein Ausweg aus dem Dilemma*）等書（Böhm, 2000: 398；Winkel, 1988：186）。

第二節 思想淵源

　　根據個人對歐克斯相關文獻的分析，其歷史教育學的思想淵源主要有下列幾個：

一、康德的批判哲學

　　康德（Immanuel Kant, 1724-1804）在《道德形上學的基礎》一書中，從批判哲學的觀點反思當時社會既存的道德規範。康德反對過去傳統倫理學的道德學說，認為意志「他律」（Heternomie）並非道德真正的原理。他強調意志「自律」（Autonomie）才是道德最高的原理，一個意志能夠自律的人，才是真正擁有自由的人（Kant, 1994）。其次，康德也在《實踐理性批判》一書中，探討人類意志的功能，研究人類憑藉什麼原則去指導道德行為。他不但預設意志自由、神存在和靈魂不朽（Kant, 1990: 25-71），並且強調人類本身就是最終的目的，沒有其他的東西可以替代它。由於人類具有自由意志，能夠擺脫自然法則的限制。同時可以自己立法，達到意志自律的要求。因此，人類的生命才有別於其他動物（Kant, 1990: 65-72）。康德的倫理學建立在公民社會的基礎上，提出實踐理性的學說，主張對現存的道德規範加以反省批判，這些觀點都影響到歐克斯的改革教育學，他主張應用康德的觀點對過去教育理念的歷史進行反省，以批判獨斷和錯誤的意識型態（Oelkers, 1988）。因此，歐克斯深受康德批判哲學的影響。

二、席勒的審美教育理論

　　席勒（Friedrich Schiller, 1759-1805）主張人類在感覺、悟性和意志三種官能之外，還有一種美感官能，針對這種官能的教育稱為審美教育。他鑑於18世紀以來，因為學科知識分工發展，造成人格分裂的現象，因而提倡「審美教育」以促進人類感性與理性的和諧發展（Schiller, 1993）。歐克斯深受席勒審美教育理論的影響，主張改革教育學應該注重美學的層面，如果沒有美學的層面，改革教育學的成效是難以被理解的，因為許多教育改革運動都與美學的批判有關，例如文化批判運動、藝術教育運動和學校改革運動，是以特別強調「新教育」（neue Erziehung）必須是一種審美教育，才能彰顯人性的意義，實現人類自然的目的，使教育成為自由的自我活動（Oelkers, 1988）。因此，歐克斯深受席勒審美教育理論的影響。

三、杜威的實用主義

　　杜威（John Dewey, 1859-1952）認為在道德上所以有動機論和結果論之爭，這是由於道德上的二元論看法不同所致。傳統哲學的二元論是以心與物、靈魂與肉體對立，在道德上乃有主內與主外之分。杜威以「聯結」的觀念調和道德二元論的對立，由具體的道德生活入手，以分析道德行為的因素。杜威以為完全的道德行為，應兼顧內外各種因素，行為未發之前，有動機、慾望、考慮等因素；行為出現之後，應有實際的結果。動機與結果在行為判斷上，都是重要的決定因素，不容有所偏頗（Dewey, 1916）。歐克斯的教育倫理學深受杜威實用主義的影響，從杜威道德哲學的觀點，既批判康德動機論倫理學的錯誤，也批判邊沁（Jeremy Bentham, 1748-1832）結果論倫理學的不足，歐克斯提出其道德哲學的看法，認為道德不但具有普遍性，也具有特殊性。道德的概念不是永恆不變的，它會隨著時空的不同而改變，因此道德的意義必須經由不斷的溝通論辯，才能隨著社會變遷更新其意義，符合時代潮流的需要。而這種道德的溝通必須透過教育，才能真正的落實到日常生活之中，所以教育是一種道德溝通的活動（Oelkers, 1992）。除此之外，歐克斯也出版《杜威與教育學》（*John*

Dewey und die Pädagogik）一書，探討杜威實用主義的教育哲學，將其觀點應用到教育史學的探討、研究和撰寫上（Oelkers, 2009a），足見歐克斯深受杜威實用主義的影響。

四、米德的科學社會學

米德（George Herbert Mead, 1863-1931）在《19世紀的思想運動》（*Movements of Thought in the Nineteenth Century*）一書中，主張社會適應總是理智的適應和繼續學習的歷程，他聯結整個進化歷程和社會組織，強調現代社會需要超越社會習慣和形式的社會控制之理智形式，指出社會是一種合作和高度複雜的活動，奠基在人類的能力以獲得所屬團體的態度，而非僅只是奠基在得或失之上。指出「思考」（thinking）是「公共的考量」（public consideration）和他人態度的獲得，與他人進行談話，然後使用他們的語言回答，那就是建構的思考 （Mead, 1936）。歐克斯主張「教育理論」（theory of education）必須與「社會理論」（social theory）聯結，不需依賴過去的歷史，在社會分化的過程中，教育傳統失去其規範的力量，歷史是過去的解決方案，或許可以產生建議，但是無法聯結傳統，而且為政治化的策略所用。歷史無法提供確定性和最終的真理，因此歷史必須被理解為開放的研究問題。歐克斯深受米德科學社會學的影響，認為德國形式的教育學史在性質上是「最終的」（final），類似第一哲學探求最終的本質，注重形上抽象理論的詮釋，缺乏解決實際問題的能力，這種教育學史在面對我們今天所擁有的資訊和知識中既站不住腳，而發展的「後柏拉圖主義」（post-platonism）也無法固守，我們沒有其他的選擇，只有一再的重寫教育史，並且將歷史撰寫（Histographie）中的選擇過程盡可能的放在理性的基礎上（Oelkers, 2004a：361-365），注重科學方法的應用，結合教育理論與社會理論，才能建立科學的教育學史。

五、莫爾的分析哲學

莫爾（George E. Moore, 1873-1958）從分析哲學的觀點出發，對善的概念進行分析。他在《倫理學原理》（*Principia Ethica*）一書中，主張倫理學

不僅僅指出哪些事物會普遍的與善性質發生關係，而且要指出與這些事物發生普遍關係的性質是什麼東西。如果定義被瞭解為是一種對於思考對象的分析，那麼只有複合的對象才能夠被定義。莫爾認為善的本質是單純的，不是複合的概念，所以無法再做進一步的分析。他指出過去對於善的概念之定義有規範性、辭典性和實質性[4]三種，主張應該從實質性來定義善的概念。他從後設倫理學的觀點出發，批評了自然論、快樂論、形上學和實踐倫理學的錯誤。莫爾主張一項行動的價值，不能單獨的經由其最可能的效果來衡量，而是每一種價值的描述預設了與其他行動可能性的比較（Moore, 1988）。這種倫理道德概念的分析和人類行動非決定論的觀點，對歐克斯的教育史學產生相當大的影響。因為哲學的分析可以澄清陶冶概念的意義，讓我們對於陶冶概念的歷史演變有更清楚的認識，幫助我們瞭解教育問題的來龍去脈。歐克斯深受莫爾分析哲學的影響，應用分析哲學的方法，探討18世紀德國陶冶概念的發展，說明陶冶概念深受德國國家文化的影響（Oelkers, 1998a）。

六、哈伯瑪斯的論辯倫理學

哈伯瑪斯（Jürgen Habermas, 1929- ）將倫理學從意識哲學到溝通理論，做了一種先驗哲學的轉化，以克服康德方法上的唯我論（Apel, 1973: 375）。同時有感於現代社會工具理性過度膨脹，造成意義的喪失與自由的淪喪，因此提出論辯倫理的主張。一方面，排除道德觀念中「獨斷主義」（Dogmatismus）和「懷疑主義」（Skeptizismus）的出發點，藉以瞭解和評價任何新學科；另一方面，排除狹隘的「效益論」（Utilitarismus），避免功利的要求與需要，而無視理論的自律性和過程性，因為效益論注重他律性和行為的結果。哈伯瑪斯強調，一個社會文化生活形式的主體不能彼此沒有交往互動，為此不能不與別人發生理解關係。一個主體孤立生存，進行獨白，這是不可能的，但是只要和其他主體發生關係，進行交往

4　規範性是指概念的定義具有提出一套規範以供遵循的性質；辭典性是指概念的定義只具有辭典解釋的性質；實質性是指概念的定義具有實質的性質。

互動和對話，就必然是在一定前提下行事，也就必定以這種形式承認和遵循一些規範的要求，在這個意義上，主體性意味著「互為主體性」（Inter-subjektivität）。哈伯瑪斯提出論辯倫理學的普遍化原則和與之相應的原則，如溝通倫理原則。按照溝通倫理原則，道德與主體間相互平等不可分割，道德在於主體之間作平等理解、交往互動與溝通（Habermas, 1991; Habermas, 2001）。歐克斯深受哈伯瑪斯論辯倫理學的影響，主張道德不再只是抽象意識型態的反思而已，而是一種具體的溝通論辯的行動，將教育定義為道德溝通的活動。經由人與人之間溝通的「論辯」，不斷的更新教育和道德的意義，說明教育與道德的關係（Oelkers, 1992）。

第三節 主要內涵

根據個人對歐克斯相關文獻的分析，其歷史教育學的主要內涵有下列幾項：

一、教育改革史

歐克斯在《改革教育學：批判的教條史》（*Reformpädagogik: Eine kritische Dogmengeschichte*）一書中，探討1890至1930年德國教育改革的歷史。歐克斯認為諾爾（Herman Nohl, 1879-1960）在1935年出版的《德國教育運動及其理論》一書中，提出的教育運動並非固定的，而且其原理的連續性無法成立，因此對1890年至1930年教育改革的歷史進行探討。有鑑於「文化批判」（Kulturkritik）對其後德國許多教育改革運動產生影響，是以主張「文化批判」是改革教育學的源頭（Oelkers, 1988：7-8）。歐克斯指出最早的學校改革，開始於德意志帝國國王威廉二世（Kaiser Wilhelm II）。他在1890年柏林學校會議中，批判古文中學的弊端，倡議「學校改革」（Reform der Schule）。在這篇演講中，威廉二世國王提出三方面的批判：第一是學校與國家的生活缺乏聯繫；第二是學校教學包含太多材料，造成學生負擔過重的現象；第三是對於學校教育任務的忽略。經由這次教育改革產生了積極的結果，學校教育開始注重為生活服務，考慮教材的實

用性，並且減輕學生課業的負擔，注重人格的教育（Oelkers, 1988：27）。
其次，歐克斯分析19世紀德國教育改革的社會、科學和文化因素，注重教
育反思的重建、改革動機的連續性和文化批判對19世紀末的影響。他談到
了希爾德斯漢古文中學（Gymnasium Hildesheim）教授希勒布蘭（Joseph Hil-
lebrand, 1788-1871）1816年從「觀念主義」（Idealismus）精神出發的教育學
說，尋求一種非經驗的教育規律與法則，企圖從人性的力量，依照主要的
目的來教育人類的天性。歐克斯進一步引用費希特（Johann Gottlieb Fichte,
1762-1814）的觀點，來闡釋「人性」（Humanität）的意義，按照費希特的
看法，「人性」是人類實現其自然目的和達成自己決定所進行自由的自我
活動。這種定義根據一般的目的論來決定教育的目的，並且從人類學的
角度說明了人類本性的形成，以及人類應該如何被教育（Oelkers, 1988：
28-36）。最後，歐克斯提到改革教育學除了論證的「語義學」（Seman-
tik）和教條的分析之外，其公開的作用還有美學的層面。沒有美學的層
面，改革教育學的成效是無法被解釋的。所謂的「新教育」不僅只是簡單
的在舊趨勢中加上新的看法，而且也涉及不同時代之間語言和溝通共識的
問題。歐克斯主張一個特定的世代，如果想要改變自己的傳統，光是強調
「現代性」（Modernalität）是不夠的。他們基本上有三種選擇：第一是考
慮宣傳一種新的技術，這種技術是以前所沒有的，而且能夠改善和簡化以
往的處理過程；第二是徹底的對舊教育學的缺失提出問題；第三是在遊戲
中帶來新的主題，並且對於以前不認識的或只是隱藏的信念加以增強。
1900年的「新教育」嘗試著實現前述所有的規準，但是它實際上只實現了
第三項。這不僅開展了新的主題和信念，同時擴展了當時「教育新聞學」
（Erziehungspublizistik）的範圍（Oelkers, 1988：303-304）。歐克斯深受席勒
審美教育理論的影響，主張教育改革史的探討必須在問題的視野中納入審
美、政治和社會的發展，然後從自身產生新的問題，這樣有助於歷史的行
動者（研究者）不會對改革教育學有很大（主觀性）的影響，促使其能夠
保持批判的距離來建構主體和意義，透過理性將各種因素做關聯分析，以
達到教育真相完美的呈現。

二、教育學術史

歐克斯在《改革教育學：批判的教條史》一書中，探討教育的學術史。他指出19世紀的教育學幾乎未曾與當時達爾文（Charles Darwin, 1809-1882）的達爾文主義（Darwinismus）、馬克斯（Karl Marx, 1818-1883）的歷史主義（Historismus）和叔本華（Arthur Schopenhauer, 1788-1860）的悲觀主義（Pessimismus）等危險性的理論思潮進行論辯，並且將存在於教育活動中叔本華「奮鬥以求存在」的理念、福祿貝爾（Friedrich Fröbel, 1782-1852）向善負責的正確之人類教育、馬克斯價值接受確定性的「歷史相對主義」（historischer Relativismus）等問題納入教育學當中。這些在19世紀的教育文獻中，不是非常稀少就是不夠徹底。其中，達爾文生物學的「演化論」（Evolutionstheorie）質疑人類中心的世界圖像觀點，根本沒有被教育學接受。馬克斯的「歷史相對主義」對於價值教育的要求，一直到十九世紀末尚未出現。至於叔本華的「悲觀主義」則被視為違反教育，而遭到教育學領域的拒絕（Oelkers, 1988：43）。其次，歐克斯說明了20世紀初教育學的發展。當時教育改革深深受到霍爾（Stanley Hall, 1844-1924）和繆曼（Ernst Meumann, 1862-1915）實驗兒童心理學的影響，裴斯塔洛齊（Johann Heinrich Pestalozzi, 1746-1827）宗教觀點和福祿貝爾「浪漫主義」（Romanismus）的教育理論，已經無法解決教育所面臨的問題。蒙特梭利（Alessandro Montessori, 1870-1952）醫學—生物學的人類學開始回應「演化論」，社會科學隨著機率測量的工具開始擴張，心理學開始應用經驗—實證的研究方法，杜威哲學上的「實用主義」（Pragmatismus）逐漸形成，與傳統「觀念主義」的教育理論對立。歐克斯將「改革教育學」當作一種「教育新聞學」，由於學校的批判促成了學校的改革。隨著心理學和神話研究的興起，教育學中「童年」（Kindheit）的概念開始受到注意。甚至產生了「兒童本位教育學」（Pädagogik vom Kinde aus）。教育學家也開始注意到「發展」（Entwicklung）的概念，並且廣泛地應用於教育理論的探討中，成為一種教育學的主要概念（Oelkers, 1988：75-111）。歐克斯對教育學術史的演變有獨到的見解，不同於其他教育學者的論述，他指出19世

紀以來，「達爾文主義」、「歷史主義」和「悲觀主義」並未受到應有的重視，反而是醫學—人類學、科學心理學和實用主義產生很大的影響，造成兒童本位教育學的興起，但是這種兒童本位教育學並不正確。因此，歐克斯指出改革教育學中的獨斷思想，非常成功的占據了當時教育的道德規範，將「教育」關聯「兒童本位」加以理解，似乎是理所當然的。在這種情況下，「反教育學」（Antipädagogik）的出現是理論發展自然的結果。但是，歐克斯反對兒童導向的教育理論。他認為這種20世紀初興起的「新教育」的建構，忽略公共的教育和社會的教育，將教育的對象化約為「個別的兒童」（individuelles Kind），雖然批判了傳統教育的缺失，但是卻無法掌握到教育實際的全貌。這從後來進步主義教育運動的式微可以得到證明，歐克斯的教育學術史深受康德批判哲學的影響，主張應用康德的觀點對過去的教條史進行反省，以批判獨斷和錯誤的意識型態（Oelkers, 1988）。

三、教育理念史

歐克斯在〈德國18世紀陶冶的概念〉（Das Konzept der Bildung in Deutschland im 18. Jahrhundert）一文中，探討「陶冶」（Bildung）的理念史。他以黑格爾（Georg Wilhelm Friedrich Hegel）就任紐倫堡中學校長的演講為例，說明黑格爾是18世紀遺留文獻中第一位對教育、教育政策和學校發展的問題，提出深入看法的學校領導者。歐克斯首先區分「陶冶」與「學校教育」（Schulbildung）的不同，他從黑格爾的觀點認為「陶冶」是「精神的建構」（geistige Bildung），也是自然存有的「異化」（Entfremdung）。「陶冶」不是單純（外在）物質形成的過程，而是一種「朝向自我返回」（Zusichselbstkommen）（內在）精神建構的活動。「學校教育」則是一種（外在）物質形成的過程，注重外在事務的達成，例如國家和社會時常要求學校教育，以達成若干目的或任務，與「陶冶」注重（內在）精神建構的活動相對立。因此，「陶冶」與「學校教育」這兩個概念有所不同（Oelkers, 1998: 48-58）。其次，歐克斯探討「陶冶理論」（Bildungstheorie）和「教育小說」（Bildungsroman）的意義。他認為「陶

冶」作為內在的結果必須與「教育學說」（Doktrinen der Bildung）區別，
「新柏拉圖主義理論」（neuplatonische Theorie）反對傳統的學說標準，因
為它會阻礙「體驗的自由」（Freiheit des Erlebens）。同時，18世紀也興
起一種「陶冶科學」（Wissenschaft der Bildung），作為一種綜合「審美泛
希臘主義」（ästhetisches Philhellenismus）和「古代科學研究」（Altertums-
forschung）的德國發展而被理解。每一種教育都可以從希臘找到其學校教
育物質的和內在意義的出發點。康德、席勒、賀德林（Friedrich Hölderlin,
1770-1843）、費希特和黑格爾的著作都從哲學的觀點對陶冶進行探討，形
成所謂的「陶冶理論」。而法耶特（La Fayette）、李察森（Samuel Richard-
son, 1689-1761）和盧梭的著作則不從教育普遍的和哲學的期望出發，而從
交往互動和衝突中提供心靈發展或內在形成的範例，形成所謂的「教育
小說」，兩者在性質上有所不同（Oelkers, 1998: 58-63）。接著，歐克斯談
到陶冶與德國國家文化的關係。他認為「國家教育」（Nationale Bildung）
和「德國教育」（Deutsche Bildung）的概念作為歷史的建構而形成，並且
與「心靈理論」（Seelentheorien）相聯結。由「德國內在性」（Deutsche
Innerlichkeit）所決定的不是「內在性」（Innerlichkeit），而是與「國家教
育的背景」（nationalpädagogische Szenerie）相關聯，這就是教育史深遠的
意義。德國教育深受國家文化的影響，形成德國國家教育學，使得德國
的精神世界相對於西方民族的生活形式，獨立自主的建構屬於自己的制
度（Oelkers, 1998: 63-67）。歐克斯指出「陶冶」能夠有效的作為德國特殊
的途徑，本質上奠基於「內在性的思想」（Innerlichkeitsdenken）。他嘗試
著指出「陶冶」的兩個變通的選項，指出「標準」（Kanon）和「形成」
（Formung）來自於歐洲的發展。這些概念在德國古典文化中只是被特定
的建構，其特別的地位來自清教和擁護特定「教父主義」（Pietismus）
的大眾，非常強烈的反應出柏拉圖（Plato, 428-347 B.C.）的「心靈學說」
（Seelenlehren），這種特殊的內在性與審美教育的「泛希臘主義理想」
（panhellenistische Idealen）銜接，而與機構的（學校）教育相對立。在此只
有較強勢的教條是特殊的，他們形成了19世紀受到「審美內在性」和「政
治公開性」滋養的德國教育文化（Oelkers, 1998: 45）。歐克斯的教育理念

史深受席勒審美教育理論的影響，主張德國國家文化包含「審美內在性」和「政治公開性」，而陶冶理論與德國國家文化有密切的關係。這與許多教育理論忽略國家文化的關係有所不同，也呈顯出歐克斯教育理念史的獨到之處。

四、教育機構史

歐克斯在《德國綜合中學：歷史的分析與困境的出路》（*Gesamtschule in Deutschland. Eine historische Analyse und ein Ausweg aus dem Dilemma*）一書中，探討德國「綜合中學」（Gesamtschule）、機會均等和教育政策的問題。首先，歐克斯談到「統一學校」（Einheitsschule）的起源，當時的理念是希望兒童能在相同而銜接的教育過程中，亦即強力運作的「統一學校」中接受教育，但是歷史的分析顯示這項理念並未完全實現。19到20世紀中葉改革爭論的對象是獨立於地區、信仰和性別的學校基本教育之「統一化」（Vereinheitlichung），而且導入和實施義務教育、免除學費和教師職業的專業化。歐克斯聚焦於當時專家的論辯和政治決定過程的確定，經由教育政策觀念與學者姓名的聯結，以及大量註釋的協助，詳盡的論述他們的生平和主張。他認為這些學者並未真正的提到「高級學校」（höherer Schule）的意義，而將統一整合的學校教育限制在四年的「基礎學校」（Grundschule）階段。在這種觀點之下，就不會危及高級學校的特權。在德國的教育歷史上，整合學校制度方向少數成功的案例是廢除了150年歷史的「文理中學」（Gymnasium）預備班，但是這項進步也使得「基礎學校」必須負起繼續引導學生進入各種學校類型的任務。1945年之後，德國教育的基本結構朝向英美的理想去改變，而且因為冷戰的關係，許多人將「統一學校」和共產主義制度畫上等號。在「文理中學」的意義和政治的遊說上則較無爭議，使得德國中學逐漸朝向劃分中學階段的制度發展。在兩德統一之後，東德各邦紛紛設立「文理中學」，造成「多元技術高級學校」（polytechnische Oberschule）的式微（Oelkers, 2006a; Oelkers, 2006b）。其次，歐克斯探討了「機會均等」（Chancengleichheit）的概念，因為這個概念在20世紀的下半葉扮演著核心的角色。他指出「機會均

等」在19世紀時被作為政治奮鬥的概念，具有相當明確的定義，當時由賀克豪森（Heinz Heckhausen, 1926-1988）系統的介紹到德國教育諮議會的評鑑中，這個概念來自海耶克（Friedrich August von Hayek, 1899-1992）「新自由主義」（Neuer Liberalismus）的經濟理論，海耶克將其定義為「教育理論」（Bildungstheorie）。最後，歐克斯將「統一學校」與「機會均等」的概念整合起來，探討教育政策的發展。他希望整合「幼稚園」和「基礎學校」，將其後的學校分流延後到預科，建立「促進的文化」（Föderderungskultur），將「課程學校」（Lektionenschule）改為「機會提供學校」（Angebotsschule）和「促進學校」（Föderschule），為學生承擔更多學習成功的責任（Oelkers, 2006a; Oelkers, 2006b）。歐克斯深受莫爾分析哲學的影響，應用哲學分析的方法對「統一學校」和「機會均等」等概念進行探討，說明德國「基礎學校」、「綜合中學」和「文理中學」等教育機構的演變。這與一般的教育機構史僅僅注重時間的因素不同，可以看出歐克斯教育機構史的獨到見解。

五、教育人物史

歐克斯的教育人物史深受米德科學社會學、杜威實用主義、康德批判哲學和莫爾分析哲學的影響，首先將教育理論與社會理論聯結，其次應用科學方法進行教育人物的探討，然後對該人物的教育思想加以批判，分析其對後世教育的影響。歐克斯在教育人物史上有相當豐碩的研究成果，探討的主題包括下列幾位教育學者：

1. 盧梭（Jean-Jacques Rousseau, 1712-1778）

歐克斯2002年曾經在斯美爾塞（Neil J. Smelser）和巴特斯（Paul B. Baltes）主編的《社會和行為科學國際百科全書》（*International Encyclopedia of the Social and Behavioral Sciences*）中，發表〈盧梭1712-1778〉（Jean-Jacques Rousseau, 1712-1778）一文（Oelkers, 2002: 13398-13403）。其次，2003年歐克斯發表〈盧梭與現代教育的意象〉（Rousseau and the Image of Modern Education）一文（Oelkers, 2003: 679-698）。而且，2008年歐克斯出版《盧梭》（*Rousseau*）一書（Oelkers, 2004b），對盧梭的時代背景、生平

事蹟、教育思想及其對現代教育的影響有深入而完整的探討。

2. 裴斯塔洛齊（Johann Heinrich Pestalozzi, 1746-1827）

歐克斯曾經在1995年與歐斯特華德（Fabian Osterwalder）主編《裴斯塔洛齊—環境與接受：一個傳奇的歷史化研究》（*Pestalozzi-Umfeld und Rezeption. Studien zur Historisierung einer Legende*）一書，發表〈裴斯塔洛齊的世紀—論歐洲啟蒙運動中教育與陶冶的關係〉（Das Jahrhundert Pestalozzi-Zum Verhältnis von Erziehung und Bildung in der europäischen Aufklärung）一文，探討裴斯塔洛齊的時代背景、生平事蹟、教育學說及其對後世的影響，說明歐洲啟蒙運動中「教育」（Erziehung）與「陶冶」（Bildung）的關係（Oelker , 1995: 25-51）。其次，歐克斯在2004年與托勒爾（Daniel Tröhler）主編《裴斯塔洛齊：我的有關人類世代發展中自然過程的後續研究》（*Johann Heinrich Pestalozzi: Meine Nachforschungen über den Gang der Natur in der Entwicklung des Menschengeschlechts*）一書，探討裴斯塔洛齊有關人類世代發展中自然過程的思想（Oelkers & Tröhler, 2004）。

3. 杜威（John Dewey, 1859-1952）

歐克斯曾經在2000年優納斯（Hans Jonas）主編的《民主哲學：杜威作品論文集》（*Philosophie der Demokratie. Beiträge zum Werk von John Dewey*）一書中，發表〈杜威的教育哲學：理論史的分析〉（John Deweys Philosophie der Erziehung: Eine theoriegeschichtliche Analyse）一文，探討杜威的生平著作與教育哲學（Oelkers, 2000: 280-315）。其次，在2002年與霍拉赫（Rebekka Horlacher）主編《杜威：教育論文集（1900-1944）》（*John Dewey: Pädagogische Aufsätze und Abhandlungen 1900-1944*）一書，探討杜威的教育理論（Oelkers & Horlacher, 2002）。而且，2009年歐克斯出版《杜威與教育學》（*John Dewey und die Pädagogik*）一書，探討杜威的時代背景、生平事蹟、思想淵源、教育學及其對現代教育的影響（Oelkers, 2009a）。

4. 米德（George Herbert Mead, 1863-1931）

歐克斯曾經在2005年與托勒爾（Daniel Tröhler）主編的《實用主義與教育》（*Pragmatism and Education*）一書中，發表〈米德教育理論的一些歷史紀錄〉（Some Historical Notes on George Herbert Mead's Theory of Education）

一文，探討米德的時代背景、生平事蹟、思想淵源及其教育理論的形成
（Oelkers, 2005b: 133-156）。

5. 諾爾（Herman Nohl, 1879-1960）

歐克斯曾經在1997年布林克曼（Wilfried Brinkmann）和彼得（Waltraud
Harth-Peter）主編的《自由、歷史、理性：精神科學教育學的基本路線─
波姆60歲生日論文集》（*Freiheit, Geschichte, Vernunft. Grundlinien geisteswissen-
schaftlicher Pädagogik. Festschrift zum 60. Geburtstag von Winfried Böhm*）一書中，
發表〈諾爾1879-1960〉（Herman Nohl, 1879-1960）一文，探討諾爾的時
代背景、生平事蹟及其精神科學的教育學思想（Oelkers, 1997: 106-133）。
除此之外，歐克斯對於席勒、尼采（Friedrich Nietzsche）、萊茵（Wilhelm
Rein）和韓第希（Hartmut von Hentig）等教育人物也有專精的研究（Oelk-
ers, 1998: 129-154; Oelkers, 2005a: 73-95; Oelkers, 2009b: 111-142; Oelkers, 2010:
48-71）。

六、學科演變史

歐克斯在〈教育學史及其問題〉（Die Geschichte der Pädagogik und ihre
Probleme）一文中，探討教育學史這個學科的演變問題。他指出實用的學
校史和以「宗教改革」（Reformation）為分界線的教條史，已經無法滿足
歷史學和教育學待答問題的要求，因此18世紀的教育學史一方面經由理
論史，另一方面經由機構史的複雜模式，以取代或接收過去單純材料蒐
集的學校史和教學標準與教學方法的教條史。其後，教育學史和教育史
分開發展，彼此之間缺乏統一性。教育學史和教育史的撰寫不是偏向歷
史學，造成「歷史化」（Historisierung）的問題；就是偏向教育學，造成
「教育化」（Pädagogisierung）的問題，而很少注意到其表達方式（For-
mulierung）。導致18世紀只有奠基在反思表達歷史撰寫的簡單原理上，缺
乏標準設定的教育學史。到了19世紀初期，教育學史成為師資培育的教
學科目，而且一直延續到今天，這個學科及其文獻類型「個人化」（In-
dividualisierung）和「教育化」了歷史。最初這些理想化的人物建構了標
準，至今仍然或多或少持續的產生作用。魯科夫（Friedrich Ernst Ruhkopf,

1760-1821）的《德國學校與教育制度史》（*Geschichte des Schul- und Erziehungswesens in Deutschland*）從教育的觀點出發，專注於「宗教改革」前後學校與大學歷史的探討。這種類型的教育學史有兩個問題，一是機構連續性的歷史意識與宗教和教條之間的斷層，可以經由文藝復興教育史的地位得到確切的證明。二是文獻的缺乏不足，這種現象剛好被歷史的知識所確認，以便開啟機構史描述的空間。因此，1805年皮特利（Friedrich Erdmann Petri）創立了「教育文獻—歷史雜誌」（Magazin der pädagogischen Literatur-Geschichte），以解決教育學史文獻不足的問題。皮特利不同於魯科夫偏重教育的觀點，他從歷史的觀點出發，深受柏拉圖和盧梭的影響，採用康德哲學歷史批判的教育概念，進行教育學歷史的研究，區分「教育史」（Geschichte der Erziehung）與「教育學的文獻—歷史」（Literatur-Geschichte der Pädagogik）概念的不同，為教育學和教育理論而辯護，使得教育學史走向「歷史化」。19世紀中葉，歷史撰寫奠基在經驗的基礎上，發展出規則的實踐。這種經驗強調的建構，注重學校規定的聯結或學校科目教學法強制的分化，而非國家、社會或世界的形式，使得理想的教育學史無法形成。受到克爾巴赫（Karl Kehrbach, 1846-1905）的影響，1890年設立了「德國教育與學校史學會」（Gesellschaft für deutsche Erziehung- und Schulgeschichte），不僅在其刊物中探討研究方法和理論的問題，而且出版許多教育史研究的書籍，至今仍然尚未間斷（Oelkers, 1999: 461-469）。

自1842年勞美爾（Karl Otto von Raumer, 1805-1859）的《教育學史》（Geschichte der Pädagogik）第一卷出版以來，歷史學受到異於教育哲學的對待，在教育原理中普遍受到忽略，這可以從勞美爾的《教育學史》得到證明。勞美爾從「時代階段的導入」（Einleitung von epochalen Phasen）和「優勢劣勢的描寫」（Zuschreibung von Über-und Unterlegenheit）兩個標準，來作為教育學史撰寫的原則，將文藝復興和宗教改革作為教育史的分水嶺。歐克斯認為現代基本上是「人物的教育學」（personale Pädagogik），與傑出教育人物的著作和活動銜接。根據文獻史和哲學史的編纂，將這些人物加以分類。這種發展的結果，使得教育學史窄化為人物史和教條史，經常注重文化狀態的撰寫。但是，有些重要的人物在當時卻

被忽略了，例如文藝復興時期的阿里奇利（Dante Alighieri, 1265-1321）、波卡奇歐（Giovanni Boccaccio, 1313-1375）和佩托拉克（Francesco Petrarca, 1304-1374）、培根（Francis Bacon, 1561-1626）和蒙泰因（Lloyd Michel Eyquem de Montaigne），應該在教育學史中被描述出來。歐克斯指出19世紀教育人物史中人物的選擇往往按照古典的建構，缺乏明確的標準。1858年和1859年韓德爾（Johann Baptist Heindl）出版的《著名教育家畫廊》（Galerie berühmter Pädagogen）兩卷中，介紹349位著名的教育家，不僅遺漏了裴斯塔洛齊和福祿貝爾，而且甚少女性的教育家。因為韓德爾選擇的標準是建立在人物實用的排序和資料地位的考察上，不是奠基在教育制度的接受和職位的差異上。大多從學校組織和學科教學法或著作的觀點來選擇，而不是以「教育層級」（教育制度）（pädagogische Hierarchie）影響程度的「等級」（Rang）大小，和「意義」（Bedeutung）的重要與否，來作為人物選擇的原則，因此甚少注意到它們真正影響的差異。在選擇教育人物時，貫徹勞美爾教育理想、人物和人物能力範圍的實踐三者關係的描述原理，才能使編纂歷史成為教育學的核心領域。但是，優點也是缺點，人物的選出和階層也經由歷史的撰寫被固定，而非經由研究被固定，這使得19世紀的歷史撰寫陷入支離破碎。因此，理想的教育學史直到19世紀中葉尚未出現。這種教育學史的「教育化」受到社會理性化及其文化形式的影響，一直持續到今天。教育學史的歷史化會忽略教育的事實，教育化會缺乏歷史的意識，個別化會造成主觀的選擇，教條化會受到意識的宰制，歐克斯認為透過單一教育學史的禁止，提倡多元教育學史的撰寫，以及透過問題升高和保持距離的策略，與教育理論的有力典範相對立，以解決教育學史撰寫陷入歷史化、教育化、個人化和教條化的問題（Oelkers, 1999: 471-480）。歐克斯深受哈伯瑪斯論辯倫理學的影響，將教育定義為道德溝通的活動，從溝通理性的觀點出發，批判教育學史受到傳統教條和意識型態宰制的錯誤，避免教育學史的撰寫陷入歷史化、教育化、個人化和教條化的問題。

七、撰寫方法論

　　歐克斯在〈諾爾、涂爾幹和米德：三種不同的教育史〉（Nohl, Durkheim, and Mead: Three different types of history of education）一文中，探討教育史撰寫方法的問題。歐克斯指出教育歷史的撰寫不只是「建構」（construction）的問題，而且也是「選擇」（selection）的問題。19世紀教育史典型的是「偉大教育家」（great educators）的類型，大部分是男性的教育家，只有少數是女性的教育家，這種教育史的建構方式一直延續到今天，至少在教育推論的流行脈絡中是如此。歐克斯探討教育史撰寫中「人名」（name）和「意義」（meaning）選擇的問題，並且指出三種教育史撰寫的類型。他認為過去教育史選擇人物的標準包括：具有魅力的奠基人物、具有新的精神、聯結到創新的實踐和教育運動的命名者，這些教育史選出的人物，不僅必須是偉大的教育家，而且也受到許多哲學的影響。但是這種教育史的撰寫並未受到考驗，而且選擇的過程缺乏理性的基礎（Oelkers, 2004b：347-348）。歐克斯認為教育史的撰寫有三種類型：第一種類型以諾爾1933年出版的《德國教育運動及其理論》（*Die pädagogische Bewegung in Deutschland und ihre Theorie*）一書為代表，奠基在哲學的觀點上，除了指引的理念來自「歷史學」（history）之外，深受「柏拉圖主義」（Platonism）的影響，強調歷史的連續性和精神的概念，這種教育史的建構到了19世紀下半葉，因為理念的獨立和清教徒推論的獨立，使其在「兒童」（child）、「宛若兒童」（childlike）、「發展」（development）、「人格」（personality）和「教育」（education）等概念上都產生問題（Oelkers, 2004b：353-357）。第二種類型以涂爾幹1938年出版的《法國教育學的演進》（*L'Évolution pédagogique en France*）一書作為代表，奠基在科學史的觀點上，深受「人文主義」（Humanismus）教育理念和柏格森（Henri Bergson, 1859-1941）進化創造思想的影響，反對盧梭的「自然主義」（Naturismus），從包爾生（Friedrich Paulsen, 1846-1908）《學者教學史》（Geschichte des gelehrten Unterrichts）的角度出發，說明法國高等教育的發展。涂爾幹與柏格森的「非理性主義」（Unrationalismus）保持

距離，主張「社會」（society）只有一個，無法分為兩種完全不同類型的社會世界，批判托尼斯（F. Tönnies）「社群」（community）與「社會」並存的概念，其教育史的撰寫缺乏1890年之後興起進步教育的國際文獻，而非常趨近於實用主義哲學的發展（Oelkers, 2004b：357-361）。第三種類型以米德的《19世紀的思想運動》一書為代表，奠基在實用主義上，深受詹姆斯（William James, 1842-1910）和杜威實用主義的影響，主張現代科學是研究科學，研究科學是假設的學習，概念必須被考驗，而且無法確定，理論不是教條，而是存在、目前經驗和事實之間暫時運作的假設。這意味著每個基本假設會成為問題，每個假設只有從當時科學的觀點出發才是有效的。米德應用這種觀點以發展教育的一般模式，來撰寫19世紀思想的演變（Oelkers, 2004b：361-365）。歐克斯贊同杜威和米德的觀點，主張從實用主義的觀點出發，採用自然科學的方法，提出研究假設，進行教育概念的考驗，奠基在理性的基礎上，兼顧哲學、歷史與科學的觀點，慎重的選擇重要的教育人物，進行教育學史的撰寫，不同於傳統教育史學僅僅注重歷史或教育的層面，充分展現出歐克斯歷史教育學的獨特之處。

第四節　綜合評價

　　根據個人對歐克斯相關文獻的分析，其歷史教育學具有下列幾項優點：

一、注重西方教育改革社會、科學和文化因素的分析

　　歐克斯在其改革教育學中，對18世紀德國教育改革的社會因素、科學因素和文化因素進行探討，注重教育反思的重建、改革動機的連續性和文化批判對19世紀末的影響。這種教育改革史探討的方式，不同於邊納爾的改革教育學，邊納爾比較重視教育運動、國家政策和教育科學三者關係的探討（Benner & Kemper, 2001; Benner & Kemper, 2002; Benner & Kemper, 2004; Benner & Kemper, 2007），而歐克斯則比較重視社會因素、科學因素和文化因素的分析。歐克斯的改革教育學也不同於諾爾的改革教育學，諾爾從靜

態的觀點來詮釋教育運動的發展（Nohl, 1933），歐克斯則認為有關德國
教育運動各時期的建構並不是靜態的，而是一種動態的演變過程。這就是
諾爾改革教育學的先前歷史為什麼受到廣泛注意和時期特殊性受到質疑的
原因。而且，歐克斯的論述可以提醒我們採用批判的眼光，探討諾爾的改
革教育學，避免陷入盲從的錯誤當中（Oelkers, 1988），在教育改革史的
研究上具有重要的意義。

二、具有針砭西方偏頗的改革教育學研究的效果

　　歐克斯對於18世紀到20世紀影響教育的各種思潮有非常詳盡的論述，
他從學術史的角度出發，指出許多學科的理論其實並未被教育學領域所接
受，例如達爾文生物學的演化論質疑人類中心的世界圖像觀點，根本沒有
被教育學所接納。馬克斯「歷史相對主義」對於價值教育的要求，一直到
19世紀末都還沒有出現。至於叔本華的「悲觀主義」則被視為違反教育的
本質，而遭到教育學領域的排斥。在其《改革教育學》一書中，歐克斯雖
然介紹了兒童本位的教育改革，但是他也能夠從後設分析的觀點出發，批
判兒童本位教育學的缺失，這種兼顧兒童本位和成人本位的觀點，對於偏
頗的改革教育學研究具有針砭的效果，能夠闡明18世紀到20世紀教育學發
展的歷史。這與樂爾斯（Hermann Röhrs, 1915-2012）的改革教育學從國際
的觀點出發，探討改革教育學的起源與演變有所不同（Röhrs, 1979），也
與佛利特納（Andreas Flitner, 1922-）的改革教育學聚焦在改革教育運動，
探討其對20世紀的衝擊大異其趣（Flitner, 1996）。

三、可以幫助我們深入瞭解影響西方教育的因素

　　歐克斯從分析哲學的觀點出發，進行教育理念史的研究，探討「陶
冶」概念在德國的發展。他首先說明「陶冶」與「學校教育」概念的不
同，指出「陶冶」是內在精神建構的活動，也是自然存有的「異化」，而
「學校教育」則是外在物質形成的過程，兩者在概念上有所不同。其次，
區分「陶冶理論」與「教育小說」的意義，認為有一些學者的著作從哲學
的觀點對教育進行探討，形成所謂的「陶冶理論」。而另外一些學者的著

作則不從教育普遍的和哲學的期望出發，而從交往互動和衝突中提供心靈發展或內在形成的範例著眼，形成所謂的「教育小說」，兩者在性質上並不相同。最後，說明國家文化對教育的影響。指出德國教育深受陶冶概念的影響，偏重精神的建構和陶冶理論的實施，而且深受國家文化的影響，使得德國的精神世界不同於西方民族的生活形式，因此能夠建立屬於自己國家民族的教育制度。歐克斯對於教育理念的歷史分析，可以讓我們更加深入瞭解影響教育的各項因素，這些因素包括國家文化、哲學思想、社會結構、民族性格和生活形式等等，可以作為我們解決教育問題的參考。

四、可以幫助我們深入瞭解德國教育機構的形成

歐克斯的教育機構史探討了德國「基礎學校」、「綜合中學」和「文理中學」等教育機構的歷史演變，指出19到20世紀中葉改革爭論的對象是基本教育的統一化，而且全面的導入和實施義務教育、免除學費和教師職業的專業化。歐克斯認為「統一學校」的理念沒有完全實現，而且當時探討的問題僅限於「基礎學校」階段，並未談到「高級學校」階段。加上1945年之後，受到占領區聯軍教育政策的影響，德國教育的基本結構朝向英美的理想去轉變，而且受到冷戰關係的影響，許多人將「統一學校」看成是共產主義的制度，導致「統一學校」制度的失敗，「文理中學」制度則因為爭議較少因此推展得比較順利，在兩德統一之後逐漸取代「多元技術高級學校」，這就是為何德國教育會形成多軌學制的原因。透過歐克斯的歷史分析，探討「統一學校」和「機會均等」等理念的發展，指出「基礎學校」、「綜合中學」和「文理中學」教育機構的演變，可以幫助我們更加深入瞭解德國教育機構的形成。

五、可以對教育史學的研究做出重要的貢獻

歐克斯的教育人物史注重政治、社會和文化等因素，強調教育人物時代背景、生平事蹟、思想淵源、教育思想和對於後代教育影響等層面的探討，在教育人物的選擇上，除了必須是具有魅力的奠基人物、具有新的精神、聯結到創新的實踐和教育運動的命名者之外，還必須運用實用主

義的觀點，注意哲學因素的影響，理性的選擇出偉大的教育人物。一再的重寫教育史，並且將歷史撰寫中的選擇過程盡可能的放在理性的基礎上，才能建立科學的教育史。這與布蘭克茲（Herwig Blankertz, 1927-1983）從批判理論角度出發的《教育學史》（*Geschichte der Pädagogik*）有所不同（Blankertz, 1982），也與邊納爾從實踐學觀點出發的《教育學史》（*Geschichte der Pädagogik*）存在著差異（Benner, 2011）。歐克斯不僅能夠對教育人物進行全面而深入的研究，而且從科學的觀點出發從事教育人物史的撰寫，避免教育學史陷入歷史化、教育化、個人化和教條化的危機，對於教育史學的研究具有重要的貢獻。

但是不可諱言的，歐克斯的歷史教育學也存在著下列幾個問題：

一、在教育史學的研究範圍上顯得不夠完整

歐克斯歷史教育學的論述從18世紀開始，而不是從希臘羅馬時代開始，在教育史學的研究範圍上顯得不夠完整，這與許多學者的教育學史著作有所不同（Ballauff & Schaller, ; Blankertz, 1982; Benner, 2011; Böhm, 2010; Reble, 1989 ; Vogelhuber, 1952; Weimer, 1992）。而且，儘管歐克斯強調改革教育學的連續性，也談到改革教育學之前的改革教育學，但是並沒有詳細的說明18世紀之前，歐洲許多國家重要的教育改革運動，使得改革教育學的歷史顯得不夠完整。目前，教育學家已經將改革教育學研究的範圍，擴大到啟蒙運動時期（梁福鎮，2004；Benner & Kemper, 2001），甚至希臘羅馬時期（Benner, 2011; Rible, 1989），完整的論述教育改革運動歷史的演變，這一點是歐克斯改革教育學美中不足的地方。

二、「文化批判」是改革教育學源頭的說法值得商榷

歐克斯主張「文化批判」是改革教育學的源頭，這是一種錯誤的說法。因為「文化批判」起源於19世紀末葉，尼采（Friedrich Nietzsche, 1844-1900）首先對哲學思想、社會文化和教育機構進行批判。接著，拉嘉德（Paul de Lagarde, 1827-1891）主張建立一種國家的宗教，批判猶太文化，提倡國家主義的教育。而朗邊（Julius Langbehn, 1851-1907）則從文化

哲學的觀點出發，批判德意志的藝術風格，希望透過藝術觀念的改革，培養新的生活形式。因此，促成「文化批判」的運動。但是，「文化批判」只是當時教育改革運動的重要影響因素之一，而不是整個改革教育學最初的源頭（梁福鎮，2004；Benner & Kemper, 2002）。

三、促成教育改革運動的因素不夠周延

歐克斯主張從1880年代起，有三個因素促成教育改革運動的興起（Oelkers, 1988）：一是教育學的自主；二是教育工作範圍新的擴張；三是教育理念所有傾向的統一。歐克斯認為有關某一教育理念所有傾向的逐漸統一，會導致教育改革運動的發生，例如藝術教育概念的統一形成藝術教育運動、進步教育概念的統一導致進步主義教育運動……等等。這種看法可能過於武斷，因為教育改革運動的興起，涉及許多不同的因素，不可能單獨受到教育因素的影響，舉凡政治的介入、社會的變遷、經濟的發展、文化的批判、學術的交流，都可能成為教育改革興起的原因（梁福鎮，2004；Reinhartz, 2007）。所以，歐克斯未能掌握教育改革運動興起的所有因素，是以其提出的觀點不是非常周延，相當值得加以商榷。

第五節　重要啓示

根據個人對歐克斯相關文獻的分析，其歷史教育學對我國的教育學術具有下列幾項重要的啟示：

一、教育史學作為師資培育學科的啓示

歐克斯在〈教育學史及其問題〉一文中，談到教育學史在19世紀就成為師資培育的學科，而且這種做法一直延續到今天（Oelkers, 1999）。如今，德國師資培育課程中的「普通教育學」或「教育科學」課程，也將「教育學史」或「教育史學」融入課程之中（Universität München, 2009），甚至成為國家教師資格考試的內容（Land Berlin, 2009）。這種做法可以提供我國作為參考，因為我國在1995年新制的師資培育課程實施之後，教育

史課程已經不是師資培育的必修課程，雖然國家教師資格檢定考試仍有學者命題，但是已經不在規定的考試範圍內，導致學生對這門學科的選修意願低落，隨著教育史課程開設的減少，這類教師的需求自然大不如前，造成教育相關研究所教育史領域研究的式微。在這種情況下，歐克斯揭示的看法相當值得借鏡。我國如果能夠比照其他教育理論基礎學科，將教育史列為師資培育的必修課程，並且劃入國家教師資格檢定考試的範圍，學生透過教育史課程的修習，可以增進教師專業的素養，找到教師敬業精神的楷模，培養偉人教育家的風範。相信學生修習這門科目的意願必定可以提高，屆時教育史師資的需求自然增加，對於教育史領域的振興必然有很大的幫助。

二、教育史學人物選擇和撰寫上的啟示

歐克斯指出過去許多學者在教育學史人物的選擇上，有些以實用排序或資料地位來選擇教育人物，而不是奠基在教育制度信仰和職位的差異上。有些從學校組織和學科教學法或著作的觀點來選擇，而甚少注意到實際效用的差異（Oelkers, 1999）。還有一些學者是以具有魅力的奠基人物、具有新的精神、聯結到創新的實踐和教育運動的命名者為選擇教育人物的標準。但是歐克斯認為這種教育史的書寫法並未受到考驗，而且選擇的過程缺乏理性的基礎（Oelkers, 2004a）。歐克斯主張教育人物的選擇應該以「等級」和「意義」的「教育階層」來作為人物選擇的原則。貫徹勞美爾教育理想、人物和人物能力範圍的實踐三者關係的描述原理，才能使歷史撰寫成為教育學的核心領域。而在教育史學的撰寫上，歐克斯認為可以從批判哲學的觀點出發，採用多元教育學史的概念來撰寫，避免教育學史的研究陷入單一化，而且透過教育問題的強調和保持距離的策略，與教育理論的主流典範做出區隔，應用這些策略來解決教育學史撰寫陷入歷史化、教育化、個人化和教條化的問題。這些做法可以提供我國研究教育史學者，作為選擇教育人物和進行教育史撰寫的參考，以避免教育學史人物選擇和內容撰寫的缺失。

三、教育史學內涵在學科發展上的啟示

　　歐克斯的歷史教育學內涵包括教育改革史、教育學術史、教育理念史[5]、教育機構史、教育人物史、學科演變史和撰寫方法論。不僅教育史學的主題和內涵非常廣泛，而且研究成果相當豐碩。歐克斯歷史教育學的主題和內涵，可以提供我國學者作為發展教育史學的參考。過去我國教育史學領域的研究，比較偏重在教育思想史（蔣徑三，1934；徐宗林，1983；高廣孚，1992；黃光雄，1998）、教育制度史（王鳳喈，1945；田培林，1956；余書麟，1960；陳青之，1964；伍振鷟，1982；周愚文，1996；彭煥勝，2009b）和教育活動史（林玉体，1980；徐宗林，1991；詹棟樑，1991；周愚文，2001；梁福鎮，2004；滕春興，2009）和教育人物史（吳家瑩，2008；彭煥勝，2011）的探討，可以說內涵上還不夠多元，仍然有繼續發展的空間。我國未來可以加強教育機構史、教育理念史、學科演變史和撰寫方法論的探討，建立具有我國特色的教育史學，以提供我國作為制定教育政策的參考，振興我國教育史學領域的發展。

四、在教育史學研究方法應用上的啟示

　　歐克斯在〈教育學史及其問題〉一文中，透過教育學史歷史演變的分析，指出18世紀教育學史的研究方法受到歷史學的影響，採用歷史撰寫法，從單純文獻的蒐集，來探討教育學史的問題。19世紀初期教育學史的研究方法受到自然科學的影響，注重經驗基礎的講求，發展出許多規則的實踐策略。19世紀中葉，教育學史的研究方法受到柏拉圖、盧梭和康德哲學的影響，採用各種哲學的方法，進行教育理念的分析。到了20世紀，教育學史的研究方法受到實用主義的影響，採用科學和理性的方法，探討

---

[5] 在德國學術脈絡中，教育理念史比較注重教育概念歷史的探討，以某些教育概念為主題，按照歷史發展的順序探討這些教育概念的演變；而教育思想史則比較注重教育人物歷史的探討，以重要教育人物為主題，按照歷史發展的順序探討這些教育人物的整體思想，這兩個領域研究的主題和重點有所不同。

教育學史的問題。歐克斯認為教育學史的研究，應該兼顧歷史學歷史撰寫法、哲學的批判方法和科學的研究方法，奠基在理性的基礎上，才能提高教育學史研究的水準（Oelkers, 1999; Oelkers, 2004a）。這種研究方法的觀點可以提供我國學者作為從事教育史學研究的參考，以提高我國教育史學研究的水準。

五、教育史研究相關文獻資料徵引的啓示

歐克斯除了精通德文之外，也精通法文和英文。他曾經從事盧梭教育思想的研究，發表〈盧梭與現代教育的意象〉一文，內容大量引用盧梭法文的原典，直接使用盧梭的一手資料。歐克斯也曾經從事杜威和米德教育思想的研究，發表〈杜威的教育哲學：理論史的分析〉和〈米德教育理論的一些歷史紀錄〉等論文，內容也大量引用杜威和米德英文的原典，直接徵引杜威和米德的一手資料。從歐克斯的歷史教育學研究可以給予我國教育史領域重要的啟示，亦即大學必須打破獨尊英語的迷思，儘早實施多元化的語言政策，讓學生依據專業的需要，培養使用多種語言的能力，能夠直接引用一手資料，提升我國教育史領域研究的水準，解決我國教育史研究者受到語言能力限制，比較不講求一手資料徵引的問題。

六、在建立教育史學相關學會上的啓示

歐克斯在〈教育學史及其問題〉一文中，指出德國的學者早在1890年就設立了「德國教育與學校史學會」，不僅發行刊物探討研究的方法和理論問題，而且出版許多教育史研究的書籍，至今仍然尚未間斷（Oelkers, 1999）。其次，德國在1963年成立「德國教育科學會」（Deutsche Gesellschaft für Erziehungswissenschaft, DGfE），其中就設有「歷史教育研究」（Historische Bildungsforschung）部門。這種教育史學相關學會或部門的設置，能夠集合眾多的教育史學的學者，擁有比較充裕的教育資源，可以創辦專業的教育史學刊物，補助教育史學相關的研究計畫，舉辦教育史學主題的學術研討會，提供我國教育政策制定的諮詢，這對於教育史學這門學科的蓬勃發展具有重要的貢獻。「德國教育與學校史學會」和「德國教育

科學會」的努力，相當值得我國作為學習的借鑑。

　　總而言之，歐克斯歷史教育學的思想淵源深受康德批判哲學、席勒審美教育理論、杜威實用主義、米德科學社會學、莫爾分析哲學和哈伯瑪斯論辯倫理學的影響，其教育史學的內涵包括教育改革史、教育學術史、教育理念史、教育機構史、教育人物史、學科演變史和撰寫方法論。歐克斯歷史教育學的優點有下列五項：(1)注重教育改革社會、科學和文化因素的分析；(2)對於偏頗的改革教育學研究具有針砭的效果；(3)可以讓我們更瞭解影響教育的各項因素；(4)可以幫助我們更加瞭解德國教育機構的形成；(5)對於教育史學的研究具有重要的貢獻。但是歐克斯的歷史教育學也存在著下列三個問題：(1)在教育史學的研究範圍上顯得不夠完整；(2)文化批判是改革教育學源頭的說法值得商榷；(3)促成教育改革運動的因素不夠周延。歐克斯的歷史教育學對我國的教育學術有下列六項啟示：(1)教育史學應該作為師資培育的必修學科；(2)教育史學人物選擇和撰寫應該依循理性和批判的原則；(3)我國應該加強教育機構史、教育理念史、學科演變史和撰寫方法論的探討；(4)教育史學的研究方法應該兼顧歷史學、哲學和科學的方法；(5)培養學生直接引用一手資料的能力；(6)我國應該建立教育史學的相關學會。儘管歐克斯的歷史教育學存在著一些問題，但是其歷史教育學仍然有許多優點，可以作為我國建立教育史學理論和解決教育史學問題的參考，相當值得我們加以重視。

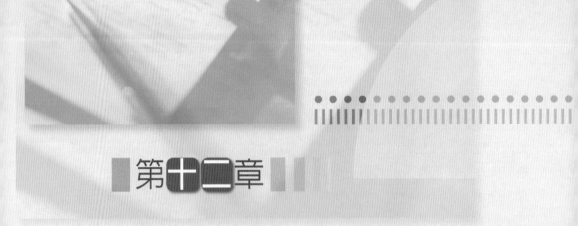

第十二章

歐克斯的普通教育學探究

　　根據邊納爾（Dietrich Benner, 1941- ）在《教育科學主要思潮》（*Haupt-strömungen der Erziehungswissenschaft*）一書的探究，指出德國教育學的演變可以區分為傳統教育學、精神科學教育學（或稱為詮釋教育學）、實證教育學、解放教育學（或稱為批判教育學）和教育實驗理論等五個時期（Benner, 1973）。個人將教育實驗理論時期稱為多元教育學時期，因為這個時期教育學家從各種不同的觀點來建構教育理論，有的從「現代主義」（Modernism）的觀點出發，有的從「後現代主義」（Postmodernism）的角度立論，有的從整合「現代主義」與「後現代主義」的立場著手，逐漸形成教育學多元論述的面貌。歐克斯（Jürgen Oelkers, 1947- ）是多元教育學時期非常重要的教育學家，其「普通教育學」（Allgemeine Pädagogik）屬於「實在主義」（Realismus）的陣營，對建立在「後現代主義」之上的「反教育學」（Antipädagogik）有許多批判，開啟德語區國家普通教育學探

究的風潮，因此布林克曼（Wilhelm Brinkmann）和皮特森（Jörg Petersen）在主編的《普通教育學理論與模式》（*Theorien und Modelle der Allgemeinen Pädagogik*）一書中，將歐克斯列為普通教育學重要的學者（Brinkmann & Petersen, 1998）。其次，波姆（Winfried Böhm, 1937- ）也在主編的《教育學辭典》（*Wörterbuch der Pädagogik*）一書中，介紹歐克斯的生平著作，說明其研究的重點，指出其在教育史學、普通教育學和教育政策方面的貢獻，將歐克斯列為當代著名的教育學家（Böhm, 2000）。最後，卡莎勒（Rita Casale）與霍拉赫（Rebekka Horlacher）在《教育與公共性：歐克斯60歲生日文集》（*Bildung und Öffentlichkeit. Jürgen Oelkers zum 60. Geburtstag*）一書中，指出歐克斯在1992年的「教育學雜誌」（Zeitschrift für Pädagogik）中將「公共性」（Öffentlichkeit）定義為啟蒙的學習過程，啟蒙的學習是一種教育改革，目的是使教育自身符合於公民的社會。他們在書中贊同歐克斯對公共教育的看法，而且對歐克斯在教育科學上的貢獻表示崇高的敬意（Casale & Horlacher, 2007）。由此可見，歐克斯是歐洲相當重要的教育學家。其普通教育學從「實在主義」的觀點出發，綜合批判哲學、審美教育、實用主義、分析哲學、批判理論和後現代主義的理念，探討教育學中理論與實踐的聯結，分析文化教育學的問題，批判反教育學的缺失，從事教育倫理學的建構，評價杜威的實用主義哲學。

第一節　思想淵源

　　根據個人對歐克斯相關文獻的分析，其普通教育學的思想淵源主要有下列幾個：

一、康德的批判哲學

　　康德（Immanuel Kant, 1724-1804）在《道德形上學的基礎》（*Grundlegung zur Metaphysik der Sitten*）一書中，從批判哲學的觀點反思當時社會既存的道德規範。康德反對過去傳統倫理學的道德學說，認為意志「他

律」並非道德真正的原理。他強調意志「自律」（Autonomie）才是道德最高的原理，一個意志能夠自律的人，才是真正擁有自由的人（Kant, 1994）。其次，康德也在《實踐理性批判》（*Kritik der praktischen Vernunft*）一書中，探討人類意志的功能，研究人類憑藉什麼原則去指導道德行為。他不但預設意志自由、神存在和靈魂不朽（Kant, 1990b: 25-71），並且強調人類本身就是最終的目的，沒有其他的東西可以替代它。由於人類具有自由意志，能夠擺脫自然法則的限制。同時可以自己立法，達到意志自律的要求。因此，人類的生命才有別於其他動物（Kant, 1990b: 65-72）。康德的倫理學建立在公民社會的基礎上，提出實踐理性的學說，主張對現存的道德規範加以反省批判，這些觀點都影響到歐克斯的教育倫理學，雖然歐克斯批判康德倫理學的若干錯誤，但是仍然受到康德倫理學深刻的影響，強調教育是一種道德的溝通，道德的意義必須隨時進行反省批判，而且必須不斷的加以更新，才能符合時代的需要（Oelkers, 1992）。因此，歐克斯深受康德批判哲學的影響。

二、席勒的審美教育理論

席勒（Friedrich Schiller, 1759-1805）主張人類在感覺、悟性和意志三種官能之外，還有一種美感官能，針對這種官能的教育稱為審美教育。他鑑於18世紀以來，因為學科知識分工發展，造成人格分裂的現象，因而提倡「審美教育」以促進人類感性與理性的和諧發展（Schiller, 1993）。歐克斯深受席勒審美教育理論的影響，主張改革教育學應該注重美學的層面，如果沒有美學的層面，改革教育學的成效是難以被理解的，因為許多教育改革運動都與美學的批判有關，例如文化批判運動、藝術教育運動和學校改革運動，是以特別強調「新教育」（neue Erziehung）必須是一種審美教育，才能彰顯人性的意義，實現人類自然的目的，使教育成為自由的自我活動（Oelkers, 1988）。主張教育學的真理必須包含詩性才算完整，而文化教育學就是詩性教育學，教育小說是經驗的實際，可以擴展人類生活的範圍，在教育中有其必要性。教育不只注重道德的培養，也強調審美的解放，教育在經驗實際中兼具倫理性與審美性（Oelkers, 1991）。因此，歐

克斯深受席勒審美教育理論的影響。

三、杜威的實用主義

杜威（John Dewey, 1859-1952）認為在道德上所以有動機論和結果論之爭，這是由於道德上的二元論看法不同所致。傳統哲學的二元論是以心與物、靈魂與肉體對立，在道德上乃有主內與主外之分。杜威以「聯結」的觀念調和道德二元論的對立，由具體的道德生活入手，以分析道德行為的因素。杜威以為完全的道德行為，應兼顧內外各種因素，行為未發之前，有動機、慾望、考慮等因素；行為出現之後，應有實際的結果。動機與結果在行為判斷上，都是重要的決定因素，不容有所偏頗（Dewey, 1916）。歐克斯的教育倫理學深受杜威實用主義的影響，從杜威道德哲學的觀點，既批判康德動機論倫理學的錯誤，也批判邊沁（Jeremy Bentham, 1748-1832）結果論倫理學的不足，歐克斯提出其道德哲學的看法，認為道德不但具有普遍性，也具有特殊性。道德的概念不是永恆不變的，它會隨著時空的不同而改變，因此道德的意義必須經由不斷的溝通論辯，才能隨著社會變遷更新其意義，符合時代潮流的需要。而這種道德的溝通必須透過教育，才能真正的落實到日常生活之中，所以教育是一種道德溝通的活動（Oelkers, 1992）。因此，歐克斯深受杜威實用主義的影響。

四、莫爾的分析哲學

莫爾（George E. Moore, 1873-1958）從分析哲學的觀點出發，對善的概念進行分析。他在《倫理學原理》（Principia Ethica）一書中，主張倫理學不僅僅指出哪些事物會普遍的與善性質發生關係，而且要指出與這些事物發生普遍關係的性質是什麼東西。如果定義被瞭解為是一種對於思考對象的分析，那麼只有複合的對象才能夠被定義。莫爾認為善的本質是單純的，不是複合的概念，所以無法再做進一步的分析。他指出過去對於善的概念之定義有規範性、辭典性和實質性三種，主張應該從實質性來定義善的概念。他從後設倫理學的觀點出發，批評了自然論、快樂論、形上學和實踐倫理學的錯誤。莫爾主張一項行動的價值，不能單獨的經由其最可能

的效果來衡量，而是每一種價值的描述預設了與其他行動可能性的比較
（Moore, 1988）。這種倫理道德概念的分析和人類行動非決定論的觀點，
對歐克斯的普通教育學產生相當大的影響。因為概念的後設分析可以澄
清倫理道德的意義；而個人行動的價值必須與其他的行動作比較，所以
道德價值的決定不是個人的行動，而是人與人之間的「商談」（Negotia-
tion）。這種「商談」的活動也就是溝通的活動，因此歐克斯主張教育是
一種道德溝通的活動（Oelkers, 1991: 9-10; Oelkers, 2001）。

五、哈伯瑪斯的論辯倫理

哈伯瑪斯（Jürgen Habermas, 1929- ）將倫理學從意識哲學到溝通理
論，做了一種先驗哲學的轉化，以克服康德方法上的唯我論（Apel, 1973:
375）。同時有感於現代社會工具理性過度膨脹，造成意義的喪失與自由
的淪喪，因此提出論辯倫理的主張。一方面，排除道德觀念中「獨斷主
義」（Dogmatismus）和「懷疑主義」（Skeptizismus）的出發點，藉以瞭解
和評價任何新學科；另一方面，排除狹隘的「效益論」（Utilitarismus），
避免功利的要求與需要，而無視理論的自律性和過程性，因為效益論注重
他律性和行為的結果。哈伯瑪斯強調，一個社會文化生活形式的主體不能
彼此沒有交往互動，為此不能不與別人發生理解關係。一個主體孤立生
存，進行獨白，這是不可能的，但是只要和其他主體發生關係，進行交往
互動和對話，就必然是在一定前提下行事，也就必定以這種形式承認和遵
循一些規範的要求，在這個意義上，主體性意味著「互為主體性」（Inter-
subjektivität）。哈伯瑪斯提出論辯倫理學的普遍化原則和與之相應的原
則，如溝通倫理原則。按照溝通倫理原則，道德與主體間相互平等不可
分割，道德在於主體之間作平等理解、交往互動與溝通（Habermas, 1991;
Habermas, 2001）。歐克斯深受哈伯瑪斯論辯倫理學的影響，主張道德不再
只是抽象意識型態的反思而已，而是一種具體的溝通論辯的行動，將教育
定義為道德溝通的活動。經由人與人之間溝通的「商談」，不斷的更新教
育和道德的意義，說明教育與道德的關係（Oelkers, 1992）。

六、李歐塔的後現代主義

李歐塔（Jean-François Lyotard, 1924-1998）在《後現代狀況：一份關於知識的報告》（*The postmodern condition : a report on knowledge*）中，反對以理性為中心的傳統，批判自然科學知識的合法性，強調多元與差異的概念，重視較小的地方自治體，攻擊巨型敘事，驅逐知識份子等，這些目的均可視為減少權威在知識和價值生產中的份量，以增進個人的自我決定（Lyotard, 1984）。後現代主義在倫理學層面是「反權威主義」（Anti-authoritarianism）的，西方現代主義者自啟蒙運動以來，對於人類智慧和社會和諧充滿信心，但是後現代主義者卻不以為然，他們認為倫理規條只是在反映制定者的利益和價值而已（李奉儒，2004b：328）。歐克斯從多元主義的觀點出發，建立嶄新的教育理論，主張教育是一種道德溝通的活動，經由人與人之間溝通的「商談」，可以彰顯價值的多元性，尊重彼此差異的存在（Oelkers, 1992）。因此，歐克斯的教育倫理學深受李歐塔後現代主義的影響。

第二節 主要內涵

根據個人對歐克斯相關文獻的分析，其普通教育學的主要內涵有下列幾項：

一、理論與實踐聯結的探究

歐克斯在1976年出版的《教育學中理論與實踐的聯結》（*Die Vermittlung zwischen Theorie und Praxis in der Pädagogik*）一書中，探討理論與實踐聯結的問題。他指出在教育學中理論與實踐的關係或比較好的說法是「錯誤關係」（Missverhältnis）存在著許多討論和更多戲劇化的做法，但是令人驚訝的卻很少有系統性的處理。同時可以看見理論與實踐的問題愈來愈返回到科學教育學的中心點，如今在教育領域一種對科學理論高度緊張期待的失望已經被注意到。這種失望猜測還逐漸的被增強，那些古典

的「無用性質疑」（Nutzlosigkeitsverdacht）相對於哲學的教育理論將會被更新，教育學史從赫爾巴特（Johann Friedrich Herbart, 1776-1841）到史萊爾瑪赫（Friedrich Ernst Daniel Schleiermacher, 1768-1834）不由自主的被這種失望所影響。這種「無用性質疑」位於符合理論家對實踐者個人「過失處方」（Schuldverschreibung）的另一端，它自己不願意將好的和正確的理論加以實施，或是故意的對實施加以阻礙破壞。彼此相互的將對方置於管轄之下，在教育學中支配著理論家和實踐者的關係，這種現象被威廉（Theodor Wilhelm）標示為「騎馬的教育學」（Pädagogik zu Pferd）和「步行的教育學」（Pädagogik zu Fuß）。這使得實踐者在交往互動中與理論家多次的形成「刺蝟效應」（Swinegel Effekt），這種效應的產生充分說明，當教育學對對象進行反思時，總是形成理論家和實踐者的「邂逅」（Begegnung）。當實踐者進入工作範圍時，教育的「實踐藝術」（praktische Kunst）才會被反思，但不是被處理。當它產生教育行動時，自身在大部分的案例中顯示出正好相反的效應。這當然是不足為奇的，因為在「專業行動」（professionelles Handeln）比在「專業反思」（professionelle Reflexion）中，更會要求另外一種特殊化。面對現代「科學的」（wissenschaftlich）和「後設科學的」（metawissenschaftlich）發展，以及教育學歷史的僵局，教育只能作為古代的和在不被允許的方式中化約的被指稱（Oelkers, 1976: 7）。

歐克斯認為將社會教育領域「理論與實踐的關係」（Theorie-Praxis-Verhältnis）奠基在童話的效應上，或是棄置這種效應繼續前進。這種批判並不是新穎的，至今在其實施中也不是非常的成功。此外，在最敏感的和最整合的「理論與實踐之邂逅」（Theorie-Praxis-Begegnung）是無法避免的，人際之間的困難允許一種本質的理由，在教育學缺乏系統的反思中贊成這種狀態，來看待基本的理論與實踐的關係。但是這並不是說今天這個問題可以獲得確定的答案，因為它至今還沒有成為教育論辯核心的議題。近十年來這個問題已經逐漸受到重視，而且與「教育學作為整合科學」（Pädagogik-als-Integrationswissenschaft）、「教育行動研究」（pädagogische Handlungsforschung）、「從教育科學到實踐的辯證層面」（dialektische Bezug der Erziehungswissenschaft zur Praxis）、或是「實踐的喪失」（Praxisver-lust）作為「教育科學的困境」（Dilemma der Erziehungswissenschaft）等主張被形成特色。歐克斯希望將教育學理論與實踐的聯結置於考慮的中心點，將教育學的活動自身與其獨立性和「聯結的範疇」（Kategorie der Vermit-tlung）系統的「理解」（erfassen），其前提假設是在聯結思想的意義中，確定理論與實踐的關係，最後結果是奠基在理論與實踐問題的聯結上，達成或建立理論的和實踐的教育學。然後，才能應用理論的要求和實踐的要求，去降低或完全消除人際交往互動中的挫折經驗（Oelkers, 1976: 8）。

　　在教育學理論與實踐的聯結上，歐克斯提出三項命題：1.教育學作為教育科學必須使其獨立性科學理論的加以合法化；2.教育學只有應用科學的概念才能使其活動成為適當的；3.必須從理論與實踐聯結的核心問題之建議出發，將教育學建立成為一門「聯結的科學」（Vermittlungswissen-schaft）。歐克斯首先確定現代社會中理論與實踐的問題，提出從科學的「聯結學科」（Vermittlungsdisziplinen）超越「理論與技術的關係」（Theo-rie-Technik-Relation）之必要性。其次，主張將「教育理論」（pädagogische Theorie）作為介於「科學理論」（wissenschaftliche Theorie）和「日常生活世界—學科的理論」（alltagsweltlich-fachliche Theorie）之間聯結的「理論類型」（Theorietypus）。最後，教育理論和教育行動必須作為在特定領域中，理論和行動一般條件的「實現」（Realisierung）。歐克斯強調綜合這些建構的要素，教育學中理論與實踐聯結的命題才可能達成（Oelkers, 1976: 125）。

二、反教育學的挑戰與批判

　　歐克斯和雷曼（Thomas Lemann）在1983年出版《反教育學：挑戰與批判》（Antipädagogik: Herausforderung und Kritik）一書中，探討布朗穆爾（Ekkehard von Braunmühl, 1940-）、庫普佛（Heinrich Kupffer）和歐斯特麥爾（Helmut Ostermeyer, 1928-1984）等人的反教育學（Antipädagogik），對其文獻、論證和意見加以分析批判。歐克斯指出反教育學深受盧梭（Jean-Jacques Rousseau, 1712-1778）《愛彌兒》（Emilé）非直接教育方法的影響，

反對「啟蒙教育學」（Aufklärungspädagogik）教育「萬能的要求」（All-machtsanspruch），否定其教育思想的合法性。反教育學主張兒童不再被定義為較少價值的對象，也不再被視為「不足形式」（Mängelwesen），而是一個富含能力，在許多方面勝過成人的「完整形式」（Wesen），意即將兒童視為不需要去教育，只需要給予學習協助和充滿價值的人格。反教育學受到兒童興趣的影響和接受兒童的需要，只拒絕教育的要求和教育合法的實踐，而非教學的關係（Oelkers & Lemann, 1983: 6-10）。歐克斯指出反教育學受到米德（Margaret Mead）文化人類學的影響，主張世代的鴻溝愈來愈大，未來是無法確定的觀點，反對尼采（Friedrich Nietzsche, 1844-1900）和佛洛伊德（Sigmund Freud, 1856-1939）的文化理論，認為強迫兒童將文化規範內化，而無法達到應用的境界，但是兒童又沒有辦法拒絕，這使得兒童成為操縱的受害者，完全是不合法的。這種看法與盧梭道德教育的觀點相同，因為兒童依賴的不是自己的理性，而是受到他人意志的支配。反教育學與盧梭的不同在於他們否定普效性道德法則的存在，因此認為沒有實施道德教育的必要。反教育學深受布伯（Martin Buber, 1878-1965）對話哲學的影響，布伯認為教育關係已經不再以「權力意志」（Machtwillen）和「教育愛」（Pädagogische Eros），而是從「對話建構」（Dialog konstituieren）來加以理解，對話關係確定來自「包容要素」（Element der Umfassung），經由「相互經驗」（Erfahrung der Gegenseite）而持續，「教育關係」（pädagogische Bezug）是一種對話的，但是完全特定的關係。「友誼」（Freundschaft）是一種具體的和相互理解的經驗，但是「教育關係」卻是一種具體的和單面的理解經驗。布伯認為「教育」（Erziehung）就是一個人透過媒介對另一個人的「世界精選」（Auslese der Welt）產生影響的活動，但是這種觀點會帶來獨裁專制的危險，只有讓他人（學生）完全自主教育者才能避免這樣的問題（Oelkers & Lemann, 1983: 11-15）。

歐克斯指出反教育學也深受伊里希（Ivan Illich, 1926-2002）廢除學校論的影響，伊里希主張學校作為工業化的機構，違反了所有人文主義的目的設定，僅僅擔心思想和行為的適應與調整，根本沒有辦法實現教育

的使命。因此，布朗穆爾在1975年出版《反教育學：廢除教育的研究》
（*Antipädagogik: Studien zur Abschaffung der Erziehung*）一書，火力全開的攻擊傳統的教育學，從教育實際的描述和評價出發，主張這種教育將會強制或操縱兒童，發展出兒童的「忠犬心靈」（Hundeseelen），使其成為一個「傀儡」（Marionette）。由此所建立的教育思想核心和結果是不民主的和反民主的，教育等同於管束、歪曲、訓練或操縱，所以教育行動宛若輕微的謀殺，或至少像是截肢，並不令人感到驚訝。布朗穆爾認為誰想要教育兒童，將會摧毀兒童，任何教育的方式都是對兒童的虐待，因此必須廢除教育和告別過去的教育思想。歐斯特麥爾在1977年出版《理性的革命：從清除過去來拯救未來》（*Die Revolution der Vernunft. Rettung der Zukunft durch Sanierung der Vergangenheit*）一書，探討教育學和教育的必要性問題。他指出教育學並不存在其委託者，而是由教育學自己所製造出來的。對於教育必要性的確信，讓人感到巨大無比的失望，因為未曾看到過兒童的野性和自私可以透過教育使其返回友善的、和平的和溫柔的狀態。相反的，教育的意識型態建立了所謂兒童教育的需求，成為對兒童壓制踐踏和終生傷害的藉口，因此應該廢除教育（Oelkers & Lemann, 1983: 19-20）。

　　歐克斯對反教育學的論述提出下列幾點批判的看法。首先，反教育學提出了教育、動機和結果「負面的圖像」（negatives Bild），不去區分好的教育和壞的教育，或者有責任的教育和無責任的教育，對反教育學的學者而言，教育的意圖都是非道德的，而其結果原則上都是災難性的。歐克斯覺得這些要求廢除教育的論證並不充分，因為反教育學引述的都是心理治療的經驗，而非普遍性的事實。其次，反教育學論證的支持理論也是錯誤的。他們認為兒童「教育的需求」（Erziehungsbedürftigkeit）僅只發生於社會「定義的行動」（Definitionsakt），而且將這種行動歸為是無效的。這樣的論述過度使用來自犯罪理論的「標籤取向」（labeling approach），絕對不是沒有爭論的。又次，反教育學的論證證明自己是自相矛盾的，一方面稱呼自己是兒童的大廳，而且是兒童真正的朋友，但是並未詢問兒童的意願；另一方面將兒童「外在的決定」（Fremdbestimmung）視為對統治上癮的「權力執行」（Machtausübung），壓迫兒童以欺騙兒童的權利。因

此，反教育學希望兒童完全平等，年齡差異和能力差異不能再作為有效的理由，人們不能再混淆不給兒童特定的權利和司法上特殊的地位。這種觀點不只對成人的道德發出呼籲，將兒童視為平等的個體去看待，兒童也應該經由成人共同編輯的法典被平等的對待。但是這種在兒童興趣上影響深遠的改變，再度的並未詢問兒童的意願，這也是允許被懷疑的（Oelkers & Lemann, 1983: 20-22）。接著，反教育學談論的是「自由教育」（freiheitliche Erziehung）和「免除強制的學習」（zwangfreies Lernen），在那兒無法區分好的教育和壞的教育，必須對所有可能的教育結果之負面性質提出建議。但是人們無法既要「廢除教育」，又要變通形式的「自由教育」。此外，反教育學對於「學習」（Lernen）的觀點既過於缺乏思考也過於「天真」（naiv），因為「學習」和「教學」（Lehren）是相互聯結的。人們經常獨立的進行學習，沒有透過其他人的教導。但是我們有時也經由和根據別人的「教學」（Unterricht）來進行學習，由於系統教導的停頓，兒童有時無法進行獨立的學習，許多兒童學習的事物必須經過教學法的準備，否則將會超出兒童的能力而無法瞭解。最後，反教育學強調兒童需要真正的生活，不是為了將來的生活，因為兒童有權利如此。擔心錯誤的實在會傷害兒童，這是無法成立的看法。當某些事物無法確定時兒童會察覺，當人們嘗試著去隱瞞兒童時，只會阻礙兒童能夠去學習的生產性（Oelkers & Lemann, 1983: 22-25）。

三、教育中弔詭問題的反思

歐克斯在1991年所出版的《教育作為現代的弔詭》（*Erziehung als Paradoxie der Moderne*）一書中，探討教育中一些弔詭的問題。他指出「教育」（Erziehung）在教育理論中與其自身的修辭學相反，這種修辭學總是將教育視為「技術」（Technik）或是至少與「技術的期待」（technische Erwartungen）相聯結。這對於「教育技術學」（Erziehungstechnologie）明確的批判表達是有效的，這樣教育自身的一些「目的設定」（Zielsetzungen）才能一直作為可能的實際被理解，以說明這些實際無論如何應該被生產出來。至少當人們將「主體性」（Subjektivität）詩性的加以說明時，

而且僅只對其理論的「普遍性」（Allgemeinheit）加以承認時，「過渡」（Übergang）在實際中不斷的預設一種「主體性」與「不可估量性」（Unberechbarkeit）。在這種意義之下，人們可以將教育理解為現代的「弔詭」（Paradoxie），但是針對兒童與成人生活中「教育志向」（pädagogische Aspiration）與真正事件和結果的關係而言，明顯的是一種必要的「錯誤關係」，我們可以說：因為既非教育的要求消失，也不是教育在任何時候都要去配合一種既與的實際。有人嘗試將教育稱為「烏托邦」（Utopie），但是問題在於未來的「教育圖像」（pädagogisches Bild）總是不斷的更新。希望不透過教育作為媒介，而讓未來逐漸的變好是可笑的。未來如果不接受教育的「工具性假定」（Instrumentalannahme），將會使教育理論具體的烏托邦喪失。但是如果接受教育的「工具性假定」，則無法擺脫未來最終是黑暗的、不純潔的和不是無辜的印象。歐克斯主張文化教育學是有關社會科學與哲學的「教育反思」（pädagogische Reflexion），朝向文學和美學材料方面對象範圍的擴展，使其向自身顯示「詩性教育學」（poetische Pädagogik）或價值所能給予的。教育學的真理只有包含「詩性」（poetisch）才是完整的，其意義不在於將教育導向完美，而在於指出教育可以與一些「詩」（Poesie）相聯結（Oelkers, 1991: 7）。

　　歐克斯從德國偉大的理論史典範，亦即威瑪的「文化教育學」（Kulturpädagogik）出發，以特定的方式回顧「啟蒙運動」（Aufklärung）和「浪漫主義」（Romantik）最初的立場，然後在19世紀的戲劇中帶來「審美的主體性」（ästhetische Subjektivität），循此似乎所有的教育理論都成為弔詭和兩難。人們自己可以一再的達到「審美的解放」（ästhetische Emanzipation），但是卻無法帶來一種封閉的道德。如果教育還能夠保有一項功能的話，那麼必須將這種「複雜化」（Komplizierung），在教育理論中加以探討。弔詭的問題或混亂的教育以前就存在小說文獻中，但是在其中並未談到「教育小說」（Bildungsroman）被窄化的問題。歐克斯以史坦（Laurence Sterne, 1713-1768）的小說《崔斯坦·珊蒂》（*Tristram Shandy*）一書為例說明，指出這本小說如何將教育與陶冶理論抽象化，致力於放棄混亂的生活，或是嘗試將混亂的生活紀律化。當人們探討教育小說時，

可以確定的是「野性」（wilde Natur）或混亂的生活，不是作為「教育的對象」（Objekt der Erziehung）被接受，而是作為「經驗的實際」（Erfahrungswirklichkeit）被接受，以使自己能夠去理解這種文學性。因此，「小說」（Fiktionen）是必要的，以便在生活中使目的與「影響的假設」（Wirkungshypothesen）能夠聯結起來，只有封閉的空間是可以控制的，而且包含野性和混亂的排除，這些確實都屬於生活自身（Oelkers, 1991: 8）。

　　前述這些被遺留下來的困難關係，使「實踐」（Praxis）喪失其目的論的可靠性，但是對理論而言其喪失更多。「教育」和「陶冶」（Bildung）經常被理解為目的達成的過程，而且現在必須學習迴避既與的弔詭。目的的要求屬於「道德的溝通」（moralische Kommunikation），沒有溝通也就沒有教育，教育是參照目的的紀律訓練。這種行動在特定溝通網絡的視野中成長，不必真的達到一個遙遠的目的，目的是溝通的形式，這種形式經由行動經驗一再的重新投入，不會為其過程所封閉。教育同時是有盡的和無盡的歷史，要看行動者和觀察者站在何處而定。目前這個問題的廣泛討論存在於「後現代理論」（Theorie der Postmoderne）之中，這種理論的形成事實上來自一種現代的核心衝突。歐克斯將「政治的現代」（politische Moderne）與「美學的現代」（ästhetische Moderne）加以區別，主張「政治的現代」對公民社會理論和憲法是重要的，「美學的現代」則針對19世紀以來藝術的革命。這兩種現代承載了另外一種主體模式，一方面是道德公開性中的「倫理反思」（ethische Reflexion）；另一方面是朝向內在靈活的「審美自我表達」（ästhetische Selbstdarstellung）。這兩者是不相容的，而且它是具有代表性的。教育理論總是只有引進「倫理反思」，這種「倫理反思」在人類和公民的緊張關係中相對的尚未決定，但是現代藝術的「激進主體性」在其中幾乎未扮演任何角色，其實有意識或無意識在反思的「邊緣區域」（Randzonen）中都負有義務，歐克斯從這些理由出發認為教育是現代的弔詭，它在一種逐漸增加的「審美經驗實際」（ästhetische Erfahrungswirklichkeit）中是倫理的（Oelkers, 1991: 9-10）。在這種情況下，歐克斯認為不能讓教育理論冷卻下來，教育理論似乎會繼續受

到信任。但是教育理論必須繼續努力，將其至今排除的和興趣的事物，變成為知識加以接受。當教育不再能夠奠基在單義的「善」（Gute）之上來進行，而陷入必須從「道德的辯證法」（Dialektik der Moral）變成為「對象」（Gegenstand）時，那麼也會改變其理論的建構。當教育理論不僅僅是虛構的創作時，它不再只是積極的或道德的，而將會是弔詭的和兩難的（Oelkers, 1991: 22）。

歐克斯也在2001年出版的《教育理論導論》（*Einführung in die Theorie der Erziehung*）一書中，探討教育概念、教育理論發展路線和理論問題。他指出從教育概念的歷史來看，教育有時是對話，有時是行動，有時是溝通、影響或發展，教育是過程和結果。雖然教育強烈的道德要求受到嚴厲的批判，但是明顯的無法改變這種希望的計畫。教育被理解為教育實踐，無法逃避來自世界的期待。教育理論必須與盧梭的兒童本質、柏拉圖（Plato, 428-347 B.C.）的善的理念和赫爾巴特的道德代理聯結（Oelkers, 2001: 33-34）。盧梭在1762年出版教育小說《愛彌兒》一書之後，教育理論朝向幾條路線發展。第一條路線是有關「教育萬能」與「教育無能」（Ohnmacht der Erziehung）的探討，史萊爾瑪赫曾在其教育學演講中探討這個問題。他將盧梭列為主張教育無能的學者，盧梭反對洛克「教育萬能」的看法，受到盧梭影響的還有反教育學的布朗穆爾、庫普佛和歐斯特麥爾等人。第二條路線是有關目的與方法關係的探討，赫爾巴特曾在其普通教育學著作中探討這個問題。他主張經由倫理學來決定教育的目的，經由心理學來發展教育的方法。教育的目的是在培養具有道德性格的人，而教育的方法則包括訓練、管理、教學和教育。第三條路線是有關教育是美學或倫理學性質的探討，黑格爾（Georg Wilhelm Friedrich Hegel, 1770-1831）曾在其1807年的《精神現象學》（*Phänomenologie des Geistes*）一書中，探討人類精神的辯證發展問題。指出絕對精神是哲學、宗教和藝術的統一，兼具真善美的性質。康德的倫理學取向和祁克果（Soren Kierkegaard, 1813-1855）的美學取向都對教育產生影響，教育的目的究竟是倫理的或是美學的，存在著不同觀點的對立。「教育萬能」與「教育無能」、教育目的與教育方法、教育目的是倫理學的或美學的，這些都是現代教育中存在

的弔詭（Oelkers, 2001: 39-145）。歐克斯認為只有當理論建立在生活的具體現象上，不只成為多餘的事務，教育不只是繼續前進的經驗，而是關心事務的繼續化，不是預先安排的命運，而是生活的經驗，才能解決教育中的弔詭問題（Oelkers, 2001: 279）。

四、教育倫理學的建構

歐克斯在1992年《教育倫理學：問題、弔詭和觀點導論》（*Pädagogische Ethik. Eine Einführung in Probleme, Paradoxien und Perspektiven*）一書中，指出教育倫理學存在的問題，然後說明他對建立一門教育倫理學的看法。他認為教育倫理學的第一個問題不是如何聯結道德，而是如何能夠為教育辯護。但是教育的辯護不是一種單純的從倫理學而來的推衍，而是要求一種伴隨著教育對象或教育參照範圍思考的模式假定之分析。當這種模式假定的清晰性占優勢時，倫理原理或道德傳統的關係才能被提出來。但是這種分析的策略在目前所有原理的教育討論中並未被重視，至少不在與教育銜接的主題範圍當中，不僅自身無法作為一種道德的批判加以強調，而且不能對其自身的對象詳細的加以說明。「什麼是教育？」似乎是自明的或不重要的（Oelkers, 1992: 11）。其次，教育倫理學至今尚未出現，在「普通教育學」（Allgemeine Pädagogik）或「教育理論」（Theorie der Erziehung）的名稱之下，「倫理」（Ethik）與「教育」（Erziehung）的關係一再的被處理著，但是未能將其自身作為「關係」（Verhältnis），置於分析的中心點。過去的處理幾乎都從當時倫理立場的原理出發，推衍出教育的哲學理論。這種倫理立場必須將其自身作為絕對加以強調，而且和其他的觀點相對立。其理論建構的性質缺乏一種觀點豐富的取向，可能是造成這個領域出版不盛的根本原因。面對這些教育倫理學的問題，歐克斯認為只有在注意到教育對象範圍的錯誤，而且應用一般的倫理原理時，才能看到教育促進了趨勢的發展。教育倫理學就在於更正這些觀點的錯誤，使教育倫理學的建構獲得更多成功的觀點（Oelkers, 1992: 12）。

其次，歐克斯分析「教育的概念」（Begriff der Erziehung），指出教育的任務，提出其教育倫理學的觀點。他主張教育無法經由政治的或世界

觀的信念來定義，宗教也無法應用到教育行動的認可之中。他採用道德的溝通來描述教育的任務，主張行動的實際位於偶然性的假設之下，而且具有雙重的意義，亦即「教育意向」（pädagogische Intentionen）和「影響」（Wirkungen）與行動的實際相關關聯。「什麼是意向？」屬於道德信念的領域，是從論證被提取出來的，或者只是行動規定的性質，而沒有真的應用到確定性當中。這種觀點最後贏得勝利，因為在宗教的確定性中，存在越少道德的信念，就可以增加越多學習的能力。因此，由於和其他的偶然性或影響相互關聯，所以教育沒有絕對成功的保證。道德不是自然的天賦，兒童既非一生下來就是善的，亦非一生下來就是惡的。盧梭認為兒童天生是善的和基督宗教人類原罪的說法是一種神話，基督宗教傳統的觀點並沒有談到實際的教育工作，只是定義了道德表面的或戲劇性的意義。他們注重的不是善良人類的培養，不在將正確的道德內化，無法推衍出正確的教育理念。歐克斯主張教育的主題是單純的，教育就是兒童在互動交往中，如何學習必要的和困難的道德要求和規則。兒童道德世界的建立是主動的，但是這只描述了問題的心理層面，教育層面注重任務的「主題化」（Thematisierung），將道德呈現為可以學習的要求和系統，亦即兒童的道德學習也有被動的一面。當然過多的不是教育，過少的也不是教育。他認為教育的任務在於德行的形成，但是德行無法經由宗教或形上倫理學，而必須透過教育倫理學來進行。教育倫理學的建立不只是批判而已，也無法回到傳統之中，而必須奠基在道德的溝通上，闡明道德與教育的關係，修正教育模式的觀念，才能開啟反省的機會，建立一門教育倫理學（Oelkers, 1992: 16-23）。

最後，歐克斯批判「後現代主義」（Postmodernismus）、「相對主義」（Relativismus）和「反教育學」（Antipädagogik）的觀點偏重個人的自我開展，忽略人類社會中批判的公開性，指出教育不僅僅只是個人的自我開展而已，還必須在人與人之間進行道德的溝通。由於後現代強調語言的歧異，而世界只有經由語言才能瞭解，因此其觀點無法被引進道德領域中，關於這個問題沒有無界限的「相對主義」存在。他主張生活形式審美的轉變雖然能夠承擔起後果，但是仍然不必放棄道德的規範。因為對於

經驗的處理而言，規範是無法放棄的事物。所以「實然」（sein）和「應然」（soll）的區分不是無價值的，而是必要的活動，以便我們能夠在多元的生活形式之間，建立普遍的道德要求。「應然」只是義務在普遍法則上語言的強調，而不是具有非凡力量的義務。海德格（Martin Heidegger, 1889-1976）的後現代觀點是荒謬不合理的，這種模式在尋找中解消了真理，而以死亡終結無法終結者。社會基本模式對道德論證理論而言是「批判的公開性」（kritische Öffentlichkeit），它來自康德對文藝復興聲譽序階的提高，從理性公開的應用來進行倫理問題的探討，要求自己與無上命令一致，以對抗私人的情感（Oelkers, 1992: 111-112）。歐克斯主張人們可以忽視三種後道德立場高度的差異，而建立脈絡將其彼此並列，然後可以得到完全「反教育學」的結果：自律的自我發展其自身，以便「人性」（Humanität）能夠從提供的趨勢出發邁向「道德」。如此，成熟的成人將不是從偶然的美感來定義，而是從其能力、認同與疏離一樣的視野來定義。如此不會使意識喪失其個人的認同，也不必犧牲其個人的自發性，但是這種世界免除道德考察的觀點過於解構（Oelkers, 1992:113-114），根本違反了教育的本質，而且無法指導人類的生活。

五、杜威實用主義的評價

歐克斯在2009年出版的《杜威與教育學》（*John Dewey und die Päda-gogik*）一書中，探討杜威的「實用主義」（Pragmatismus）與教育學的問題。他指出二次大戰後的德國有許多反對杜威的觀點出現。1943年馬里旦（Jacques Maritain, 1882-1973）的《教育位於十字路口》（*Education at the Crossroads*）一書出版，1951年由漢堡的「克利斯提安出版社」（Christian Verlag）印行德文版，被視為是戰後對杜威教育理論最偉大的批判。馬里旦是法國的多瑪斯主義者，後來在美國的普林斯頓大學和哥倫比亞大學任教，他指出當時的教育面臨未來方向的抉擇，正確的選擇應該走向「人文主義」（Humanistismus）教育傳統的神聖之路，而非美國杜威的實用主義之路。1952年瑞士教育學家盧斯頓貝爾格（Werner Lustenberger）在《瑞士教師報》（*Schweizerische Lehrerzeitung*）評論杜威的「教育實驗主義」

（pädagogischer Experimentalismus），指出人類在理論中只能從其外在行為觀察，沒有看到人類心靈建構的矛盾對立，經驗不只是實驗的結果，如果人類要達到新的要求，則需要擺脫人類「觀念和組合能力」（Vorstellungs- und Kombinationsfähigkeit）的理念，而且消除「社會決定論」（sozialer Determinismus）。實驗的思想和問題解決會絕對化實際的世界，而且會背叛普遍化的觀審。1955年東柏林的「民族與知識出版社」（Verlag Volk und Wissen）翻譯俄國教育學家薛夫金（W. S. Schewkin）的著作，他將杜威的教育理論稱為工具主義的「反應教育學」（reaktionäre Pädagogik），證明實用主義的偽科學性，揭露杜威是美國「帝國主義」（Imperialismus）的僕從，貶抑其哲學為一種「主觀的理想主義」（subjektiver Idealismus）的變種。1961年西德神學家羅杜科夫斯基（Heinz Loduchowski）撰文分析進步教育，批判杜威的「功能社會主義」（funktionaler Sozialismus）注重不斷的適應環境，在民主社會中行動，不關切反人類勢力的問題，放棄天主教的神聖計畫和較高的力量（上帝），是一種「教育的樂觀主義」（pädagogischer Optimismus）。1964年西德教育學家佛利特納（Wilhelm Flitner, 1889-1990）將進步教育歸為一種危險的「反教育學」，主張建立一種「兒童中心的」（kinderzentrierte）學校，來自佛洛伊德（Sigmund Freud, 1856-1939）的心理學和杜威教育學的誤解，他結合一種科學上具有影響力觀點，而逐漸的擴展開來，支配美國特定社會階層數十年之久，而且也入侵到歐洲大陸。雖然進步教育在美國已經逐漸停止，但是當時德國正在引進之中。對德國的學者而言，這種教育的某些方面並非教育。1967年東德哲學家史華茲曼（Klara Aronowa Scharzmann）出版《沒有道德的倫理學：現代公民倫理理論的批判》（*Ethik ohne Moral: Kritik der modernen bürgerlichen ethischen Theorien*）一書，將實用主義視為「資本主義」（Kapitalismus）的哲學，也是一種沒有歷史觀點的「情境倫理學」（Situationsethik）。這種哲學從否定歷史的目的出發，背叛「共產主義」（Kommunismus）的理念，而且無法改善這個世界（Oelkers, 2009a: 14-16）。19世紀中葉以來，德國哲學和教育學深深影響美國，而且與美國本土的哲學和教育學相互競爭。最明顯的例子就是1908年9月1日在海德堡召開的第三屆國際哲學會

議，兩個陣營的學者展開論戰，最後沒有得到一致的結論。其後，實用主義在德國並沒有被接受，而被等同於「自然主義」（Naturalismus）、「相對主義」、「科學主義」（Szientismus）和「工具主義」，受到嚴厲的批判和排斥，因此對整個德語區的教育學並未產生很大的影響（Oelkers, 2009a: 18-29）。

　　當然，戰後對於杜威的哲學也有另一種不同的聲音。1951年西德哲學家格倫（Arnold Gehlen, 1904-1976）承認杜威的哲學對於哲學人類學具有貢獻。同年，西德哲學家歐廷格（Friedrich Oeltinger）指出杜威的「社會合作」（soziale Kooperation）概念對於政治哲學和政治教育產生重要影響。1952年西德教育學家包姆嘉頓（Eduard Baumgarten, 1898-1982）也為杜威教育學背後的哲學辯護，他在《收藏》（Die Sammlung）雜誌向讀者說明杜威的教育理論，認為杜威的目的在否定「絕對善」（absolute Guten），以便放棄絕對的服從。杜威走的是一條理智、繼續和謹慎的改革之路，以引導我們邁向穩定的習慣。探討未來、責任和自由等倫理問題，杜威認為「道德」（Moral）是一種「嚴格的要求」（strenges Gebot），對於每一種直接經驗的價值和沒有疑問遵從的規範，都必須在其「界限使用」（Grenznutzen）中加以檢驗。西德教育學家魏尼格（Erich Weniger, 1894-1961）則證明美國教育理論的無歷史預設性和杜威實用主義的理想內容，至少對德國是有用的，因為在美國其「夥伴的合作形式」（co-operative Form der Partnerschaft）雖然非常難以判斷，但是在「政治此有」（politisches Dasein）中明顯的有其高度的需要。歐克斯認為杜威的實用主義教育學有幾項重要的貢獻：首先，杜威實用主義的「教育理念」（päda-gogische Ideen）不是來自天空，而是一種論辯的形式。實用主義19世紀在美國形成，是一種學校教育的新形式，因應社會整合的需要而產生，對於學校的發展產生重要的影響。其次，杜威的實驗學校成立於芝加哥，從開始就是科際整合的機構，屬於改革教育學的範圍。杜威是第一位建立基礎學校的哲學家，而且親自領導這個學校，形成實用主義的「芝加哥學派」（Chicago School）。他的實用主義主張「社會自然」（soziale Natur），因此既非「自然主義」或「工具主義」所能包含，雖然在德國依然有人將杜

威理解為前述兩種主義，而且持續產生影響，但是不能忽略的是杜威對於「進化理論」（Evolutionstheorie）改變的影響，他將「精神」（Geist）和「主體」（Subjekt）加以主題化，而非「生活」（Leben）和「發展」（Entwicklung）。最後，杜威的教育學也有自己理論的脈絡和概念的形式，他與其他的哲學家有所不同，而且發展出自己的概念，甚至與其追隨者劃清界線。杜威不僅僅只是「進步教育學之父」（Vater der progressiven Pädagogik），儘管他對進步教育學所作不多。由他所發展和影響的教育、學習和民主教育概念，不受限於他那個時代的芝加哥，以及芝加哥大學附設的「實驗學校」（Laborschule），杜威的實用主義不僅經常在教育學中被引用，而且對世界各國教育實踐的影響也相當深遠（Oelkers, 2007: 151-151; Oelkers, 2009a: 10-11; 101-115）。

第三節 綜合評價

根據個人對歐克斯相關文獻的分析，其普通教育學具有下列幾項優點：

一、提出聯結理論與實踐的方法

柯瓦契克（Wolfdietrich Schmied-Kowarzik, 1939- ）在《辯證教育學》（*Dialektische Pädagogik*）一書中，主張「理論」（Theorie）與「實踐」（Praxis）的概念來自希臘，在古代哲學中已經具有今天相互參閱與相互對立的意義。「實踐」表示行動，特別是人與人之間意識的行為，與「創作」（poiesis）表示事物的生產不同，「理論」（theoria）意謂慶典人員到祭祀場所旅行，理論等於經驗的沉思，發展成為事件的調查或行動指引。他認為理論與實踐間存在著「教育的差異」（pädagogische Differenz），只有經由教師才能將教育理論和教育實踐聯結（Schmied-Kowarzik, 1974: 133;138）。邊納爾（Dietrich Benner, 1941- ）在《教育科學主要思潮》（*Hauptsrömungen der Erziehungswissenschaft*）一書中，提出了「教育科學研究的結構模式」（Strukturmodell erziehungswissenschaftlicher Forschung），說

明理論（Theorie）、經驗（Empirie）、實踐（Praxis）三者之間的關係，希望將教育學建立成為一門理論、實踐與經驗兼顧的科學。希望理論與實踐的關係在教育科學研究中，可以不斷的循環發展，拉近教育理論與教育實踐之間的差距，解決教育理論與教育實踐無法一致的問題（Benner, 2001a：322-338；Benner, 2001b：308-312）。歐克斯則在《教育學中理論與實踐的聯結》一書中，首先確定現代社會中理論與實踐的問題，提出從科學的「聯結學科」超越「理論與技術的關係」之必要性。其次，主張將「教育理論」作為介於「科學理論」和「日常生活世界—學科的理論」之間聯結的「理論類型」，將教育學發展成為一門聯結科學。最後，教育理論和教育行動必須作為在特定領域中，理論和行動一般條件的「實現」。歐克斯強調綜合這些建構的要素，教育學中理論與實踐聯結的命題才可能達成。他以「教育理論」作為聯結教育理論與教育實踐的關鍵，不同於柯瓦契克以教師和邊納爾以教育科學研究作為關鍵的主張，提出新的聯結教育理論與教育實踐的方法。

二、批判反教育學論點中的錯誤

歐克斯從實在主義的觀點出發，對反教育學的論述全面加以批判。首先，他指出反教育學的學者沒有區分好的教育和壞的教育，或者有責任的教育和無責任的教育。反教育學的學者要求廢除教育的論證並不充分，因為其引述的都是心理治療的經驗，而非普遍性的事實。其次，反教育學論證的支持理論也是錯誤的。他們認為兒童「教育的需求」僅只發生於社會「定義的行動」，而且將這種行動歸為是無效的。這樣的論述過度使用來自犯罪理論的「標籤取向」，存在著許多值得商榷之處。又次，反教育學的論證時常自相矛盾，一方面稱呼自己是兒童的大廳（會客室），而且是兒童真正的朋友，但是並未詢問兒童的意願；另一方面將兒童「外在的決定」視為對統治上癮的「權力執行」，壓迫兒童以欺騙兒童的權利。接著，反教育學談論的是「自由的教育」和「免除強制的學習」，在那兒無法區分好的教育和壞的教育，必須對所有可能的教育結果之負面性質提出建議。人們無法既要「廢除教育」，又要變通形式的「自由教育」。此

外，反教育學對於「學習」的觀點既過於缺乏思考也過於天真，因為「學習」和「教學」是相互聯結的。人們經常獨立的進行學習，沒有透過其他人的教導。但是我們有時也經由和根據別人的「教學」來進行學習，由於系統教導的停頓，兒童有時無法進行獨立的學習，許多兒童學習的事物必須經過教學法的準備，否則將會超出兒童的能力而無法瞭解。最後，反教育學強調兒童需要真正的生活，不是為了將來的生活，因為兒童有權利如此。擔心錯誤的實在會傷害兒童，這是無法成立的看法。因為當人們嘗試著去隱瞞兒童時，只會阻礙兒童能夠去學習的生產性。歐克斯具有學理基礎的批判，可以讓我們瞭解反教育學觀點的錯誤，避免學校教育受到反教育學主張的傷害。

三、指出現代教育中的各種弔詭

　　歐克斯主張文化教育學是有關社會科學與哲學的「教育反思」，而且朝向文學和美學材料方面對象範圍的擴展，使其向自身顯示「詩性教育學」或價值所能給予的。教育學的真理只有包含「詩性」才是完整的，不是導向完美的教育之意義，而是教育必須與一些「詩」聯結。歐克斯區分「政治的現代」與「美學的現代」，這兩種現代承載了另外一種主體模式，一方面是道德公開性中的「倫理反思」；另一方面是朝向內在靈活的「審美自我表達」。這兩者是不相容的，而且它是具有代表性的。教育理論經常只應用「倫理反思」，在人類和公民的緊張關係中相對的尚未決定，但是在現代藝術中「激進的主體性」幾乎未扮演任何角色，其實有意識或無意識在反的「邊緣區域」都負有義務。歐克斯指出教育中存在著「教育技術學」與「詩性教育學」、「倫理反思」和「審美表達」、「教育萬能」與「教育無能」、「教育目的」與「教育方法」、「現代理論」和「後現代理論」等等對立的問題。在這種情況下，我們必須瞭解教育中各種弔詭的現象，意識到教育理論性質的轉變，因為教育理論不再只是積極的或道德的，而將會是弔詭的和兩難的，才能有效的建立教育理論和改善教育實際的問題。

四、提出建構教育倫理學的方向

　　歐克斯主張三種古典教育學的解構—多元主義（Paluralismus）、主體性（Subjektivität）和反父權主義（Antipaternalismus），對於一種有希望的教育倫理學之提出和超越古典立場簡單的繼承形成的障礙，總是對問題新的建立幫助很大。這些障礙從本體論素樸的方式，對一種陳舊落伍的「人」（Mensch）加以信任，表達「世界圖像」（Welt-Schema）和強烈父權主義的要求，沒有考慮到兒童和青少年學習的經驗。教育倫理學預先給予一種問題的關係，這種問題關係必須成為每一種新建立的試金石。意即一種教育倫理學的規劃，必須描述道德與教育的關係，不僅僅只有兒童自我的發展或成人社會問題的處理。教育倫理學不只有學習和經驗的教育名詞之處理而已。「新的建立」（Neubegründung）是一種非常自由宣告的形式：歐克斯認為教育倫理學新的建立，首先應該說明道德經驗對主體性建構的功能和意義，而不必回去關聯一種思辨「真正自我」（wahre Selbst）的道德自我組織之立場；其次將過去到現在指出的有關「倫理客觀性」（ethische Objektivität）的論證嚴格的加以掌握，而且將其應用到教育問題的關係中；然後將教育的對象描述精確化，而且描述教育倫理學可以想像的輪廓大綱（Oelkers, 1992: 140-141）。歐克斯的這些觀點對於一門教育倫理學的建立，具有明確的指引作用，可以促進教育倫理學的發展。

五、理性的評價杜威的實用主義

　　杜威的實用主義被歐洲和美國的學者歸類為「自然主義」、「相對主義」、「科學主義」和「工具主義」，甚至被蘇聯的學者歸類為資本主義和帝國主義的哲學，從德國觀念論、基督教神學和共產主義的觀點加以批判，導致杜威的實用主義受到刻意的曲解，無法理性的被討論和對待。歐克斯從歷史和哲學的角度出發，探討杜威實用主義與德國教育學的關係，說明其教育理論的觀點，芝加哥實用主義的形成，以及歐洲和美國學者對工具主義的批判。歐克斯認為杜威的實用主義固然受到盧梭自然主義、達爾文進化理論和傳統實用主義的影響，但是杜威並非全然接受，而且杜威

對進步教育也有所批判，因此不能將杜威的實用主義等同於這些主張。杜威所倡導的民主教育，可以說是一種學校教育新的形式，對於當時的社會統合和學校發展具有重要的貢獻。其次，杜威在芝加哥創辦的實驗學校，屬於一種學校教育改革，對於教學方法、學習方法、課程教材和教育原理的革新，都具有劃時代的意義。最後，杜威的實用主義與其他的哲學家有所不同，創立自己的理論脈絡和概念形式，成為具有特色的美國哲學，而且改變進化理論的發展，許多哲學家和教育學家都深受影響（Koinzer, 2009）。

但是不可諱言的，歐克斯的普通教育學也存在著下列幾個問題：

一、可能窄化了教育概念豐富的內涵

從夏勒（Klaus Schaller, 1925-）溝通教育學的觀點來看，溝通教學法奠基在教育行動領域的原初互動性上，伴隨著有規則的和自發性的互動，班級團體和互動領域的學校，就成為教育實施的主要對象。溝通教學法奠基在原初互動性的執行上，同時並未放棄其政治—社會的特性，希望在班級團體或學校的教學和教育過程中，將學生導向民主和理性，並且透過溝通教學法不斷的聯結受到限制的計畫，使其服從於民主和理性的原則。溝通教育學主題範圍中的溝通教學法，有三個層面必須注意：一是內容方面（狹義的教學法，指的是課程教材）；二是關係方面（互動和溝通過程的產生）；三是聯結方面（教學的方法學）。教師在使用溝通教學法時應該三方面兼顧，才能在互為主體性的教學過程中，達成訊息聯結和意義生產的目標（Schaller, 1987: 91-96）。基此，教育必須兼顧訊息的聯結、關係的建立和意義的生產，教育絕對不只是一種道德溝通的活動而已。除了道德的溝通之外，也涉及知識的傳遞、技能的學習和情意的交流，所以歐克斯的主張，可能窄化了教育概念豐富的內涵（梁福鎮，2007：136）。

二、反教育學的批判仍然有不盡周延之處

反教育學深受盧梭自然主義、布伯對話哲學和米德文化人類學的影響，否定啟蒙教育學教育萬能、成人中心、注重未來和文化規範的觀念，

主張廢除教育，兒童中心，注重現在和自由教育，雖然反教育學學者的論點有許多錯誤，但是其主張仍然有許多可取之處。首先，盧梭的消極教育方法，不主張直接的教導，允許學生主動去經驗世界，自己決定行動的目標，可以培養學生主動學習和反省批判的能力（Benner, 2001a：166-167）。其次，布伯主張接觸是教育的基本語言，對話有利於師生關係的建立，對話時特別重要的是每一個人對做事的決心，而不是推諉責任。認為教育關係是一種對話關係，教育的發生與教學的發生，最基本的是對話的關係的描述。並且師生關係應秉持人類學原則，強調人與人之間的基本要素，也就是「吾—汝關係」（Ich-Du Verhältnis），呼籲教師應該「互為主體性」的對待學生（Buber, 1956; Buber, 1973），這對於良好師生關係的建立相當重要。最後，邊納爾認為從康德的觀點來看，成熟是一個人在經過努力之後，能夠在沒有外來的協助下，運用其自身理性的狀態。而持續終生專業的生活伴隨，將使個體終生無法達到成熟的境界。而且教育如果在終生伴隨的意向下，經由轉換、互相交替的部分專業進行，將無法非常有責任被實施，甚至會造成一種反教育和反常的現象。主張專業的教育應該放棄「教育萬能」的期待，承認教育有其無用之時，以克服終生教育所造成的缺失（Benner, 1999）。因此，反教育學的主張並非完全錯誤，其論點也有其可取之處，歐克斯對於反教育學的批判仍然有不盡周延之處。

三、教育倫理學的建構缺乏具體內容

教育倫理學是科際整合的一門學科，它是由教育學與倫理學兩門學科整合而成。教育學理論於18世紀時建立；倫理學卻遠在希臘時代建立。兩者理論的建立可以說相當的早，但是經過整合成一門新學科，卻是最近幾十年來的事。因此，歐洲的教育家努力在發展這門學術，使它將來能夠成為更普遍化，更多人研究與瞭解的一門學科（詹棟樑，1996：1）。教育倫理學作為教育哲學中的一個重要範疇，其任務並不在於規定主觀或武斷的教育價值設置或教育行動規範。恰好相反的是，它要根據哲學批判、質問及有方法、有系統的面對既存的教育實踐與理論中的各種價值、目的設置

與行為規範，它要辨難與論證背後的根據（馮朝霖，1993）。歐克斯從教育行動理論的觀點出發，注重教育本質、道德概念、教育與倫理關係的探討，雖然能夠澄清教育的本質，說明道德的概念，批判許多道德理論的缺失，解釋教育與倫理的關係，甚至指出教育倫理學發展的方向。但是其教育倫理學的探究，偏重教育與道德概念的分析，只有提出一些解決教育倫理問題的辦法，沒有討論到學校教育工作中，經常遭遇的師生關係、教學倫理、輔導倫理、行政倫理和校園倫理問題。因此，無法提供教師教育行動的指引，完全解決學校生活中的倫理問題，這是歐克斯教育倫理學的限制（梁福鎮，2007：137）。

第四節 重要啟示

　　根據個人對歐克斯相關文獻的分析，其普通教育學對我國的教育學術具有下列幾項重要的啟示：

一、提供我國作為聯結理論與實踐的參考

　　我國因為大量引進歐美的教育理論，並且將其應用到教育實際中，經常造成教育理論與實踐的斷裂，使得許多教育工作者對教育理論喪失信心，認為教育理論根本無法解決教育實際的問題，教育理論的學習根本沒用。歐克斯主張在高度複雜和日益擴展的現代社會中，「科學系統」在發展獲得承認的知識上，愈來愈扮演核心的角色。同時特定的科學知識只有透過技術的或溝通的聯結之職位才能夠被實施，因此教育在這種社會中必須開放的來進行「學術研究」，而且應該採取「科學的管理」。但是並不是直接的，而只是與「科學系統」相聯結。然後，有必要為「科學」與「生活實踐」之間的理論與實踐關係，在教育特定領域中建立一門聯結的學科，以科學的產生、引導和控制這些關係，這樣就可以有效的聯結教育理論與教育實踐，避免教育理論與教育實踐斷裂的問題，歐克斯的觀點可以提供我國作為聯結理論與實踐的參考。

二、提供我國作為批判教育理念的依據

　　近年來我國積極的從事教育改革，鼓勵教育理論研究，不但從歐美先進國家引進許多教育制度，而且移植許多實驗學校的作法，例如華德福學校、蒙特梭利教育、在家自學教育等等，希望改進我國學校教育的缺失，讓我國的教育學術蓬勃發展。但是有些教育機構和實驗學校的教育理念，深受反教育學相關理念的影響，主張以兒童為中心的教育，講求沒有強制的學習，注重學生學習的自由，對傳統學校教育展開批判。事實上，這些教育理論和實驗學校有些理念是錯誤的，可能對學生的學習和國家的教育造成傷害，需要借助正確的觀點來加以指導，因此歐克斯對於反教育學的批判，相當具有參考的價值，可以分析反教育學觀點的偏差，導正教育學者、政府官員、教育人員和學生家長的觀念，避免學校教育誤入歧途，影響我國學生學業表現的水準，可以提供我國作為批判反教育學相關概念的依據。

三、幫助我們理解各種教育中的弔詭問題

　　隨著教育改革浪潮的來臨，各種生動活潑的教學方案模式，正不斷的在教育體制內外蓬勃發展，網路的快捷和複製科技的突破性發展，都使得知識的建構更為多元與數位，這些都會合理的威脅教育哲學的知識體系，教育哲學的研究與教學也不宜抱殘守缺。如何系統的引介知識，引出合宜的思考及激發師生之間的教育情愫，是教育哲學教學者困難的挑戰（簡成熙，2004：119）。面對前述的問題，教育學者要如何尋找傳統價值、釐定創新方向、認清領先優勢和痛改沉痾宿疾，才能促進臺灣教育學術的發展，找到我國社會整體文明未來的出路就相當重要（馮朝霖，2006）。歐克斯應用文化教育學「教育反思」的方式，分析現代教育中的各種弔詭，例如教育技術學與詩性教育學、倫理反思與審美表達、教育萬能與教育無能、教育目的與教育方法、現代理論與後現代理論等等問題，可以幫助我們瞭解教育理論性質的轉變，有效掌握教育問題的關鍵，解決教育理論和教育實踐的對立，促進我國教育學術的蓬勃發展。

四、提供我國作為建構教育倫理學的借鑑

我國教育倫理學的發展尚在起步階段，在許多問題上還需要深入的研究，才能建立具有文化特色的教育理論。歐克斯認為教育倫理學新的建立，首先應該說明道德經驗對主體性建構的功能和意義，而不必回去關聯一種思辨「真正自我」的道德自我組織之立場；其次將過去到現在指出的有關「倫理客觀性」的論證嚴格的加以掌握，而且將其應用到教育問題的關係中；然後將教育的對象描述精確化，而且描述教育倫理學可以想像的輪廓大綱。這些觀點對於一門教育倫理學的建立，具有明確的指引作用，可以促進教育倫理學的發展，對於我國教育學術的發展具有重要的啟示，歐克斯的觀點可以提供我國作為建構教育倫理學的參考。

五、提供我國作為評價杜威教育學的範例

杜威的實用主義內容非常豐富，教育理論更是包羅萬象，無法簡單的化約為自然主義、工具主義、科學主義或相對主義。過去許多歐洲、蘇聯和美國的學者，從德國觀念論、基督宗教和共產主義的立場出發，對杜威進行非理性的批判，將其實用主義貶抑為意見，指責杜威是資本主義和帝國主義的僕從，這是非常不公平的評價。歐克斯能夠從歷史和哲學的觀點出發，公平合理的對杜威的實用主義進行評價，還原杜威實用主義的原貌，幫助我們比較客觀的瞭解杜威在哲學和教育學上的貢獻，可以提供我國學者作為評價杜威教育學的範例，幫助我們更正確的瞭解杜威的實用主義和教育理論，以及他對於世界各國教育的影響。

總而言之，歐克斯普通教育學的思想淵源來自康德批判哲學、席勒審美教育理論、杜威實用主義、莫爾分析哲學、哈伯瑪斯論辯倫理學和李歐塔後現代主義的影響，其主要內涵包括理論與實踐聯結的探究、反教育學的挑戰與批判、教育中弔詭問題的探討、教育倫理學的建構和杜威實用主義的評價。歐克斯的普通教育學具有提出聯結理論與實踐的方法、批判反教育學論點中的錯誤、指出現代教育中的各種弔詭、提出建構教育倫理學的方向、理性的評價杜威的實用主義等優點，但是也存在著可能窄化了教

育概念豐富的內涵、反教育學的批判仍然有不盡周延之處和教育倫理學的建構缺乏實質內容等問題。其普通教育學對我國的教育學術具有提供我國作為聯結理論與實踐的參考、提供我國作為批判教育理念的依據、幫助我們理解各種教育中的弔詭問題、提供我國作為建構教育倫理學的借鑑和提供我國作為評價杜威教育學的範例等重要啟示。儘管如此，歐克斯的普通教育學依然有許多優點，可以作為我國建立教育理論和解決教育問題的參考。

第十三章

歐克斯的教育倫理學探究

　　從教育哲學的觀點來分析，教師的職責功能與教育活動脫離不了關係，其角色行為應該受到教育規準的約制，亦即一個真正的教師角色，其傳授道業及啟蒙解惑的方式與材料，必須是符合認知意義的，合於有價值的範疇，及合於自願性。這樣，其活動才不至於悖離教育的常道（歐陽教，1973：93）。對一位理想的教師而言，其首要的根本條件是具有與學生建立教育關係的態度與能力，其中包括教育愛、信任、希望、接納、等待等，而要努力加以避免的是冷漠、仇恨、殘忍、威權、封閉等。沒有前述教育氣質，學生人格的陶冶或教育理想的實現將成為不可能（林建福，2001：181）。布伯（Martin Buber, 1878-1965）曾強調師生應該是「吾－汝」（I－Thou）而非「我－它」（I－It）的關係。教師尤其要設身處地站在學生的立場，來瞭解他們與體諒他們，才能較有效地來指導他們學習（歐陽教，1986：251）。

　　但是，當前學校教育中的師生關係卻往往並非如此。許多教師依然將學生視為動物的「它」來對待，並且對「教育」（education）欠缺正確的認識，以訓練代替教育，僅僅注重學習的結果，而非歷程與結果並重。因此，產生許多教育的問題（黃炳煌，1996：75-82）。這些教育問題多半與教師的專業倫理有關，但是在師資培育課程中，並沒有特別的加以重視。所以，造成學校教師對專業倫理，缺乏深刻瞭解的後果。雖然最近幾年來，教師組織相繼成立，但是我國教師在教育責任和教育倫理方面仍然有待加強。馮朝霖就強調為了真正履行「轉化性知識分子」的教育責任，教師會組織應致力於喚醒教師角色的重新認同，建議教師成為學校生活世界的共同經營者、學生學習世界的自發建構者、學生學習世界的基本示範者、多元文化世界的積極轉化者（馮朝霖，1999：81）。

　　嘉姆（Hans-Jochen Gamm, 1925-2011）指出當前教育倫理學中，存在著社會道德選擇、個人權利與社會生存取捨、道德客觀性維持、聯合社會影響作用對抗罪惡、如何兼顧服從與解放、保持教育倫理學超然的態度等問題（Gamm, 1988: 23-26）。傅爾（Thomas Fuhr）也在《教育倫理學》一書中，主張教育倫理學是一門探討教育人員專業倫理的學科。因為教育人員的行動需要規範的引導，所以教育倫理學也是一種行動倫理學。他歸納波爾諾（Otto Friedrich Bollnow, 1903-1991）、帕齊希（Günther Patzig, 1926-）、克拉夫特（Viktor Kraft, 1912-1998）和布瑞欽卡（Wolfgang Brezinka, 1928-）等人的看法，指出教育倫理學的建立，最大的難題在於規範的確定。因為教育規範的決定缺乏普遍性，無法適用於所有的國家或文化，所以規範的確定是教育倫理學建立的一個難題（Fuhr, 1998: 37-40）。除此之外，教育本質的爭論不休、道德意義的混淆、倫理概念的扭曲和教育與道德關係的不確定，都會阻礙教育倫理學的發展。基此，我們可以瞭解教育倫理學中，還存在著許多尚未解決的爭論，這些都是教育倫理學發展時必須克服的問題。

第一節　思想淵源

根據個人對歐克斯相關文獻的分析，其教育倫理學的思想淵源主要有下列幾個：

一、康德的道德哲學

康德（Immanuel Kant, 1724-1804）在《道德形上學的基礎》一書中，從批判哲學的觀點反思當時社會既存的道德規範。康德反對過去傳統倫理學的道德學說，認為意志「他律」（Heternomie）並非道德真正的原理。他強調意志「自律」（Autonomie）才是道德最高的原理，一個意志能夠自律的人，才是真正擁有自由的人（Kant, 1994）。其次，康德也在《實踐理性批判》一書中，探討人類意志的功能，研究人類憑藉什麼原則去指導道德行為。他不但預設意志自由、神存在和靈魂不朽（Kant, 1990: 25-71），並且強調人類本身就是最終的目的，沒有其他的東西可以替代它。由於人類具有自由意志，能夠擺脫自然法則的限制。同時可以自己立法，達到意志自律的要求。因此，人類的生命才有別於其他動物（Kant, 1990: 65-72）。康德的倫理學建立在公民社會的基礎上，提出實踐理性的學說，主張對現存的道德規範加以反省批判，這些觀點都影響到歐克斯的教育倫理學，雖然歐克斯批判康德倫理學的若干錯誤，但是仍然受到康德倫理學深刻的影響，強調教育是一種道德的溝通，道德的意義必須隨時進行反省批判，而且必須不斷的加以更新，才能符合時代的需要（Oelkers, 1992）。

二、杜威的實用主義

杜威（John Dewey, 1859-1952）認為在道德上所以有動機論和結果論之爭，這是由於道德上的二元論看法不同所致。傳統哲學的二元論是以心與物、靈魂與肉體對立，在道德上乃有主內與主外之分。杜威以「聯結」的觀念調和道德二元論的對立，由具體的道德生活入手，以分析道德行為的

因素。杜威以為完全的道德行為，應兼顧內外各種因素，行為未發之前，有動機、慾望、考慮等因素；行為出現之後，應有實際的結果。動機與結果在行為判斷上，都是重要的決定因素，不容有所偏頗（Dewey, 1916）。歐克斯的教育倫理學深受杜威實用主義的影響，從杜威道德哲學的觀點，既批判康德動機論倫理學的錯誤，也批判邊沁結果論倫理學的不足，歐克斯提出其道德哲學的看法，認為道德不但具有普遍性，也具有特殊性。道德的概念不是永恆不變的，它會隨著時空的不同而改變，因此道德的意義必須經由不斷的溝通論辯，才能隨著社會變遷更新其意義，符合時代潮流的需要。而這種道德的溝通必須透過教育，才能真正的落實到日常生活之中，所以教育是一種道德溝通的活動（Oelkers, 1992）。除此之外，歐克斯也將杜威的《民主與教育》一書翻譯成為德文，探討杜威實用主義的教育哲學（Dewey, 2000），足見歐克斯深受杜威實用主義的影響。

三、莫爾的哲學分析

莫爾（George E. Moore, 1873-1958）從哲學分析的觀點出發，對善的概念進行分析。他在《倫理學原理》一書中，主張倫理學不僅僅指出哪些事物會普遍的與善性質發生關係，而且要指出與這些事物發生普遍關係的性質是什麼東西。如果定義被瞭解為是一種對於思考對象的分析，那麼只有複合的對象才能夠被定義。莫爾認為善的本質是單純的，不是複合的概念，所以無法再做進一步的分析。他指出過去對於善的概念之定義有規範性、辭典性和實質性三種，主張應該從實質性來定義善的概念。他從後設倫理學的觀點出發，批評了自然論、快樂論、形上學和實踐倫理學的錯誤（Moore, 1988）。莫爾主張一項行動的價值，不能單獨的經由其最可能的效果來衡量，而是每一種價值的描述預設了與其他行動可能性的比較（Moore, 1966）。這種倫理道德概念的分析和人類行動非決定論的觀點，對歐克斯的教育倫理學產生相當大的影響。因為概念的後設分析可以澄清倫理道德的意義；而個人行動的價值必須與其他的行動作比較，所以道德價值的決定不是個人的行動，而是人與人之間的「商談」（Negotiation）。這種「商談」的活動也就是溝通的活動，因此歐克斯主張教育是

一種道德溝通的活動（Oelkers, 1992）。

四、哈伯瑪斯的論辯倫理學

哈伯瑪斯（Jürgen Habermas, 1929- ）將倫理學從意識哲學到溝通理論，做了一種先驗哲學的轉化，以克服康德方法上的唯我論（Apel, 1973: 375）。同時有感於現代社會工具理性過度膨脹，造成意義的喪失與自由的淪喪，因此提出論辯倫理的主張。一方面，排除道德觀念中的獨斷主義和懷疑主義的出發點，藉以瞭解和評價任何新學科；另一方面，排除狹隘的效益論，避免功利的要求與需要，而無視理論的自律性和過程性，因為效益論注重他律性和行為的結果。哈伯瑪斯強調，一個社會文化生活形式的主體不能彼此沒有交往互動，為此不能不同別人發生理解關係。一個主體孤立生存，進行獨白，這是不可能的，但是只要同其他主體發生關係，進行交往和對話，就必然是在一定前提下行事，也就必定以這種形式承認和遵循一些規範的要求，在這個意義上，主體性意味著互為主體性。哈伯瑪斯提出論辯倫理學的普遍化原則和與之相應的原則，如溝通倫理原則。按照溝通倫理原則，道德與主體間相互平等不可分割，道德在於主體之間作平等理解、交往與溝通（Habermas, 1991; Habermas, 2001）。歐克斯深受哈伯瑪斯論辯倫理學的影響，主張道德不再只是抽象意識型態的反思而已，而是一種具體的溝通論辯的行動，將教育定義為道德溝通的活動。經由人與人之間溝通的「商談」，不斷的更新教育和道德的意義，說明教育與道德的關係（Oelkers, 1992）。

五、李歐塔的後現代主義

李歐塔（Jean-François Lyotard, 1924-1998）在《後現代狀況：一份關於知識的報告》中，反對以理性為中心的傳統，批判自然科學知識的合法性，強調多元與差異的概念，重視較小的地方自治體，攻擊巨型敘事，驅逐知識分子等，這些目的均可視為減少權威在知識和價值生產中的份量，以增進個人的自我決定（Lyotard, 1984）。後現代主義在倫理學層面是「反權威主義」（Anti-authoritarianism）的，西方現代主義者自啟蒙運動

以來，對於人類智慧和社會和諧充滿信心，但是後現代主義者（例如：李歐塔）卻不以為然，他們認為倫理規條只是在反映制定者的利益和價值而已（李奉儒，2004b：328）。歐克斯從多元主義的觀點出發，建立嶄新的教育理論，主張教育是一種道德溝通的活動，經由人與人之間溝通的「商談」，可以彰顯價值的多元性，尊重彼此差異的存在（Oelkers, 1992）。因此，歐克斯的教育倫理學深受李歐塔後現代主義的影響。

　　總而言之，歐克斯深受批判康德道德哲學、莫爾哲學分析、杜威實用主義、哈伯瑪斯論辯倫理學和李歐塔後現代主義的影響，提出「商談」的概念，批判傳統觀念的錯誤，說明教育本質的意義，釐清教育、道德與倫理的關係，以建立一門教育倫理學。

第二節　主要內涵

　　根據個人對歐克斯相關文獻的分析，其教育倫理學的主要內涵有下列幾項：

一、指出教育倫理學的問題與對策

　　歐克斯指出教育倫理學存在的問題，然後說明他對建立一門教育倫理學的觀點。他認為教育倫理學的第一個問題不是如何聯結道德，而是如何能夠為教育辯護。但是教育的辯護不是一種單純的從倫理學而來的推衍，而是要求一種伴隨著教育對象或教育參照範圍思考的模式假定之分析。當這種模式假定的清晰性占優勢時，倫理原理或道德傳統的關係才能被提出來。但是這種分析的策略在目前所有原理的教育討論中並未被重視，至少不在與教育銜接的主題範圍當中，不僅自身無法作為一種道德的批判加以強調，而且不能對其自身的對象詳細的加以說明。「什麼是教育？」似乎是自明的或不重要的（Oelkers, 1992: 11）。其次，教育倫理學至今尚未出現，在「普通教育學」（Allgemeine Pädagogik）或「教育理論」（Theorie der Erziehung）的名稱之下，「倫理」（Ethik）與「教育」（Erziehung）的關係一再的被處理著，但是未能將其自身作為「關係」（Verhältnis），置

於分析的中心點。過去的處理幾乎都從當時倫理立場的原理出發，推衍出教育的哲學理論。這種倫理立場必須將其自身作為絕對加以強調，而且和其他的觀點相對立。其理論建構的性質缺乏一種觀點豐富的取向，可能是造成這個領域出版不盛的根本原因。面對這些教育倫理學的問題，歐克斯認為只有在注意到教育對象範圍的錯誤時，而且應用一般的倫理原理，才能看到教育促進了趨勢的發展。歐克斯的教育倫理學就在於更正這些觀點的錯誤，使教育倫理學的建構獲得更多成功的觀點（Oelkers, 1992: 12）。

　　歐克斯接著分析教育的概念，指出教育的任務，提出其教育倫理學的觀點。他主張教育無法經由政治的或世界觀的信念來定義，宗教也無法應用到教育行動的認可之中。他採用道德的溝通來描述教育的任務，主張行動的實際位於偶然性的假設之下，而且具有雙重的意義，亦即「教育意向」（pädagogische Intentionen）和「影響」（Wirkungen）與行動的實際相關關聯。「什麼是意向（Intention）？」屬於道德信念的領域，是從論證被提取出來的，或者只是行動規定的性質，而沒有真的應用到確定性當中。這種觀點最後贏得勝利，因為在宗教的確定性中，存在越少道德的信念，就可以增加越多學習的能力。因此，由於和其他的偶然性或影響相互關聯，所以教育沒有絕對成功的保證。道德不是自然的天賦，兒童既非一生下來就是善的，亦非一生下來就是惡的。盧梭（Jean-Jacques Rousseau, 1712-1778）認為兒童天生是善的和基督宗教人類原罪的說法是一種神話，基督宗教傳統的觀點並沒有談到實際的教育工作，只是定義了道德表面的或戲劇性的意義。他們注重的不是善良人類的培養，不再將正確的道德內化，無法推衍出正確的教育理念。歐克斯主張教育的主題是單純的，教育就是兒童在互動交往中，如何學習必要的和困難的道德要求和規則。兒童道德世界的建立是主動的，但是這只描述了問題的心理層面，教育層面注重任務的「主題化」（Thematisierung），將道德呈現為可以學習的要求和系統，亦即兒童的道德學習也有被動的一面。當然過多的不是教育，過少的也不是教育。他認為教育的任務在於德行的形成，但是德行無法經由宗教或形上倫理學，而必須透過教育倫理學來進行。教育倫理學的建立不只是批判而已，也無法回到傳統之中，而必須奠基在道德的溝通上，闡明道

德與教育的關係，修正教育模式的觀念，才能開啟反省的機會，建立一門
教育倫理學（Oelkers, 1992: 16-23）。

二、批判古典教育學[1]觀點的錯誤

　　歐克斯不僅批判盧梭和裴斯塔洛齊對於教育本質的看法，同時指出洛
克（John Locke, 1632-1704）感覺論和邊沁（Jeremy Bentham, 1748-1832）效
益論的不足之處。他認為盧梭將教育朝向「自然」（Natur），使得教育
好像無法再有作為，因為一切不是已經「既與」，就是已經「確定」了。
相反的，裴斯塔洛齊（Johann Heinrich Pestalozzi, 1746-1827）將教育朝向
「道德」（Sittlichkeit），使得教育不是信任「自我喚起的過程」（Prozess
der Selbsterzeugung），就是限制「兒童的自由」（Freiheit des Kindes）。在
這種情況下，教育無法兼顧必然（創造）與自由（意志），使現代的觀念
陷入不和諧的危機之中。歐克斯主張一門獨立的教育倫理學，既非出自創
造亦非來自原罪，教育如果建立在宗教善惡的本體論上，根本無法給予教
育自律的標準。康德雖然沒有陳述這些標準，但是他的實踐理性學說給予
倫理與教育的討論一個新的方向。歐克斯強調康德的「實踐理性」（prak-
tische Vernunft）既非教育的目的，亦非教育的手段，而是教育的條件。但
是並非作為「範圍」或「操弄的空間」，而是作為行動的一般理論。這種
實踐理性的觀點不同於洛克、休姆（David Hume, 1711-1776）和邊沁等人
的觀點，洛克的感覺論主張人類的理解不是受到內在原理所控制，所有的
理念都是學習而來的，亦即由外而內所帶來。這種觀點不僅給予教育的感
覺論典範以基礎，同時也受到康德的追隨。但是這種追隨並未涉及哲學領
域，只有在「教育自身應該如何」的主要概念上受到影響。洛克放棄新柏
拉圖主義的心靈基本假定，從心理學來看待教育的概念，主張除了兒童的
學習能力之外，沒有其他的先前假定。同時兒童沒有道德的自然天賦，所
有德行的道德原理和每一種傾向都是從經驗得到的。經驗自身不僅建立整

---

[1]　「古典教育學」（klassische Pädagogik）是指洛克、盧梭、康德、裴斯塔洛齊等人的教
　　育理論。

個知識，而且提供推理和知識所有的材料。邊沁的效益論則主張人類行動的意向，不是在最適合的情況可以決定的，而是隨著社群幸福的總和而升高。這種陳述不具有真正行動的責任，只是強制的進行利害的計算，效益雖然能夠合理化行動，但是卻無法讓意向合理化。因此，康德的「無上命令」（kategorischer Imperativ）在法則之前，精確的從效益及其獨立的控制中區分出意向來，這樣的一種行動才能被道德所允許。歐克斯認為康德的倫理學使「道德」成為一個公開不斷辯論的問題，道德的內涵箴言必須不斷的重新釐定，無法經由一種形上學加以規定（Oelkers, 1992: 49-57）。

　　歐克斯指出康德雖然將其實踐理性從宗教本體論中獨立出來，企圖從行動理論加以建立，但是康德的哲學也沒有例外，在道德法則的效用要求和建構上，受到神學模式明顯的影響。歐克斯主張「最高的存有」（Das höchste Sein）不是康德的「物自身」（Ding an sich），也不是將人類作為活動，而是世界統一的條件，開始與結束都是同一的。因此，倫理也不是經由倫理進入世界中的行動，亦即實踐理性；而是「理性」（Vernunft）在「自然」中或「自然」在「理性」中被發現，因為「自然」和「理性」兩者有共同的起點和終點，「最高善」顯示其自身做為「共同性」（Gemeinsamkeit），是經由倫理的理念所產生的。所以，他既不贊同康德的觀念論，也不贊同過去的感覺論。既反對效益論「幸福的總和理論」（Summentheorie der Glück），也反對康德「包容的理念」（Subsumptionsidee）。歐克斯主張道德的行動是與關係的產生和關係的獲得相對立的，不是道德品格就是社會狀況。上帝不是最高善的類比，否則倫理就會沒有對象，而且會在神學中被取消。歐克斯認為「最高善」應該作為道德行動的課題，主張「善的整體」（Inbegriff der Güter）就是理性共同的作用。康德倫理學的錯誤在於割裂「實然」（Sein）與「應然」（Sollen），在道德法則中呈現的「善的理念」，將在一種無法超越的差異中，被設定為「實然」，無法被行動和道德的過程所聯結。在這種情況下，「應然」先於「實然」而存在，既無法贏得實在，也無法像心靈一樣進入世界的氛圍中，而必須存在於無盡性中才能逐步的接近實然（Oelkers, 1992: 16-23）。

三、對現代與後現代教育觀點的批判

　　歐克斯指出洛克和盧梭古典教育概念的錯誤，說明教育和道德概念的多元性。他主張在符合和說明教育的演繹中，如同低估教育主題自身一樣，古典的立場顯示出強烈的差異。古典教育理論參照基督宗教強調的「位格概念」（Begriff der Person），在教育上將「位格」（Person）理解為向上提升，促成身體與心靈的聯繫，而逐漸增加其內在部分，最後獲得人類原始的統一性。主張教育不是先天或內在潛能的向外開展，就是必要能力與德行的向內填充。這種教育的概念存在著基督宗教深植的心靈特定文化之觀念，不僅被視為內在與外在世界的區分，而且控制了教育理論的發展。內在的空間起先可以是空的，然後必須從外在加以填充，例如洛克的觀點；或者它可以顯現出具有潛能，但是必須自己發展，例如盧梭的觀點。教育可以符應這種觀點做為影響的環節，或作為發展的協助來建構。在這種前提之下，沒有其他原理的可能性存在，以決定教育的處理過程和對象範圍。古典的倫理學主張一種最高的倫理概念，這種概念在法則中是一種柏拉圖（Plato, 428-347 B.C.）「善」的變通選擇。但是這種概念所有的相對化都是矛盾的，而教育目的無法偶然與偏好的在這種建構中被思考。因此，教育不可以停留在傳統的倫理學觀念中，而必須將現代的多元主義顯現出來。道德多元意義的接受不僅可以使其與主體性關聯，而且道德作為生命的典範，能夠使其與一般的目標設定分離，進而贏得自身的存在。這使得道德在古典教育學的範圍中，被標示為「後道德的」（post-moralisch），因為主觀世界的建立不依賴於長時間的影響，但是可以從內在的目的論顯示出來，道德自身與倫理的箴言關聯，而且是被教育所依賴的。只有在情境共識作為遵守規範的義務時，作為一種追尋意義不斷的辯論（商談）才能夠被接受，而教育概念自身可以適應於這種趨勢（Oelkers, 1992: 81-82）。

　　歐克斯批判後現代主義、相對主義和「反教育學」（Antipädagogik）的觀點偏重個人的自我開展，忽略人類社會中批判的公開性，指出教育不僅僅只是個人的自我開展而已，還必須在人與人之間進行道德的溝通。由

於後現代強調語言的歧異，而世界只有經由語言才能瞭解，因此其觀點無法被引進道德領域中，關於這個問題沒有無界限的相對主義存在。他主張生活形式審美的轉變雖然能夠承擔起後果，但是仍然不必放棄道德的規範。因為對於經驗的處理而言，規範是無法放棄的事物。所以「實然」和「應然」的區分不是無價值的，而是必要的活動，以便我們能夠在多元的生活形式之間，建立普遍的道德要求。「應然」只是義務在普遍法則上語言的強調，而不是具有非凡力量的義務。海德格（Martin Heidegger, 1889-1976）的後現代觀點是荒謬不合理的，這種模式在尋找中解消了真理，而以死亡終結無法終結者。社會基本模式對道德論證理論而言是「批判的公開性」（kritische Öffentlichkeit），它來自康德對文藝復興聲譽序階的提高，從理性公開的應用來進行倫理問題的探討，要求自己與無上命令一致，以對抗私人的情感（Oelkers, 1992: 111-112）。歐克斯主張人們可以忽視三種後道德立場高度的差異，而建立脈絡將其彼此並列，然後可以得到完全「反教育學」的結果：自律的自我發展其自身，以便「人性」（Humanität）能夠從提供的趨勢出發邁向「道德」。如此，成熟的成人將不是從偶然的審美來定義，而是從其能力、認同與疏離一樣的視野來定義。如此不會使意識喪失其個人的認同，也不必犧牲其個人的自發性，但是這種世界免除道德考察的觀點過於解構（Oelkers, 1992:113-114），根本違反了教育的本質，而且無法指導人類的生活。

四、教育倫理學問題新的觀點

　　歐克斯主張道德與教育的關係不是單義的，因此道德溝通統一的形式隱藏的比澄清的還多。有些人將「道德教育」定義為道德意義主動的獲得和分辨，這種語言習得與道德意義初次的獲得不同，這種語言習得讓自身返回到基本的差異上。語言能力開啟了道德意義學習的必要性，但是意義自身卻只有從理解長期的差異化發展而來。意義不是單純的從第一語言呈現而來，也無法一次就被學得。主動不意味著像是在核心文化中引導的行動，而是一種逐漸提升的過程，沒有單一的起點，而且終點只存在於過渡中。就如歐克夏（Michael Oakeshott, 1901-1990）描述的一樣，在這種意義

中「教育即啟發」（Erziehung ist Initiation），但是在一種公開的學習過程
中聯結了文化的意義。教育不是一種空間的導入，而是一種空間的開啟。
伴隨著新手的經驗在原理中，教育開啟所有道德的空間。基此，人們理解
了一種過往經驗給予的可能。有些人將道德教育定義為不斷的進行道德原
理和義務序階的「商談」，道德原理的「商談」多於僅僅只是一種合作，
這種合作是自己從道德性產生出來的。合作不等於策略，而是要求不斷的
進行意義的處理。不僅在互動中針對不穩定的權力平衡，而是更多的專注
在原理的詮釋學上，注意其表面和深層或是論證的風格。道德的雙重編碼
化（行動與詮釋）將永遠的被新手所學習，但是它自身卻無法產生出一種
義務。義務不是自動的機制，而是依賴於道德原理的意義觀點和自我聯
結。這些意義不是僵化的，而總是符號公開的。因此，必須棄置與更新具
有爭議的和不可靠的理解（Oelkers, 1992: 177-178）。

　　「商談」因此只有在特定的案例中來進行談判，然而一種詮釋的教
育總是嘗試著使他人相信自己的原理，或是使他人與自己的信念相容。道
德的學習在這兩種方向之間擺動，只有第一種方向新手可以免於原理的學
習。否則總是需要預先設定一種論證的空間，這種論證的空間能夠超越學
習，同時作為傳記的經驗不必去否認它的存在。有些人將「道德教育」定
義為公開的批判現存普遍的道德標準，道德標準的應用將隨著理解密度的
增加而普遍化，亦即學習者逐漸在意義中獲得觀點，不再受到這種兒童社
會環境特定脈絡的限制。這種標準應用辯論進行公開的批判，在辯論中學
習者逐漸的被導入道德的世界。然而，在此不僅形成參與和理解辯論的能
力，同時也產生一種教育的選擇。「公開的批判」（öffentliche Kritik）是
一種道德溝通特殊的情況，因為批判的觀點總是朝向他人行為方式和觀點
態度的改變。實際的批判必須清楚沒有相對性的存在，不只是真或假而
已，同時必須在善和惡之間分辨。因此，這裡的出發點也是一種父權的道
德，這是不可避免的。當它自身指向反對父權的道德概念時，教育的觀點
必須與批判聯結。這種觀點必須與政治的協商談判區別，當它相對於他人
找到一個「中心點」（Mittelpunkt）時，才具有妥協的能力，而且作為批
判只能在一種父權的教育情境中加以轉化（Oelkers, 1992: 178-179）。

五、關於教育與倫理關係的探討

歐克斯指出教育與倫理的關係的探討，至少有三種觀點被提出想要解決傳統的問題（Oelkers, 1992: 204）：

1.倫理理論放棄了柏拉圖「善的理念」的論證方式，而且與同意牛頓物理學理論期望的康德之「道德法則」概念保持距離。保留一種「殘餘的柏拉圖主義」（Restplatonismus），因為「善的理念」既非效益論的原理，亦非在競爭對抗的概念中消失，不必將古代理念的學說作為哲學思辨的基礎來應用。相反的，康德的主張仍然強烈的呈現，因為其理論奠基在公民社會的基礎上，至少可以作為媒介應用於今日問題的探討上。但是康德的「實踐理性理論」（Theorie der praktischen Vernunft）比較集中在「遊戲[2]」而非「計算」上，道德法則的效用要求受到物理學先前圖像的影響，其困難在於陷入可以比較的效用要求中，無法伴隨著可以比較的保證。唯一的出路是從「效用強調」的服務規則中，將道德溝通作為教育的媒介才能走出來。在此不要求外在的最終之證成，而注重道德原理內在要求絕對的表達（Oelkers, 1992: 204-205）。

2.聯結兩種傳統的教育概念，亦即感覺論的「作用」和生物論的「發展」。這兩種傳統的模式假定將使教育一方面作為自己無法決定其道德品質的工具過程；另一方面作為無法看見教育影響自然的機體生長，教育因果關係應用的方式是無法揚棄的。長久以來，日常語言強烈的期待對教育加以表述，同時化約的處理教育這個概念。但是教育本身不是因果關係的，人們可以瞭解：教育過程來自特定的原因，因此可以被引導回到過去。歐克斯認為「因果關係論」（Kausalismus）的模式是錯誤的，強調教育是道德的溝通，教育不應該被視為線性聯結或因果關係的運動來思考，而應該被接受為真正的生理或心理的原因（Oelkers, 1992: 205）。

2　此處歐克斯採用康德哲學的術語，將道德行為比喻為一種「無目的性的遊戲」（Zweckloses Spiel），不受利害關係的影響，指出康德倫理學與效益論倫理學注重利害關係算計的不同。

3.倫理學與教育被哲學傳統當作是非常簡單的推衍關係來理解，教育在教育實際中的實現或轉譯，被倫理學當作一般原理來證成，教育因此被理解為工具。根據行動理論的觀點在控制的作用中，複雜的教育情境是無法維持的。教育不聯結迄今已經被接受和沒有想到後果的道德，這種教育一方面反對灌輸的質疑而不去防衛，因為它希望道德的代價自己必須控制整個學習的領域。另一方面普遍的原理無法直接的轉譯到特定的情境中，當涉及一種真正的教育溝通行動情境時，預設了有如洛克到赫爾巴特（Johann Friedrich Herbart, 1776-1841）傳統的假定，將特殊變成普遍（Oelkers, 1992: 205-206）。但是，歐克斯認為這些觀點只是單純的應用傳統哲學的基礎，將教育視為工具的過程，進行直接的推衍。因此，無法正確的說明教育與倫理的關係（Oelkers, 1992: 206）。

第三節　綜合評價

根據個人對歐克斯相關文獻的分析，其教育倫理學具有下列幾項優點：

一、提出新的教育本質的觀點

在教育本質的探討中，杜威從生物學的觀點出發，主張「教育即生活」、「教育即改造」、「教育即發展」和「教育即生長」，強調：「教育即養育的、撫育的、教養的歷程。所謂養育、撫育、教養等均含有注意生長的條件。我們時常談到栽培、教養、撫養等名詞，均表示教育所要達到的各種程度。從英文字源學來看，教育的意義就是引導和教養的歷程」（Dewey, 1916: 12）。涂爾幹（Émile Durkheim, 1858-1917）從社會學的觀點出發，主張「教育乃是成年人施於未成年人的一種作用，其目的在引導兒童的身體、心智和德行方面往社會生活方向成熟，而這些條件乃兒童將來生活的一般社會和不同職業環境所需要的。」（Durkheim, 1956: 7）皮特斯（Richard S. Peters, 1919-2011）從分析哲學的觀點出發，強調「教育即啟發」（education as initiation），它是一種合乎認知性與自願性的方式，來

傳遞價值事物的歷程，以培育一個具有理性和道德特質的教育人（Peters, 1974: 81-107）。斯普朗格（Eduard Spranger, 1882-1963）從文化哲學的觀點出發，主張教育的作用在於保存文化、傳遞文化和創造文化。教育是一種生活的幫助或發展的幫助，同時是一種有價值的文化活動，並且是一種精神生活喚醒的活動（Spranger, 1966: 380）。歐克斯認為這些教育本質的觀點多從靜態的分析出發，無法提供教師作為行動的指引。因此，從教育行動理論的觀點出發，將教育定義為道德的溝通，說明教育是一種施教者與受教者不斷的進行溝通，釐清倫理道德的意義，以達成教育目的的活動（Oelkers, 1992: 12）。這種教育本質理論具有嶄新的意義，不僅可以培養個體反省批判的能力，選擇正確的道德價值，而且對教育本質的澄清具有很大的貢獻。

二、重新界定道德的意義

歐克斯從分析哲學的觀點出發，對「倫理」與「道德」的概念進行分析，指出「倫理」和「道德」概念的不同之處。他認為「倫理」不是「道德」，從這種區分應該開始考慮如何建立一門教育倫理學。在社會描述中「道德」本質上是一種「團體道德」，以便限制其特殊性和效用，同時從規範倫理學的觀點出發，主張只有「倫理」有一種普遍的要求，能夠超越種族的傳統，因此不是一種作為特定道德辯護的意識型態，而是一種康德稱為實踐理性反思的自我範圍。「倫理」在此是一種現代論證的形式，位於理性的普遍要求之下。但是這種區分在經驗上很難加以證明，因為道德反思總是在特定效用空間之外，而且倫理原理只有在特定道德個案中才能具體化。理性要求無法經由事實的效用建立道德的原理和規則，而且要求一種符合康德倫理學的層面。但是實踐理性的格言和原理只有在應用道德事件和問題時才能被討論。而且從論辯倫理學的觀點出發，強調教育中注重的不是原理的執行判決，而必須從過去的紀錄中被學習。但是成功的學習需要一種繼續不斷的過程，在過程中問題是無法得到平靜的。每一個道德世界的問題限制其解答，和阻礙道德專家或學習保證的形成。這種不斷更新不確定性的弔詭結構，可以從困難的溝通中得到證明（Oelkers, 1992:

13-15）。歐克斯從教育行動理論的觀點出發，重新界定道德的意義，使得道德不再只是抽象意識型態的反思而已，而是一種具體的溝通論辯的行動（Oelkers, 1992: 81）。這種嶄新的道德概念的定義，不僅可以提供確定的規範，維持倫理道德規範的客觀性，讓道德的意義獲得更新，以符合時代潮流的需求。同時將教育視為一種道德溝通的活動，能夠說明教育與道德的關係，對於教育倫理學的建立具有重要的意義。

三、釐清教育與倫理的關係

　　歐克斯從教育行動理論的觀點出發，批判過去教育倫理學的不當之處，說明教育與道德的關係。他認為古典倫理學對於教育概念的處理，會阻礙教育與道德關係的聯結。指出假如人們將「教育」置於「權利」的觀點之下來考察，那麼每一個強烈的父權主義將陷入困窘中，因為所有的法律差異本身都有爭議，至少在一些案例中具有說服力。權利根據兒童與成人差異的區分來分配，這是無法令人滿意的。從兒童的權利單獨的和根本的來考察教育，使人們知道如何採取與合法性漏洞對立的立場，但是這是一種禁止的削弱。當人們將「教育」置於「權利與義務」的觀點之下來考察，就會出現兩端不夠緊密或嚴格相連的問題。人們無法協調義務從權利獲得參閱，使其不陷入矛盾中，而且讓義務感內在化，使其自身只能在主觀的模糊中想像。傾向與義務之間沒有理想的平衡存在，只能以互為主體性來進行溝通。但是教育不是一種單純的義務期待，同樣的也不是一種權利的描述。假如人們將「教育」置於「德行」的觀點之下來考察，那麼立即會產生一個問題：何人、何時和哪些德行允許聯結？這些問題只有使其自身在一種強烈的影響隱喻觀點的協助措施之下才能進行溝通，因為德行作為獨特性被思維，必須使一個人被另一個人滲入其中。德行無法逐一的或暫時性的被聯結，而必須確定學習的可能性（Oelkers, 1992: 175-176）。歐克斯批判這些處理方式的錯誤，將教育置於溝通的觀點之下，主張教育是一種道德溝通的活動，注重教育與倫理關係的探討，對於教育與倫理關係的釐清具有重要的貢獻。

四、拓展教育倫理學的內涵

嘉姆在其《教育倫理學》一書中，也曾經談到教育倫理學的內涵。他主張教育倫理學的內容應該包括（Gamm, 1988: 9-10）：1.致力於規範導向系統的確定，以作為教學的基礎和目標；2.規範的確定教師與學生的關係或從傳統推衍出適合的準則；3.嘗試著引導教師和學生導向其時代的人性；4.反省批判公民時代主體的崩潰。亦即，教育倫理學的內容必須包括：價值導向的教育、師生間的教育關係、人性化的教育和個人主體性崩潰的反省批判四個部分。羅維希從優納斯（Hans Jonas, 1903-1993）和德波拉夫「責任原理」（Prinzip der Verantwortung）的觀點出發，認為「教育倫理學」不僅是一門「職業倫理學」，而且也是一門「行動倫理學」，因為教育學是一門「行動科學」（Handlungswissenschaft），而教育倫理學是教育學的一支。所以，教育倫理學是一門行動倫理學和「責任倫理學[3]」（Verantwortungsethik），其主要的內容在探討價值的導向、道德的教育和教育人員的職業倫理（Löwish, 1995: 1-9）。根據歐克斯的看法，教育倫理學除了師生關係、教學倫理、輔導倫理、行政倫理和校園倫理的探討之外，應該注重教育與倫理關係的分析（Oelkers, 1992: 204）。這種觀點不僅開啟教育與倫理關係的探討，同時拓展教育倫理學的內涵，對教育倫理學的發展具有很大的啟示。

五、指引教育倫理學的方向

歐克斯主張三種古典教育學的解構—多元主義（Paluralismus）、主體性（Subjektivität）和反父權主義（Antipaternalismus），對於一種有希望的教育倫理學之提出和超越古典立場簡單的繼承形成的障礙，總是對問題新的建立幫助很大。這些障礙從本體論素樸的方式，對一種陳舊落伍的

3　「責任倫理學」是哲學家優納斯（Hans Jonas）所提出來的一派倫理學，主張「責任」（Verantwortung）是一種重要的倫理學原理，可以用來詮釋許多倫理道德的觀念，提出「責任倫理學」作為一種科技文明時代的倫理學（Jonas, 1979）。

「人」（Mensch）加以信任，表達「世界圖像」（Welt-Schema）和強烈父權主義的要求，沒有考慮到兒童和青少年學習的經驗。教育倫理學預先給予一種問題的關係，這種問題關係必須成為每一種新建立的試金石。意即一種教育倫理學的規劃，必須描述道德與教育的關係，不僅僅只有兒童自我的發展或成人社會問題的處理。教育倫理學不只有學習和經驗的教育名詞之處理而已。「新的建立」（Neubegründung）是一種非常自由宣告的形式：歐克斯認為教育倫理學新的建立，首先應該說明道德經驗對主體性建構的功能和意義，而不必回去關聯一種思辨「真正自我」（wahre Selbst）的道德自我組織之立場；其次將過去到現在指出的有關「倫理客觀性」（ethische Objektivität）的論證嚴格的加以掌握，而且將其應用到教育問題的關係中；然後將教育的對象描述精確化，而且描述教育倫理學可以想像的輪廓大綱（Oelkers, 1992: 140-141）。歐克斯的這些觀點對於一門教育倫理學的建立，具有明確的指引作用，可以促進教育倫理學的發展。

　　但是不可諱言的，歐克斯的教育倫理學也存在著下列幾個問題：

一、窄化了教育概念的內涵

　　從夏勒（Klaus Schaller, 1925- ）溝通教育學的觀點來看，溝通教學法奠基在教育行動領域的原初互動性上，伴隨著有規則的和自發性的互動，班級團體和互動領域的學校，就成為教育實施的主要對象。溝通教學法奠基在原初互動性的執行上，同時並未放棄其政治─社會的特性，希望在班級團體或學校的教學和教育過程中，將學生導向民主和理性，並且透過溝通教學法不斷的聯結受到限制的計畫，使其服從於民主和理性的原則。溝通教育學主題範圍中的溝通教學法，有三個層面必須注意：一是內容方面（狹義的教學法，指的是課程教材）；二是關係方面（互動和溝通過程的產生）；三是聯結方面（教學的方法學）。教師在使用溝通教學法時應該三方面兼顧，才能在互為主體性的教學過程中，達成訊息聯結和意義生產的目標（Schaller, 1987: 91-96）。基此，教育必須兼顧訊息的聯結、關係的建立和意義的生產，教育絕對不只是一種道德溝通的活動而已。除了道德的溝通之外，也涉及知識的傳遞、技能的學習和情意的交流，所以歐克斯的

主張窄化了教育概念的內涵。

二、忽略其他教育本質的內涵

　　過去有關教育本質的理論主要有下列兩種：一種以皮特斯為代表，主張教育是施教者應用各種方法，將受教者的潛能引導出來的活動，這是一種內在啟發的教育本質學說。一種以涂爾幹為代表，主張教育乃是成年人施於未成年人的一種作用，其目的在引導兒童的身體、心智和德行方面往社會生活方向成熟，而這些條件乃兒童將來生活的一般社會和不同職業環境所需要的，這是一種外在陶冶的教育本質學說。到了後現代時期，教育的本質逐漸受到「自我組織理論」（theory of self organization）的影響。「自我組織理論」不是某個人的理論，也不是僅限於某一特殊科學領域的理論，而是一個典型的「大滿貫理論」，同時可以說是一個「同謀典範」。許多不同自然科學領域的研究，都不斷的將「自我組織理論」擴展到其他學術研究領域（馮朝霖，1994：265-266）。連琛（Dieter Lenzen, 1947- ）受到自我組織理論的影響，主張教育是個人經由學習，進行自我組織的活動（Lenzen, 1996）。歐克斯主張教育是一種道德溝通的活動，雖然提出新的教育本質的觀點，但是也忽略了其他教育本質的內涵，這是其教育倫理學的缺失。

三、無法解決教育倫理的問題

　　教育倫理學是科際整合的一門學科，它是由教育學與倫理學兩門學科整合而成。教育學理論於18世紀時建立；倫理學卻遠在希臘時代建立。兩者理論的建立可以說相當的早，但是經過整合成一門新學科，卻是最近幾十年來的事。因此，歐洲的教育家努力在發展這門學術，使它將來能夠成為更普遍化，更多人研究與瞭解的一門學科（詹棟樑，1996：1）。教育倫理學作為教育哲學中的一個重要範疇，其任務並不在於規定主觀或武斷的教育價值設置或教育行動規範。恰好相反的是，它要根據哲學批判、質問及有方法、有系統的面對既存的教育實踐與理論中的各種價值、目的設置與行為規範，它要辨難與論證背後的根據（馮朝霖，1993）。歐克斯從教

育行動理論的觀點出發，注重教育本質、道德概念、教育與倫理關係的探討，雖然能夠澄清教育的本質，說明道德的概念，批判許多道德理論的缺失，解釋教育與倫理的關係，甚至指出教育倫理學發展的方向。但是其教育倫理學的探究，偏重教育與道德概念的分析，只有提出一些解決教育倫理問題的辦法，沒有討論到學校教育工作中，經常遭遇的師生關係、教學倫理、輔導倫理、行政倫理和校園倫理問題。因此，無法提供教師教育行動的指引，完全解決學校生活中的倫理問題，這是歐克斯教育倫理學的限制。

第四節　重要啓示

　　根據個人對歐克斯相關文獻的分析，其教育倫理學對我國的教育學術具有下列幾項重要的啟示：

　　一、主張教育的目的在於道德品格的形成，而不是知識的灌輸和學習。這對於我國學校教育具有重要的啟示，因為在九年一貫課程的架構下，由於教師缺乏道德教育的訓練，即使有心實施道德教育，也沒有能力將其融入課程領域中，道德教育已經名存實亡。再加上文憑主義盛行，學校教學往往偏重知識的傳遞，而忽略道德品格的養成。因此，我國教育當局應該進行課程內容的檢討，學校教育也應該落實道德教育，才能真正的達成道德品格養成的目標。歐克斯主張教育的目的在於道德品格的形成，對我國學校教育的發展具有重要的啟示。

　　二、強調道德的概念無法經由宗教的教義和形上學的理論來界定，因為道德的概念會隨著時間和空間的不同而改變，道德的概念必須從行動理論的觀點來界定，教育是一種道德溝通的活動。這對於我國學校道德教育的實施也具有重要的啟示，因為過去學校道德教育的實施不是偏重傳統規範的遵循，就是利用宗教報應的說法來教導，或是從形上學的推論來探討道德的概念，使道德概念停留在個人思維的層次，這些方式都無法掌握道德概念的意義。唯有透過教師與學生的對話，進行道德概念的溝通，從行動理論來界定道德的概念，才能達成道德教育的目標，真正掌握道德概念

的涵義。因此，歐克斯關於道德概念的看法，對我國學校道德教育的實施具有重要的啟示。

三、釐清教育與倫理的關係，批判將「教育」置於「權利」之下的觀點，指出根據兒童與成人差異的區分來分配權利，這是無法令人滿意的作法。而且批判將「教育」置於「權利與義務」之下的觀點，認為這樣就會出現兩端不夠緊密或嚴格相連的問題。人們無法協調義務從權利獲得參閱，使其不陷入矛盾中，讓義務感內在化，使其自身只能在主觀的模糊中想像。同時批判將「教育」置於「德行」之下的觀點，主張這種作法立即會產生一個問題，亦即：何人、何時和哪些德行允許聯結？歐克斯批判這些處理方式的錯誤，將教育置於溝通的觀點之下，主張教育是一種道德溝通的活動，注重教育與倫理關係的探討，可以提供我國作為建立教育理論的參考，對於教育與倫理關係的釐清具有重要的啟示。

四、檢視我國已經出版的教育倫理學著作，往往比較注重道德倫理的是非、社會現象的表徵、倫理道德的意義、倫理道德的教育、師生關係、教學倫理、輔導倫理、行政倫理和校園倫理等問題的探討（賈馥茗，2004；詹棟樑，1996；詹棟樑，1997）。歐克斯的教育倫理學除了道德倫理的是非、社會現象的表徵、倫理道德的意義、倫理道德教育、師生關係、教學倫理、輔導倫理、行政倫理和校園倫理等問題的探討之外，特別強調應該注重教育本質的探討、道德概念的分析、教育與倫理關係的釐清、各種倫理學說的批判和教育倫理學的建立，這種觀點不僅開啟教育與倫理關係的探討，指出各種倫理學說的不當之處，同時拓展教育倫理學的內涵，對我國教育倫理學的發展具有重要的啟示，值得我國教育學者加以注意。

五、我國教育倫理學的發展尚在起步階段，在許多問題上還需要深入的研究，才能建立具有文化特色的教育理論。歐克斯認為教育倫理學新的建立，首先應該說明道德經驗對主體性建構的功能和意義，而不必回去關聯一種思辨「真正自我」的道德自我組織之立場；其次將過去到現在指出的有關「倫理客觀性」的論證嚴格的加以掌握，而且將其應用到教育問題的關係中；然後將教育的對象描述精確化，而且描述教育倫理學可以想像的輪廓大綱。這些觀點對於一門教育倫理學的建立，具有明確的指引作

用，可以促進教育倫理學的發展，對於我國教育學術的發展具有重要的啟示，可以作為我國建立教育倫理學的參考。

總而言之，歐克斯在其《教育倫理學》一書中，從教育行動理論的觀點出發，提出解決教育倫理學問題的看法。他的教育倫理學深受康德道德哲學、杜威實用主義、莫爾哲學分析、哈伯瑪斯論辯倫理學和李歐塔後現代主義的影響，主張教育是一種道德溝通的活動。教育的任務在於德行的形成，但是德行無法經由宗教或形上倫理學，而必須透過教育倫理學來進行。教育倫理學的建立不只是批判而已，也無法回到傳統之中，而必須奠基在道德的溝通上，闡明道德與教育的關係，修正教育模式的觀念，才能開啟反省的機會，建立一門教育倫理學。歐克斯注重教育本質的探討、道德概念的分析、教育與倫理關係的探討，雖然能夠對教育本質提出新的看法，重新界定道德的意義，釐清教育與倫理的關係，批判各種倫理學說，拓展教育倫理學的內涵，指引教育倫理學發展的方向。但是教育絕對不只是一種道德溝通的活動而已。除了道德的溝通之外，也涉及知識的傳遞、技能的學習和情意的交流，所以歐克斯的主張，窄化了教育概念的內涵。其次，教育的本質不僅僅只是一種道德溝通的活動，同時也是一種施教者秉持著善意，通過內在啟發和外在陶冶的方式，進行各種教導與學習的活動，引導受教者朝向正向價值，使其產生「自我創化」（Autopoiesis），以獲得知識、情意和技能，並且形成健全人格的歷程（梁福鎮，2006：57）。最後，歐克斯雖然提出一些解決教育倫理問題的辦法，但是並沒有討論到學校教育工作中，經常遭遇的師生關係、教學倫理、輔導倫理、行政倫理和校園倫理等問題，所以歐克斯的教育倫理學有其限制。儘管如此，歐克斯的教育倫理學依然有許多優點，可以作為建立教育倫理理論和解決教育倫理問題的參考，相當值得我國教育學者加以重視。

第十四章

特雷姆的演化教育學探究

達爾文（Charles Darwin, 1809-1882）的生物演化論對杜威（John Dewey, 1859-1952）思想的形成影響也很大，1859年杜威誕生時，達爾文出版了《物種原始》（Origin of Species）。這一本書出版後，不僅杜威本人，就是其他的實用主義者也深受影響（梁福鎮，2006）。他們從生物演化論的觀點出發，探討人類的發展和社會的問題，促成社會演化論的興起，對於社會科學的理論和實踐產生相當大的影響。其次，歐克斯（Jürgen Oelkers, 1947-）曾經在其《改革教育學》一書中，指出19世紀的教育學幾乎未曾與當時的「達爾文主義」（Darwinismus）、「歷史主義」（Historismus）和「悲觀主義」（Pessimismus）等危險性的理論思潮進行論辯，並且將存在於教育活動中「奮鬥以求存在」的理念、向善負責的正確之人類教育、價值接受確定性的歷史相對主義等問題納入教育學當中。這些在19世紀的教育文獻中，不是非常稀少就是不夠徹底。其中，生物學的演化論質疑

人類中心的世界圖像觀點，根本沒有被教育學接受。歷史相對主義對於價值教育的要求，一直到19世紀末尚未出現。至於悲觀主義則被視為違反教育，而遭到教育學領域的拒絕（Oelkers, 1996：43）。有鑑於此，許多教育學家開始從達爾文的生物演化論出發，探討其在教育理論上的涵義，建立「演化教育學」（Evolutionäre Pädagogik），希望彌補教育學忽略生物演化論的缺失，闡述達爾文主義的意義，對教育的本質、教育的目的和教育的方法提出說明，解決促進教育理論與教育實踐的問題，以促進教育學術的蓬勃發展。

第一節　生平著作

　　特雷姆（Alfred K. Treml）1944年9月25日出生在羅莫斯巴赫（Rommelsbach），1950年進入羅莫斯巴赫、普利茲豪森和羅伊特林根的國民學校就讀，1958年自國民學校畢業，進入羅伊特林根的高級商業學校就讀，學習現代外語和商業學科。1961年進入漢堡的海事學校就讀，1962年從事商業學徒的工作。1965年應徵入營服役，擔任聯邦邊界防衛的工作。1967年進入羅伊特林根教育學院就讀，修習基督宗教神學、政治學、心理學、德國語文學、教育學和哲學。1970年通過國家教師資格考試，從事國民學校教師的工作。1971年進入杜賓根大學就讀，主修政治學、神學、教育學和哲學。1972年應聘杜賓根社會教育學專門學校，擔任普通教育學和宗教教育學教師。1976年以〈學習目標建立的邏輯〉一文，獲得杜賓根大學哲學博士學位。1977年應聘路德維希堡教育學院，擔任普通教育學和學校教育學助教。1978年擔任「發展教育學雜誌」的主編，1980年應聘杜賓根大學教育科學研究所，擔任學術職員的工作。1981年通過杜賓根大學的「教授備選資格審查」，應聘擔任杜賓根大學教育科學研究所，擔任私聘講師的工作。1983年應聘擔任巴登—烏騰堡邦的「科學與藝術部」部長，同時晉升為副教授。1984年應聘慕尼黑科技大學，擔任教育學和教育社會學講座教授。1988年晉升為教授，曾經代理杜賓根大學教育科學講座教授一年，

並且應漢堡國防大學之邀請，擔任普通教育學講座教授。1989年共同主編《歐盟倫理學與教學雜誌》，1995至1996年應邀到奧地利羅倫茲演化與認知研究所擔任客座教授。目前特雷姆已經從漢堡國防大學普通教育學研究所退休。主要著作有《目標問題》（*Das Zielproblem*）、《學習目標建立的邏輯》（*Logik der Lernzielbegründung*）、《發展教育學》（*Entwicklung-spädagogik*）、《結構教育的理論》（*Theorie struktureller Erziehung*）、《個別研究：康美紐斯、萊布尼茲、盧梭、康德、歌德、斯泰納》（*Einzel-studien: Comenius, Leibniz, Rousseau, Kant, Goethe, Steiner*）、《存活倫理學》（*Überlebensethik*）、《第三世界教育學手冊》（*Pädagogik-Handbuch Dritte Welt*）、《第三世界教育的建構》（*Die pädagogische Konstruktion der Dritten Welt*）、《論無知》（*Über die Unwissenheit*）、《道德的本性？》（*Natur der Moral?*）、《倫理形成學校》（*Ethik macht Schule*）、《普通教育學導論》（*Einführung in die allgemeine Pädagogik*）、《普通教育學》（*Allge-meine Pädagogik*）、《世界的雙重迷宮和希康杜斯的秩序》（*Das Labyrinth der Welt und die Ordnung des Deus Secundus*）、《演化教育學》（*Evolutionäre Pädagogik*）、《教育學理念史》（*Pädagogische Ideengeschichte*）等（Treml, 2000; Treml, 2004）。

第二節　思想淵源

根據個人對特雷姆相關文獻的分析，其演化教育學的思想淵源主要有下列幾個（Treml, 2004: 19-81）：

一、達爾文的生物演化論

最先觀察到自然界生物之間，在不同形態中帶有微妙的相似，而且大膽地推測人類是由生物自然演化而來的是哲學家亞里斯多德（Aristotle, 384-322 B.C.）。達爾文（Charles Darwin）的祖父伊拉斯莫斯（Erasmus Darwin, 1731-1802）也在他的著作中這樣寫著：「由微生物而演化到各種溫血動物，這種假設雖然有點大膽……」，這些生物學的假設，實際上已

經為演化論點燃了火花。此外，動物學家拉馬克（Jean-Baptiste de Lamarck, 1744-1829）所著的《動物哲學》一書中也作如下的闡述：「羚羊為了吃到高大樹木的葉子，長期以來，一直極力地把頸子伸長而變成長頸鹿。」這種想法雖然已不為今日的人們所接受，但它卻是達爾文演化論的起源。後來，達爾文（Charles Darwin, 1809-1882）開始將物種的起源和生物演化的關係寫出。有一天，達爾文收到一封來自東印度群島朋友的信，信中闡述了他對物種起源的看法，而且談到人口論與自然淘汰的問題，這些理論與達爾文的想法不謀而合。向來淡泊名利的達爾文，在和朋友商討之後，決定聯名將論文發表在「林奈協會雜誌」上。到了1859年，達爾文終於出版《物種原始》一書，提出其生物演化論。達爾文主張所有的生物都在改變，它們的特徵可以遺傳，它們都參與生存競爭。在這種生存競爭中，有些生物比其他生物優越，因此倖存下來並產生很多後代。經過許多代之後，自然淘汰就造成變化，這種現象稱為演化（Darwin, 2003）。特雷姆深受達爾文演化論的影響，從達爾文的演化論出發，主張教育演化的三個層次是特定的天賦（Gene）、個體學習歷程（Phäne）和選出的文化財（Meme）。在系統形式上，特定的天賦是生物的，個體學習歷程是心理的，選出的文化財則是社會的。在儲存的場所上，特定的天賦儲存於人類的「去氧核醣核酸」（DNA）中，個體學習的歷程儲存於人類的記憶中，選出的文化財則儲存於人類的傳統、語言和著作中。在運作形式上，特定的天賦透過化學的過程；個體學習的歷程透過意識的過程；選出的文化財則透過溝通的過程。在主要的科學上，特定的天賦屬於生物學；個體學習的歷程屬於心理學；選出的文化財則屬於社會學。使人類能夠存活的優化奠基在三個層次演化學習過程上，這種存活能力的優化就是教育的基本功能（Treml, 2000:20）。

二、盧曼的一般系統理論

　　盧曼（Niklas Luhmann, 1927-1998）於1984年出版《社會系統：一般理論概要》一書，正式提出「系統理論」（Systemtheorie）。他主張系統具有自己生成的能力，能夠自己分化以對抗外在的環境（Luhmann, 1984：

31）。系統概念指的是真正的系統，對於其事實陳述的證明負有責任
（Luhmann, 1984：30）。它包括三個層次，第一個層次包括多種系統，
第二個層次包含了機器、有機體、社會系統、心理系統，第三個層次包
括多種互動、組織和社會（Luhmann, 1984：16）。盧曼認為必須從個人
與環境之間的關係來看「系統」，任何社會系統總是面臨著具有高度複
雜性的環境，此時環境意謂著較系統複雜許多的外界，如果系統要生存
下去，它就必須有處理這種複雜性的方法。這樣系統就必須使自己的複
雜性與其環境的複雜性對應起來，即系統需要提高自身的複雜性，亦即
系統本身必須尋求足以與環境配合的內部分化，擴大選擇性來應付高度
複雜環境的壓力，而系統是通過分化來達到這個目的（楊思偉，1996：
93-94; Luhmann, 1984）。系統分化的方式包括分裂（segmentation）、階層
化（stratification）和功能分化（functional differentiation）三種。他認為一般
系統理論應當在與社會學材料遭遇中被證明合一，使其概念獲得和概念
建構的經驗，能夠科際整合的存在和呈現出來，以應用於社會學的研究
（Luhmann, 1984：28）。特雷姆深受盧曼一般系統理論的影響，應用系統
的概念來解釋教育的過程。主張教育的一般形式包括教學（Lehren）、學
習（Lernen）與教育（Erziehung）。從系統理論的觀點來看，教學與學習
存在著差異的概念：有時教學是固定在環境上，而學習有時是固定在系統
上。教學是可見的，而學習是不可見的。教學是可以知覺的經驗之改變，
而學習過程是不可見的系統過程。教育是不可觀察的，而且需要較多的時
間。學習與教育的差異在於：學習是一種心理系統的選擇，教育的穩定則
在社會系統中決定基本的學習過程。教學可以方法化，而教育則無法方法
化（Treml, 2000: 25）。

三、佛莫爾的演化知識論

演化知識論致力於將知識理論與傳統哲學的知識論脫鉤，企圖建立
科學化的知識理論，而且在基本出發點上，接受達爾文的演化論。主張
知識是種族歷史選擇與適應的結果。演化知識論的代表人物主要有佛莫
爾（Gerhard Vollmer, 1943-）、李德爾（Rupert Riedl, 1925-2005）、羅倫茲

（Konrad Lorenz, 1903-1989）和皮亞傑（Jean Piaget, 1896-1980）等人。動物行為學者羅倫茲的名著《康德先驗學說的當前生物學意義》被視為是演化知識論的肇始，後來他反過來宣稱「演化知識論」是20世紀最重要的精神歷史成就。不過，皮亞傑的「生發知識論」（genetische Erkenntnistheorie）也是影響演化知識論不可或缺的一部分。皮亞傑主張認知必須從其歷史、社會生發、概念和運作的心理起源來解說，這些無疑是演化知識論共同的目標。相對於傳統知識論僅著重於個別知識的當下形式，皮亞傑強調在思維的歷史與每個當下的思維之間，只是一個連續性的轉化，連續性的重組。皮亞傑的假設是在知識的邏輯性和合理性組織的進步，與相對的心理形式歷程之間有其相應性存在。皮亞傑所強調的認知生發性、歷史性和發展性的形式，無疑成為科學唯物論的基本假設，此一轉化很快的就轉向為演化知識論眾多論述的研究，其中尤以佛莫爾《演化知識論》一書的出版，而被標榜為第一個實際的「哥白尼式轉向」（Kopernikanische Wendung）。理由在於過去的知識論皆為人類中心主義，都將知識解釋為自然在人類身上的適應；而演化知識論則將人類的認知能力，解釋為對世界的適應（馮朝霖，2000：153-154）。佛莫爾主張人類的認知機制是生物演化的結果，主觀的認知結構適應於世界，因為這是在演化的進程中，對於實際世界適應所形成的。而認知結構與實際結構所以吻合，是因為只有這種吻合才能保證存活維生（Vollmer, 1985: 375）。特雷姆深受佛莫爾演化知識論的影響，主張人們可以像羅倫茲一樣，將有機體演化中的適應當作知識贏得的過程來標示。因為在一種生命形式的形成中，作為演化適應起源的結果，人們可以認識一種適應於其環境的圖像（Treml, 2004: 87）。

第三節　主要內涵

根據個人對特雷姆相關文獻的分析，其演化教育學的主要內涵有下列幾項：

一、普通教育學的主要觀點

特雷姆的普通教育學奠基在達爾文的演化論、盧曼的系統理論和佛莫爾的演化知識論上，他的普通教育學就是一種演化教育學。特雷姆主張普通教育學的基本結構包括時間和空間兩個部分，就時間方面來看，注重的是時間的先後順序，可以用演化論來解釋，強調時間中的事件和歷程，探討的學科是「歷史教育學」（Historische Pädagogik）。就空間方面來看，注重的是空間彼此的關係，可以用系統理論來解釋，強調空間中的事物和結構，探討的學科是「系統教育學」（Systematische Pädagogik）。因此，普通教育學就包含了「歷史教育學」和「系統教育學」兩門學科（Treml, 1998: 204）。演化的系統可以區分為三個層次（Treml, 1998: 205）：1.生理基因：受到物種的影響，注重基因的學習。2.社會基因：受到文化的影響，注重社會的學習。3.本體的基因：受到個體的影響，注重大腦的學習。不同的演化系統有不同的學習形式（Treml, 1998:207）：1.生物的演化：注重遺傳，強調自然的賦予，重視生理基因的特徵。2.文化的演化：注重社會化，強調功能的教育，重視社會基因的習慣。3.個體的演化：注重教育，強調意向的教育，重視本體基因的教導。普通教育學包括技術學、藝術學說和科學三部分，技術學在追求技術、藝術學說在追求智慧，科學在追求結構。因此，普通教育學既是一門理論的科學，也是一門實踐的科學，兼顧理論（Theoria）、實踐（Praxis）和創作（Poiesis）三種性質（Treml, 1998: 215）。

特雷姆從達爾文的演化論出發，主張教育演化的三個層次是特定的天賦（Gene）、個體學習歷程（Phäne）和選出的文化財（Meme）。在系統形式上，特定的天賦是生物的，個體學習歷程是心理的，選出的文化財則是社會的。在儲存的場所上，特定的天賦儲存於人類的「去氧核醣核酸」（DNA）中，個體學習的歷程儲存於人類的記憶中，選出的文化財則儲存於人類的傳統、語言和著作中。在運作形式上，特定的天賦透過化學的過程；個體學習的歷程透過意識的過程；選出的文化財則透過溝通的過程。在主要的科學上，特定的天賦屬於生物學；個體學習的歷程屬於心理

學；選出的文化財則屬於社會學。使人類能夠存活的優化奠基在三個層次演化學習過程上，這種存活能力的優化就是教育的基本功能（Treml, 2000: 20）。特雷姆主張教育的一般形式包括教學（Lehren）、學習（Lernen）與教育（Erziehung）。從系統理論的觀點來看，教學與學習存在著差異的概念：有時教學是固定在環境上，而學習有時是固定在系統上。教學是可見的，而學習是不可見的。教學是可以知覺的經驗之改變，而學習過程是不可見的系統過程。教育是不可觀察的，而且需要較多的時間。學習與教育的差異在於：學習是一種心理系統的選擇，教育的穩定則在社會系統中決定基本的學習過程。教學可以方法化，而教育則無法方法化（Treml, 2000: 25）。

　　特雷姆主張教育包括時間和空間兩個層面，人類在生物系統上具有身體，可以進行教育的活動。人類在心理系統上具有精神，可以進行思考的活動。人類在社會系統上具有團體，能夠在其中進行溝通的活動。空間可以提供人類行動、想像和抽象的場所，時間可以在生物系統上提供人類週期，在心理系統上提供人類暫時，在社會系統上提供人類年代的觀念（Treml, 2000: 53-56）。教育的性質可以分為三種：一種是意向的教育，一種是功能的教育，一種是延伸的教育。意向的教育有特定的目的和觀點，以一種特定的行動來達成，在教育領域中具有很大的支配性。功能的教育則經由社會化的過程，實現特定的一些功能，使學生適應社會的生活。延伸的教育是一種間接的教育，教育者並不一定在場，而是經由情境來影響學生，以達成教育的目的（Treml, 2000: 62-81）。教學的一般形式包括有計畫的組織、空間的隔離、主題的區隔和時間的限定，教師在教學時要善用指示和說明的方法，才能收到良好的教學效果（Treml, 2000: 83-94）。教育的機構主要包括家庭和學校，雖然家庭的重要性逐漸喪失，但是從教育的觀點來看，家庭仍然是一個重要的教育機構，因為家庭是一個照顧和互動的團體，能夠發揮保護和養護的社會功能。學校實施組織性的班級教學，從埃及發現學校的組織至今，已經超過五千年的歷史。學校是一個非常重要的教育機構，對於人類文化的傳承貢獻相當大（Treml, 2000: 103-128）。

　　特雷姆認為教育中存在著一些基本的問題，例如：教學與學習、平等與不平等、獎賞與處罰、知道與無知、保留與遺忘的對立問題（Treml, 2000: 130-162）。教育中存在著許多教育的隱喻，有人將施教者比喻為園丁和建築師，有人將施教者比喻為手工業者和技術師，特雷姆主張施教者應該是一位指導者和伴隨者，才能引導和幫助受教者達成預定的教育目標（Treml, 2000: 164-182）。特雷姆強調教育的力量、教育愛、教育的幽默、教育的智慧和教育的樂觀都是教育重要的媒介，施教者必須妥善的運用這些教育的媒介，才能順利的幫助受教者達成教育的理想（Treml, 2000: 185-209）。認知教育、審美教育、倫理教育、政治教育和宗教教育，都是重要的教育類型，施教者要能善用這些教育的類型，才能達成預定的教育理想（Treml, 2000: 215-249）。特雷姆強調作為一個教育工作者應該瞭解社會的變遷，反對劃地自限，注意全球化的趨勢，避免事物自身價值的貶低，重視人類環境的維護，注重個體化的教育，讓受教者能夠從意識型態控制中解放出來，獲得真正的自由（Treml, 2000: 251-280）。

二、演化教育學的主要觀點

　　特雷姆主張教育是一種學習影響措施的形式，這使得教育藝術不同於治療藝術，雖然它們的目的都是在改變或改善人類。但是，學習是一種生命系統適應優化的形式。生命是一種系統建構驚人的形式，因為它明顯的與熱力學第二定律朝向「熵」（entropy）的發展相反，生命是一種秩序的複雜形式。秩序與建構的維持需要資源，為了建構秩序，生命必須吞噬秩序的另一面，這是生命與非生命核心的區別標準。按照熱力學第二定律的觀點來看，沒有生命的世界在時間的過程中，會不可避免的增加無序的現象；而生命的世界則會不可避免的增加秩序的現象。從演化論的觀點來看，生命是一種系統的形式，自己維持系統的生存，而且讓它的組成部分死去。因此，生命系統的邏輯是維持與消逝，也可以用重複和更新來表達，生命特殊系統的功能就是在不安和不斷改變的環境中維持其生存。從系統理論來看，可以將生命形式當做一種系統的形式來理解。經由環境中高度複雜性、自我組織和特定適應的形式，清楚的與其他的系統形式作區

別。高度複雜性在此意味著系統會允許一種不尋常的高度分化，以增加許多秩序狀態的接受。這種秩序狀態從其新的整體的功能來考察，也可以用「浮現」（Emergenz）來表示。根據李德爾的看法，這種複雜性的安排和模式的處理，可以經由重複、階層化、交互作用和傳遞被標示，而所有這些區別的標準可以用自我組織的概念來強調。自我組織的另一個概念就是生命系統運作的封閉性，生命形式經由自我組織可以不依賴於其環境（Treml, 2004: 83-84）。

特雷姆認為自我組織是一種生命系統對環境適應成就能力的形式，可以使系統具有多種可能性去適應，而不會依賴於周圍的環境。他主張生命系統的適應有三種類型（Treml, 2004: 85）：(1)系統使自身適應於其環境，也就是系統改變自身去適應改變的環境，以便能夠繼續生存下去；(2)系統使環境自身改變以適應於系統，也就是系統改變其環境，使其能在改變的環境中繼續生存下去；(3)系統使自身不依賴於改變中環境的條件，使其依賴與不依賴由自己的內部來決定。特雷姆將第一種稱為「適應」（Adaption）；第二種稱為「同化」（Adaptation）；第三種稱為「調整」（Adjustierung）。從這種觀點來看，教育是一種適應的形式。在教育學中，大多數人將「適應」（Anpassung）理解為第一種形式，然後對這種形式的「適應」作否定或肯定的價值判斷。傳統路線認為在教育中這種適應的成就是不能拋棄的，而批判路線則認為在教育中應該追求自我活動和對抗解放，這種爭論肇因於只有一種適應的概念，如果能夠兼顧前述三種適應的概念，給予多種不同適應概念的選擇，就能解決傳統路線和批判路線的爭論。在演化生物學中不只是有機體的特徵，而是所有生命系統塑造的形式在出現的層次上，都可以實際藉助適應的過程來解釋。在此，適應是核心的解釋原理。因此，有兩種意義的層面在要求中被接受：在時間方面經由系譜學對起源的歷史做近似的解釋；在空間方面經由功能對問題的解決做最終的解釋（Treml, 2004: 86）。

特雷姆主張以「目的律」（Teleonomie）來取代「目的論」（Teleologie），這種「目的律」的觀點來自古希臘的哲學家恩培多克利斯（Empedokles, 495-435 B.C.）和詭辯學者，強調自然的事物也可能偶然的形成，

因為有用的關係而被保留下來。皮頓德瑞特（C. S. Pittendright）就建議將這種目的性或為目的服務的現象稱為「目的律」，以區別於充滿目的或充滿意向的「目的論」（Treml, 2004: 91）。這種解釋的性質可以歸納如下（Treml, 2004: 92-93）：(1)修正是偶然形成的，不是目的導向的。偶然在此絕非沒有原因的，而是不依賴於其後來的有用性。「突變」（Variation）修正一個領域，在時間上後來選擇的價值不必是已經認識的。因為在所有的演化中，突變和選擇是彼此獨立的，當兩者同時發生時，我們會說那是偶然。(2)因為修正發生和其後選擇的一致性是偶然的，許多時候消極選擇比積極選擇的機率更高。因此，消極選擇總是比積極選擇來得多。(3)所有的修正都可以用因果關係來解釋，亦即在時間上原因有時是先前事件的結果，而不是像目的論的解釋一樣被標定在未來，作為目的對過去產生作用，而總是在時間上被作為先前的事件的結果來確定。(4)有用的或無害的修正，將被設定傳遞或保留的機制而存活下來，這在生物演化中經由個別承載者基因訊息的保留所標示。(5)突變的競爭是為了有用性，而修正的競爭是為了選擇的價值。達爾文就指出不同的修正經由演化的選擇，會對保留和傳遞產生一種不同的統計機率。(6)人類空間和時間再現能力的形成，使得修正變成是有意向的和目的導向的，「選擇」（Selektion）這一個演化的首要障礙，得以在改變意向之下被解決。但是，持續的穩定化將必須在文化史和本體生發中，作為自律的過程被詮釋。

特雷姆主張學習是教育可能性經驗的條件，因為教育受到學習的影響。學習可以沒有教育，但是教育不能沒有學習。學習的演化在演化教育學中是非常重要的一環，有必要對學習系統的一般模式加以處理。因此，特雷姆不從教育學中人類自明的學習概念出發，來重建生命系統學習歷程的一般模式，主張所有生命形式學習的一般機制都是相同的。學習能力不是人類的特權，其實動物也具有學習的能力。學習在空間上尋求環境創造性詳盡資訊的獲得；在時間上尋求將這些訊息與系統自身的知識關聯。生命形式在問題解決中嘗試和穩定了適應的空間和時間形式，允許物種和個體的學習歷程中的空間和時間形式是分離的，因為這樣生命形式可以

返回去與兩種記憶的類型聯結：一種經由基因學習形成的「物種記憶」（Gedächtnis der Art）和一種需要經由大腦學習的「個體記憶」（Gedächtnis des Individuum）。在物種記憶中經驗被儲存起來，而在個體記憶中，則占據了高度的可靠性和狹小的可改變性。這種記憶將忽略暫時的強制或局部的修正。易言之，對所有事物精確和重要資訊的儲存，隨時都必須將穩定環境中基礎經驗的缺點限制到最小，而且放棄真實環境情況的注意。隨著個體學習能力的發展，這種缺點將獲得補償，因為現在從短暫和狹小的時空脈絡而來的資訊，也可以被變成有用的資訊。在此要避免兩種思想的錯誤：物種和個體這兩種學習出現的層次既非彼此獨立，也不是相互同一的。基因中儲存的物種記憶，不僅是經歷本體生發學習過程中，個體核心神經系統的預設，而且也儲存了個體能夠學習什麼和如何學習的內容（Treml, 2004: 97-99）。

特雷姆主張個體在學習時不是一種水桶的類型，把來自環境的訊息裝滿水桶。而是一種處理器的類型，按照自己設定的標準將訊息分類，大部分是抽象的，運用現存的知識加以比較和評價，然後根據需要將訊息儲存，以便能夠被其現實的工作意識所提取。這種直接從環境觀察和環境接受而來，增加抽象化的過程是長期和困難的，而且經歷了許多中間的步驟（Treml, 2004: 109）。這種途徑的重要過程可以描述如下（Treml, 2004: 109-110）：(1)直接的感官特定訊息的接受，在行動世界中產生習慣、敏感化和聯合的學習，因為在行動世界會反映種族歷史確定的舊經驗，特雷姆將其稱為「第一世界」（Welt 1）。(2)在核心的神經系統中發展類比的圖像觀念，在觀念世界和圖像思想中暫時存放圖像的訊息。因為這些種族的歷史比第一世界年輕，特雷姆將其稱為「第二世界」（Welt 2）。(3)擺脫圖像思考，沒有圖像觀念的產生，發展一種形式的思想。介於概念、數字及其法則形式的關聯之間，自己在抽象的世界中發生。這確定是種族歷史最新演化的發展，特雷姆將其稱為「第三世界」（Welt 3）。特雷姆指出在空間層面會產生一種事物適應的問題：多少訊息應該被儲存和作為知識以備系統的使用？系統再度面臨兩難的問題，過多或過少的處理都有優點和缺點。過多的訊息會形成無用的垃圾，占去儲存的空間增加負

擔。過少的訊息會使系統缺乏重要的問題解決歷程。在時間層面也會形成時間適應的問題：系統應該如何對待事實，它只能對昨天的適應過程作為、儲存和處理，但是也必須將其應用來處理未來的問題嗎？只有當以往所學的事物經由一種簡單的轉化管道，能夠使舊的環境情況繼續與新的同一才是有用的。但是，當環境改變太快和太大時，先前所學的事物就不再具有使用的價值了嗎？為了要完美的和持續的解決這兩方面的問題，教育因而有了存在的理由，經由學習可以解決演化中產生的危機（Treml, 2004: 114-115）。

特雷姆主張生命形式的學習有兩種策略：「保守原理」經由基因遺傳帶來，在本能的形式中具有僵化和保守的性質；「創新原理」避免僵化的讓步，注意學習歷程的導入。特雷姆藉助「先天喚起的機制」（Angeborene auslösende Mechanismen）和「獲得喚起的機制」（Erworbene auslösende Mechanismen），來探討這種演化學習歷程中僵化和彈性策略的過渡，因為這兩種策略是演化學習歷程可能性的條件，也就是我們所謂高級的認知學習歷程（Treml, 2004: 117）。教育是社會的影響措施加諸不同的經驗，以激勵個體進入學習歷程的活動。在演化中教育的開始，經由「獲得喚起的機制」來進行，這種能力可以經由環境經驗非社會的影響措施來獲得。從人類在確定環境中作為的定義來看，教育就不是教育，而只是一種經由不同經驗形成的較高之學習形式。從演化的學習歷程來看，教育是在孵化照顧中開始的（Treml, 2004: 132-133）。特雷姆主張演化中選擇的類型包括自然的選擇、性別的選擇和文化的選擇三種，生命系統是自我創化的系統，只有當其自我運作經由自我運作才能被設定，自我創化就是自我生產。這種意識歷程經由那種意識歷程；這種溝通的內容經由其他溝通的內容。因此，我們可以說自我創化的系統是運作的封閉系統，因為它組織其自身的運作與統一性，最後使系統內部與其環境對立，以維持系統封閉的性質（Treml, 2004: 231）。即使施教者實施行動和教育學將自己理解為行動科學，教育也不是「行動」（Handlung）。行動是描述人類單一個體的語詞，但是教育至少涉及兩個人，一個人施教，另一個人受教，同儕團體、家庭和學校都是一種社會系統，所以教育系統是一種社會系統，教

育不是一種行動，而是教師與學生之間的互動（Treml, 2004: 276-277）。特雷姆認為學校的教學是在模擬演化，以便為生活作準備，教育不再作為創造，而只能夠作為演化來加以解答。演化的模擬意味著經由空間的縮小和時間的擴大，對變異的供給予以組織和特定的選擇加以作為。教育的理想不再只是規範、價值和道德的養成，而是作為觀察者致力於規範教育學前提和結果的解釋（Treml, 2004: 306-313）。

特雷姆的演化教育學主要涵義在：指出傳統教育學的理論，忽略人類生物學的基礎，從演化論和系統理論的觀點出發，重新定義教育相關的概念，主張學習是教育可能性經驗的條件，因為教育受到學習的影響。學習可以沒有教育，但是教育不能沒有學習。教育演化的三個層次是特定的天賦、個體學習歷程和選出的文化財。教育不是一種行動，而是施教者和受教者之間的互動。教育不是創造的活動，而是一種演化的模擬，以便受教者為將來的生活做準備。他強調教育工作者應該瞭解社會的變遷，反對劃地自限，注意全球化的趨勢，避免事物自身價值的貶低，重視人類環境的維護，注重個體化的教育，讓受教者能夠從意識型態控制中解放出來，獲得真正的自由。教育的理想不再只是規範、價值和道德的養成，而是作為觀察者致力於規範教育學前提和結果的解釋。主張演化教育學是一門兼顧理論、實踐和（藝術）創作性質的科學。

第四節　綜合評價

根據個人對特雷姆相關文獻的分析，其演化教育學具有下列幾項優點：

一、過去教育學僅注重哲學、心理學、社會學、歷史學和人類學的基礎，比較忽略生物學與教育學的關係，透過演化論的引進教育領域，生物學的基礎開始受到重視。同時，由於特雷姆演化教育學的建立，拓展了教育相關的概念，提出學習歷程新的觀點，使我們對個體的演化有更深一層的認識，在教育理論的充實上貢獻相當大。

　　二、特雷姆的演化教育學對於個體和社會的演化有詳盡的說明，比較能夠適應人類社會的變遷，滿足個體發展的需要，經由教育演化的過程，模擬人類社會的演化，可以讓個體為未來的生活而準備。在教育的過程中，教育不是一種行動，而是施教者與受教者之間的互動，有助於施教者在教育的過程中，採用溝通對話的方式，與受教者進行平等的互動，培養個體理性溝通的能力，符合民主社會生活的要求。

　　三、特雷姆的演化教育學詳細的闡明生命形式學習的歷程，主張學習必須經過三個世界，注重直接感官特定訊息的接受，在行動世界中產生習慣、敏感化和聯合的學習。在核心的神經系統中發展類比的圖像觀念，在觀念世界和圖像思想中暫時存放圖像的訊息。然後，擺脫圖像思考，沒有圖像觀念的產生，發展一種形式的思想。個體學習的歷程不是一種水桶的類型，而是一種處理器的類型，這些觀點有助於施教者安排學習的活動，選擇適當的教學方式，符合個體的特殊需要，提高受教者學習的效果，對於個體的適應、社會的演化和解決危機的問題，具有相當大的意義。

　　四、特雷姆的演化教育學強調作為一個教育工作者應該瞭解社會的變遷，反對劃地自限，注意全球化的趨勢，避免事物自身價值的貶低，重視人類環境的維護，注重個體化的教育，讓受教者能夠從意識型態控制中解放出來，獲得真正的自由。這種觀點符合建立學習社會和追求自由解放的潮流，有助於個體適應社會的變遷，批判學校中錯誤的意識型態，進行終身學習的活動，滿足人類世界未來演化的需要。

　　五、特雷姆主張普通教育學既是一種實踐的科學，也是一種理論的科學，普通教育學不僅是一種技術學、藝術學說和科學，同時兼顧理論、實踐和創作三種性質。這種觀點可以糾正偏重理論觀點、實踐觀點或經驗觀點的缺失，對於教育學學術性質的釐清有很大的幫助。因為教育學是施教者理論的依據，也是受教者學習的南針。教育學學術性質的釐清不僅可以提高教育學的學術地位，同時能夠解決教育實際的問題，對人類的教育有很大的貢獻。

　　但是不可諱言的，特雷姆的演化教育學也有下列幾個問題（呂罡，2000; Benner, 1987）：

一、從比較解剖學的觀點來看，演化論者通過動物的器官在形態和功能方面的類比，確定了所謂的同源器官，並由此說明在演化樹中某一譜系的動物，其器官在演化中，發生的形態與功能的變化是自然選擇的結果。首先，同源器官的定義就非常牽強，必須事先承認動物是演化的，才能找到同源器官。因此這絕不能算做演化論中的一個證據，而只能是一個推論。亦即我們只能說因為演化論正確，所以演化樹中某一譜系中的動物存在同源器官，而不能說同源器官的存在證明演化的存在。現代基因學和遺傳學誕生後，對生物體形態與功能的關係，在更本質的層次（基因和分子水平）有了嶄新的認識。形態和功能只是表象，它們是由基因決定的，相同的形態可能對應於完全不同的基因。如果認為從鳥類的翅膀到哺乳動物的前肢是演化，那麼它們的基因也應表現為對應於形態相同程度的演化。但實際上並非如此，如果現在仍有人試圖從表面現象說明問題，只能被認為是膚淺的。

二、從古生物學的觀點來看，寒武紀生物大爆炸（Cambrain Explosion）提供了一個極好的例證。大約在五億三千萬年前，在短短的幾萬年內，幾乎現在所有生物的門同時出現在地球上。從海洋裡巨大的管狀蠕蟲、甲殼類到較為高級的脊索動物並存。如果演化確如達爾文所言，由點滴的漸進的方式進行，那麼數百萬年的時間無論如何也不足以完成這一歷程。雖然寒武紀之前的多細胞生物化石也有發現，但按演化論的觀點，它們與寒武紀生物並無傳承關係。現代達爾文主義者格爾德（Stephen J. Gould, 1941-2002）亦無法解釋這種現象，將其稱為「迷中之迷」（Enigma of Enigmas）。事實上，寒武紀生物大爆炸是演化論不可逾越的障礙。達爾文就曾對自己理論評價道：「如果可以證明任何複雜的器官不能通過無數的、持續的、微小的改變形成的話，我的理論將絕對失敗。」

三、從胚胎學的觀點來看，人類胎兒在發育之初與豬和鼠的胎兒都具有鰓裂和尾，它們的形態也非常相似，其實這只是表面的現象。首先，人類胎兒的「鰓裂」事實上不是鰓裂，而是快速發育的皮膚的褶皺。其次，人類胎兒的尾狀結構也絕不是尾，而是神經管。在蛙胎發育過程中的尾狀結構亦是神經管。再次，形態這一表象是由基因決定的。較為普遍接受的

同位序列「基因調控理論」[1]（Theory of Genetic Regulation）認為，動物形態雖然豐富多彩，但在分子水平上的調控都是一致的。因此，動物胚胎發育之初形態相似，是由於「同位序列基因」[2]（Homeobox Gene）調控水平相同而已。這是近年來發育生物學最為重大的發現之一。也就是說，從形態相似仍不能得出本質亦相似的結論。因此，達爾文的演化論有其不夠周延之處。特雷姆的演化教育學完全以達爾文的演化論為基礎，在生命形式演化的詮釋上，無法避免達爾文演化論的缺失。

四、邊納爾在《普通教育學》中，提出一種「非肯定的教育理論」（Nicht-affirmative Bildungstheorie）。他主張教育思想和行動的原理有四個，其中教育理論範疇的要求自動性，和陶冶理論範疇的可塑性，屬於個體方面的「建構性原理」（Konstitutive Prinzipien），教育理論範疇移交社會決定到教育決定中，和陶冶理論範疇人類完整實踐中，非階層次序關係屬於社會方面的「調整性原理」（Regulative Prinzipien），教育機構論綜合這四項原理，從教育體制內外以達成教育改革的目的。特雷姆的演化教育學奠基在盧曼的社會系統理論之上，這些理論都主張個體和系統具有自我組織的功能，主張生命系統就是自我建構的過程。這種觀點過度強調生命系統的自動性，忽略生命系統的被動性，無法完整的說明生命系統的本質，容易誤解生命系統的運作方式，對生命系統做出錯誤的解釋。因此，在教育的過程中，除了受教者的自我組織和自我創化之外，施教者的內在啟發和外在陶冶也相當重要。而且，無法經由自我創化的功能，解決生命

---

[1]　在很早以前，美國遺傳學家摩根（Thomas Hunt Morgan）就提出了基因會受到調控的假說。從基因製造蛋白質的過程是非常耗費能量的，因此細胞為了有效率利用能量，基因的表現當然要受到控制！過去基因調控的研究，是結合各個領域的努力，其中的重要人物，法國生物學家莫諾（Jacques Monod）和雅各布（François Jacob），他們在早期研究大腸桿菌的生長現象時，發現細菌在對乳糖與葡萄糖的利用時，存在著一些巧妙的關係，在不斷的研究下，他們發表了有關基因會調控蛋白質合成的文章。

[2]　從酵母菌到人類，皆含有一高度保留性的同位序列，這現象顯示這些生物物種中所含有的同位序列基因皆是從同一原始基因以串聯基因複製的方式演化而來的。現在，凡是含有同位序列的基因，皆稱為同位序列基因。

系統所有的問題，有時需要外在力量的介入，以彌補生命系統自我創化的不足。

　　五、佛莫爾的演化知識論致力於將知識理論與傳統哲學的知識論脫鉤，企圖建立科學化的知識理論，而且在基本出發點上，接受達爾文的演化論。主張知識是種族歷史選擇與適應的結果。特雷姆的演化教育學奠基在佛莫爾演化知識論的觀點上，過度的重視生物學因素對知識論的影響，將生命系統知識的形成完全訴諸基因的決定，這種觀點忽略了生命系統的主動性，無法真正的反映知識形成的過程。事實上，知識不只是種族歷史選擇與適應的結果，知識的形成還受到個體智力和社會文化因素的影響。而且，達爾文的演化論存在著許多尚未克服的問題，演化知識論當然也有不少的問題。因為演化教育學奠基在演化知識論上，所以演化教育學也無法迴避演化知識論遭遇的困境。

第五節　重要啟示

　　根據個人對特雷姆相關文獻的分析，其演化教育學對我國的教育學術具有下列幾項重要的啟示：

一、將生物學作為重要理論基礎

　　過去我國在探討教育學的理論基礎時，往往強調哲學、社會學、心理學、歷史學和人類學的基礎，忽略生物學的重要性，造成19世紀教育學的發展忽略生物演化論的問題。到了20世紀，杜威才將達爾文的演化論引進教育領域，探討生物演化論在教育上的意義。特雷姆則進一步應用演化論的觀點，建立演化教育學，探討生物學與教育學的關係，說明教育的本質，解釋人類學習的歷程，分析個體與社會演化的問題。這種觀點可以提供我國作為發展教育理論的參考，拓展我國教育學術的視野。

二、提供人類新的學習歷程觀點

特雷姆的演化教育學詳細的闡明生命形式學習的歷程，主張學習必須經過三個世界，注重直接感官特定訊息的接受，在行動世界中產生習慣、敏感化和聯合的學習。在核心的神經系統中發展類比的圖像觀念，在觀念世界和圖像思想中暫時存放圖像的訊息。然後，擺脫圖像思考，沒有圖像觀念的產生，發展一種形式的思想。個體學習的歷程不是一種水桶的類型，而是一種處理器的類型，這些觀點有助於施教者安排學習的活動，選擇適當的教學方式，符合個體的特殊需要，提高受教者學習的效果，對於個體的適應、社會的演化和解決危機的問題，具有相當大的意義。可以補充我國過去從教育心理學或人智學教育學觀點出發，詮釋人類學習歷程的不足，增進我們對人類學習歷程的瞭解。

三、提供當前人類問題解決方案

由於過去的教育偏重科學理性的培養，忽略人類與自然和諧關係的建立，導致生態環境的破壞，人類社會面臨毀滅的危機。而且因為各種意識型態的宰制，使得人類無法得到真正的自由解放，這些問題都是人類必須解決的當務之急。特雷姆的演化教育學強調作為一個教育工作者應該瞭解社會的變遷，反對劃地自限，注意全球化的趨勢，避免事物自身價值的貶低，重視人類環境的維護，注重個體化的教育，讓受教者能夠從意識型態控制中解放出來，獲得真正的自由。這種觀點符合建立學習社會和追求自由解放的潮流，有助於個體適應社會的變遷，批判學校中錯誤的意識型態，進行終身學習的活動，滿足人類世界未來演化的需要。這種觀點可以提供我國教育學術作為參考，以有效的解決人類所面臨的問題。

總而言之，特雷姆深受達爾文生物演化論、盧曼一般系統理論和佛莫爾演化知識論的影響，提出演化教育學的理論，主張教育是一種學習影響措施的形式，這使得教育藝術不同於治療藝術，雖然它們的目的都是在改變或改善人類。但是，學習是一種生命系統適應優化的形式。特雷姆的演化教育學具有闡述演化理論的教育意義、比較能夠滿足人類社會需要、說

明人類生命形式學習的歷程、符合建立學習社會和追求自由解放的潮流，主張教育學是一門理論、實踐與審美兼顧的科學等優點，但是也存在著以達爾文的演化論為基礎，在生命形式演化的詮釋上，過度強調生命系統的自動性，忽略生命系統的被動性，無法完整的說明生命系統的本質，容易誤解生命系統的運作方式，對生命系統做出錯誤的解釋，無法避免達爾文演化論的缺失。儘管如此，特雷姆的演化教育學仍然有許多優點，可以提供我國作為建立教育理論和解決教育問題的參考，相當值得我們加以重視。

第十五章

連琛的反思教育科學探究

　　我們在討論現代科技時始終有著正反兩面的爭議。科技一方面帶給人們生活上的便利與文明成果，促使全球各國極力發展科技，以增強國家在經濟及科技競爭上的實力；另一方面由於不當的應用造成環境污染等生態問題（郭實渝，2000）。因此，現代科技的應用與發展可以說具有許多優點，當然也存在著相當多的問題，值得我們深入的加以分析和探究。戴維森（Erich A. Davidson）就指出我們已經在許多方面征服了地球，但是還未學會以一種不具有破壞性的方式來生存於其間，我們目前所採取的方式，不外是到處開疆闢土並擴大現代科技的影響力，然而這些全都不可行。雖然我們需要現代科技來維持溫飽，但我們卻承擔不起失去生態多樣性的後果。在這人類長期宰制地球的實驗裡，我們還不知道能否能同時達到「征服地球」與「保育大多數同舟共濟的乘客」這兩個上帝的訓示。我們只能說，按照當前的人類行為模式，將會有愈來愈多物種走上滅

絕的道路，最終破壞了人類永續發展的能力（Davidson, 2001）。幾十年來臺灣由於科技應用和經濟發展的不當，導致許多自然環境災難的發生，不管是土壤毒化、河川汙染，還是颱風來襲、洪水肆虐，都造成國家和人民巨大的損失。因此，知識經濟社會不能再是一個資源無限而盲目擴張的時代，人類文明若祈求永續發展，那麼知識經濟時代也是生態經濟時代（馮朝霖，2002）。20世紀以來，發生了三浬島（1979）、車諾比（1986）和福島（2011）核能電廠輻射外洩事件，震驚全世界。人類如果再不改變思維，繼續破壞自然、毫無限制的發展經濟和濫用科技，將可能引發山洪、暴雨、地震、颱風和輻射汙染等災難，導致人類物種最終的滅亡。在這種情況下，我們亟需培養具有反思批判能力和「參贊化育」（Methexis）[1]觀念的下一代，才能解決當前人類所面對的各種問題，以避免人類浩劫的來臨，創造新的生活形態和人類文明。連琛（Dieter Lenzen, 1947-）在其反思教育科學中談到這些問題，因此引起個人研究的動機。

第一節　生平著作

　　連琛（Dieter Lenzen）1947年11月27日生於敏斯特（Münster），1966年進入敏斯特大學就讀，學習哲學、教育科學、德國、英國和荷蘭古典語言學。1970年獲得敏斯特大學碩士學位。接著繼續攻讀博士課程，在布蘭克茲（Herwig Blankertz, 1927-1983）的指導之下，1973年獲得該大學的哲學博士學位，然後留在敏斯特大學擔任助教。1975年晉升為該大學的教育學教授，當時年僅28歲，成為德國大學最年輕的教授。自1977年起轉任柏林自由大學普通教育學研究所教育哲學講座教授，曾經是日本東京大學和廣島大學的客座教授（1993-1994）、洪保特學會會員、美國紐約科學院院士、美國教育哲學會會員、英國教育哲學會會員、歐洲教育研究學會

[1] 參贊化育是一個古代哲學的概念。原來是指希臘戲劇中觀眾參與、創造和演出儀式的行動，具有「分享」（Teilhabe）的意思，形上學中用來描述事物及其規定的關係，此處是指參與、創造與分享人類與自然的演化。

理事，並且擔任德國教育科學會會長（1994-1998），1998年創立「教育科學雜誌」，曾任柏林自由大學副校長（1999-2003）。2003年8月至2010年2月28日，擔任柏林自由大學校長。自2010年3月1日起，擔任漢堡大學校長。連琛教學研究的重點有下列幾項：「普通教育科學」、「教育的歷史人類學」、「教育科學的系統研究」、「實證的學校研究」、「教育科學的媒體感受研究」和「教育哲學」。主要著作有《課程建構的教育策略》（*Eine eduktive Strategie für Curriculum-Konstruktion*）、《大學先修班階段德語教學的結構化》（*Zur Strukturierung des Unterrichts in der deutschen Sprache an der Kollegstufe*）、《課程建構的分類學傾向》（*Taxonomische Ansätze in der Curriculumkonstruktion*）、《德語教學的教學法結構形式》（*Ein didaktisches Strukturgitter für den deutschen Sprachunterricht*）、《教學法與溝通》（*Didaktik und Kommunikation*）、《疾病作為創造》（*Krankheit als Erfindung*）、《父親》（*Vaterschaft*）、《童年的神話學》（*Mythologie der Kindheit*）、《教育學與歷史》（*Pädagogik und Geschichte*）、《教育科學》（*Erziehungswissenschaft*）、《行動與反思》（*Handlung und Reflexion*）、《教育科學導向》（*Orientierung Erziehungswissenschaft*）、《教育新思維》（*Bildung neu denken*）、《教育系統的非理性》（*Irritationen des Erziehungssystems*），主編有《教育科學百科全書》（*Enzyklopädie Erziehungswissenschaft*）、《藝術與教育學》（*Kunst und Pädagogik*）、《教育學與日常生活》（*Pädagogik und Alltag*）、《教育學的基本概念》（*Pädagogische Grundbegriffe*）、《歷史人類學》（*Historische Anthropologie*）《教育系統的教育與繼續教育》（*Bildung und Weiterbildung im Erziehungssystem*）、《人》（*Der Mensch*）、《社會的教育系統》（*Das Erziehungssystem der Gesellschaft*）等（Böhm, 2000: 341）。

第二節　思想淵源

　　根據個人對連琛相關文獻的分析，其反思教育科學的思想淵源主要有下列幾個：

一、李歐塔的後現代主義

連琛在《行動與反思》一書中，借用李歐塔（Jean-François Lyotard, 1924-1998）《後現代狀況》的觀點，指出由於新的資訊科技的不斷演進，我們的知識已經逐漸變成「資訊」，而成為「商品」，人類的戰場已經由領土轉換到資訊上，知識因而逐漸「去主體化」，傳統上執著的知識之獲得與精神或人格教育的密切關聯已漸行漸遠（Lyotard, 1984: 24；馮朝霖，2000：53）。因此，教育科學必須因應這種趨勢，發展「基礎的知識」（Grundlagenwissen）、「反思的知識」（Reflexionswissen）和「預防的知識」（Präventionswissen），以消除系統教育學的危機（Lenzen, 1996: 207）。

二、傅柯的權力關係哲學

傅柯（Michel Foucault, 1926-1984）在《語言、對抗記憶、實際》一書中，主張直到19世紀，我們才開始瞭解到剝削的性質；而直到今日，我們還沒有能完全瞭解權力的性質（Foucault, 1977：123）。他在《規訓與懲罰》一書中，經由達米安令人毛骨悚然酷刑的描述，轉為對罪犯、小學生和其他人的道德改造，說明權力的運作並不是藉由肉體的力量或是經由法律而再現；而是藉由規範的文化霸權、政治的技術、對於身體和靈魂的形塑（Fouacult, 1979）。在《性史》一書中，傅柯稱這種新的權力模式為「有生權力」，它的第一種模態是一種規訓性的權力，涉及一種人類身體的解剖攻略（Foucault, 1980：139）。傅柯認為規訓就是確保人類多樣性條理的技術（Fouacult, 1979：218）。規訓的技術首先發展於修道院，到了17世紀晚期，由於瘟疫流行的城鎮需要空間隔離和人口監控的方法，更是迅速的拓展到整個社會，形成一個龐大的軀體群島（Best & Kellner, 1991）。傅柯企圖以非總體化、非再現性、反人本主義的方式，來重新思考現代權力的性質。他拒絕所有那些認為權力定泊於巨型結構或是統治階段，以及認為權力在本質上是壓制性的現代理論。從後現代的觀點，將權力詮釋為分散的、不確定的、形態多變的、沒有主體的、生產性的，並構成了個人

的身體與認同（Best & Kellner, 1991）。現代理論假定了一種既定的、統一的主體，或是一種先於所有社會運作的、不變的人類本質；相反地，傅柯則倡議要驅除主體，認為這是關鍵性的政治策略。主張人們必須拋棄虛構性的主體，擺脫掉主體本身，也就是說：達到一種分析，足以說明主體在歷史脈絡中的構成。繼承了尼采的線索，傅柯的工具就是要喚醒那些沉睡在人本主義中的思想，驅除所有人類學偏見的具體形式，這項工作使我們能夠重新接觸，對理性進行普遍批判的任務（Best & Kellner, 1991）。連琛從傅柯的哲學觀點出發，批判系統教育學的人類學假設，還停留在康德實用人類學的觀點上，這種規範人類學的觀點，忽略歷史人類學的歷史性，根本無法說明人類的歷史。歷史人類學具有方法和對象的特徵，不在於因果的分析，而注重有關人類核心意向符號交往系統作用的方式。這種分析的結果就是一種敘述，但是並非一種編年史的敘述，而是一種結構的敘述。在這種分析引導的理論中，人類被理解為歷史的主體（Lenzen, 1996：123-125）。

三、盧曼的社會系統理論

連琛曾經在1990年出版的《藝術與教育學》和1996年出版的《行動與反思》兩書中，借用盧曼（Niklas Luhmann, 1928-1998）《社會系統：一般理論概要》一書的觀點，將教育系統視為社會系統一部分，主張社會系統具有「自我創化」（Autopoiesis）的功能。連琛主張教育學應該結合美學，以解決教育科學過度科學化的危機，朝向教育美學發展。在這種觀點之下，他認為教育就是一種個人「自我創化」、「自我組織」和「自我建構」。其次，連琛也在1998年盧曼去世以後，負責編輯盧曼的遺稿，在2002年主編出版了《社會的教育系統》一書，來紀念盧曼在教育學術上的貢獻（Lenzen, 1990: 171-186; Lenzen, 1996; Luhmann, 1984; Luhmann, 2002）。由此可見連琛的反思教育科學，深受盧曼社會系統理論的影響。

四、羅逖的新實用主義

羅逖（Richard Rorty, 1931-2007）1989年在《偶然性、諷刺與團結》一

書中，從語言、自我和團體的偶然性觀點出發，選擇了諷刺與團結兩項概念，罕見的將其組合。在語言的偶然性之外，羅逖進一步的見到了自我的偶然性。他希望在權力之外，首先區分絕對主義與相對主義、理性與非理性、道德性與目的思想的不同。因為它們會傷害允許自我創造的基本假設，亦即所謂民主的發展。羅逖銜接杜威的觀點，強調自由民主社會的建立。同時提倡「詩性文化」的形成，他認為這種文化能夠接受啟蒙者希望的地位，讓人類的文化能夠理性的被實踐和成為一種科學（Rorty, 1989：96-110）。連琛深受羅逖新實用主義哲學的影響，重視審美教育自我創造的功能，主張教育科學應該朝向教育美學發展，才能有助於人類主體的自我創化，達成人類較高教育的理想，建立一個具有審美文化的民主社會。

五、布希亞的擬像遊戲論

連琛在1996年出版的《行動與反思》一書中，引用布希亞（Jean Baudrillard, 1929-2007）《符號形式社會學》的觀點，說明符號與實在的關係。布希亞主張符號只是虛構的事物，不是一種真正的實在。連琛借用布希亞的觀點，指出系統教育學混淆了符號與實在，注重虛擬實在的模擬與建構，使得系統教育學的理論產生模擬、幻象與幻覺，造成教育實際的喪失（Lenzen, 1996: 90-92）。因此，連琛的反思教育科學也受到布希亞擬像遊戲論的影響。

六、布魯門貝爾格的哲學

布魯門貝爾格（Hans Blumenberg, 1920-1996）是著名哲學家胡塞爾（Edmund Husserl, 1859-1938）的學生，其哲學思想源自胡塞爾的現象學，對連琛反思教育科學的提出產生很大的影響。在《行動與反思》一書中，連琛援引布魯門貝爾格《世界的可讀性》一書的看法，批判系統教育學是一種思想的隱喻學，而其內容混淆了書本與實在（Lenzen, 1996: 86-87）。因此，連琛的教育理論也受到布魯門貝爾格哲學思想的影響。

七、衛爾希的後現代主義

衛爾希（Wolfgang Welsch, 1946-）所著的《我們後現代的現代》一書於1987年出版，至1997年，10年之間已漸修訂5版面世，可謂是德語社會有關後現代主義問題的權威著作之一，普獲各界廣泛的迴響，德國教育學者貝克（Christian Beck）、佛洛莫（Johannes Fromme）、連琛等人的「後現代教育學」（Postmoderne Pädagogik）論述，都受到衛爾希後現代主義的影響（馮朝霖，2000: 37）。特別是衛爾希「橫繫理性」（transversale Vernunft）和「美學思想」（ästhetisches Denken）的觀念，對連琛從教育科學轉向教育美學的想法和教育的參贊化育觀念之提出影響很大。

<h2 style="text-align:center">第三節　主要內涵</h2>

根據個人對連琛相關文獻的分析，其反思教育科學的主要內涵有下列幾項：

一、指出教育科學理論發展的危機

連琛主張德國教育科學的研究從多年以來，自身已經察覺到陷入一種持續的危機之中，那就是許多機構對教育科學研究的補助正在衰退。而且由於大學院校教育科學單位的擴張，使得這種機構的危機更加尖銳，嚴重影響教育研究成果的增長和大學院校組織化教育研究的進行。由於行動相關研究的停滯不前，無法從學術上支持教育改革的活動。因此，造成教育科學信任的危機，不僅使得許多機構對教育研究的補助，採取退縮迴避的態度，同時讓教育主管當局對改革計畫相關教育研究的參與，採取公開與教育科學陳述對立的態度。甚至造成未來教育職業角色準備急速的下降和教育學門學生無法理解教育科學研究結果和理論的問題。1960年代末到1970年代初，德國教育學術界為了更緊密的結合理論與實際，發生了「日常生活轉向」（Alltagswende）教育科學研究的風潮。溫修（Konrad Wünsche, 1928-2012）、胡斯曼（I. Husmann）、提爾希（H. Tiersch）和布朗穆爾

（Ekkehard von Braunmühl, 1940）等教育學家，都從日常生活的觀點出發，將日常生活視為實際，以進行教育科學的研究。但是由於他們未經批判的採用日常生活的術語，忽略了理論的重要性，所以產生了學術理論的危機（Lenzen, 1996: 29-31）。

二、日常生活導向取向教育科學的改革

連琛強調日常生活導向如果想要引導教育學，具有進入基礎研究典範時期的機會，必須重新界定教育科學研究的對象。他指出教育科學的研究，希望提供所有知識的問題解決策略必須改變，它對於父母、教師、施教者、學生和兒童，無法清楚的說明其行動的導向奠基於何種機制。因此，連琛主張典範時期教育基礎研究的任務，在於教育領域中日常生活行動導向的重建。其中，特別是教育人員行動的重建相當缺乏。近年來，經由政治動機探討學生導向的問題開始有人研究。另外。也有許多教育學家從事教育關係中教師與學生行動重建的探討。連琛認為實證主義者和工具主義者缺乏論辯的理想，無法達成教育科學研究的目標。日常生活導向想要再度贏得教育科學研究對象的努力，非常需要一種方法論的轉向（Lenzen, 1996: 36-38）。他主張日常生活教育行動導向的重建至少包含下列幾項前提（Lenzen, 1996: 38-39）：(1)接受存在於表象與存有、表面結構（可觀察的日常生活行動）與底下深層之間的差異（教育行動的導向）；(2)放棄僅僅從一個表面現象到另一個表面現象的因果分析；(3)接受表面日常生活行動結構主義的可描述性和代表深層結構的可分析性；(4)將一種教育概念完整的規範的可描述性，作為教育行動重建中批判的視野。連琛將這種重建當作是一種批判與生發學教育行動結構理論的任務，他認為這種理論建立在幾個不同的層面上：(1)審美的層面：奠基在虛構文學中教育行動的結構上；(2)傳記的層面：奠基在自我生產的教育行動結構上；(3)歷史的層面：奠基在（歐洲）教育實際歷史中教育行動的結構上；(4)理論的層面：奠基在（歐洲）教育思想歷史中教育行動的結構上；(5)民族的層面：奠基於內在和外在的西方工業社會，不同的文化和次文化中教育行動的結構上；(6)實用的層面：奠基在被承認的大多數人教育行動的結

構上；(7)實驗的層面：奠基在實驗或準實驗中能夠被發現的教育行動的結構上。

三、當前教育科學研究型態的批判

連琛認為教育科學研究將日常生活導向轉化到典範時期，需要滿足這個研究組織的一些條件，這些條件必須能夠在自律的基本假設中被綜合。在後典範時期將必然使要求機構的自律產生動搖，自律對於典範時期的研究是建構的。在1970年代初期，美國首次對自然科學和社會科學的大型研究中，明確的增加外在目的設定的要求，造成基礎研究補助實際上的停頓或衰退，麥恩柏格（Alvin Martin Weinberg, 1915-2006）對這種發展曾經強烈的批判，同時為基礎研究比其後的可利用性重要辯護，並且主張基礎研究是一種促成高級文化的文化。這種觀點對今天教育科學研究的努力而言，不僅可以使基礎研究成為典範，同時對教育學具有深遠的意義。基礎研究一方面經由媒介的分化，在大學研究機構中確定下來；另一方面在大學中作為「小型科學」（little science）受到確定。但是當前卻有兩種趨勢反對這種確定：一種是受到各邦文化部下屬單位的資助，經由許多研究機構的建立，反對教育科學研究的自律。從1971年起就在教育學中發生，當時柏林就建立了許多科學中心，後來這些科學中心受到了檢視和批判。另一種是大學中的教育科學家，為了使這種趨勢更加尖銳，他們專注於學生職業教育的改善，將這種目的作為其研究的對象。經由學生要求的支持，其參與基礎研究的義務相當小，而且受到學術媒介建立停頓的影響，研究成果根本無法提供存在確定的保證。連琛認為這種兩難困境，只有透過政治的途徑才能解決，例如：提供工作機會給學術後進，經由媒介應用來引導基礎研究，或者在大學新建一些高級的研究機構。教育學者如果不能重新找到教育科學研究的對象和方法，說明教育行動的結構，將使教育科學研究的重要性喪失。因此，日常生活轉向也許是解決教育科學危機的最後機會（Lenzen, 1996: 39-42）。

四、說明日常生活導向教育研究的缺失

　　連琛指出日常生活導向的教育科學，只是將日常生活作為研究的對象；或者提出一種另類的日常生活導向的方法論；或者是將上訴中的規範問題奠基在日常生活中來解決，都無法滿足它自己的要求。而是必須批判的依照規範的問題而行為，它需要返回日常生活和教育行動中適當的方法。因此，當這種立場自己能夠與日常生活的觀點獲得滿足或是能夠被相信時，它是立於一種相對於被請求的科學提出的立場。連琛建議日常生活導向應該以一種教育神話學的與一種目的的形式去要求：一方面在明顯的日常生活意識教育行動的同代人之中，批判教育日常生活的神話。依照批判教育科學的要求，在利用日常生活的教育神話壓制的教育制度中，以發現合法的機制，這是一種追憶的事物。另一方面導向發現機構範圍內不成文規定禁令的痕跡，這些禁令無法取得導向教育的行動，而存在於曾經有效的人類過去的歷史中。日常生活導向可以勝任：經由批判錯誤與重建動搖的導向，使我們的知識能夠超越那些錯誤，而擴大日常生活教育的能力。這些知識必須繼續經由決定的立場，使規範問題能夠被實踐出來。第一個要求是達成典範理論狀況的條件；第二個要求則是達成後典範理論狀況的條件。數十年來，日常生活導向是否在典範轉移的意義上，能夠作為一種「轉向」（Wende）或只是一種教育的口號，已經相當清楚的被證明，但是口號及其動力的意義也是不能低估的（Lenzen, 1996: 43-61）。

五、說明實踐導向教育理論的錯誤

　　1963年哈伯瑪斯在「論社會演變中的學術教育」一文中，主張必須對新人文主義時代以來，出自科學演變的學術學習尋求新的界定。他銜接19世紀初洪保特和史萊爾瑪赫「大學的理念」（Idee der Universität），指出當時普魯士王國大學改革者，拒絕以社會學校取代大學的主張，就如同今天我們反對大學教育必須遷就實際的想法一樣。這是一種反對職業教育的轉向，因為科學技能不具有理論化的能力。相對於統治者和學生們的主張，哈伯瑪斯確定教育的理念必須經由科學。但是經由實證主義的科學，

卻同時會犧牲學術的普通教育與和諧人格的形成。因此，變通的辦法非常
明顯，也就是從現代科學的觀點來看，學術教育不允許再奠基在個別主體
的倫理學上，以放棄其個人的責任。而必須在政治層面上，出自科學解釋
的世界理解，以理論來指引其行動。這意味著學術的教育必須：(1)經由
科學，(2)社會興趣關係的反思，以便科技進步的方向能夠確定，(3)從實
際的結果來詮釋科技的建議，(4)調解形式的與經驗的知識，並且加以聯
結，(5)將科學的結果再度譯回生活世界的視野中，(6)將社會科學的結果
移植到實踐中的反思。在這種情況下，1983年時許多大學生將教育透過科
學的觀點，當作是一種巨大的苛求。而詢問社會興趣關係的主張，只有少
數的馬克斯主義者在從事。形式與經驗知識的學習，則被許多人認為過於
嚴格。相反的，科技建議實踐的結果，因為不必辛苦的進行基礎的學習，
所以受到許多人的歡迎和討論。而將科學的結果再度譯回生活世界的視野
中，則根本沒有人去嘗試，而是期待這種科學的結果能夠來自於生活的世
界。將社會科學的結果移植到實踐中，將不再具有反思性，而是持續的進
行探究，並且將失敗歸咎於科學自身（Lenzen, 1996: 65-66）。

　　從李歐塔的觀點來看，政治實際節制了理論的原因，這些原因是在
科學的語言遊戲中尋找的，最後也必須屬於批判理論。因為政治實際重要
基本假設承載的知識的合法性要求，自身也是不合法的。最後，將使批判
的社會科學毫無結果。「解放敘事」在知識自身實際合法性的要求下，為
其帶來合法性喪失的原因。因此，這種方式是天真的。由於害怕不穩定的
結果，統治者放棄解放處理的規劃，拒絕哈伯瑪斯所提政治的大學教育類
型。政治實踐概念的理論基礎是一種嫌惡的結果，這種嫌惡至少是學生出
於無能的結果，一種心理能夠承擔奠基於否定批判的限制。過分誇張的表
達是：解放敘事在其最後的顯現中，可能在全體當事人的心中，喪失其認
知的相互關聯。如果教育科學的學習者，今天在學習中要求一種實踐的相
關性，他們指的不是一種政治意義的實踐，而是使自己從教育科學實踐
的供給中，朝向實踐的概念移動，並且承擔第二種宏偉敘事所有的標誌，
這種敘事也就是在後現代社會禁止的「表現主義敘事」（performativistische
Erzählung）。科學知識經由「表現性」（Performativität）和「可應用性」

（Anwendbarkeit）建立合法性是社會的功能，但是在古典意義中卻是不合法的。在這種情況下，表現性經由學術機構的承載者使學術活動成為合法的標準，而且使真理問題自己向效益性的方向移動和奠基在控制之上（Lenzen, 1996: 66-67）。

六、批判系統教育學觀點的弊端

連琛在《行動與反思》一書中指出當前的教育科學無法在獨創性上得到超越，陷入缺乏教育學特性的危機，而成為一種喪失生命意義的事實科學。連琛主張教育科學的興起，來自於啟蒙時代康德的構想，到了今天已經和時代的生活脫節，無法反映我們現代的生活，如同胡塞爾在其危機著作中所說的：這種科學無法說出我們生命的痛苦；或者像是莫連豪爾所說：教育學的危機在於它還停留在15世紀開始的現代計畫中。面對哈伯瑪斯所謂「現代計畫」的教育科學之式微，有必要超越政治趨勢轉向的敘述方式，詢問思想歷史的條件是否已經改變，以協助系統教育學、普通教育學、教育理論和陶冶理論，成為教育科學的核心部分（Lenzen, 1996：79）。連琛主張系統教育學承繼了啟蒙時期的意識型態的內容，混淆了符號與指謂，蒙蔽了實在的真相，使系統教育學忽略教育實際的探討，成為一種隱喻的研究和實在的模擬，在這種情況下，系統教育學不能成為理性的主體，而成為頑固的意象，因此無法觸及教育深層的實在，使得教育理論與教育實際分離。由於系統教育學混淆了符號與實在，注重虛擬實在的模擬與建構，使得系統教育學的理論產生模擬、幻象與幻覺，造成教育實際的喪失。精神科學教育學所謂的「教育實在」、存在本體論所謂的「存有的系統學」都成為一種虛擬實在。這種系統教育學的理論作為符號的整體，會使其參照的實在因而喪失（Lenzen, 1996：86-93）。

七、提出教育知識和參贊化育觀念

連琛認為傳統的系統教育學建立在啟蒙時代的思想基礎上，造成悖離後現代社會實際經驗的問題，產生許多教育理論的危機，因此必須轉向一種反思的教育科學發展，才能化解這些教育科學發展的危機。反思教育

科學主張三種知識：第一種是「教育的風險知識」（Risikowissen der Erzie-hung），這是一種對教育風險評估、迴避和分攤的知識，在幾乎所有教育層面高度科學化的情況下，教育的風險知識有其迫切的必要性。這種知識不在對抗實證科學的教育學，而在於透過教育的風險知識，去確定教育失敗的政治責任。第二種是「教育的神話學」（Mythologie der Erziehung），透過歷史的方式處理支配性的教育神話，讓個體從過去的權力中解放出來，將教育的神話學作為一種可以實踐的知識來使用。教育神話學的任務是在論辯中，揭露親戚關係、世代關係、性別關係、教育機構和教育科學中有關兒童、生命、疾病、權利、信仰的基本結構。第三種是「教育創化的知識」（Poietisches Wissen der Erziehung），這種知識放棄了「實踐哲學」（Praktische Philosophie），將教育或教育學視為一種藝術，主張教育藝術的觀念，注重人的創造。這種觀念和啟蒙時代教育理論的觀點相同，強調教育就是「自我教育」（Selbstbildung），將教育視為自我活動性的要求。可惜這種教育的理念無法解決我們今天面臨的問題：因為今天的教育不只講求從異化的統治要求中解放，而根本在於要求控制，不能免除從自我的決定做為自我的控制。為了解決「知識的創化」（wissende Poiesis）和「創化的知識」（poietisches Wissen）之對立，連琛因此提出「教育的參贊化育」（pädagogische Methexis）概念。不僅注重個體的自我決定，同時經由個體的參贊化育，結合科學與藝術，建立教育知識的形式，調和個體行動與反思的對立，達成人類教育的理想（Lenzen, 1996: 122-131）。

八、教育科學應該轉向教育美學發展

連琛指出德國教育科學到了1980年代，逐漸受到教育美學概念的影響，以美學來引導教育的發展。連琛和郎格萬受到庫恩（Thomas S. Kuhn, 1922-1996）、羅逖、柏拉圖、梅洛龐迪（Maurice Merleau-Ponty, 1908-1961）、衛爾希和布希亞等人哲學思想的影響，將教育科學視為一種教育美學的觀點。他們從科學的概念上，將教育學或教育科學當作藝術加以理解。連琛主張經由庫恩，我們可以觀察藝術與教育學之間的關聯，從「技術」的意義而言，由於教育與藝術歷史的聯結，使得教育科學成為一

種「教育美學」（Erziehungsästhetik）。這種教育學與美學關係的歷史，幾乎總是被工具主義的化約，而將美學的理解置於人類教育施為的思想之下來進行。連琛在其反思教育科學中提出「參贊化育」（Methexis）的觀念，以批判系統教育學中教育的觀念和教育科學中科技理性宰制的偏頗。他主張「參贊化育」作為「世界的分享」（Teilhabe der Welt），在將教育相互理解的指導傾向生產觀點的作為上深具意義。它不在於人類的形成或可能性的創造，而是使自己去形成，以朝向較高的教育。這種自我形成的能力早就已經存在人類的機體中，這種本體生發不需要教育或陶冶的協助，這種觀點與本體生發的概念化作為自我組織歷程的看法是相容的。連琛相信教育是一種自我組織、自我宣稱和自我建構的活動。因此，教育科學將是一種聯結批判傳統，以分析權力關係的科學，並且逐漸朝向教育美學發展（Lenzen, 1996：16-25）。

九、從教育基本弔詭到教育多元弔詭

連琛主張母親與父親、學校和學生作為教師、教育機構或學習者，存在著一些基本的弔詭。我們應該知道，假如日常生活是一種服從邏輯的教育理論的分化模式，這些弔詭是不會因疏忽而發生的。但是完全相反地，這些弔詭大多依照教育理論習慣化觀點的意義而行動，而這種教育理論的觀點來自法蘭西大革命結果。邊納爾將這種弔詭導回到「教育實際的基本弔詭」，奠基在教育思想和行動兩種原理的辯證法之上，亦即「可塑性原理」和「要求自動性原理」，每一項原理對個體自身而言，都是一種弔詭。連琛認為這種教育上的基本弔詭，是一種人類精神歷史的結果。來自邊納爾歸納盧梭、康德、洪保特、赫爾巴特和史萊爾瑪赫等自然主義錯誤的結論，深受基督宗教傳統的影響，從新約弔詭的特定敘述中獲得那些看法。連琛認為這種奠基在「規範人類學」（Normative Anthropologie）的教育行動，已經不適合後現代社會的需要。因為這些教育上的基本弔詭，從「歷史人類學」（Historische Anthropologie）、系統理論（Systemtheorie）和建構主義（Konstruktivismus）的觀點來看，已經成為多元的弔詭，無法用奠基在現代主義的普通教育學或啟蒙思想的系統教育學加以說明（Lenzen,

1996：170-176）。

十、從教育行動科學到常規的科學

　　在〈神話、隱喻和模擬〉一文中，連琛認為在教育科學中現代和後現代思想的關係依然尚無答案，對於向啟蒙時代回歸的教育科學來說，還沒有第二門學科像教育科學一樣尚未與哈伯瑪斯所謂的「現代計畫」（Projekt Moderne）相關聯。後現代理論的接受表達了教育科學中存在批判的威脅。假如採取後結構主義和後現代思想分析的觀點，可能對奠基於教育實際的教育理論建構在描寫關係上造成震撼。連琛在此文中，針對實在喪失和解構所產生後現代的不確定性加以探討，提出反目的論、反機械論和教育學終結的觀點，以尋求現代教育學可能的與不可能的解決途徑（Lenzen, 1987: 41-60）；並且在《行動與反思》（*Handlung und Reflexion*）一書中，反對康德傳遞下來，教育學必須是批判的，而人必須具有判斷力的要求。強調教育科學的概念必須建立在日常生活的基礎之上，並且轉換到一種適合的美學上，以建立個體感覺的能力，將教育視為一種自我組織的歷程（Lenzen, 1996：12-25）。從庫恩科學理論的觀點來看，連琛認為教育行動科學是一種革命科學。主張建立一種教育行動理論，給予教師教育任務和教育行動的指導。這是一種教師觀點的教育科學，強調教育是個體外在陶冶和塑造的活動，忽略個體內在具有自我創化、自我組織和自我教育的能力。因此，連琛主張教育科學應該成為一種常規科學，注重個體「反思性」（Reflexivität）和「參贊化育」（Methexis）能力的培養，使個體能夠經由教育自我形成，共同參與世界的演化。他主張教育科學有三項任務：(1)從基礎知識到原始對象人類本體發生學的提供和這種知識的接受。(2)有關危機和神話等教育相關知識和作為之反思知識的提供。(3)有關自我組織限制和自我限定機制之預防知識的提供（Lenzen, 1996: 191-207）。

第四節　綜合評價

　　根據個人對連琛相關文獻的分析，其反思教育科學具有下列幾項優點：

一、提出解決教育科學危機的方案

　　連琛認為教育科學的研究經由教育政策的公開性，帶到一個教育改革科學外在目的的時間點。導致理論的成熟無法達到，不足以完成教育學真正的目的，使教育科學的研究停留在探究科學的階段，這種現象是經由功能化的高度標準被標示出來的。教育科學的研究往往不具有帶來教育改革概念的能力，因為它缺乏一個理論建構的典範時期。如果要改善這種缺失，必須注重教育日常生活行動導向的探討，才不會將巨觀教育的影響奠基在行動結構的無知上，退回到微觀的層次去。注重教育基礎研究的進行，可以解決教育科學發展的危機。連琛強調日常生活導向如果想要引導教育學，具有進入基礎研究典範時期的機會，必須重新界定教育科學研究的對象。他指出教育科學的研究希望提供所有知識的問題解決策略必須改變，它對於父母、教師、施教者、學生和兒童，無法清楚的說明其行動的導向奠基於何種機制。因此，連琛主張典範時期教育基礎研究的任務，在於教育領域中日常生活行動導向的重建。這種注重日常生活導向的方案，確實可以解決部分教育科學發展的危機。

二、指出實踐導向教育理論的錯誤

　　連琛主張從李歐塔的觀點來看，政治實際節制了理論的原因，這些原因是在科學的語言遊戲中尋找的，最後也必須屬於批判理論。因為政治實際重要基本假設承載的知識的合法性要求，自身也是不合法的。最後，將使批判的社會科學毫無結果。「解放敘事」在知識自身實際合法性的要求下，為其帶來合法性喪失的原因。因此，這種方式是天真的。由於害怕不穩定的結果，統治者放棄解放處理的規劃，拒絕哈伯瑪斯所提政治的大學

教育類型。政治實踐概念的理論基礎是一種嫌惡的結果，這種嫌惡至少是學生出於無能的結果，一種心理能夠承擔奠基於否定批判的限制。過份誇張的表達是：解放敘事在其最後的顯現中，可能在全體當事人的心中，喪失其認知的相互關聯。如果教育科學的學習者，今天在學習中要求一種實踐的相關性，他們指的不是一種政治意義的實踐，而是使自己從教育科學實踐的供給中，朝向實踐的概念移動，並且承擔第二種宏偉敘事所有的標誌，這種敘事也就是在後現代社會禁止的「表現主義敘事」（performativistische Erzählung）。科學知識經由「表現性」（Performativität）和「可應用性」（Anwendbarkeit）建立合法性是社會的功能，但是在古典意義中卻是不合法的。連琛強調實踐取向的教育理論來自於生活的世界，奠基在「解放敘事」和「表現主義敘事」上，無法達成促進個體的解放，讓教育理論取得合法性，因此實踐導向的教育理論是錯誤的。這種觀點對於糾正教育理論的錯誤，指引教育科學未來的發展，具有重要的意義。

三、批判系統教育學觀點的一些弊端

連琛指出系統教育學承繼了啟蒙時期的意識型態的內容，混淆了符號與指謂，蒙蔽了實在的真相，使系統教育學忽略教育實際的探討，成為一種隱喻的研究和實在的模擬，在這種情況下，系統教育學不能成為理性的主體，而成為頑固的意象，因此無法觸及教育深層的實在，使得教育理論與教育實際分離。由於系統教育學混淆了符號與實在，注重虛擬實在的模擬與建構，使得系統教育學的理論產生模擬、幻象與幻覺，造成教育實際的喪失。精神科學教育學所謂的「教育實在」、存在本體論所謂的「在此存有的系統學」都成為一種虛擬實在。這種系統教育學的理論作為符號的整體，會使其參照的實在因而喪失。這種觀點可以提醒我們系統教育學的缺失，從後現代主義的立場出發，建立比較合理的教育理論。

四、提出教育美學以補充教育科學的不足

連琛主張經由庫恩，我們可以觀察藝術與教育學之間的關聯，從「技術」的意義而言，由於教育與藝術歷史的聯結，使得教育科學成為一種

「教育美學」（Erziehungsästhetik）。這種教育學與美學關係的歷史，幾乎總是被工具主義的化約，而將美學的理解置於人類教育施為的思想之下來進行。連琛在其反思教育科學中提出「參贊化育」（Methexis）的觀念，以批判系統教育學中教育的觀念和教育科學中科技理性宰制的偏頗。他主張「參贊化育」作為「世界的分享」（Teilhabe der Welt），在將教育相互理解的指導傾向生產觀點的作為上深具意義。它不在於人類的形成或可能性的創造，而是使自己去形成，以朝向較高的教育。這種自我形成的能力早就已經存在人類的機體中，這種本體生發不需要教育或陶冶的協助，這種觀點與本體生發的概念化作為自我組織歷程的看法是相容的。連琛相信教育是一種自我組織、自我宣稱和自我建構的活動。因此，連琛提出教育美學以補充教育科學的不足。

五、倡議反思性與參贊化育的教育理論

連琛在《行動與反思》一書中，反對康德傳遞下來，教育學必須是批判的，而人必須具有判斷力的要求。強調教育科學的概念必須建立在日常生活的基礎之上，並且轉換到一種適合的美學上，以建立個體感覺的能力，將教育視為一種自我組織的歷程。連琛主張建立一種教育行動理論，給予教師教育任務和教育行動的指導。這是一種教師觀點的教育科學，強調教育是個體外在陶冶和塑造的活動，忽略個體內在具有自我創化、自我組織和自我教育的能力。因此，連琛注重個體「反思性」（Reflexivität）和「參贊化育」（Methexis）能力的培養，使個體能夠經由教育自我形成，共同參與世界的演化，以批判系統教育學的缺失。

但是不可諱言的，連琛的反思教育科學也存在著下列幾個問題：

一、連琛主張本體發生的過程從另外一種方式去思考，將使其與教育的古老起源悖離，從其概念化作為教育的空間加以聯結之相互理解有所可能。一種這樣的變通方案與自我組織的概念，在人們稱為激進建構主義論辯的脈絡中被發現而提出來，連琛將其稱為認知理論或知識理論的建構主義，這些概念的基礎來自於神經生理學和神經生物學，並且與康德、皮爾斯和維根斯坦（Ludwig Wittgenstein, 1889-1951）的哲學觀念相關聯，

而且同化了皮亞傑的認知心理學和自我創化系統的模式（Lenzen, 1996: 151-152）。其實，這種說明並不完整，因為這種認知理論的建構主義除了受到前述學者的影響之外，還受到義大利哲學家維柯（Giovanni Battista Vico, 1668-1744）運作概念、尼采生命哲學、演化知識論和模控學的影響（馮朝霖，2000: 148-158）。

二、連琛主張教育科學的研究應該將具有鞏固目的，為了典範轉換的「日常生活的轉向」，在典範時期中加以接受。他認為教育科學的研究經由教育政策的公開性，帶到一個教育改革科學外在目的的時間點。導致理論的成熟無法達到，不足以完成教育學真正的目的，使教育科學的研究停留在探究科學的階段，這種現象是經由功能化的高度標準被標示出來的。教育科學的研究往往不具有帶來教育改革概念的能力，因為它缺乏一個理論建構的典範時期。如果要改善這種缺失，必須注重教育日常生活行動導向的探討，才不會將巨觀教育的影響奠基在行動結構的無知上，退回到微觀的層次去。其實，連琛的觀點過於武斷，因為在教育科學的演變中，存在著許多理論建構的典範。但是，這與教育科學的研究無法帶來教育改革的概念，根本沒有因果的關係存在，反而可能是外在的其他因素所造成的。因此，連琛的論述顯然不正確。

三、連琛指出如果依照庫恩（Thomas S. Kuhn, 1922-1996）《科學革命的結構》一書的說法，科學典範的轉移通常經過幾個階段。首先進入「探究階段」（explorative Phase），一門科學產生危機，先前的典範無法解決其問題，此時一個新的典範出現，尋求異例的解決。其次進入「典範時期」（paradigmatische Phase），在一般的問題解決活動明顯的說明之後，這個典範成為一門「常規科學」。然後進入「後典範時期」（postparadig-matische Phase），許多重要的問題都能經由新典範加以解決，直到新的異例出現，藉著這個典範的協助，仍然無法說明或解決該異例，此時科學會陷入危機。再度進入「探究階段」。連琛認為在教育科學研究的方法論危機中，1962年羅特（Heinrich Roth, 1906-1983）所倡導的「實在主義的轉向」（realistische Wendung）和1970年代「日常生活的轉向」，並不是一種持續的典範的轉換，意即庫恩的「科學典範學說」並不適用於說明或解釋

教育科學的發展。但是，連琛卻在其《行動與反思》一書中，採用庫恩科學典範轉移的概念來解釋教育科學的發展（Lenzen, 1996: 31-35），顯然有相互矛盾之處。

四、教育是施教者秉持著善意，通過內在啟發（Initiation）和外在陶冶（Bildung）的方式，進行各種教導與學習的活動，引導受教者朝向正向價值，使其產生自我創化，以獲得知識、情意和技能，並且形成健全人格的歷程（梁福鎮，1999：180）。連琛主張教育是一種自我教育和自我組織的歷程，其實只說明了教育部分的性質，忽略了施教者對受教者內在啟發和外在陶冶的重要性，完全從受教者自我組織理論的觀點出發，這種觀點顯然有所偏頗，無法掌握住教育活動真正的涵義。

五、連琛主張系統教育學承繼了啟蒙時期的意識型態的內容，混淆了符號與指謂，蒙蔽了實在的真相，使系統教育學忽略教育實際的探討，成為一種隱喻的研究和實在的模擬，在這種情況下，系統教育學不能成為理性的主體，而成為頑固的意象，因此無法觸及教育深層的實在，使得教育理論與教育實際分離。其實，連琛這種對系統教育學的指控，顯示反思教育科學可以完全取代系統教育學的典範，這和他主張「科學典範學說」並不適用於說明或解釋教育科學發展的觀點相互矛盾。同時，就算反思教育科學能夠成為一種典範，恐怕也只能補充系統教育學的不足，而無法完全取代其教育論述，因為庫恩的科學典範也沒有完全取代先前典範的能力。意即連琛應該在系統教育學與反思教育科學、教育科學與教育美學、現代主義與後現代主義、自我創化與外在陶冶之間尋求辯證的綜合，克服各種教育科學取向的對立，以有效解決教育實際的問題。

第五節　重要啟示

根據個人對連琛相關文獻的分析，其反思教育科學對我國的教育學術具有下列幾項重要的啟示：

一、注重教育的基礎研究

我國教育學術的發展向來偏重應用研究，不僅設立許多研究機構，而且給予較多經費的補助。但是，比較忽略理論基礎的研究，不僅設立的研究機構不足，而且研究經費的補助較少，導致教育學術研究扭曲的發展，造成我國教育理論基礎研究不盛，因此必須大量引進外國理論，影響我國教育學術的獨立自主，淪為先進國家學術殖民的場所。連琛主張加強教育的基礎研究，這種觀點可以提供我國作為參考，以解決教育偏重應用研究，忽略基礎研究的問題，改善我國教育學術淪為殖民地位的缺失。

二、後設敘事的批判反思

我國教育學術中依然存在著「解放敘事」注重理性中心和「表現主義敘事」崇尚自然科學霸權的問題，這種「解放敘事」奠基在現代主義的哲學上，以理性中心的觀點來思維，自身就是一種意識型態，會阻礙人類真正的自由與解放，因此最終無法達成幫助人類解放的理想。而「表現主義敘事」則奠基在自然科學霸權的觀念上，強迫人文科學和社會科學接受其「可表現性」和「可應用性」的標準，以此標準宰制學術地位和資源分配，違反「不可共量性」（incommensurability）的原則，造成我國教育學術偏頗的發展。連琛的觀點可以提供我國作為參考，才能改變重視自然科學，忽略人文科學和社會科學的弊端，使我國的教育學術健全的發展。

三、教育理論方向的改變

我國學校教育比較重視科學理性的教育，忽略美學直觀的教育。停留在古典教育理論的實踐，未能與當前的教育現場結合，導致教育理論與教育實踐的分離，影響教育人員對於教育理論的信心。連琛指出系統教育學的理論停留在啟蒙運動時期，許多見解已經悖離當前教育的實際，教育理論的建構應該重新思考，改從後現代的教育實際出發，才能有效的解決教育問題。而且連琛反思西方數百年來的教育，看到教育科學的不足，造成生態破壞和人類毀滅的危機，主張教育科學必須轉向教育美學發展，才能

增進學生自我創化的能力，具備教育風險的知識，共同分享世界與大自然和諧相處，成為具有反思性和參贊化育觀念的人，以解決當前人類所面臨的危機。

　　總而言之，連琛深受李歐塔後現代主義、傅柯權力關係哲學、盧曼社會系統理論、羅逖新實用主義、布希亞擬像遊戲論、布魯門貝爾格哲學和衛爾希後現代主義的影響，提出反思教育科學的理論，針對教育科學的危機提出解決方案，指出實踐導向教育理論的錯誤，批判系統教育學觀點的弊端，主張以教育美學補充教育科學的不足，倡議反思性與參贊化育的教育理論，但是其反思教育科學也存在著忽略建構主義受到維柯運作概念、尼采生命哲學、演化知識論和模控學的影響，連琛武斷的認為教育科學的研究往往不具有帶來教育改革概念的能力，因為它缺乏一個理論建構的典範時期。他反對將應用庫恩科學典範轉移的觀點來解釋教育科學的演變，可是其後又採用庫恩科學典範轉移的概念來解釋教育科學的發展，顯然前後觀點有相互矛盾之處。而且過度強調教育是一種自我教育和自我組織的歷程，高估反思教育科學可以完全取代系統教育學，忽略了施教者對受教者內在啟發和外在陶冶的重要性，完全從受教者自我組織理論的觀點出發，這種觀點顯然有所偏頗，無法掌握住教育活動真正的涵義。儘管如此，連琛的反思教育科學仍然有許多優點，可以提供我國作為建立教育理論和解決教育問題的參考，相當值得我們加以重視。

參考文獻

王鳳喈（1945）。**中國教育史**。上海市：國立編譯館。

王秋絨（1990），**佛雷勒批判的成人教學模式研究**。國立臺灣師範大學教育研究所博士論文。臺北市（尚未出版）。

方永泉（2003）。佛雷勒與受壓迫者教育學。載於Paulo Freire著，方永泉譯。**受壓迫者教育學**（頁39-65）。臺北市：巨流。

田培林（1956）。**教育史**。臺北市：正中。

伍振鷟（1982）。**中國大學教育發展史**。臺北市：三民。

李奉儒（2003）。P. Freire 的批判教學論對於教師實踐教育改革的啟示。**教育研究集刊**，49(3)，1-30。

李奉儒（2004a）。閱讀Paulo Freire：批判教學論的發軔與理論。**教育研究月刊**，121，22-35。

李奉儒（2004b）。**教育哲學——分析取向**。臺北市：揚智。

余書麟（1960）。**中國教育史**。臺北市：臺灣師大。

呂罡（2000）。**演化論大剖析**。2005年11月13日取自網址：http://tw.knowledge.yahoo.com/question/?qid=1105042907070

吳村山（譯），石上玄一郎（著）（1997）。**輪迴與轉生－死後世界的探究**。臺北市：東大。

吳宗立（1993）。赫爾巴特教育學說之教育倫理涵義研究。**臺灣教育**，514，35-39。

吳家瑩（2008）。**校長如何實踐其治校理念：蔡元培的經驗**。臺北市：學富。

吳清山、林天佑（2000）。教育名詞：人權教育。**教育資料與研究**。37，99。

林玉体（1997）。**西洋教育史**。臺北市：文景。

林政華（1995）。審美教育的理論與實踐。**藝術學報**，56，215-226。

林建福（2001）。師生關係。載於林建福。**教育哲學——情緒層面的特殊觀照**（頁157-183）。臺北市：五南。

林逢祺（1998）。美育與人生。載於伍振鷟、林逢祺、黃坤錦、蘇永明合著。教育哲學（頁375-394）。臺北市：五南。

周愚文（1996）。宋代的州縣學。臺北市：國立編譯館。

周愚文（2000）。美國教育史學發展初探（1842-1999）。國立編譯館館刊，29(2)，229-267。

周愚文（2001）。中國教育史綱。臺北市：正中。

周愚文（2003）。近五十年我國教育史學門研究之探討：1949-2002。師大學報（教育類），48(1)，1-14。

宣誠（譯）（1980）。華陀夫實驗學校之父－魯道夫・史坦納傳。臺北市：國立編譯館。

高廣孚（1992）。西洋教育思想。臺北市：五南。

高廣孚（1995）。教育哲學。臺北市：五南。

徐宗林（1983）。西洋教育思想史。臺北市：文景。

徐宗林（1991）。西洋教育史。臺北市：五南。

黃光雄（1998）。西洋教育思想史研究。臺北市：師大書苑。

黃炳煌（1996）。教育與訓練。載於黃炳煌。教育改革—理念、策略與措施（頁75-82）。臺北市：心理。

秦夢群（1995）。渾沌理論在教育行政上之應用。教育與心理研究，18，83-102。

張凌、張鐘合著（1988）。十八—十九世紀德國美學論稿。北京市：北京大學。

梁福鎮（1999）。普通教育學。臺北市：師大書苑。

梁福鎮（2000）。詮釋學方法及其在教育研究上的應用。載於國立中正大學教育學研究所主編。質的研究方法（頁221-238）。高雄市：麗文。

梁福鎮（2001）。審美教育學：審美教育起源、演變與內涵的探究。臺北市：五南。

梁福鎮（2004）。改革教育學—起源、內涵與問題的探究。臺北市：五南。

梁福鎮（2006）。教育哲學：辯證取向。臺北市：五南。

梁福鎮（2007）。歐克斯教育倫理學之探究。當代教育研究，15(3)，

115-143。

梁福鎮（2009）。**普通教育學：人物與思想**。臺北市：師大書苑。

邱兆偉（2003）。建構主義的教育哲學。載於邱兆偉主編。**當代教育哲學**（頁163-207）。臺北市：師大書苑。

傅木龍（2001）。啟航與前瞻—人權教育之契機與發展。**學生輔導**，73，6-19。

彭煥勝（2009a）。近60年來臺灣教育史學發展的回顧與省思。**教育科學研究期刊**，**54**(1)，1-21。

彭煥勝（2009b）。**臺灣教育史**。高雄市：麗文。

彭煥勝（2011）。**巴納德的教育領導：以美國的公共學校爲例**（1838-1870）。高雄市：復文。

賈馥茗（1999）。**人格教育學**。臺北市：五南。

賈馥茗（2004）。**教育倫理學**。臺北市：五南。

馮契主編（1992）。**哲學大辭典**。上海市：辭典出版社。

馮朝霖（1993）。德國教育哲史科目教學與研究之探討。**教育與心理研究**，**16**，145-174。

馮朝霖（1994）。自我創化與教育—自我組織理論之教育學義涵初探。**教育與心理研究**，17，263-282。

馮朝霖（1999）。啟蒙、團體與責任—論教師組織之實踐理性。**教育研究**，**66**，76-85。

馮朝霖（2000）。**教育哲學專論—主體、情性與創化**。臺北市：元照。

馮朝霖（2002）。橫繫理性與網化思維。**通識教育季刊**，9(4)，239-258。

馮朝霖（2006）。為誰辛苦為誰忙？論教育學術發展策略與理論本土化，**研習資訊**，23(6)，33-37。

楊思偉（1996）。**當代比較教育研究的趨勢**。臺北市：師大書苑。

楊深坑（1988a）。**柏拉圖美育思想研究**。臺北市：水牛。

楊深坑（1988b）。**理論、詮釋與實踐**。臺北市：師大書苑。

楊深坑（1988c）。意識型態批判與教育學研究。載於陳伯璋編著。**意識型態與教育**（頁9-63）。臺北市：師大書苑。

楊深坑（1996）。序。載於中華民國比較教育學會（主編）。《教育改革——從傳統到後現代（頁1-2）。臺北市：師大書苑。

楊深坑（2002）。科學理論與教育學發展。臺北市：心理。

楊國賜（2001）。強化人權教育培育一流國民。臺灣教育，611，2-7。

潘慧玲（主編）（2005）。教育改革：法令、制度與領導。臺北市：心理。

葉坤靈（2006）。赫爾巴特—教育科學化的推動者。載於賈馥茗、林逢祺、洪仁進、葉坤靈編著。中西重要思想家（頁209-227）。臺北市：空大。

詹棟樑（1989）。赫爾巴特教育思想之研究。臺北市：水牛。

詹棟樑（1991）。各國社會教育運動。臺北市：五南。

詹棟樑（1995）。現代教育思潮。臺北市：五南。

詹棟樑（1996）。教育倫理學。臺北市：明文。

詹棟樑（1997）。教育人類學。臺北市：五南。

詹棟樑（1999）。教育哲學。臺北市：五南。

歐陽教（1973）。教育哲學導論。臺北市：文景。

歐陽教（1986）。德育原理。臺北市：文景。

郭實渝（2000）。現代科技在教學上之應用與生態教育理念之推動產生的兩難。歐美研究，30(2)，112-144。

陳伯璋（1988）。意識型態與教育—教育研究的另一面向。載於陳伯璋編著。意識型態與教育（頁1-8）。臺北市：師大書苑。

陳青之（1964）。中國教育史。臺北市：商務印書館。

簡成熙（2004）。教育哲學：理念、專題與實務。臺北市：高等教育。

簡成熙（2006）。基層教師對教育理論本土化應有的體認，研習資訊，23(6)，39-44。

滕春興（2009）。西洋教育史：中世紀及其過度世代。臺北市：心理。

鄧麗君、廖玉儀（譯）（1996）。Frans Carlgren（著）。邁向自由的教育—全球華德福教育報告書。臺北市：光佑文化。

蔣徑三（1934）。西洋教育思想史。上海：商務印書館。

謝文全（2005）。教育行政學。臺北市：高等教育。

蘇永明（1997）。郭耳保道德認知發展理論評析。載於簡成熙主編。哲學和

教育（頁175-196）。高雄：復文。

蘇永明（2006）。**主體的爭議與教育**。臺北市：心理。

Adorno, T. W. (1970). *These zur Kunstsoziologie*. In: *Ohne Leitbild-parva aesthetica.* .Frankfurt/M.: Suhrkamp Verlag.

Adorno, T. W. & Horkheimer, M. (1990). *Dialektik der Aufklärung*. In: ders.: Gesammelte Schriften. Bd. 3. Frankfurt/M. :Suhrkamp Verlag.

Adorno, T. W. (1996a). *Ästhetische Theorie*.In ders: Gesammelte Schriften 7.Frankfurt/M.:Suhrkamp Verlag.

Adorno, T. W. (1996b). *Philosophie der neuen Musik*.In ders: Gesammelte Schriften 12.Frankfurt/M.:Suhrkamp Verlag.

Apel, K.-O. (1973). *Transformation der Philosophie*. Band II. Frankfurt/M.: Suhrkamp Verlag.

Aristotle (1984). *The Complete Works of Aristotle*. Edited by John Barnes. New Jersey: Princeton University Press.

Ball, S. J. (1994). *Education reform: a critical and post-structural approach*. Philadelphia : Open University Press.

Ballauff, T. (1966). *Philosophische Begründungen der Pädagogik*. Die Frage nach Ursprung und Maß der Bildung. Berlin: Duncker & Humblot Verlag.

Ballauff, T. (1969). *Pädagogik. Eine Geschichte der Erziehung und Bildung*. Freiburg : Alber Verlag.

Ballauff, T. (1970). *Systematische Pädagogik*. 3. Auflage. Heidelberg: Quelle & Meyer Verlag.

Ballauff, T. (1979). Pädagogik der selbstlosen Verantwortung der Wahrheit oder Bildung als " Revolution der Denkungsart". In Schaller, K. (Hrsg.). *Erziehungswissenschaft der Gegenwart* (8-27). Bochum: Kamp Verlag.

Ballauff, T. (1985). *Lehrer seine inst und jetzt. Auf der Suche nach dem verlorenen Lehrer*. Essen: Neue Deutsche Schule Verlag.

Ballauff, T. & Schaller, K. (1972). *Pädagogik : eine Geschichte der Bildung und Erziehung*. Freiburg: Alber Verlag.

Bellmann, J., Böhm, W., Borrelli, M., Brüggen, F., Heid, H., Heitger, M., u. a. (Hrsg.). (2006). *Perspektiven allgemeiner Pädagogik: Dietrich Benner zum 65. Geburtstag.* Weinheim, Deutschland: Beltz Verlag.

Benner, D. (1966). *Theorie und Praxis. Systemtheoretische Betrachtungen zu Hegel und Marx.* Wien: R. Oldenbourg Verlag.

Benner, D. (1973). *Hauptströmungen der Erziehungswissenschaft.* München: List Verlag.

Benner, D. (1986). *Die Pädagogik Herbarts.* München: Juventa Verlag.

Benner, D. (1987). *Allgemiene Pädagogik.* München: Juventa Verlag.

Benner, D. (1990). *Wilhelm von Humboldts Bildungstheorie.* München: Juventa Verlag.

Benner, D. (1991). *Hauptströmungen der Erziehungswissenschaft.* Weinheim:Beltz Verlag.

Benner, D. (1993). *Die Pädagogik Herbarts.* 2. überarbeitete Auflage. München: Juventa Verlag.

Benner, D. (1994). *Studien zur Theorie der Erziehungswissenschaft.* München: Juventa Verlag.

Benner, D. (1995a). Ansätze systematischer Pädagogik. In: Lenzen, D. (Hrsg.). *Pädagogische Grundbegriffe.* Bd.2 (1231-1246). Hamburg: Rowohlt Verlag.

Benner, D. (1995b). *Studien zur Theorie der Erziehung und Bildung.* München: Juventa Verlag.

Benner, D. (1998a). Systematische Pädagogik und historische Rekonstruktion. In Brinkmann, W. & Petersen, J. (Hrsg.). *Theorien und Modelle der Allgemeinen Pädagogik* (117-136). Donauwörth: Auer Verlag.

Benner, D. (1998b). *Pädagogik und Kritik.Überlegungen zu einem problematischen Verhältnis und zur Abgrenzung unterschiedlicher Ansätze kritischer Erziehungswissenschaft.* Vortrag an der Universität Shanghai in April. Shanghai.1-30.

Benner, D. (Hrsg.) (1999a). *Bildung und Kritik.* Weinheim: Deutscher Studien Verlag.

Benner, D. (1999b). Der Begriff moderner Kindheit und Erziehung bei Rousseau, im Philanthropismus und in der deutschen Klassik. *Zeitschrift für Pädagogik*, 45(1), 1-18.

Benner, D. (2001a). *Hauptströmungen der Erziehungswissenschaft*. (4. Auflage) Weinheim: Beltz Verlag.

Benner, D. (2001b). *Allgemiene Pädagogik*. (4 Auflage). München: Juventa Verlag.

Benner, D. (2011). *Geschichte der Pädagogik*. Stuttgart: Philipp Reclam jun.

Benner, D, & Göstemeyer, K.-F. (1987). Postmoderne Pädagogik: Analyse oder Affirmation eines gesellschaftlichen Wandels. *Zeitschrift für Pädagogik*, 33(1), 61-82.

Benner, D., & Kemper, H. (2001). *Theorie und Geschichte der Reformpädagogik. Teil 1: Die pädagogische Bewegung von der Aufklärung bis zum Neuhumanismus* .Weinheim: Deutscher Studien Verlag.

Benner, D., & Kemper, H. (2002). *Theorie und Geschichte der Reformpädagogik. Teil 2: Die pädagogische Bewegung von der Jahrhundertwende bis zum Ende der Weimarer Republik*. Weinheim: Deutscher Studien Verlag.

Benner, D., & Kemper, H. (2004). *Theorie und Geschichte der Reformpädagogik. Teil 3.1: Staatliche Schulreform und Schulversuche in SBZ und DDR*. Weinheim: Deutscher Studien Verlag.

Benner, D., & Kemper, H. (2007). *Theorie und Geschichte der Reformpädagogik. Teil 3.2: Staatliche Schulreform und Schulversuche in den westlichen Besatzungszonen und der BRD*. Weinheim: Deutscher Studien Verlag.

Benner, D. & Schmied-Kowarzik, W. (1967). *Prolegomena zur Grundlegung der Pädagogik I. Herbarts praktische Philosophie und Pädagogik*. Wuppertal: Henn Verlag.

Benner, D. & Schmied-Kowarzik, W. (1969). *Prolegomena zur Grundlegung der Pädagogik.II .Die Pädagogik der frühen Fichteaner und Hönigwalds*. Wuppertal: Henn Verlag.

Best, S. & Kellner, D. (1991). *Postmodern Theory: Critical Interrogations*. New York: The Guilford Press.

Blankertz, H. (1982). *Die Geschichte der Pädagogik*. Wetzlar: Büchse der Pandora Verlag.

Böhm, W. (1985). *Theorie und Praxis. Eine Erörterung der pädagogischen Grundproblems*. Würzburg: Verlag Dr. Johannes Königshausen + Dr. Thomas Neumann.

Böhm, W. (1997). *Entwürfe zu einer Pädagogik der Person*. Bad Heilbrunn: Verlag Julius Klinkhardt.

Böhm, W. (2000). *Wörterbuch der Pädagogik*. Stuttgart: Alfred Kröner Verlag.

Böhm, W. (2010). *Geschichte der Pädagogik. von Platon bis zur Gegenwart*. München: Beck Verlag.

Borrelli, M. (Hrsg.) (1993). *Deutsche Gegenwartspädagogik*. Band I. Baltmannsweiler: Schneider Verlag.

Borrelli, M. & Ruhloff, J. (Hrsg.) (1996). *Deutsche Gegenwartspädagogik*. Band II. Baltmannsweiler: Schneider Verlag.

Brezinka, W. (1978). *Metatheorie der Erziehung*. München: Reinhardt Verlag.

Brinkmann, W. & Petersen, J. (Hrsg.) (1998). *Theorien und Modelle der Allgemeinen Pädagogik*. Donauwörth: Auer Verlag.

Brüggen, F. (2006). Regulative Hermeneutik. In J. Bellmann, W. Böhm, M.Borrelli, F. Brüggen, H. Heid, M. Heitger u.a. (Hrsg.). *Perspektiven Allgemeiner Pädagogik. Dietrich Benner zum 65. Geburtstag* (S.11-21). Weinheim, Deutschland: Beltz Verlag.

Brugger, W. (1978). *Philosophisches Wörterbuch*. Freiburg: Herder Verlag.

Buber, M. (1956). *Reden über Erziehung*. Heidelberg: Schneider Verlag.

Buber, M. (1973). *Das dialogische Prinzip*. Heidelberg: Schneider Verlag.

Buber, M. (1997). *Ich und Du*. 13. Auflage. Heidelberg: Lambert Schneider Verlag.

Casale, R., & Horlacher, R. (Hrsg.) (2007). *Bildung und Öffentlichkeit. Jürgen Oelkers zum 60. Geburtstag*. Weinheim: Beltz Verlag.

Cloer, E. (1992). Veränderte Kindheitsbedingung-Wandel der Kinderkultur. *Die Deutsche Schule*, 84(1) , 10-27.

Comenius, J. A. (1954). *Große Didaktik*. In neuer Übers. hrsg. von Andreas Flitner. Düsseldorf: Küpper Verlag.

Danner, H. (1994). *Methoden geisteswissenschaftlicher Pädagogik*. München: UTB Verlag.

Darwin, C. (2003). *The Origin Of Species*. New York: Penguin Books Ltd..

Davidson, E. A. (2001). *You Can't Eat Gnp: Economics As If Ecology Mattered*. New York: Basic Books.

Derbolav, J. (1969). Das Selbstverständnis der Erziehungswissenschaft. In Oppolzer, S. (Hrsg.). *Denkformen und Forschungsmethoden der Erziehungswissenschaft*.Bd.1 (119-158). München: Ehrenwirth Verlag.

Derbolav, J. (1987). Die Bildungstheoretischen Grundlagen der Gesamtpädagogik. In J. Derbolav (Hrsg.). *Grundriß einer Gesamtpädagogik* (13-32). Frankfurt/M.: Diesterweg Verlag.

Derbolav, J. (Hrsg.) (1987). *Grundriß einer Gesamtpädagogik*. Frankfurt/M.: Diesterweg Verlag.

Dewey, J. (1916). *Democrecy and Education*. New York: The Macmillan Company.

Dewey, J. (2000). *Demokratie und Erziehung*. Übersetzen von Jürgen Oelkers. Weinheim: Beltz Verlag.

Dilthey, W. (1990). Einführung in die Geisteswissenschaften. In W. Dilthey: *Gesammelte Schriften*. Band I. Stuttgart: Teubner Verlag.

Dilthey, W. (1991). Die Jugendgeschichte Hegels. In ders: *Gesammelte Schriften*. Bd. XV. Stuttgart: Teubner Verlag.

Doehring, K. (1999). *Völkerrecht. Ein Lehrbuch*. Heidelberg: Müller, C. F., Verlag.

Durkheim, E. (1956). *Education and Sociology*. London: Collier-Macmillan Limited.

Eisner, E. W. (1972). *Educating Artistic Vision*, New York: Macmillian Publishing

Company.

Fink, E. (1970). *Erziehungswissenschaft und Lebenslehre*. Freiburg: Karl Alber Verlag.

Fink, E. (1979). *Grundphänomene des menschlichen Daseins*. Freiburg: Karl Alber Verlag

Fink, E. (1987). *Existenz und Coexistenz: Grundprobleme der menschlichen Gemeinschaft*.Herausgegeben von Franz-A. Schwarz. Würzburg: Königshausen + Neumann.

Flitner, A. (1996). *Reform der Erziehung. Impulse des 20. Jahrhunderts*. München: Piper Verlag.

Foucault, M. (1977). *Language, Counter-Memory, Practice*. Ithaca: Cornell University Press.

Foucault, M. (1979). *Discipline and Punish*. New York: Vintage Books.

Foucault, M. (1980). *The History of Sexuality*. New York: Vintage Books.

Freire, P. (1970). *Pedagogy of the oppressed*. London: Penguin.

Freire, P. (1973). *Education for critical consciousness*. New York: Continum.

Freire, P. (1985). *The politics of education: culture, power and liberation*. South Hadley. M. A.: Bergin & Garvey.

Fuhr, T. (1998). *Ethik des Erziehens. Pädagogische Handlungsethik und ihre Grundlegung in der elterlichen Erziehung*. Weinheim: Deutscher Studien Verlag.

Gamm, H.-J. (1988). *Pädagogische Ethik. Versuche zur Analyse der erzieherischen Verhältnisse*. Weinheim: Deutscher Studien Verlag.

Gängler, H. (1988). Rezension zu Dietrich Benners Allgemeine Pädagogik. *Sozialwissenschaftliche Literaturrundschau*, 11(16), 61-64.

Gerhardt, V. (1995). *Friedrich Nietzsche*. München: C. H. Beck Verlag.

Gilligan, C. (1982). *In a different voice*. Cambridge: Harvard University Press.

Girmes-Stein, R. (1981). Grundlagen einer handlungsorientierten Wissenschaft von der Erziehung. Zur Thematisierung des Theorie-Praxis-Verhältnisses bei Erich

Weniger. *Zeitschrift für Pädagogik*, 27(1), 39-51.

Göstemeyer, K.-F. (1993). Pädagogik nach der Moderne? *Zeitschrift für Päda-gogik*, 39, 857-870.

Goethe, J. W. v. (1966). *Werke. Bd. 6. Vermischte Schriften.* Frankfurt/M.: Insel Verlag.

Griffths, D. E., Hart, A. W., & Blair, B. G. (1991). Still another approach to admin-istration: chaos theory. *Educational Administration Quarterly*, 27(3), 430-451.

Grünewald,D., Kirchner,C., Kirschenmann,J., Schulz, F., Wichelhaus, B. (1999). Mit-Denken-Gunter Otto zum Gedenken. *Kunst+Unterricht*, 230/231, 4-5.

Habermas, J. (1981a). *Theorie des kommunikativen Handelns.* Band1. Frankfurt/M.: Suhrkamp Verlag.

Habermas, J. (1981b). *Theorie des kommunikativen Handelns.* Band2. Frankfurt/M.: Suhrkamp Verlag.

Habermas, J. (1991). *Erläuterungen zur Diskursethik.* Frankfurt/M.: Suhrkamp Verlag.

Habermas, J. (2001). *Moralbewußtsein und kommunikatives Handeln.* Frankfurt/M.: Suhrkamp Verlag.

Hayles, N. K. (1990). *Chaos bund: Orderly disorder in contemporary literature and science.* Ithaca, New York: Co nell University Press.

Hegel, G.F.W. (1995). *Grundlinien der Philosophie des Rechts.* Hamburg: Meiner Verlag.

Heidegger, M. (1993). *Sein und Zeit.* Tübingen:Max Niemeyer Verlag.

Heimann, P. (1947). Die pädagogische Situation als psychologische Aufgabe. *Un-terrichtswissenschaft*, 1, 62-82.

Heimann, P. (1960). *Der Unterricht. Der Einfluss der gewandelten Welt auf den Unterricht.*In: *Handbuch fur Lehrer.* Bd.1. Herausgegeben von Walter Hor-ney/Paul Merkel/Friedrich Wolff. Gütersloh: Bertelsmann Verlag.

Heimann, P. (1976). *Didaktik als Theorie und Lehre.* In: Reich, K.& Thomas, H. (Hrsg.). *Didaktik als Unterrichtswissenschaft.* Stuttgart:Klett-Cotta Verlag.

Hellekamps, S. (1991). *Erziehender Unterricht und Didaktik*. Weinheim: Deutscher Studien Verlag.

Helmer, K. (1977). *Über Möglichkeiten und Grenzen der Erziehung.Eine Untersuchung zur Philosophie und Pädagogik Arthur Schopenhauers*. Rheinstetten: Schindele Verlag.

Herbart, J. F. (1804/1986).Über die ästhetische Darstellung der Welt als das Hauptgeschäft der Erziehung. In: Benner, D. & Schmied-Kowarzik, W. (Hrsg.). *Johann Friedrich Herbart: Systematische Pädagogik*. (59-70). Stuttgart:Ernst Klett Verlag.

Herbart, J. F. (1806/1989). Allgemeine Pädagogik aus dem Zweck der Erziehung abgeleitet. In Kehrbach, K. & Flügel, O. (Hrsg.). *Johann Friedrich Herbart Sämtliche Werke*. Band 2. (1-139). Aalen: Scientia Verlag.

Herbart, J. F. (1831/1989). Kurze Encyklopädie der Philosophie. In Kehrbach, K. & Flügel, O. (Hrsg.). *Johann Friedrich Herbart Sämtliche Werke*. Band 9. (17-338). Aalen: Scientia Verlag.

Herbart, J. F. (1841/1989). Umriss pädagogischer Vorlesungen. In Kehrbach, K. & Flügel, O. (Hrsg.). *Johann Friedrich Herbart Sämtliche Werke*. Band 10. (65-196). Aalen: Scientia Verlag.

Herbart, F. J. (1986). *Allgemeine Pädagogik aus dem Zweck der Erziehung abgeleitet*. In: Benner, D. & Schmied-Kowarzik, W. (Hrsg.). *Systematische Pädagogik(71-191)*. Stuttgart:Ernst Klett Verlag.

Herbart, J. F. (1991). *Sämtliche Werke*. 12 Bände. Herausgegeben von Gustav Hartenstein. München: Mikrofiches Verlag.

Hessen, J. (1973). *Wertphilosophie*. Paderborn: Fedinand Schöningh Verlag.

Hirst, P. (Ed.) (1983). *Educational theory and its foundation disciplines*. London: RKP.

Humboldt, W. v. (1809b). Gutachten über die Organisation der Ober-Examinations-Kommission. In ders.: *Werke*. Band IV: *Schriften zur Politik und zum Bildungswesen* (77-89). Stuttgart: Klett-Cotta Verlag.

Humboldt, W. v. (1809d). Der Königsberger und der Litauische Schulplan. In ders: *Werke*. Band IV*: Schriften zur Politik und zum Bildungswesen*(168-195). Stuttgart: Klett-Cotta Verlag.

Huschke-Rhein, R. (2003). *Einführung in die systemische und konstruktivistische Pädagogik*. Weinheim: Beltz Verlag.

Jonas, H. (1979). *Das Prinzip Verantwortung: Versuch einer Ethik für die technologische Zivilisation*. Frankfurt/M.: Insel Verlag.

Kaiser, A. (1976). Praxeologie: Integrationstheorie der Gesellschaft-Zwangstheorie der Politik. In: Derbolav, J. (Hrsg.). *Kritik und Metakritik der Praxeologie, im besonderen der politischen Strukturtheorie(64-68)*. Kastellaun: Henn Verlag.

Kant, I. (1968). *Werke in 9 Bänden*. Berlin: de Gruyter Verlag.

Kant, I. (1982). Vorlesung über Pädagogik. In T. Rutt (Hrsg.) (1982). *Ausgewählte Schriften zur Pädagogik und ihrer Begründung* (S.7-59). Paderborn: Schöningh Verlag.

Kant, I. (1990a). *Kritik der reinen Vernunft*. Hamburg: Meiner Verlag.

Kant, I. (1990b). *Kritik der praktischen Vernunft*. Hamburg: Meiner Verlag.

Kant, I. (1994). *Grundlegung zur Metaphysik der Sitten*. Hamburg: Meiner Verlag.

Kerbs, D. (1968). Ästhetische und politische Erziehung. *Kunst und Unterricht*, 1, 28-31.

Kohlberg, L. (1981). *The Philosophy of Moral Development*. New York: Harper & Row Publishers.

Kohlberg, L. (1984). *The Psychology of Moral Development*. New York: Harper & Row Publishers.

Koinzer, T. (2009). Jürgen Oelkers, Dewey und die Pädagogik, Weinheim [u.a.], Beltz, 2009, 347 S., ISBN 978-3-407-85886-3. [Rezension]. *Erziehungswissenschaftliche Revue (EWR), 8*, 6.

Konersmann, R. (1991). *Erstarrte Unruhe. Walter Benjamins Begriff der Geschichte*. Franfurt/Main: Fischer Taschenbuch Verlag.

Krüger, H.-H. (1994). Allgemeine Pädagogik auf dem Rückzug? In Krüger, H.-H.

& Rauschenbach, T. (Hrsg.). *Erziehungswissenschaft. Die Disziplin am Be-ginn einer neuen Epoche*(115-130). Weinheim: Beltz Verlag.

Krüger, H.-H. (2009). *Einführung in Theorien und Methoden der Erziehungswis-senschaft*(5. Auflage). Opladen: Verlag Barbara Budrich.

Kuhn, T. S. (1996). *The structure of scientific revolutions*. Chicago: University of Chicago Press.

Land Berlin (2009). *Verordnung über die Ersten Staatsprüfungen für die Lehräm-ter*. Retrieved 14. March 2009 from http://www.berlin.de/ imperia/md/con-tent/ sen-bildung/rechtsvorschriften/1lpo.pdf

Langewand, A.(1990). Von der Erziehungskunst zur Erziehungswissenschaft. In: Lenzen,D. (Hrsg.). *Kunst und Pädagogik (18-27)*. Darmstadt: Wissenschaftli-che Buchgesellschaft.

Lenhart, V. (2002). Analyse von Unterrichtsmaterialien der Menschenrechtsbil-dung. *International Review of Education*, Vol. 48, No.3-4, 199-216.

Lenhart, V. (2003). *Pädagogik der Menschenrechte*. Opladen: Leske + Budrich.

Lenzen, D. (1987). Mythos, Metapher und Simulation: Zu den Aussichten Sys-tematischer Pädagogik in der Postmoderne. *Zeitschrift für Pädagogik*, 33(1), 41-60.

Lenzen, D. (Hrsg.) (1990a). *Kunst und Pädagogik*. Darmstadt.: Wissenschaftliche Buchgesellschaft.

Lenzen, D. (1990b). Das Verschwinden der Erwachsennen: Kindheit als Er-lösung. In: Kamper, D. & Wulf, C. (Hrsg.). *Rückblick auf das Ende der Welt(126-137)*. München: Boehr Verlag.

Lenzen, D. (Hrsg.) (1994). *Pädagogische Grundbegriffe*. 2 Bände. Hamburg: Ro-wohlt Verlag.

Lenzen, D. (1995a). Pädagogik-Erziehungswissenschaft. In Lenzen, D. (Hrsg.). *Pädagogische Grundbegriffe*. Band 2 (1105-1117). Hamburg: Rowohlt Ver-lag.

Lenzen, D. (Hrsg.) (1995b). *Erziehungswissenschaft*. Hamburg: Rowohlt Verlag.

Lenzen, D. (1996). *Handlung und Reflexion. Vom pädagogischen Theoriedefizit zur Reflexiven Erziehungswissenschaft*. Weinheim: Beltz Verlag.

Lenzen, D. (2001). Dreißig Jahre Benner. Eine bibliometrische Analyse der Rezeption von Schriften Dietrich Benners in der Zeitschrift für Pädagogik von 1970 bis 2000. In S. Hellekamps, O. Kos, & H. Sladek (Hrsg.)(2001). *Bildung, Wissenschaft, Kritik. Festschrift für Dietrich Benner zum 60. Geburtstag* (S. 254-276). Weinheim: Beltz Verlag.

Lévinas, E. (1987). Totalität und Unendlichkeit : Versuch über die Exteriorität. Freiburg: Alber Verlag.

Lévinas, E. (1991). *Entre Nous: On thinking-of-the-other* (trans. By M. B. Smith and B. Harshav). London: The Athlone Press.

Liang, F. (1997). *Pädagogische Handlungstheorie zwischen Negativität und Positivität: Eine systematische Studie zum Verhältnis von negativer und positiver Pädagogik im Beispiel erziehungs- und bildungstheoretischen Reflexionen Wolfdietrich Schmied- Kowarziks*. Berlin: Dissertation der Humboldt-Universität zu Berlin.

Lichtenstein, E. (1970). *Der Ursprung der Pädagogik im griechischen Denken*. Hannover: Schroedel Verlag.

Lin, T. -M. (1994). Die Waldorfpädagogik und Rudolf Steiner-Ein "reform"pädagogischer Versuch unter dem Aspekt der anthroposophischen Entwicklung des Menschen. *Soochow Journal of Foreign Languages and Cultures, 10*, 219-254.

Löwisch, D.-J. (1995). Einführung in pädagogische Ethik. Darmstadt: Wissenschaftliche Buchgesellschaft Verlag.

Luhmann, N. (1984). *Soziale Systeme. Grundriß einer Theorie*. Frankfurt/M.: Suhrkamp Verlag.

Luhmann, N. (2002). *Das Erziehungssystem der Gesellschaft*. Herausgegeben von Dieter Lenzen. Frankfurt/M.: Suhrkamp Verlag.

Luhmann, N. & Schorr, K. E. (1999). *Reflexionsprobleme im Erziehungs-system*.

Frankfurt/M., Deutschland : Suhrkamp.

Lyotard, J. -F. (1984). *The Postmodern Condition: A report on knowledge*. Translated by Bennington, G. & Massumi, B. Marx, K. (1977a). *Ökonomisch-philosophische Manuskripte aus dem Jahre 1844*.In : *Marx Engels Werke. Ergänzungsband (465-590)*. Erster Teil.Berlin:Dietz Verlag.

Marx, K. (1977b). *Marx Engels Werke.Ergänzungsband*.39 Bände.Berlin: Dietz Verlag.

Maturana, H. R. & Varela, F. J. (1987). *Der Baum der Erkenntnis*. München: Goldmann Verlag.

McCarty, L. & Schwandt, T. A. (2000). Seductive illusions: von Glasersfeld and Gergen on epistemology and education. In D. C. Phillips (Ed.). *Constructivism in Education*. (69-74). Chicago: University Chicago Press.

Mead, G. H. (1934). *Mind, Self and Society*. Chicago: University of Chicago Press.

Mead, G. H. (1936). *Movements of thought in the nineteenth century*. Edited by M. H. Moore. Chicago: University of Chicago Press.

Meinberg, E. (1991). *Hauptprobleme der Sportspädagogik*. Darmstadt: Wissenschaftliche Buchgesellschaft.

Merkens, H. (2001). Zum Verhältnis von pädagogischer Forschung und pädagogischer Praxis. In S. Hellekamps, O. Kos & H. Sladek (Hrsg.) (2001). *Bildung, Wissenschaft,Kritik* (S. 175-189). Weniheim: Deutscher Studien Verlag.

Meyer-Drawe, K. (1984). *Leiblichkeit und Sozialität-Phänomenologische Beiträge zu einer pädagogischen Theorie der Inter-Subjektivität*. München: Fink Verlag.

Mollenhauer, K. (1990). Ästhetische Bildung zwischen Kritik und Selbstgewißheit. *Zeitschrift für Pädagogik*, 26(4), 481-494.

Mollenhauer,K. (1990). Die vergessene Dimension des Ästhetischen in der Erziehungs-und Bildungstheorie. In Lenzen, D. (Hrsg.). *Kunst und Pädagogik*(3-17). Darmstadt: Wissenschaftliche Buchgesellschaft.

Mollenhauer, K. (1996). Über Mutmaßungen zum "Niedergang" der Allgemeinen

Pädagogik. *Zeitschrift für Pädagogik*, 42(2), 277-288.

Moore, G. E. (Ed.) (1966). *Ethics*. Oxford: Oxford University Press.

Moore, G. E. (1988). *Principia Ethica*. New York : Prometheus Books.

Mounier, E. (1936). *Das personalistische Manifest*. Zürich: Christophe Verlag.

Nietzsche, F. (1993). Also sprach Zarathustra I – IV. In ders.: *Friedrich Nietzsche: sämtliche Werke*. Kritische Studienausgabe. Herausgegeben von Giorgio Colli und Mazzino Montinari. KSA 4. (9-408). München: Deutscher Taschenbuch Verlag.

Nietzsche, F. (1999). Die fröhliche Wissenschaft. In ders.: *Friedrich Nietzsche: sämtliche Werke*. Kritische Studienausgabe.Herausgegeben von Giorgio Colli und Mazzino Montinari. KSA 3 (343-651). München: Deutscher Taschenbuch Verlag.

Noddings, N. (1984). *Caring: a feminine approach to ethics and moral education*. California: University of California Press.

Nohl, H. (1933). *Die pädagogische Bewegung in Deutschland und ihre Theorie*(1. Auflage). Frankfurt/M.: Vittorio Klostermann Verlag.

Oelkers, J. (1976). *Die Vermittlung zwischen Theorie und Praxis in der Pädagogik*. München: Kösel-Verlag.

Oelkers, J. & Lehmann, T. (1983). *Antipädagogik. Herausforderung und Kritik*. Braunschweig: Agentur Pedersen.

Oelkers, J. (1985). *Die Herausforderung der Wirklichkeit durch das Subjekt. Literarische Reflexionen in pädagogische Absicht*. München, Deutschland: Juventa Verlag.

Oelker, J. (1988). *Reformpädagogik: Eine kritische Dogmengeschichte*. München: Juventa Verlag.

Oelkers, J. (1989). *Die große Aspiration. Zur Herausbildung der Erziehungswissenschaft im 19. Jahrhundert*. Darmstadt: Wissenschaftliche Buchgesellschaft.

Oelkers, J. (1991). *Erziehung als Paradoxie der Moderne. Aufsätze zur Kulturpädagogik*. Weinheim: Deutscher Studien Verlag.

Oelkers, J. (1992). *Pädagogische Ethik. Eine Einführung in Probleme, Paradoxien und Perspektiven*. München: Juventa Verlag.

Oelkers, J. (Hrsg.)(1993). *Aufklärung, Öffentlichkeit und Bildung. Pädagogische Beiträge zur Moderne*. Weinheim: Beltz Verlag.

Oelkers, J. (1995). Das Jahrhundert Pestalozzi-Zum Verhältnis von Erziehung und Bildung in der europäischen Aufklärung. In J. Oelkers, & F. Osterwalder, (Hrsg.). *Pestalozzi-Umfeld und Rezeption. Studien zur Historisierung einer Legende (25-51)*. Weinheim, Deutschland: Beltz Verlag.

Oelkers, J. (1997). Herman Nohl(1897-1960). In Brinkmann, W., & Harth-Peter, W. (Hrsg.). *Freiheit, Geschichte, Vernunft. Grundlinien geisteswissenschaftlicher Pädagogik. Festschrift zum 60. Geburtstag von Winfried Böhm(106-133)*. Würzburg: Echter Verlag.

Oelkers, J. (1998a). Das Konzept der Bildung in Deutschland im 18. Jahrhundert. In J. Oelkers, F. Osterwalder, & H. Rhyn (Hrsg.). *Bildung, Öffentlichkeit und Demokratie* (45-70). Weinheim, Deutschland: Beltz Verlag.

Oelkers, J. (1998b). Wilhelm Reinn und die Konstruktion von Reformpädagogik. In R. Coriand, & M. Winkler (Hrsg.). *Der Herbartianismus-die vergessene Wissenschaftsgeschichte(129-154)*. Weinheim, Deutschland: Beltz Verlag.

Oelkers, J. (1999). Die Geschichte der Pädagogik und ihre Probleme. *Zeitschrift für Pädagogik*, 45 (4), 461-483.

Oelkers, J. (2000). John Deweys Philosophie der Erziehung: Eine theoriegeschichtliche Analyse. In H. Jonas (Hrsg.). *Philosophie der Demokratie. Beiträge zum Werk von John Dewey (280-315)*. Frankfurt/M. , Deutschland: Suhrkamp Verlag.

Oelkers, J. (2001). *Einführung in die Theorie der Erziehung*. Weinheim: Beltz Verlag.

Oelkers, J. (2002). Jean-Jacques Rousseau (1712-1778). In N. J. Smelser & P. B. Baltes (Hrsg.). *International Encyclopedia of the Social and Behavioral Sciences (13398-13403)*. Oxford: Elsevier Science Ltd..

Oelkers, J. (2003). Rousseau and the Image of Modern Education. *Journal of Curriculum Studies, 34* (6), 679-698.

Oelkers, J. (2004a). Nohl, Durkheim, and Mead: three different types of "history of education". *Studies in Philosophy and Education, 23*, 347-366.

Oelkers, J. (2004b). *Jean-Jacques Rousseau*. London: Continuum Publishing Group.

Oelkers, J. (2005a). Friedrich Nietzsches Basler Vorträge im Kontext der deutschen Gymnasialpädagogik. In V. Gerhardt & R, Reschke (Hrsg.). *Nietzscheforschung. Jahrbuch der Nietzsche-Gesellschaft (73-95)*. Berlin: Akademie Verlag.

Oelkers, J. (2005b). Some Historical Notes on George Herbert Mead's Theory of Education. In J. Oelkers & D. Tröhler (Eds.). *Pragmatism and Education(133-156)*. Rotterdam: Sense Publishers.

Oelkers, J. (2006a). *Gesamtschule in Deutschland. Eine historische Analyse und ein Ausweg aus dem Dilemma*. Weinheim: Beltz Verlag.

Oelkers, J. (2006b). Anmerkungen zum Verhältnis von pädagogischer Historiographie und Bildungsgeschichte am Beispiel der deutschen "Einheitsschule". In R. Casale, D. Tröhler, & J. Oelkers (Hrsg.). *Methoden und Kontexte. Historiographische Probleme der Bildungsforschung (263-298)*. Göttingen: Wallstein Verlag.

Oelkers, J. (2007). Demokratie als Theorienorm in der Pädagogik des Pragmatismus. In Crotti, C., Gono, P., & Herzog, W. (Hrsg.). *Pädagogik und Politik. Historische und aktuelle Perspektiven* (151-176). Bern: Haupt Verlag.

Oelkers, J. (2009a). *John Dewey und die Pädagogik*. Weinheim: Beltz Verlag.

Oelkers, J. (2009b). Hartmut von Hentig und die Reform der Pädagogik. In S. Asal (Hrsg.). *Was war Bielefeld? Eine ideengeschichtliche Nachfrage (111-142)*. Göttingen: Wallstein Verlag.

Oelkers, J. (2010a). *Lehren lernen: Reformpädagogik*. Münster: Kallmeyer Verlag.

Oelkers, J. (2010b). Schillers Schulen. In Stadt Ludwigsburg (Hrsg.). *Schiller und Ludwigsburg. Eine kulturgeschichtliche Annäherung (48-71)*. Ludwigsburg:

Hackenberg Verlag.

Oelkers, J., Casale, R. & Tröhler, D. (Hrsg.) (2006). *Methode und Kontexte: Histo-riographische Probleme der Bildungsforschung*. Göttingen: Wallstein Verlag.

Oelkers, J. & Horlacher, R. (2002). *John Dewey: Pädagogische Aufsätze und Ab-handlungen 1900-1944*. Zürich, Schweiz: Verlag Pestalozzianum.

Oelkers, J. & Horster, D. (Hrsg.) (2005). Pädagogik und Ethik. Opladen, Deutsch-land: VS Verlag.

Oelkers, J. & Lehmann, T. (1983). *Antipädagogik. Herausforderung und Kritik*. Weinheim: Beltz Verlag.

Oelkers, J. & Mongold, M. (Hrsg.) (2003). *Demokratie, Bildung und Markt*. Bern : Peter Lang Verlag..

Oelkers, J., Osterwalder, F. & Tenorth , H.-E. (Hrsg.) (2003). *Das verdrängte Erbe. Pädagogik im Kontext von Religion und Theologie*. Weinheim: Beltz Verlag.

Oelkers, J. & Otto, H.-U. (Hrsg.) (2006). *Zeitgemäße Bildung. Herausforderung für Erziehungswissenschaft und Bildungspolitik*. München: Reinhardt.

Oelkers, J. & Rülcker, T. (Hrsg.) (1998). *Politische Reformpädagogik*. Bern, S: Pe-ter Lang Verlag.

Oelkers, J., Tröhler, D. & Zurbuchen, S. (Hrsg.) (2002). *Der historische Kontext zu Pestalozzis Methode. Konzepte und Erwartungen im 18. Jahrhundert*. Bern, Schweiz : Haupt Verlag.

Oelkers, J. & Tröhler, D.(Hrsg.) (2004). *Johann Heinrich Pestalozzi: Meine Nach-forschungen über den Gang der Natur in der Entwicklung des Menschenge-schlechts*. Zürich, Schweiz: Verlag Pestalozzianum.

Otto, G. (1969). *Kunst als Prozess im Unterricht*.Braunschweig:Georg Westermann Verlag.

Otto, G. (1974). *Didaktik der Ästhetischen Erziehung*. Braunschweig: Georg Wes-termann Verlag.

Otto, G. (Hrsg.) (1975). *Texte zur Ästhetischen Erziehung*.Braunschweig: Georg Westermann Verlag.

Otto, G. (1998a). *Lernen und Lehren zwischen Didaktik und Ästhetik*.Bd. I: *Ästhetische Erfahrung und Lernen*.Leipzig:Kallmeyersche Verlagbuchhandlung.

Otto, G. (1998b). *Lernen und Lehren zwischen Didaktik und Ästhetik*.Bd. II: *Schule und Museum*.Leipzig:Kallmeyersche Verlagbuchhandlung.

Otto, G. (1998c). *Lernen und Lehren zwischen Didaktik und Ästhetik*.Bd. III: *Didaktik und Ästhetik*. Leipzig:Kallmeyersche Verlagbuchhandlung.

Pestalozzi, J. H. (1961). *Wie Gertrud ihre Kinder lehrt: ausgewählte Schriften zur Methode*. Paderborn: Schöningh Verlag.

Pestalozzi, J. H. (2002). *Meine Nachforschungen über den Gang der Natur in der Entwicklung des Menschengeschlechts*. Herausgegeben von Dieter-Jürgen Löwisch l. Darmstadt: Wissenschaftliche Buchgesellschaft.

Peters, R. S. (1966b). *The philosophy of education*. In Tibble, J. W. (Ed.). The Study of Education (59-89). London: Routledge & Kegan Paul.

Peters, R. S. (1974). Education as Initiation. In Peters, R. S. (Eds.). *Authority, Resposibility and Education* (pp.81-107). London: George Allen & Unmin Ltd..

Piaget, J. (1932). *The Moral Judgement of the Child*. Translated by M. Gabain. London: RKP.

Postman, N. (1983). *Das Verschwinden der Kindheit*. Frankfurt/M.: Fischer Taschenbuch Verlag.

Prange, K. (2000). *Erziehung zur Anthroposophie. Darstellung und Kritik der Waldorfpädagogik*. Bad Heilbrunn/OBB.: Verlag Julius Klinkhardt.

Probst, G. J. B. (1987). *Selbstorganisation, Ordnungsprozesse in sozialen System aus ganzheitlicher Sicht*. Berlin: Auer Verlag.

Prondczynsky, A. v. (1993). *Pädagogik und Poiesis. Eine verdrängte Dimension des Theorie-Praxis-Verhältnisses*. Opladen: Leske + Budrich. Minneapolis: University of Minnesota Press.

Reardon, B. A. (1995). *Educating for Human Dignity. Learning about Rights and Responsibilities*. Philadelphia : University of Pennsylvania Press.

Reble, A. (1989). *Geschichte der Pädagogik*. Stuttgart: Klett-Cotta Verlag. Reinhartz, P. (2007). Hans-Uwe Otto / Jürgen Oelkers (Hrsg.), Zeitgemäße Bildung. Herausforderung für Erziehungswissenschaft und Bildungspolitik, München[u.a.], Reinhardt, 2006, 355 S., ISBN 3-497-01846-5. [Rezension]. *Erziehungswissenschaftliche Revue (EWR), 6*, 3.

Richter, H. -G. (1975). *Ästhetische Erziehung und Moderne Kunst.*Ratingen: Aloys Henn Verlag.

Richter, H. -G. (1976). *Lehrziele in der ästhetischen Erziehung.* Düsseldorf: Pädagogische Verlag Schwann.

Richter, H.-G. (1984). *Pädagogische Kunsttherapie.* Düsseldorf: Pädagogische Verlag Schwann.

Ricoeur, P. (1981). The task of hermeneutics. In *Hermeneutics and the Human Sciences.* Edited by J. B. Thompson. Cambridge: University of Cambridge Press.

Ricoeur, P. (1991). *From Text to Action.* Illinois: Northwestern University Press.

Röhrs, H. (1970). *Friedenspädagogik.* Frankfurt/M.: Akademische Verlag.

Röhrs, H. (1975). *Die Friedenspädagogik im Modell der Internationalen Gesamtschule.* Hannover: Schroedel Verlag.

Röhrs, H. (1979). *Die Reformpädagogik. Ursprung und Verlauf unter internationalem Aspekt* (1.Auflage). Weinheim: Deutscher Studien Verlag.

Röhrs, H. (1994). *Idee und Realität der Friedenspädagogik.* Weinheim: Deutscher Studien Verlag.

Rorty, R. (1989). *Contingency, Irony, and Solidarity.* Cambridge: Cambridge University Press.

Roth, G. (1986). Selbstorganisation-Selbsterhaltung-Selbstreferentialität: Prinzipien der Organisation der Lebewesen und ihre Folgen für die Beziehung zwischen Organismus und Umwelt. In A. Dress et al. (Hrsg.). *Selbstorganisation. Die Entstehung von Ordnung in Natur und Gesellschaft.* München [u.a.]: Piper Verlag.

Rutt, T. (1978). Bildungstheoretische Beiträge in den Werken Max Schelers. *Pädagogische Rundschau, 8*, 589-614.

Schäfer, K.-H. & Schaller, K.(1970). *Kritische Erziehungswissenschaft und kommunikative Didaktik*. Heidelberg: Quelle und Meyer Verlag.

Schäfer, A. & Thompson, C. (2006). Transzendentalphilosophische/ Praxeologische Pädagogik. In Krüger, H.-H. & Grunert, C. (Hrsg.). *Wörterbuch Erziehungswissenschaft*(387-392). Opladen: Verlag Barbara Budrich.

Schaller, K. (1971). *Erziehung zur Rationalität*. In Schaller, K.(1987). *Pädagogik der Kommunikation*. (101-111). Sankt Augustin: Verlag Hans Richarz.

Schaller, K. (1978a). *Einführung in die kommunikative Pädagogik*. Freiburg:Herder Verlag.

Schaller, K. (1978b). *Pädagogik der Kommunikation und die Kommunikationswissenschaft*. In: Schaller, K. (1987). *Pädagogik der Kommunikation*(112-127). Sankt Augustin: Verlag Hans Richarz.

Schaller, K. (1978c). *Wissen und Handeln-Aussichten ihrer Vermittlung in einer kommunikativen Pädagogik*. In: Schaller, K. (1987). *Pädagogik der Kommunikation* (128-140). Sankt Augustin: Verlag Hans Richarz.

Schaller, K. (1980). *Was ist eigentlich die Pädagogik der Kommunikation*? In Schaller, K. (1987). *Pädagogik der Kommunikation*. (141-149). Sankt Augustin: Verlag Hans Richarz.

Schaller, K.(1981). *Abschied von pädagogischen Bezug? In: Schaller, K. (1987). Pädagogik der Kommunikation*(150-165). Sankt Augustin: Verlag Hans Richarz.

Schaller, K. (1984a). *Die pädagogische Atmosphäre in einer Pädagogik der Kommunikation*. In: Schaller, K. (1987). *Pädagogik der Kommunikation* (230-241). Sankt Augustin: Verlag Hans Richarz.

Schaller, K. (1984b).*Kritische Erziehungswissenschaft an Ausgang ihrer Epoche*? In: Schaller, K. (1987). *Pädagogik der Kommunikation* (242-257). Sankt Augustin: Verlag Hans Richarz.

Schaller, K. (1986). *Wie weit reicht die pädagogische Verantwortung*? In: Schaller, K. (1987). *Pädagogik der Kommunikation*. Sankt Augustin: Verlag Hans

Richarz.

Schaller, K. (1987). *Pädagogik der Kommunikation* (264-281). Sankt Augustin: Verlag Hans Richarz.

Schaller, K. (1987a). *Von der Pädagogik der Entsprechung zur Pädagogik der Kommunikation*. In: Schaller, K. (1987). *Pädagogik der Kommunikation*(17-51). Sankt Augustin: Verlag Hans Richarz.

Schaller, K. (1987b). *Hilfreiche Paradigmen*. In: Schaller, K. (1987). *Pädagogik der Kommunikation*(52-59). Sankt Augustin: Verlag Hans Richarz.

Schaller, K. (1987c). *Die pädagogische Vernunft der Pädagogik der Kommunikation*. In: Schaller, K. (1987). *Pädagogik der Kommunikation*(60-69). Sankt Augustin: Verlag Hans Richarz.

Schaller, K. (1987d). *Ausblick auf die Kommunikative Didaktik*. In: Schaller, K. (1987). *Pädagogik der Kommunikation* (70-96). Sankt Augustin: Verlag Hans Richarz.

Scheibe, W. (2010). *Die reformpädagogische Bewegung. Eine einführende Darstellung* (3. Auflage). Weinheim: Beltz Verlag.

Schiller, F. (1993). *Sämtliche Werke*. 5 Bände. München: Hanser Verlag.

Schleiermacher, F. E. D. (1983). Theorie der Erziehung. In:ders.: *Ausgewählte Pädagogische Schriften*. (36-243). Paderborn:Schöningh Verlag.

Schmied-Kowarzik, W. (1974). *Dialektische Pädagogik*. München: Kösel Verlag.

Schorr, K.E. (1981). Das Allgemeine in Erziehung und Wissenschaft. *b:e*, 34, 446-459.

Sladek, H. (2006). Denken und Forschen-Dietrich Benners Forschungsprogramm über die Aufgaben der Pädagogik nach dem Ende der DDR. In Bellmann, J., Böhm, W., Borrelli, M., Brüggen, F., Heid, H., Heitger, M., u. a. (Hrsg.). *Perspektiven Allgemeiner Pädagogik* (S. 45-56). Weinheim: Beltz Verlag.

Speck, O. (1996). *Erziehung und Achtung vor dem Anderen*. München: Reinhardt Verlag.

Spranger, E. (1966). *Lebensformen*. Heidelberg: Quelle & Meyer Verlag.

Steiner, R. (1965). *Philosophie und Anthroposophie. Vorbemerkungen zur Philosophie. Gesammelte Aufsätze 1904-1918.* Donach: Rudolf Steiner Verlag.

Steiner, R. (1968). *The roots of education.*(H. Fox, Ed.). London: Rudolf Steiner Press.

Steiner, R. (1973). *Theosophie. Einführung in übersinnliche Welterkenntnis und Menschenbestimmung.* Donach: Rudolf Steiner Verlag.

Steiner, R. (1979). *Allgemeine Menschenkunde.* Donach: Rudolf Steiner Verlag.

Steiner, R. (1981). *Anthropolosophische Pädagogik und ihre Voraussetzungen.* Donach: Rudolf Steiner Verlag.

Steiner, R. (1986). *Anthroposophie-ihre Erkenntniswurzeln und Lebensfrüchte.* Donach: Rudolf Steiner Verlag.

Steiner, R. (1990). *Die Waldorfschule und ihr Geist.* Donach: Rudolf Steiner Verlag.

Steiner, R.(1995).*The kingdom of childhood: Seven lectures and answers to questions given in torquay*, August 12-20, 1924. (H. Fox, Trans.). Rev. Translation. Barrington, MA：Anthroposophic Press.

Steiner, R.(1996a). *The education of the child and early lectures on education.* (Selections). Barrington, MA：Anthroposophic Press.

Steiner, R.(1996b). *The foundations of human experience.*(R. F. Lathe & N. P. Whittaker, Trans.). Barrington, MA: Anthroposophic Press. (Original work published 1992)

Steiner, R. (2000). *Friedrich Nietzsche. Ein Kämpfer gegen seine Zeit.* Donach: Rudolf Steiner Verlag.

Steiner, R. (2001). *Die Gesunde Entwicklung des Menschenwesens.* Donach: Rudolf Steiner Verlag.

Steiner, R. (2002). *Die geistig-seelischen Grundkräfte der Erziehungskunst.* Donach: Rudolf Steiner Verlag.

Steiner, R. (2005). *Die Philosophie der Freiheit.Grundzüge einer modernen Weltanschauung.* Donach: Rudolf Steiner Verlag.

Treml, A. K. (1998). Allgemeine Pädagogik.Ein systemtheoretischer Entwurf. In Brinkmann, W. & Petersen, J. (Hrsg.). *Theorien und Modelle der Allgemeinen Pädagogik.* (196-221). Donauwörth: Auer Verlag.

Treml, A. K. (2000). *Allgemeine Pädagogik.* Stuttgart: Verlag W. Kohlhammer.

Treml, A. K. (2004). *Evolutionäre Pädagogik.* Eine Einführung. Stuttgart: Verlag W. Kohlhammer.

Universität München (2009). *Studienordnung für Lehramtsstudiengänge an der Ludwig-Maximilians Universität München.* Retrieved 13.

March 2009 from http://www.uni-muenchen.de/studium/ studienangebot/studien-gaenge/faecherkombi_lehramt/pruefstudord_la/studord_la/so/s-k/lehr-sxx-01. pdf

Vico, G. (1971). *Opere filosofische.* Herausgegeben von Paolo Cristofolini. Firenze: Sansoni.

Vogelhuber, O.(1952). *Geschichte der neuen Pädagogik.* München: Ehrenwirth Verlag.

Vollmer, G. (1985). *Was können wir wisse*n ? Stuttgart: Hirzel Verlag.

Wandel, F. (1979). *Pädagogik, Technologie oder Praxeologie? Handlungstheoretische Analysen.* Kastellaun/Hunsrueck: Henn Verlag.

Watzlawick, P. (1985) (Hrsg.). *Die erfundene Wirklichkeit: wie wissen wir, was wir zu wissen glauben? Beiträge zum Konstruktivismus.* München: Piper Verlag.

Watzlawick, P., Beavin, J. H. & Jackson, D. D. (1969). *Menschliche Kommunikation.* Bern: Huber Verlag.

Weimer, H. (1992). *Geschichte der Pädagogik.* Berlin, Deutschland: de Gruyter.

Welsch, W. (1992). Transkulturalität. Lebensformen nach der Auflösung der Kulturen. *Information Philosophie,* Mai, 5-20.

Wiener, N. (1948). *Cybernetic or control and communication in the animal and the machines.* Paris: Hermann.

Wikipedia(2013). *Dietrich Benner.* Retrieved 11.01.2013 from http://de.wikipedia. org/wiki/Dietrich_Benner

Windelband, W. (1993). *Lehrbuch der Geschichte der Philosophie*. 6. Auflage. Tübingen: Mohr Siebeck Verlag.

Winkel, R. (Hrsg.)(1988). *Pädagogische Epochen*. Düsseldorf: Schwann Verlag.

Winkler, M. (Hg.)(1993). *Reformpädagogik konkret*. Hamburg: Bergmann + Helbig Verlag.

Wohlfart, G. (1984). *Denken der Sprache*. München: Karl Alber Verlag.

Wulf, C. (1983). *Theorien und Konzepte der Erziehungswissenschaft*. München: Juventa Verlag.

國家圖書館出版品預行編目資料

教育哲學：新興議題的探究／ 梁福鎮 ――
初版. ――臺北市：五南，2013.06
　面；　公分
ISBN 978-957-11-7132-6（平裝）
1. 教育哲學
520.11　　　　　　　　　　102009326

1XN

教育哲學：新興議題的探究

作　　　者－ 梁福鎮（229.1）

發 行 人 ― 楊榮川

總 編 輯 ― 王翠華

主　　　編 ― 陳念祖

責任編輯 ― 李敏華

封面設計 ― 童安安

出 版 者 ― 五南圖書出版股份有限公司

地　　　址：106台北市大安區和平東路二段339號4樓

電　　　話：(02)2705-5066　傳　　　真：(02)2706-6100

網　　　址：http://www.wunan.com.tw

電子郵件：wunan@wunan.com.tw

劃撥帳號：01068953

戶　　　名：五南圖書出版股份有限公司

台中市駐區辦公室/台中市中區中山路6號

電　　　話：(04)2223-0891　傳　　　真：(04)2223-3549

高雄市駐區辦公室/高雄市新興區中山一路290號

電　　　話：(07)2358-702　傳　　　真：(07)2350-236

法律顧問　林勝安律師事務所　林勝安律師

出版日期　2013 年 6 月初版一刷

定　　　價　新臺幣580元